Reptilien
Eidechsen
Schlangen
Schildkröten
Krokodile
und weitere Ordnungen
Vögel
Pinguine
Greifvögel
Sperlingsvögel
Hühnervögel
und weitere Ordnungen
Säugetiere
Raubtiere
Affen
Nagetiere
Paarhufer
und weitere Ordnungen

BIO

1 G

Herausgeber
Heinz Böttgenbach
Jörn Schoof

Autoren
Timm Collmann
Gerd Demmer
Burkhard Fischer
Carola Gartzen
Siegfried Grandt
Hans-Joachim Haupt
Rainer Hausfeld
Mariela Kalkhake
Wolfgang Kurtze
Wolfgang Schulenberg
Thomas Sudeik
Elisabeth Westendorf-Bröring

unter Mitwirkung von
Jürgen Swoboda
Manfred Thies
Gerda Windau

westermann

◁ Textverweis auf die Randspalte

Wir danken der „Ärztlichen Gesellschaft zur Gesundheitsförderung der Frau e. V.“ für die Durchsicht des Kapitels „Sexualität des Menschen“.

Die Abbildung auf der Titelseite
zeigt drei junge Waldkäuze.

1. Auflage Druck 5 4 3 2 1
Herstellungsjahr 1997 1996 1995 1994 1993
Alle Drucke dieser Auflage können im Unterricht parallel verwendet werden.

Verlagslektorat: Heidrun Kiene, Ingeborg Kassner
Herstellung: westermann druck, Braunschweig

ISBN 3-14-**150911**-5

Inhalt

1 **Aufbau der Blütenpflanzen 8**
1.1 Blütenpflanzen haben gemeinsame Merkmale 8
1.2 Wurzeln nehmen Wasser auf 10
1.3 Der Weg des Wassers in einer Pflanze 12
1.4 Pflanzen brauchen Licht 14
1.5 Einheimische Laubbäume 16
1.6 Bäume und ihre Blätter 18

2 **Zellen 20**
2.1 Lupe und Mikroskop erschließen die Welt des Kleinen 20
2.2 Wir mikroskopieren ein Moosblättchen 22
2.3 Lebewesen bestehen aus Zellen 24

3 **Fortpflanzung und Entwicklung bei Pflanzen 26**
3.1 Blüten und ihr Aufbau 26
3.2 Bestäubung und Befruchtung 27
3.3 Bestäubung durch Insekten und Wind 30
3.4 Die Kiefer, eine nacktsamige Pflanze 32
3.5 Entwicklung von der Blüte zur Frucht 34
3.6 Verbreitung von Samen und Früchten 36
3.7 Keimung 38
3.8 Ungeschlechtliche Fortpflanzung 42

4 **Einheimische Blütenpflanzen 44**
4.1 So entsteht ein Blütendiagramm 44
4.2 Pflanzenblüten sind unterschiedlich gebaut 45
4.3 Kennübungen: Blütenpflanzen 47
4.4 Korbblütengewächse 48

5 **Nutzpflanzen 50**
5.1 Getreidearten sind für unsere Ernährung wichtig 50
5.2 Kennübungen: Gräser 52
5.3 Kohl – ein vielseitiges Gemüse 53
5.4 Pflanzen liefern Textilfasern 55
5.5 Heilmittel aus der Natur 56

Inhalt

6 Lebewesen in verschiedenen Jahreszeiten 58
6.1 Frühjahr – Blüten trotz Frost und Schnee 58
6.2 Sommer – Wildkräuter am Feldrand 64
6.3 Der Aronstab 64
6.4 Herbst – Vorbereitung auf Kälte und Schnee 65
6.5 Überleben im Winter 69
6.6 Der Igel hält Winterschlaf 71

7 Lebensräume in unserer Umgebung 72
7.1 Lebensraum Hecke 72
7.2 Ein Platz für Mauerblümchen – die Trockenmauer 77
7.3 Wir schützen Insekten im Garten 78

8 Bewegung 82
8.1 Ein Skelettfund aus der Steinzeit 82
8.2 Gelenke 84
8.3 Bau der Knochen 85
8.4 Muskeln bewegen den Körper 87
8.5 Erkrankungen der Bewegungsorgane 89
8.6 Fit durch Bewegung 91
8.7 Bei Bewegungen arbeiten viele Organe zusammen 92
8.8 Moritz – bewegungsbehindert 94

9 Ernährung und Verdauung 96
9.1 Kristinas Speisezettel 96
9.2 Wir untersuchen Nahrungsmittel 97
9.3 Wozu werden Nährstoffe benötigt 99
9.4 Wie gesund muß die Ernährung sein? 100
9.5 Gesund ernähren – aber wie? 103
9.6 Augen und Nase essen mit 104
9.7 Aufbau der Zähne 106
9.8 Wir pflegen die Zähne 107
9.9 Schlucken auch im Handstand? 110
9.10 Verdauung der Nahrung 111

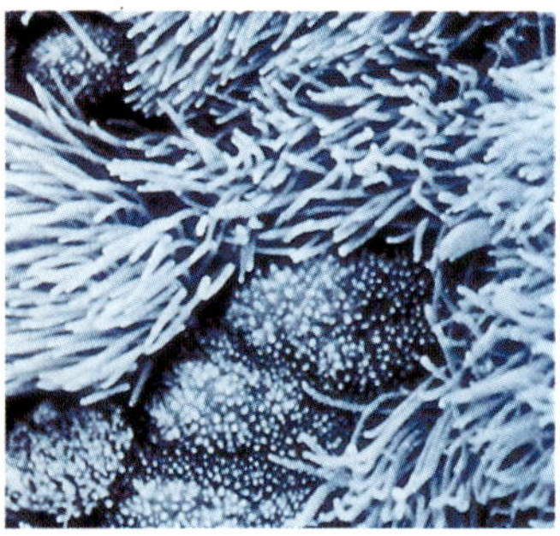

10 Atmung 114
10.1 Wie atme ich richtig? 114
10.2 Atembewegungen 116
10.3 Aufbau der Lunge 118
10.4 Ohne Sauerstoff läuft nichts! 121
10.5 Die Lunge, ein vielbeanspruchtes Organ 122

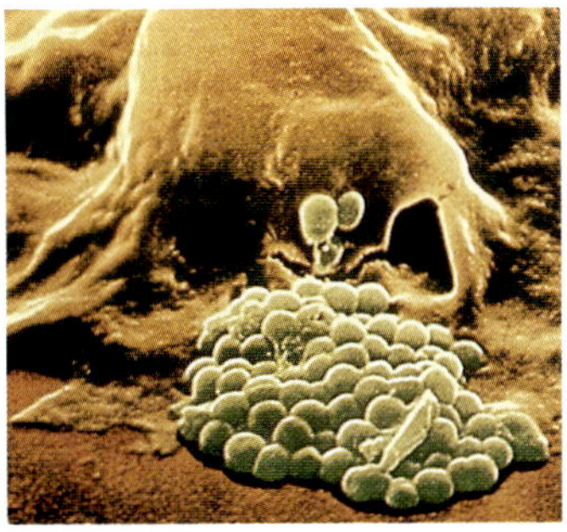

11 Blut und Blutkreislauf 124
11.1 Unser Blut hat lebenswichtige Aufgaben 124
11.2 In einer Minute durch den Körper 127
11.3 Verdauung, Atmung und Blutkreislauf wirken zusammen 131

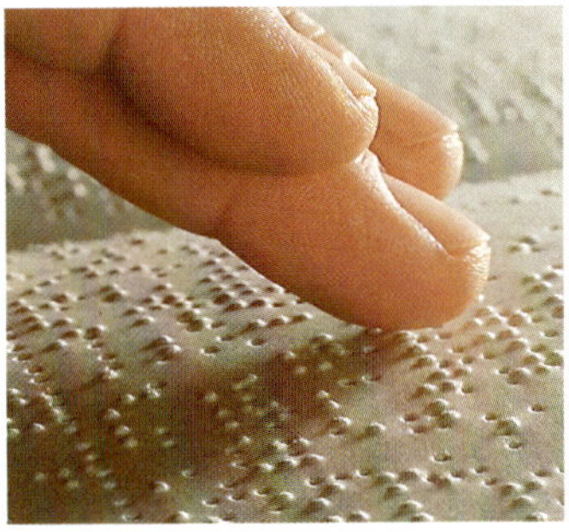

12 Wir halten uns gesund 132
12.1 Die Haut und ihr Aufbau 132
12.2 Die Pflege der Haut 135
12.3 Zigarette? Nein, danke! 138
12.4 Ist Alkohol gefährlich? 140
12.5 Eine Tablette gegen Kopfschmerzen? 142
12.6 Giftpflanzen 144

13 Sexualität des Menschen 148
13.1 Pubertät bei Mädchen und Jungen 148
13.2 Vom Flirten und Verliebtsein 150
13.3 Partnerschaft, Ehe und Familie 151
13.4 Männliche Geschlechtsorgane 152
13.5 Weibliche Geschlechtsorgane 153
13.6 Menstruation und weiblicher Zyklus 154
13.7 Schwangerschaftsverhütung 156
13.8 Schwangerschaft und Geburt 157
13.9 Die Entwicklung vom Säugling zum Kleinkind 160

14 Säugetiere 162
14.1 Der Hund als Begleiter des Menschen 162
14.2 Auf dem Bauernhof gibt es viele Katzen 166
14.3 Kennübung: Einheimische Raubtiere 169
14.4 Tiere kann man ordnen 170
14.5 Im Kuhstall 172
14.6 Pferde als Reit- und Zugtiere 175
14.7 Kennübung: Huftiere 177
14.8 Im Schweinestall 178

15 Säugetiere sind an ihre Umwelt angepaßt 180
15.1 Wildkaninchen im Stadtpark 180
15.2 Sterben Feldhasen aus? 182
15.3 Eichhörnchen, Artisten der Baumkronen 184
15.4 Fledermäuse – fliegende Säugetiere 186
15.5 Der Maulwurf im Garten 188
15.6 Wale 190

Inhalt

16 Fortpflanzung bei Vögeln 192
16.1 Beobachtungen auf dem Hühnerhof 192
16.2 Aufbau und Bildung des Hühnereies 194
16.3 Ein Küken entsteht 197
16.4 Intensivhaltung von Hühnern 200

17 Bau und Flug der Vögel 202
17.1 Fliegen – aber wie? 202
17.2 Federn – ein Merkmal der Vögel 203
17.3 Vögel – leicht gebaut 205
17.4 Flugformen 208

18 Vögel sind an ihre Umwelt angepaßt 210
18.1 Wasservögel 210
18.2 Der Waldkauz – ein nächtlicher Jäger 212
18.3 Buntspechte und Kleiber sind Kletterkünstler 214
18.4 Jahresvögel, Zugvögel und Wintergäste 216
18.5 Der Zug der Weißstörche – einmal Afrika und zurück 218
18.6 Kennübungen: Vögel 220
18.7 Städte – ein Lebensraum für Vögel 222

19 Fische 224
19.1 Anpassung an ein Leben im Wasser 224
19.2 Brutpflege beim Stichling 227
19.3 Wie Fische atmen 228
19.4 Wir richten ein Aquarium ein 230
19.5 Kennübung: Süßwasserfische 232
19.6 Der Flußaal wandert 16 000 Kilometer! 234
19.7 Fische in der Tiefsee 235
19.8 Nahrung aus dem Meer 236

20 Amphibien 238
20.1 Ein Tümpel am Waldrand 238
20.2 Die Entwicklung vom Laich zum Grasfrosch 240
20.3 Amphibien – Leben zwischen Wasser und Land 242
20.4 Kennübung: Amphibien 245
20.5 Die Wanderung der Grasfrösche 246
20.6 Aktion: Krötenschutzzaun 247
20.7 Amphibienschutz ist Lebensraumschutz 248

21 Projekt: Amphibien 250
21.1 Wie man ein Projekt „Amphibien“ durchführen kann 250
21.2 Wir schreiben einen Lebenslauf vom Frosch 254
21.3 Wo leben in unserer Umgebung Amphibien, und welche Arten kommen hier vor? 255
21.4 Warum sind die Amphibien vom Aussterben bedroht? 256
21.5 Wie können Amphibien geschützt werden? 257
21.6 Wie muß ein Teich aussehen, damit dort Amphibien leben können? 258
21.7 Wie pflanzen sich Frösche fort? 259

22 Reptilien 260
22.1 Zauneidechsen mögen es heiß 260
22.2 Kennübung: Reptilien 263
22.3 Kreuzottern – mit Gift fängt man Mäuse 264
22.4 Leben vor 150 Millionen Jahren 266

23 Stammesgeschichte der Wirbeltiere 268
23.1 Wirbeltiere heute 268
23.2 Wirbeltiere im Erdaltertum 270
23.3 Wirbeltiere im Erdmittelaltertum 272
23.4 Der Stammbaum der Wirbeltiere 274
23.5 Schimpanse und Mensch – ein Vergleich 276
23.6 Entwicklung des Menschen 277

Stichwortverzeichnis 280
Biologisches Lexikon 284
Bildquellenverzeichnis 288

1 Aufbau der Blütenpflanzen

1.1 Blütenpflanzen haben gemeinsame Merkmale

Aufgaben

① Es gibt wohl kaum zwei Häuser, die einander genau gleichen. Häuser unterscheiden sich zum Beispiel in Größe, Form und Aussehen, in der Zahl und Ausstattung der einzelnen Räume. Dennoch haben alle Häuser bestimmte Merkmale gemeinsam. Sie sind typisch für ein Haus. Schreibe solche Merkmale auf, die bei jedem Haus vorkommen.

② Die Abbildungen 1–6 zeigen dir drei verschiedene Pflanzen. Betrachte ihr Aussehen, vergleiche sie miteinander und stelle fest, welche Merkmale sie gemeinsam haben.

Sommerlinde, Heckenrose und Sonnenblume sind Pflanzen, die auf den ersten Blick wenig gemeinsam haben. Wenn du sie jedoch genauer betrachtest, fällt dir sicherlich auf, daß sie alle **Blüten** besitzen. Blüten haben oft auffällige Farben. Durch Farbe und Duft einer Blüte werden Insek-

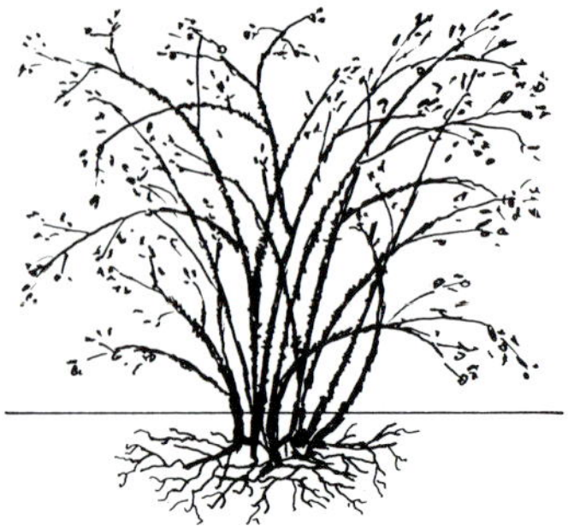

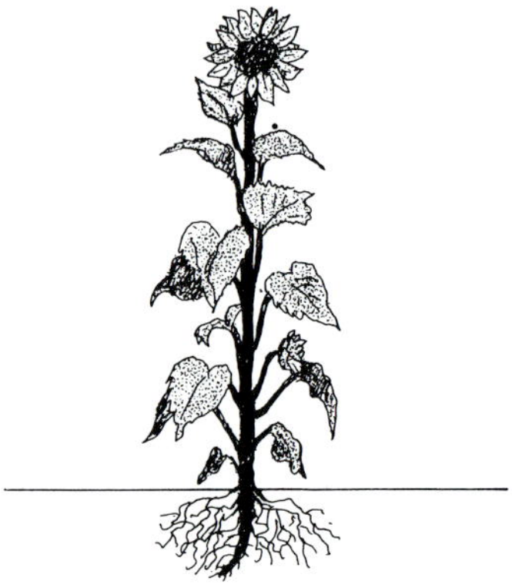

1 Sommerlinde

2 Blüten der Linde

3 Heckenrose

4 Blüten der Heckenrose

5 Sonnenblumenfeld

6 Blütenstand der Sonnenblume

Legt man einige Sonnenblumenkerne im Frühjahr in die Erde, so gehen daraus in wenigen Monaten stattliche Pflanzen hervor. Sonnenblumen werden bis zu drei Meter hoch.

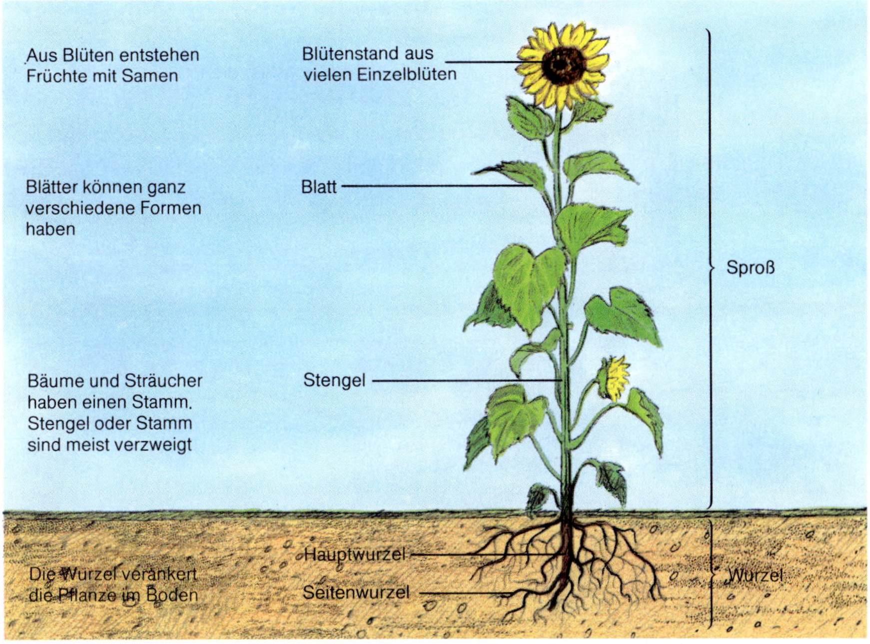

7 Aufbau von Blütenpflanzen am Beispiel der Sonnenblume

Zu den Pflanzen gehören außer den Blütenpflanzen auch die Farne, Moose, Algen und Pilze.

ten angelockt. Aus den Blüten entstehen Früchte mit Samen. Pflanzen, die Blüten haben, nennen wir **Blütenpflanzen.** Bei Pflanzen, wie Sommerlinde, Heckenrose oder Sonnenblume, ragt ein Stengel oder Stamm aus der Erde, an dem Blätter und Blüten sitzen. Diese oberirdischen Teile einer Blütenpflanze bezeichnet man als **Sproß** (Abb. 7). Alle Blütenpflanzen haben **Wurzeln.** Sie verankern die Pflanze im Boden. Aus einer dicken Hauptwurzel entspringen gewöhnlich zahlreiche Seitenwurzeln.

Hagebutten enthalten zahlreiche Vitamine. Aus Hagebutten kann man Marmelade machen.

Die Sommerlinde ist ein Baum, der bis zu 800 Jahre alt werden kann. Dabei wird er etwa 30 m hoch. Die Sommerlinde besitzt einen kräftigen Stamm, die Baumkrone ist dicht verzweigt. Ihre Hauptwurzel reicht tief in den Boden. Zahlreiche Seitenwurzeln verlaufen flach unter der Erde. Die Blüten der Sommerlinde haben eine grünlich-weiße Farbe. Meist hängen zwei oder drei zusammen an einem Stiel. Sie enthalten viel Nektar. Ihr Duft lockt zahlreiche Bienen an. Am unteren Ende des Blütenstiels sitzt ein breites Blatt, das Flugblatt. Im Herbst, wenn die Früchte der Linde reif sind, dient das Flugblatt als Fallschirm. Mit dem Wind können die Früchte dann weit verbreitet werden.

Aus den Früchten der Sonnenblume gewinnt man ein wertvolles Speiseöl, das im Haushalt sowie bei der Herstellung von Margarine verwendet wird.

Heckenrosen kommen an Wald- und Wegrändern vor und bilden dort oft dichte Hecken. Sie haben einen kurzen Stamm, aus dem viele dünne Zweige entspringen. Blütenpflanzen, die so gebaut sind, nennt man **Sträucher.** Die Zweige einer Heckenrose neigen sich meist bogenförmig zur Erde und haben zahlreiche Stacheln. Aus den Zweigen entwickeln sich jedes Jahr neue Seitenzweige. So wird die Hecke im Laufe der Jahre undurchdringlich. Die rosafarbenen Blüten einer Heckenrose erscheinen im Juni. Aus ihnen entstehen die Früchte, die Hagebutten (◁). Das Fruchtfleisch der Hagebutten dient vielen Vögeln als Nahrung. Zusammen mit dem Fruchtfleisch werden die Samen aufgenommen. Die Vögel können die Samen jedoch nicht verdauen und scheiden sie wieder aus. Auf diese Weise tragen die Vögel zur Verbreitung der Heckenrosen bei.

Die Sonnenblume bildet im Spätsommer eine große, scheibenförmige „Blüte“ aus. Die Bezeichnung Blüte ist eigentlich nicht richtig. Die „Blüte“ der Sonnenblume besteht nämlich aus vielen einzelnen, kleinen röhrenförmigen Blüten. Bei der Sonnenblume bilden viele Einzelblüten zusammen einen **Blütenstand** (◁).

Blütenpflanzen bestehen aus Wurzeln und Sproß. Der Sproß gliedert sich in Stengel oder Stamm, Blätter und Blüten.

1.2 Wurzeln nehmen Wasser auf

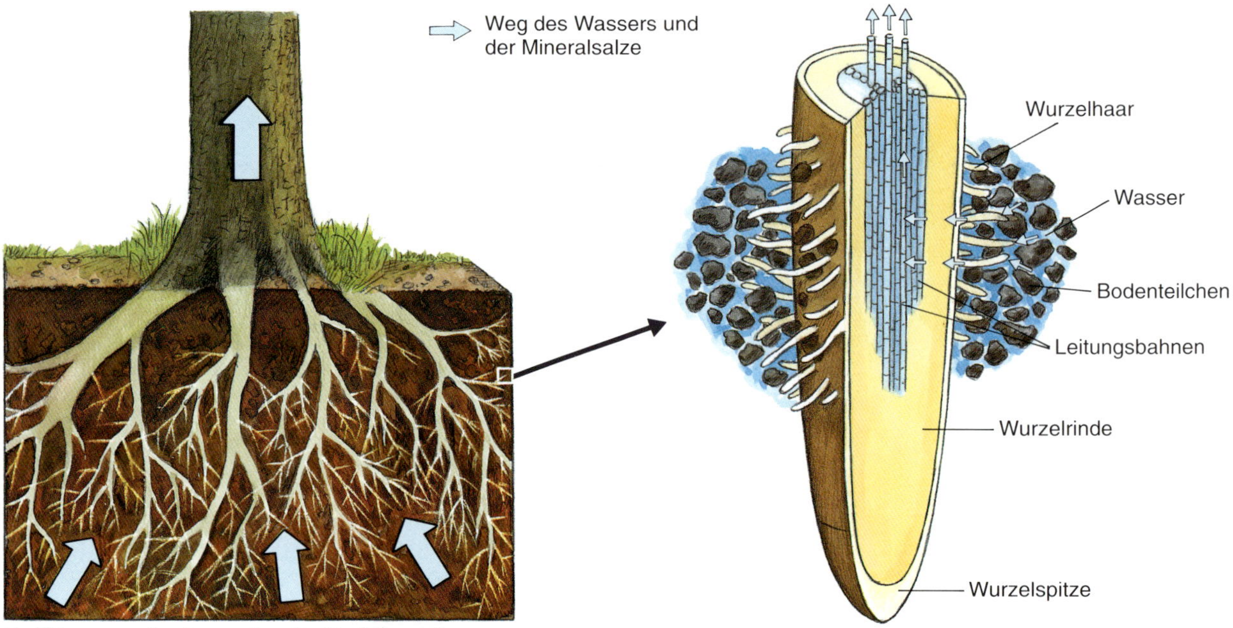

*1 **Wasseraufnahme durch die Wurzeln***

Eine Wurzel kann beträchtliche Tiefen erreichen. So fand man beim Bau des Suez-Kanals noch in einer Tiefe von 30 m Wurzeln von Blütenpflanzen.

Bei einer Roggenpflanze entspricht die Oberfläche der Wurzelhaare ungefähr der Fläche von fünf bis sechs großen Klassenräumen.

*2 **Wurzel mit Wurzelhaaren, mikroskopische Aufnahme***

Blütenpflanzen sind durch ihre Wurzeln fest im Erdboden verankert. Die Wurzeln sind verzweigt und mit den Bodenteilchen verflochten (Abb. 1). Wurzeln wachsen nur an ihrer Spitze. Direkt hinter der Wurzelspitze bilden Wurzeln zahlreiche kleine schlauchförmige Ausstülpungen. Sie werden **Wurzelhaare** genannt (Abb. 1,2). Die feinen Wurzelhaare dringen in die engen Zwischenräume zwischen den Bodenteilchen ein. Sie nehmen das dort befindliche Wasser und die darin gelösten Mineralsalze auf. Die vielen winzigen Wurzelhaare vergrößern die wasseraufnehmende Oberfläche der Wurzel ganz erheblich. Nur mit den Wurzelhaaren kann eine Pflanze Wasser aufnehmen. Wasser und Mineralsalze gelangen über die Wurzelhaare in die Wurzel hinein. In der Mitte der Wurzel befinden sich röhrenförmige Leitungsbahnen. Durch sie werden Wasser und Mineralsalze zum Stamm und zu den Blättern transportiert (Abb. 1).

Durch ständiges Wachstum können die Wurzeln der Pflanze immer wieder in neue Bodenschichten hineinwachsen und aus ihnen Wasser und Mineralsalze aufnehmen. Eine Pflanze hat den ihr zur Verfügung stehenden Boden schließlich dicht mit Wurzeln durchzogen (◁).

Aufgaben

① Lies den Text noch einmal durch und nenne die Aufgaben der Wurzel.

② Beschreibe den Weg des Wassers aus dem Boden in die Pflanze.

Wurzeln verankern die Pflanze im Boden und nehmen mit den Wurzelhaaren das Wasser und die darin gelösten Mineralsalze auf.

Versuche

1. Wurzeln nehmen Wasser auf

Nimm eine junge Pflanze vom Fleißigen Lieschen aus dem Blumentopf. Spüle die Wurzeln ab und tauche sie in ein zu dreiviertel mit Wasser gefülltes Reagenzglas. Schütze die Wasseroberfläche mit einer dünnen Ölschicht gegen Verdunstung. Markiere den Wasserspiegel mit einem wasserfesten Stift. Stelle die Pflanze an einen hellen, warmen Ort und miß nach 30 Minuten, 3 Stunden und nach 24 Stunden den Wasserstand in dem Glas. Beschreibe und erkläre das Versuchsergebnis.

2. Längenwachstum der Wurzeln

Feuchte einen Streifen Filterpapier an und befestige ihn mit Gummiband auf einem Objektträger. Lege mehrere Kressesamen, die zuvor eine Stunde in Wasser gelegen haben, in einer Reihe nebeneinander auf das Filterpapier. Stelle den Objektträger schräg in ein Becherglas. Fülle das Becherglas so hoch mit Wasser, daß das Filterpapier eintaucht. Die Kressesamen sollen sich ungefähr zwei Zentimeter über der Wasseroberfläche befinden. Beobachte während der nächsten zwei bis drei Wochen mindestens jeden zweiten Tag das Wachstum der Wurzeln. Stelle fest, wieviel Zentimeter die Wurzeln gewachsen sind. Trage die Meßwerte in eine Tabelle ein. Beschreibe die Veränderungen.

3. Wurzeln entwickeln Wurzelhaare

Besorge zehn Samen der Gartenkresse. Lege fünf davon auf feuchte Watte. Pflanze die anderen fünf in einen mit Erde gefüllten Blumentopf. Die Samen keimen und sind nach etwa einer Woche zu jungen Pflanzen herangewachsen. Versuche die Wurzeln der jungen Pflanzen aus der Watte zu lösen. Was stellst du fest? Nimm anschließend die Kressepflanzen aus dem Blumentopf und versuche, die anhaftende Erde vorsichtig abzuklopfen. Notiere deine Beobachtungen.

Nachdem du die Wurzel von anhaftenden Bodenteilchen befreit hast, betrachte die Wurzelspitzen mit der Lupe und zeichne sie. Anstelle der Kressesamen kannst du zum Beispiel auch Samen der Erbse oder der Feuerbohne verwenden.

Biotip

Bäume, die an Straßen wachsen, müssen viel ertragen. Leider siehst du auch heute noch in manchen Orten, daß der Wurzelbereich der Bäume bis an den Stamm zugepflastert ist. Der Baum bekommt nicht mehr genug Wasser. Er verkümmert und stirbt schließlich. Darum sollte um jeden Baum ein genügend großer Bereich, die Baumscheibe, nicht gepflastert werden. Der rotgestrichelte Kreis in der nebenstehenden Abbildung zeigt dir, wie groß dieser Bereich sein sollte. Eine Abdeckung der Baumscheibe mit einer Schicht aus Rindenmulch (zerkleinertem Holz) verhindert das Austrocknen der oberen Erdschichten der Baumscheibe. Du kannst dich dafür einsetzen, daß die Bäume auf deinem Schulgelände genügend große Baumscheiben besitzen.

1.3 Der Weg des Wassers in einer Pflanze

Versuche

1. Wasserleitung in der Sproßachse
Löse etwas rote Tinte oder rote Lebensmittelfarbe in Wasser auf. Stelle eine beblätterte, weißblühende Margerite in die Farblösung. Statt Margeriten kannst du für diesen Versuch auch andere weißblühende Pflanzen, zum Beispiel Nelken oder Tulpen verwenden. Beobachte Stengel und Blätter in den nächsten zehn Minuten. Schreibe das Ergebnis deiner Beobachtungen auf. Erkläre die Beobachtungen.

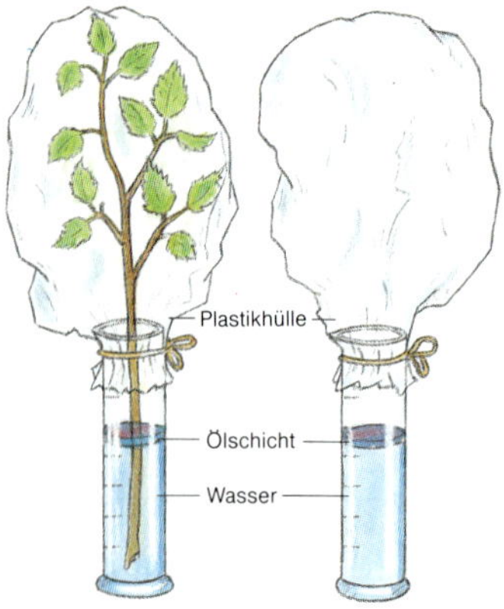

2. Pflanzen geben Wasser ab
Gib in zwei Glaszylinder die gleiche Menge Wasser. Stelle in eines der beiden Gefäße einen Zweig mit Blättern. Das andere Gefäß bleibt ohne Pflanze. Tropfe etwas Öl auf die Wasseroberfläche in beiden Gefäßen, so daß eine dünne Ölschicht entsteht. Dadurch wird verhindert, daß das Wasser aus den Glaszylindern verdunstet. Markiere den Wasserstand mit einem wasserunlöslichen Stift. Stülpe über beide Gefäße eine durchsichtige Plastiktüte, die du mit einem Gummiband befestigst. Stelle beide Gefäße mehrere Tage an einen hellen, warmen Ort, z. B. auf eine Fensterbank. Schreibe auf, welches Ergebnis du bei diesem Versuch erwartest. Kontrolliere nach Möglichkeit jeden Tag. Miß den Wasserstand in beiden Gefäßen. Notiere deine Beobachtungen und erkläre sie. Stimmen sie mit deinen Erwartungen überein?

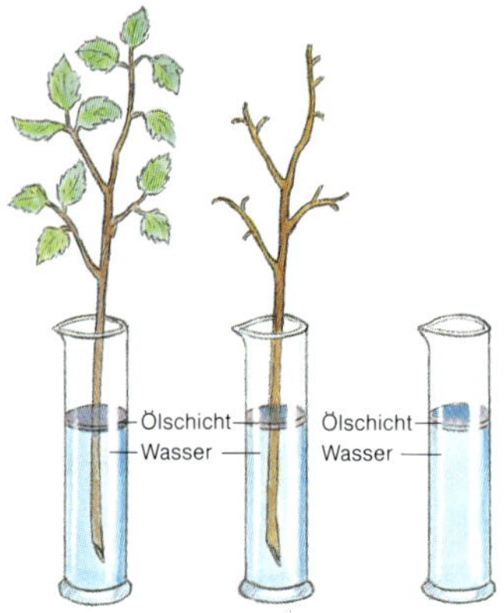

3. Wasserabgabe durch die Blätter
Fülle drei Glaszylinder jeweils mit der gleichen Menge Wasser. Stelle in das erste Gefäß einen Zweig mit Blättern, in das zweite Gefäß einen ohne Blätter. Das dritte Gefäß bleibt ohne Pflanze. Überschichte das Wasser in den drei Glaszylindern mit einer dünnen Ölschicht. Markiere den Wasserstand mit einem wasserunlöslichen Stift. Stelle die Gefäße mehrere Tage auf eine Fensterbank und kontrolliere täglich den Wasserstand. Welches Ergebnis erwartest du bei diesem Versuch? Notiere deine Meßergebnisse und erkläre sie.

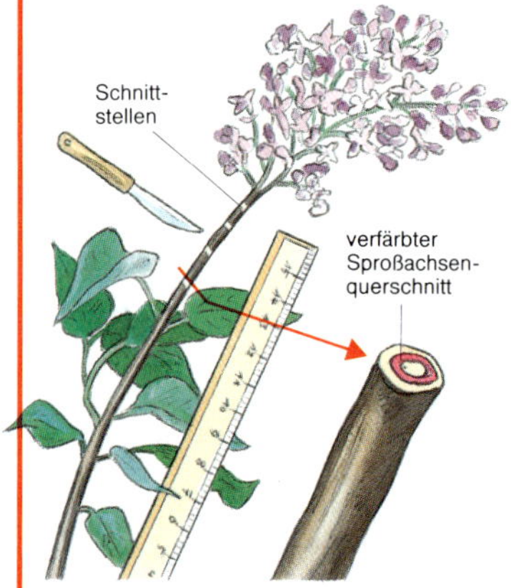

4. Die Geschwindigkeit des Wassertransportes
Stelle einen rund 50 cm langen, beblätterten Zweig eines Strauches in eine Farbstofflösung. Du kannst zum Beispiel den Zweig eines Fliederstrauches verwenden. Die Farblösung besteht aus einer Mischung von einem Teil Tinte mit vier Teilen Wasser. Entnimm den Zweig nach fünf Minuten und schneide ihn mit einem scharfen Messer von oben nach unten in Zentimeterabständen durch. Schneide so lange, bis du an die Schnittfläche gekommen bist, an der eine Färbung zu erkennen ist. An der Verfärbung ist zu erkennen, bis zu welcher Höhe die Lösung aufgestiegen ist. Miß, wie hoch die Lösung gestiegen ist. Berechne, wie hoch die Lösung in einer Stunde steigen kann.

Die Strömungsgeschwindigkeit des Wassers durch die Sproßachse ist bei den Pflanzenarten sehr unterschiedlich:
- *Fichte 1,2 m/Std.*
- *Birke 1,6 m/Std.*
- *Eiche 14 m/Std.*
- *Lianen 150 m/Std.*

Wenn man einen beblätterten Stengel von der Margerite oder von einer anderen Pflanze in eine Farblösung stellt, kann man erkennen, daß das Wasser im Stengel hochsteigt. Nach einiger Zeit gelangt es bis zu den Spitzen der Blätter und Blüten. In der Sproßachse von Blütenpflanzen steigt das Wasser ebenso wie in der Wurzel in Leitungsbahnen hoch, die aus zahlreichen dünnen Röhren bestehen (Abb. 1). Einige der Röhren entstehen aus langgestreckten Zellen, deren Zellinhalt abgestorben ist. Sie haben charakteristische ring- oder spiralförmig angeordnete Zellwandverdickungen und werden auch **Gefäße** genannt. Ring- oder Spiralgefäße erinnern in ihrem Aussehen an einen Staubsaugerschlauch und sind ebenso formstabil. Sie können von wachsenden Nachbarzellen nicht so leicht eingedrückt werden. So wird der lebenswichtige Transport des Wassers und der darin gelösten Mineralsalze nicht unterbrochen.

Leitungsbahnen durchziehen die Pflanze von der Wurzel durch den Stengel oder Stamm bis in die Spitzen der Blätter. Wenn du ein Blatt gegen das Licht hältst, kannst du die Leitungsbahnen als fein verzweigte Blattadern erkennen (Abb. 1).

Der größte Teil des aufgenommenen Wassers wird von einer Pflanze wieder an die Luft abgegeben. Die Abgabe erfolgt als Wasserdampf über die Blätter. Man sagt, das Wasser verdunstet von den Blättern.

Manche Pflanzen geben große Mengen Wasser an die Luft. Man hat errechnet, daß aus einer Birke mit etwa 200 000 Blättern an einem Sonnentag rund 60 Liter Wasser verdunsten. An besonders heißen und trockenen Tagen sind es bis zu 400 Liter. Dies entspricht der Wassermenge von 40 Eimern Wasser, die jeweils 10 Liter Fassungsvermögen haben. Die Wasserabgabe wird ausgeglichen, indem die Pflanze durch die Wurzeln Wasser aus dem Boden aufnimmt.

Das von den Pflanzen aus dem Boden aufgenommene Wasser wird durch den Stengel oder Stamm bis in die Blätter geleitet. Von den Blättern verdunstet das Wasser an die Luft.

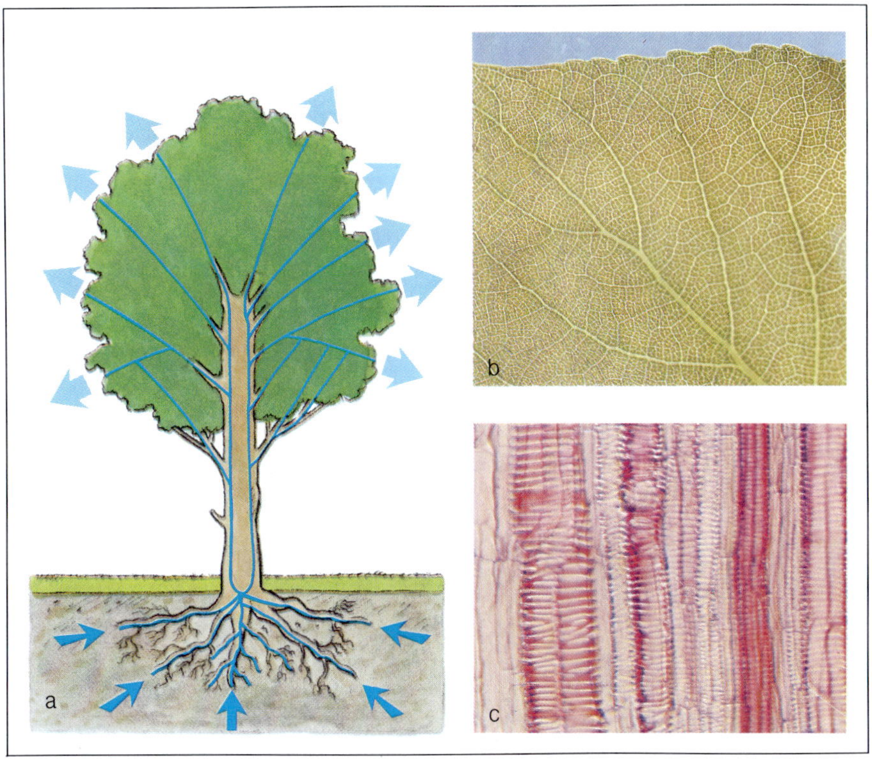

1 a Der Weg des Wassers in einem Baum, b Blattadern, c mikroskopische Aufnahme der Gefäße, in denen das Wasser in der Pflanze geleitet wird.

1.4 Pflanzen brauchen Licht

Versuche

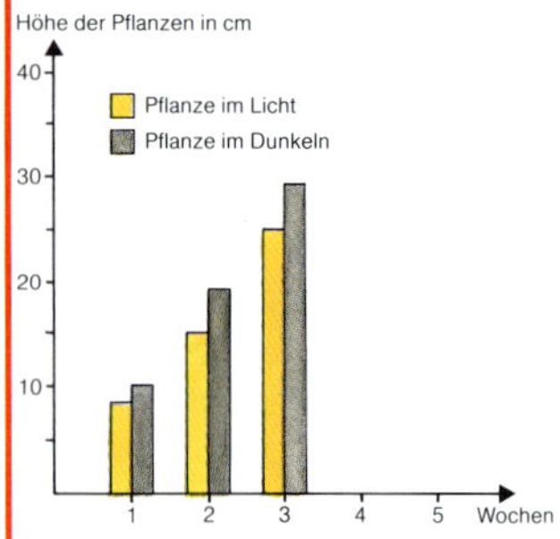

1. Pflanzen brauchen Licht

Fülle zwei Blumentöpfe mit feuchter Gartenerde. Stecke jeweils einen gequollenen Samen der Feuerbohne in die Mitte des Topfes. Bedecke ihn etwa fingerdick mit Erde. Stelle den einen Topf an einen sonnigen Platz, z. B. auf eine Fensterbank. Der andere Topf kommt in einen dunklen Raum. Versorge beide Pflanzen regelmäßig mit Wasser. Beobachte in den nächsten sechs bis acht Wochen jeden zweiten Tag die Entwicklung der Pflanzen in beiden Töpfen. Notiere deine Beobachtungen.
Miß jede Woche die Höhe der Bohnenpflanzen. Trage die Ergebnisse in ein Achsenkreuz ein. Auf diese Weise kannst du das Wachstum deiner Pflanzen zeichnerisch darstellen. Beschreibe den Verlauf des Wachstums beider Pflanzen. Prüfe, ob die Pflanzen gleichmäßig wachsen oder ob das Wachstumstempo unterschiedlich ist.

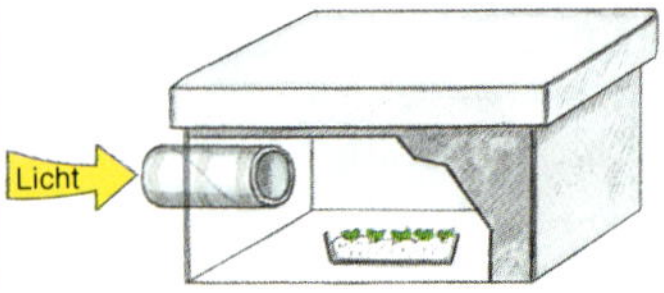

2. Pflanzen wachsen zum Licht

Säe Kressesamen auf feuchter Watte in einer kleinen Glasschale aus. Lasse die Samen keimen. Stelle die jungen Pflanzen unter einen Schuhkarton, in den du an einer Seite ein Loch geschnitten hast. Der Durchmesser sollte so groß sein, daß du eine Papprolle durchstecken kannst. Sorge dafür, daß Sonnenlicht durch die Öffnung in den Karton einfallen kann. Beobachte das Wachstum der Pflanzen in den nächsten vierzehn Tagen. Schreibe alle drei bis vier Tage deine Beobachtungen auf.

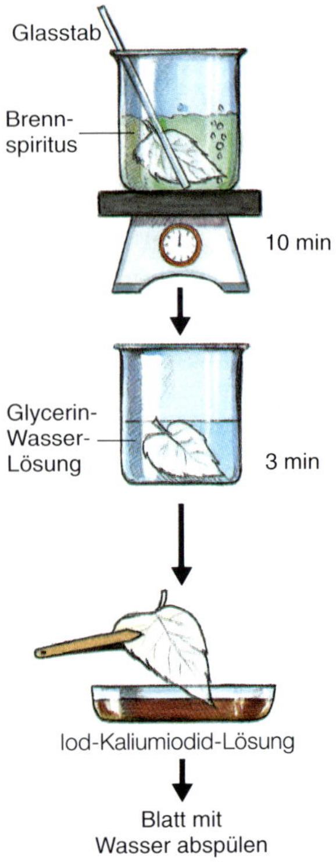

3. Stärkebildung im Blatt

Manche Pflanzen besitzen grün-weiß gescheckte Blätter, zum Beispiel Buntnessel, Efeu und Eschenahorn. Die weißen Teile des Blattes enthalten keinen grünen Blattfarbstoff. Sorge dafür, daß die Pflanze mindestens sechs Stunden gut belichtet wird. Nimm ein Blatt und zeichne zunächst seine Umrisse und dann die Verteilung der grünen und weißen Blattflächen in dein Heft.
Lege das Blatt anschließend in ein großes Becherglas, das mit etwa 100 ml Brennspiritus gefüllt ist. Stelle einen Glasstab in das Becherglas. Er verhindert ein plötzliches Aufwallen der Flüssigkeit beim Erhitzen. Benutze keine offene Flamme, denn Spiritus ist leicht entzündlich. Bringe den Spiritus auf einer Heizplatte vorsichtig zum Sieden. Lasse das Blatt etwa zehn Minuten im siedenden Spiritus. Das Blatt entfärbt sich und wird weißlich. Lege das Blatt jetzt in eine Lösung aus Leitungswasser und einigen Tropfen Glyzerin. Nimm das Blatt nach drei Minuten aus der Lösung heraus und lege es flach in eine Glasschale. Übergieße es mit einigen Millilitern verdünnter Iod-Kaliumiodid-Lösung. Durch diese Lösung wird Stärke blau gefärbt. Wasche das Blatt nach dem Anfärben kurz mit Leitungswasser ab.
Vergleiche deine Umrißzeichnung mit der nun auftretenden Färbung des Blattes. Schreibe auf, welche Teile des Blattes blau gefärbt sind. Erkläre das Versuchsergebnis.
Vorsicht: Bei diesem Versuch darf keine offene Flamme benutzt werden. Spiritus ist leicht entzündlich. Statt eines Glasstabes, der ein Aufwallen der Flüssigkeit verhindert, kann man auch Siedesteinchen oder einen Magnetrührer verwenden.

1 Fotosynthese

Eine im Dunkeln wachsende Pflanze wächst zunächst schnell in die Länge. Die Pflanze bleibt jedoch bleich und weißlich. Ihre Blätter verkümmern rasch. Der stark in die Länge gewachsene Sproß dieser Pflanze ist nicht stabil, er knickt ab. Schließlich stirbt die Pflanze. Eine Pflanze, die genügend Licht erhält, hat einen kräftigen grünen Sproß. Sie wächst und gedeiht gut.

Die Pflanze im Hellen stellt mit Hilfe des Sonnenlichtes in ihren Blättern Traubenzucker her. Zum Aufbau von Traubenzukker verwendet die Pflanze Wasser und einen Bestandteil der Luft, das Kohlenstoffdioxid. Dieser Vorgang kann nur bei Licht stattfinden. Er wird als **Fotosynthese** bezeichnet (Abb. 1). Fotosynthese findet nur in den Teilen der Pflanze statt, die den grünen Farbstoff, das **Chlorophyll,** enthalten. In Pflanzenteilen, die kein Chlorophyll enthalten, wird kein Traubenzucker aufgebaut. Der gebildete Traubenzucker wird im Blatt sofort in Stärke umgebaut, die von der Pflanze gespeichert werden kann.

Bei der Fotosynthese wandelt die Pflanze Lichtenergie in chemische Energie um. Im Traubenzucker ist diese Energie gespeichert. Beim Abbau des Traubenzuckers wird die Energie für die Pflanze verfügbar und kann für verschiedene Lebensvorgänge wie Zellteilung, Wachstum und Bewegung genutzt werden.

Blattstellung bei Kastanienblättern

Außer dem Traubenzucker entsteht bei der Fotosynthese Sauerstoff. Einen Teil des Sauerstoffs benötigen die Pflanzen für ihr Wachstum. Insgesamt bilden die Pflanzen bei der Fotosynthese mehr Sauerstoff, als sie für sich selbst brauchen. Dieser für die Pflanze überschüssige Sauerstoff wird an die Luft abgegeben. Er wird von Menschen und Tieren eingeatmet. Gleichzeitig stehen Pflanzen als Nahrung für Menschen und Tiere zur Verfügung. Ohne Pflanzen wäre auf der Erde tierisches und menschliches Leben nicht möglich.

Aufgaben

① Stelle den Aufbau von Traubenzucker bei der Fotosynthese durch eine Wortgleichung dar.

② Betrachte die Abbildung in der Randspalte. Dort ist die Blattstellung bei Kastanienblättern abgebildet. Schreibe auf, wie die Blätter hinsichtlich der Ausnutzung des auffallenden Lichtes angeordnet sind.

Grüne Pflanzen brauchen Licht. Aus Wasser und Kohlenstoffdioxid können sie im Licht Traubenzucker und Sauerstoff bilden. Diesen Vorgang nennt man Fotosynthese.

1.5 Einheimische Laubbäume

Hängebirke

Hängebirke

Vorkommen:	in lichten Wäldern und Parkanlagen
Höhe:	bis 30 m
Borke:	seidig weiß schimmernd mit schwarzer Musterung, glatt
Blätter:	rautenförmig, doppelt gesägt, im Frühjahr klebrig
Früchte:	geflügelte Nüßchen
Holz:	eignet sich zum Schnitzen
Verwendung:	Holz aus dem Wurzelbereich liefert Maserholz für Möbel

Rotbuche

Rotbuche

Vorkommen:	in Mischwäldern, besonders im Bergland
Höhe:	bis 45 m
Borke:	silbergrau, glatt
Blätter:	eiförmig, zugespitzt, ganzrandig, junge Blätter auf der Unterseite leicht behaart
Früchte:	stacheliger Fruchtbecher mit dreikantigen Nüssen, den Bucheckern
Holz:	schwer, hart
Verwendung:	Werkzeuge, Stühle, Tische, Sperrholz

Stieleiche

Vorkommen:	in Mischwäldern
Höhe:	bis 40 m
Borke:	schwarzgrau, rissig, starke Furchen
Blätter:	gebuchtet
Früchte:	Eicheln, sitzen in einem Becher mit langem Stiel
Holz:	hart, haltbar
Verwendung:	Möbel, Furnierholz

Hainbuche

Vorkommen:	in Mischwäldern
Höhe:	bis 25 m
Borke:	glatte Rinde, Stamm seilartig gedreht
Blätter:	eiförmig, zugespitzt, doppelt gesägt
Früchte:	große, blattartige, dreilappige Frucht-hülle mit Nüßchen
Holz:	weiß, sehr hart
Verwendung:	Schrauben, Walzen, Werkzeuge

1.6 Bäume und ihre Blätter

Aufgaben

① Trage in eine Karte von deiner Schule und ihrer Umgebung die Namen der von dir bestimmten Laubbäume ein. Benutze dazu die Seiten 16–19 in deinem Buch und zusätzlich ein Bestimmungsbuch.

② Wähle einen Laubbaum in der Umgebung der Schule oder zu Hause als „deinen“ Baum aus. Beobachte ihn im Verlaufe eines Jahres und notiere jeden Monat die Veränderungen. Schreibe zum Beispiel auf, wann die ersten Blätter zu sehen sind. Wie sehen Blätter und Blüten aus? Welche Tiere kannst du auf dem Baum beobachten?

③ Besucht im Sommer oder im Herbst einen Park oder einen Wald in Schulnähe. Bildet Gruppen zu je 4–5 Schülern. Jede Gruppe sammelt von jedem Laubbaum je zwei Blätter. Bestimmt mit Hilfe der Blätter die verschiedenen Bäume. Benutzt dazu die Bestimmungshilfe auf der nächsten Seite oder ein Bestimmungsbuch. Legt eine Blättersammlung an.

④ Überlegt einmal in der Klasse, ob das nächste Klassen- oder Schulfest ein Anlaß sein könnte, einen Baum zu pflanzen. Welcher Baum könnte es sein und wie könnt ihr die Auswahl begründen? Soll der ausgewählte Baum euer Klassenbaum werden, der eure Schulzeit begleitet? Wie bekommt ihr das Geld für diesen Baum zusammen, um ihn beim Gärtner oder in einer Baumschule kaufen zu können? Welche Personen müßt ihr um Erlaubnis bitten?

Biotip

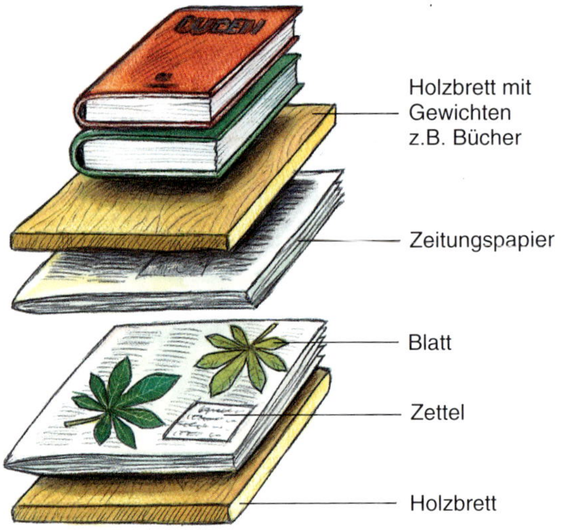

Wie man eine Blättersammlung anlegt

Um eine Blättersammlung zu bekommen, benötigst du eine Trockenpresse. Du kannst sie selbst herstellen. Sie besteht aus zwei etwa 30 cm x 35 cm großen Holzbrettern. Weiterhin brauchst du mehrere Tageszeitungen, die du zwischen die Bretter legst. Zum Pressen kannst du zwei bis drei große Ziegelsteine oder andere schwere Gegenstände benutzen. Sammle immer zwei Blätter von einem Baum, so daß du später Ober- und Unterseite des Blattes nebeneinander legen kannst und unterscheiden lernst. Notiere auf einem Zettel, wo und wann du die Blätter gesammelt hast. Lege den Zettel zu den Blättern.

Lege die beiden Blätter eines Baumes zum Trocknen zwischen das Zeitungspapier. Verfahre mit den übrigen Blättern genau so. Wechsele nach einem Tag das feuchte Zeitungspapier gegen trockenes aus, damit es nicht schimmelt. Wiederhole diesen Vorgang nach zwei Tagen. Achte dabei darauf, daß die Blätter glatt eingelegt sind. Nach etwa fünf Tagen sind die Blätter trocken. Klebe jeweils ein Blatt mit der Oberseite und eines mit der Unterseite auf einen Bogen Papier. Schreibe neben oder unter die Blätter, wo und wann du sie gefunden hast. In deiner Klasse kannst du die Blätter ausstellen und deine Sammelergebnisse mit denen deiner Klassenkameraden vergleichen.

Bestimmungshilfe für Laubbäume

Die Abbildungen auf dieser Seite zeigen verschiedene Blattformen und Blattränder. Lies immer beide Merkmalsbeschreibungen durch, also 1a und 1b. Entscheide dich dann für das zutreffende Merkmal. Die Zahl rechts neben der Beschreibung gibt an, mit welcher Zahl du weitermachen mußt.

Blattformen

einfache Blätter

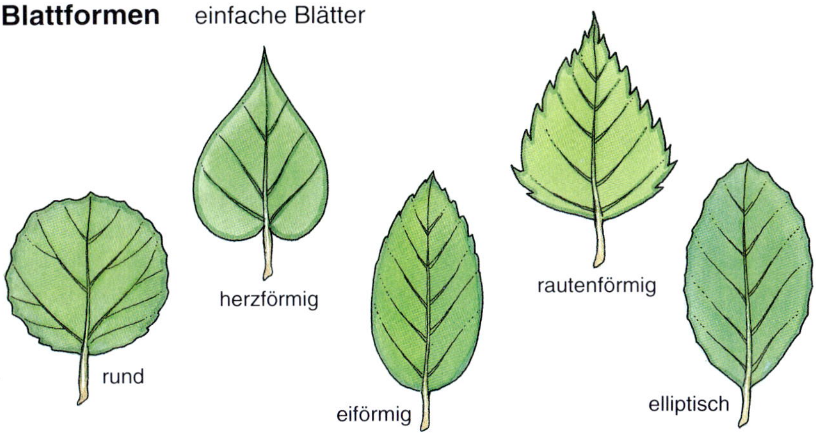

1a	Blätter gelappt oder gebuchtet	2
1b	Blätter anders gestaltet	6
2a	Blätter gelappt	3
2b	Blätter gebuchtet	5
3a	Lappen in mehreren dünnen Spitzen auslaufend	Spitzahorn
3b	Lappen gebuchtet oder unregelmäßig gesägt	4
4a	Lappen mit spitzen Einschnitten, Blattrand schwach gesägt	Bergahorn
4b	Lappen mit abgerundeten Einschnitten, Blattrand gebuchtet	Feldahorn
5a	Blattstiel kurz (4 bis 8 mm)	Stieleiche
5b	Blattstiel lang (1 bis 3 cm)	Traubeneiche
6a	Blätter kreisrund, stumpf gesägt	Zitterpappel
6b	Blätter anders gestaltet	7
7a	Blätter herzförmig	8
7b	Blätter rautenförmig oder eiförmig	9
8a	Blattrand gesägt, Unterseite blaugrün und unbehaart	Winterlinde
8b	Blattrand gesägt, Unterseite hell, bei jungen Blättern behaart	Sommerlinde
9a	Blätter eiförmig	10
9b	Blätter rautenförmig	11
10a	Blattrand glatt oder schwach gewellt	Rotbuche
10b	Blattrand gesägt	Hainbuche
11a	Blätter rautenförmig, Blattrand doppelt gesägt, Stiel dünn, 1,5 cm lang	Birke
11b	Blattrand gleichmäßig gesägt, Stiel abgeflacht, 2–4 cm lang	Schwarzpappel

zusammengesetzte Blätter

1a	handförmig geteiltes Blatt	Roßkastanie
1b	unpaarig gefiedertes Blatt	2
2a	5 bis 7 Fiederblättchen	Holunder
2b	mehr als sieben Fiederblättchen	3
3a	Meistens 9 bis 13 Fiederblättchen, Blattrand fein gesägt, Endblättchen am größten und mit 2 cm langem Stiel	Esche
3b	13 bis 15 Fiederblättchen, Blattrand grob gesägt bis auf 1 cm über der Basis, Endblättchen mit kurzem Stiel	Eberesche

Blattränder

2 Zellen

2.1 Lupe und Mikroskop erschließen die Welt des Kleinen

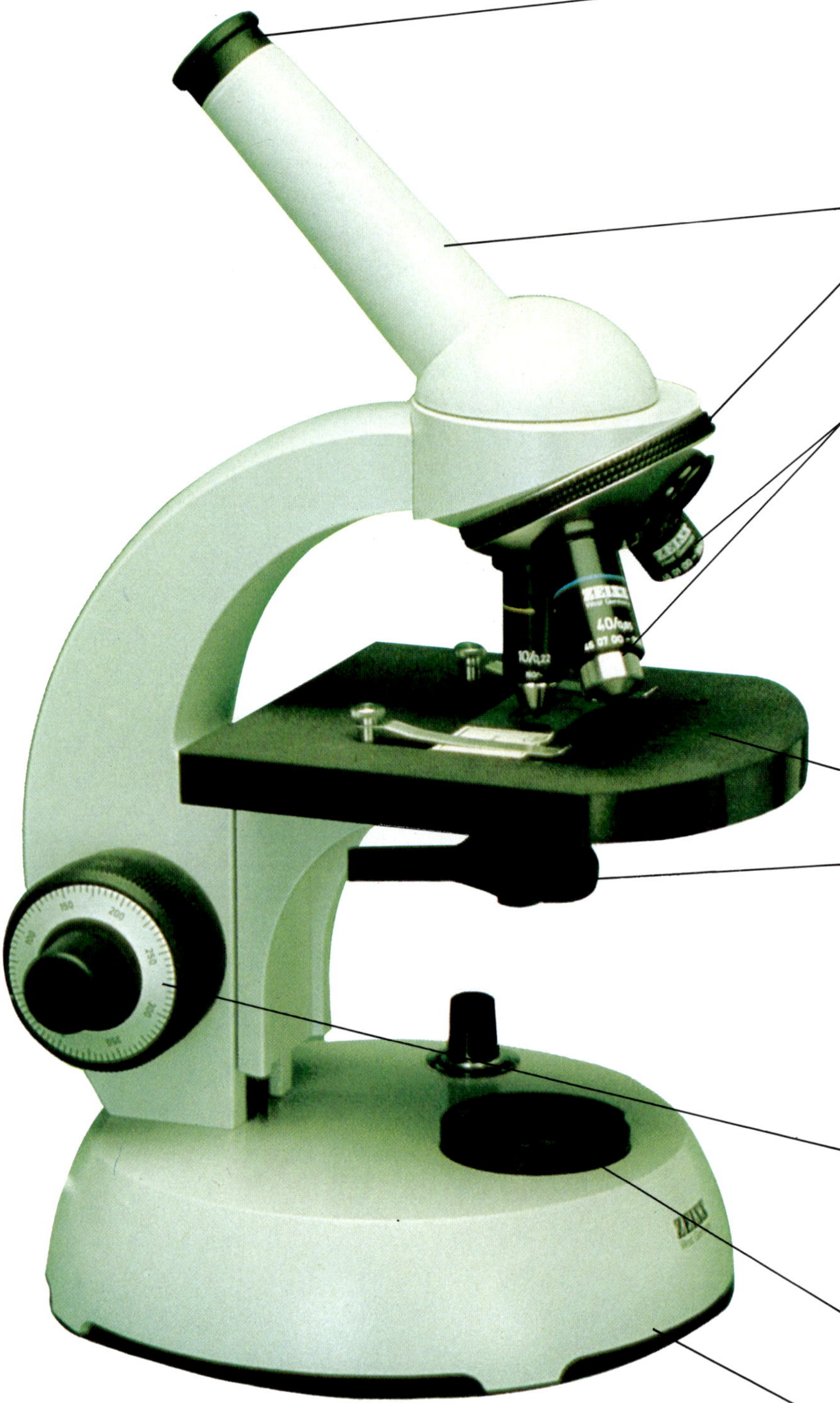

1 *Aufbau eines Mikroskops*

Okular

Das Okular enthält mehrere Linsen, die das untersuchte Objekt vergrößert erscheinen lassen. Auf der Fassung des Okulars ist angegeben, wievielfach es vergrößert. Steht dort beispielsweise „10 x", so ist damit gemeint, daß das Okular wie eine Lupe 10fach vergrößert. Beim Mikroskopieren schaust du durch das Okular in den Tubus hinein.

Tubus

Das Okular steckt in einer Röhre, dem Tubus.

Objektiv-Revolver

Am unteren Ende des Tubus sitzt der drehbare Objektivrevolver. Drei oder vier verschiedene Objektive sind in den Objektivrevolver eingeschraubt.

Objektive

In den Objektiven sind Linsen, ähnlich wie im Okular. Auch diese Objektivlinsen tragen dazu bei, daß das Objekt größer erscheint. Auf der Fassung eines Objektivs steht eine Zahl, die angibt, wievielfach das Bild vergrößert wird. Schulmikroskope haben meist Objektive mit 5-, 10- oder 40facher Vergrößerung. Okular und Objektiv tragen zusammen zur Vergrößerung des mikroskopischen Bildes bei. Wenn man z. B. ein 10fach vergrößerndes Objektiv zusammen mit einem 5fach vergrößernden Okular benutzt, ist die Gesamtvergrößerung 10 x 5 = 50fach.

Mikroskoptisch

Auf den Mikroskoptisch legt man das Objekt, das untersucht werden soll.

Blende

Mit der Blende reguliert man die Helligkeit des mikroskopischen Bildes. Man kann die Blende öffnen oder schließen. Bei großer Blendenöffnung wird das Objektiv stark durchleuchtet. Wenn man die Blende weiter schließt, ist die Helligkeit des Bildes geringer. Bei schwacher Vergrößerung muß die Blende weiter geschlossen werden, bei stärkerer Vergrößerung muß die Blende stärker geöffnet werden, sonst ist das Bild zu dunkel.

Grob- und Feineinstellung

Mit Hilfe der beiden Einstellschrauben wird der Abstand zwischen dem Objekt und dem Objektiv verändert. Nur wenn der Abstand stimmt, erscheint das Bild des Objekts im Mikroskop scharf.

Lichtquelle

In modernen Mikroskopen dient eine Leuchtbirne als Lichtquelle, ältere Mikroskope haben einen Spiegel.

Fuss

Der schwere Fuß gibt dem Mikroskop einen sicheren Stand.

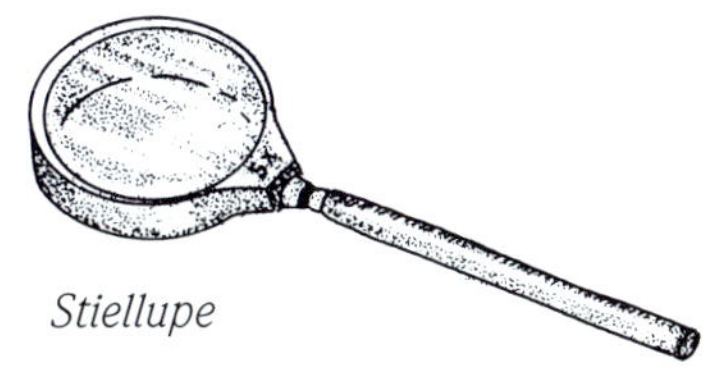

Stiellupe

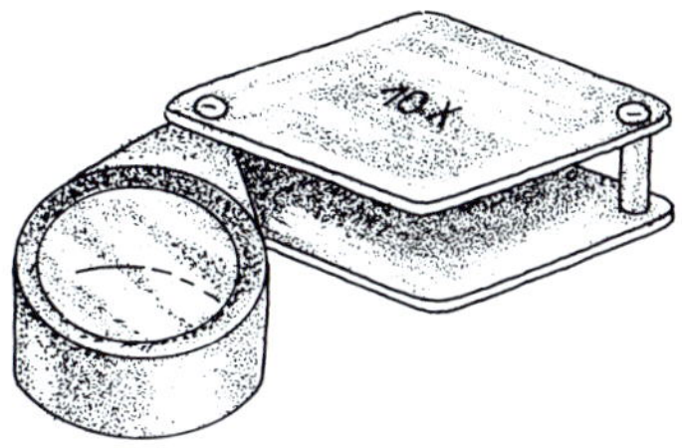

Einschlaglupe

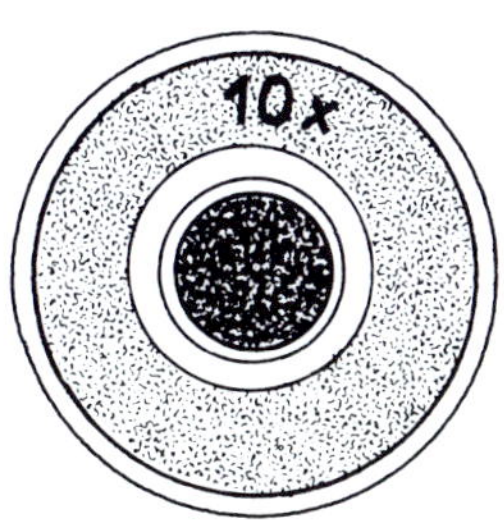

Okular

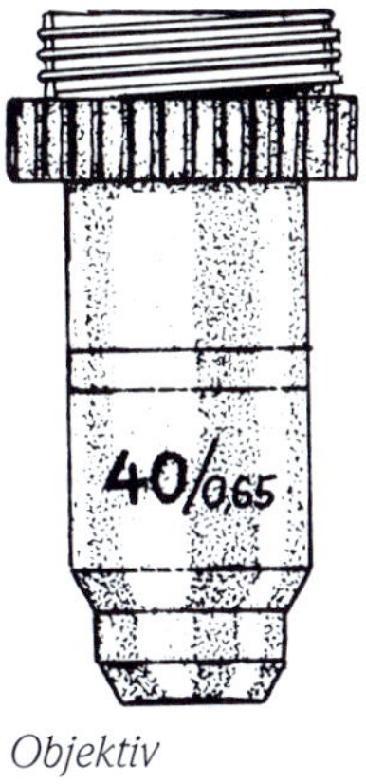

Objektiv

Gesamtvergrößerung des Mikroskops 10 x 40 = 400fach

Unsere Augen sehen nicht alles. Mit einen Vergrößerungsglas, einer **Lupe,** ist es jedoch möglich, Einzelheiten von Dingen zu erkennen, die für uns normalerweise nicht sichtbar sind. Wir erhalten dabei ein vergrößertes Bild des untersuchten Gegenstandes. Er kann zum Beispiel zehnmal so groß aussehen wie in Wirklichkeit. Man sagt dann, die Lupe vergrößert zehnfach.

Mit einer Lupe kann man zum Beispiel Ameisen, Blattläuse oder Blüten genauer anschauen und untersuchen. Manche älteren Leute, die schlecht sehen, benutzen eine Lupe zum Lesen. Briefmarkensammler betrachten mit der Lupe den Zustand ihrer Marken, Juweliere prüfen mit ihrer Hilfe die Qualität von Diamanten.

Die Lupe besteht aus einem gewölbten, durchsichtigen Glaskörper, der in einer Fassung aus Metall oder Kunststoff sitzt. An einem Stiel oder einer Fassung kann man die Lupe halten. Der Glaskörper wird Linse genannt. Seine Form erinnert an eine Schokolinse. Wenn man durch eine Linse blickt, dann erscheint der untersuchte Gegenstand, das Objekt, vergrößert.

Wenn man die Einzelheiten eines Objektes noch genauer betrachten will, oder von einem sehr kleinen Objekt ein stark vergrößertes Bild haben möchte, reicht eine Lupe nicht mehr aus. Man benutzt dann ein **Mikroskop** (Abb. 1). Im Okular und in den Objektiven eines Mikroskops sind jeweils mehrere Linsen angeordnet. Wenn man einen Gegenstand durch zwei oder mehr Linsen betrachtet, so erscheint er stärker vergrößert als bei einer einzigen Linse. Man kann mit einem Mikroskop entsprechend Feinheiten des Objekts erkennen, die man mit der Lupe nicht mehr sehen kann.

Eine Biologin beobachtet mit dem Mikroskop kleinste Lebewesen, ein Arzt untersucht das Blut einer Patientin. Besonders leistungsstarke Mikroskope vergrößern bis zu 2000fach. Für die meisten Untersuchungen genügt jedoch gewöhnlich eine schwächere Vergrößerung. Mit einem Schulmikroskop erreicht man gewöhnlich eine 400fache Vergrößerung.

Aufgaben

① Betrachte das Bild verschiedener Gegenstände mit einer Lupe: deinen Handrücken, deinen Daumennagel, deinen Pullover oder eine bunte Abbildung aus deinem Buch. Halte dabei die Lupe dicht vor ein Auge. Bewege Lupe und Auge zum Gegenstand hin. Halte dabei beide Augen offen. Das Bild des Gegenstandes wird zuerst deutlicher und dann wieder undeutlicher. Senke und hebe die Lupe so lange, bis das Bild des Gegenstandes deutlich zu sehen ist.

② Wenn man z. B. ein 5fach vergrößerndes Objektiv zusammen mit einem 5fach vergrößernden Okular benutzt, ist die Gesamtvergrößerung 5 x 5 = 25fach. Lege eine Tabelle an, in der die möglichen Vergrößerungen deines Schulmikroskopes eingetragen werden, z. B.:

	Objektiv		
	5x	10x	40x
Okular 5x	25x	...	...
Okular 10x	...	...	...

③ Schreibe deinen Namen auf ein Stück Papier. Betrachte deine Schrift mit dem Mikroskop. Was beobachtest du, wenn du das Papier nach rechts oder links, nach oben oder unten bewegst? Notiere deine Beobachtung.

④ Nimm ein Haar, lege es auf transparentes Millimeterpapier und betrachte es mit dem Mikroskop. Schätze die Dicke des Haares.

⑤ Befestige ein Stück von einer Feder mit durchsichtiger Klebefolie auf einem Objektträger. Untersuche es mit dem Mikroskop. Zeichne einen Ausschnitt aus der Fahne der Feder bei 200facher Vergrößerung. Beschrifte die Zeichnung mit Hilfe der Abb. 1, S. 203.

Lupe und Mikroskop sind Geräte, die von einem Gegenstand ein stark vergrößertes Bild liefern. So kann man vor allem mit dem Mikroskop Feinheiten von Gegenständen sichtbar machen, die man sonst nicht erkennen kann. Ein Mikroskop besteht aus: Okular, Tubus, Objektiv, Objektivrevolver, Mikroskoptisch, Blende, Lichtquelle, Fuß.

2.2 Wir mikroskopieren ein Moosblättchen

1 Moospflanze mit der Lupe untersucht

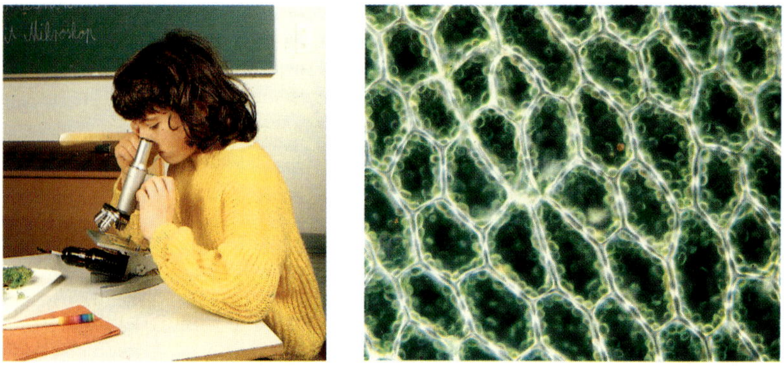

2 Moospflanze mit dem Mikroskop untersucht

In unseren Wäldern kommt das Sternmoos häufig vor. Es wächst dort in dichten, ausgedehnten Flächen. Wenn man solche Moosflächen mit bloßem Auge anschaut, so sieht man, daß sie aus vielen einzelnen Pflanzen bestehen. Mit Hilfe einer Lupe kann man die einzelnen Blättchen erkennen, die um den Stiel herum angeordnet sind (Abb. 1). Um noch weitere Feinheiten zu entdecken, muß man mit dem Mikroskop arbeiten (Abb. 2).

Wenn du ein Blättchen vom Sternmoos bei etwa 400facher Vergrößerung mikroskopisch untersuchst, erblickst du viele mehr oder weniger eckig geformte grüne Bereiche, die jeweils von einem hellen Rand umgeben sind. Die im Mikroskop flächig erscheinenden Bereiche sind in Wirklichkeit räumliche Gebilde. Sie werden **Zellen** genannt (Abb. 3). Zellen sind an allen Seiten von Zellwänden umgeben. So wie die Wände einer Plastikdose den Inhalt umschließen, so umgeben die Zellwände das Innere der Zelle (Abb. 4). Der Vergleich mit der Plastikdose dient dazu, daß du dir die räumliche Gestalt der Zelle besser vorstellen kannst. Die Plastikdose

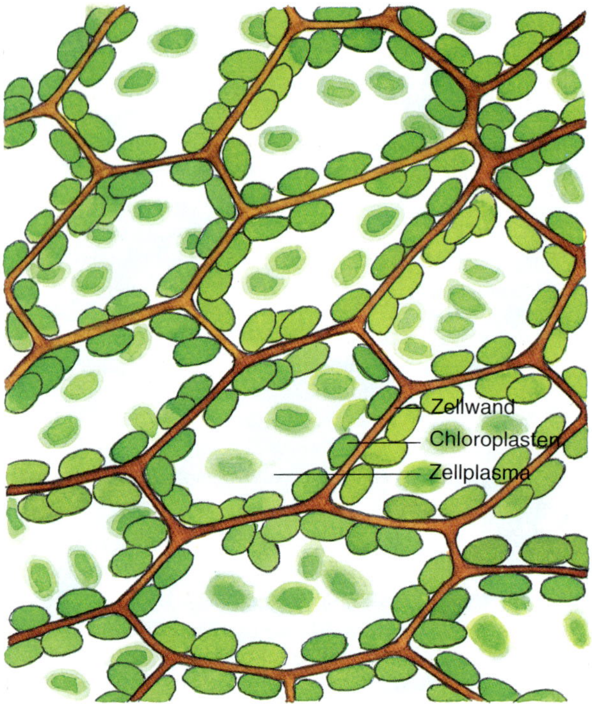

3 Schemazeichnung von Zellen des Moosblättchens

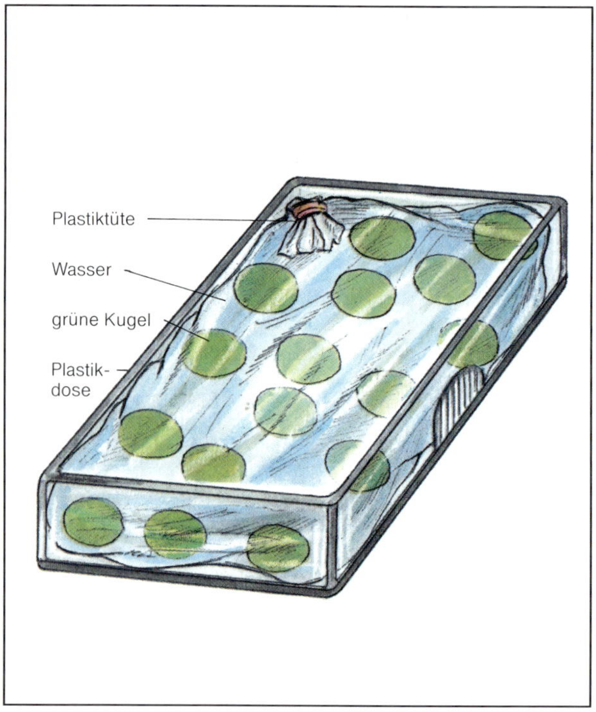

4 Modell einer Pflanzenzelle

stellt ein stark vereinfachtes Modell einer Zelle dar.

Bei starker Vergrößerung kannst du im Innern der Zellen der Moosblättchen zahlreiche kleine, grüne Körper erkennen, die linsen- bis kugelförmig sind. Es sind die **Chloroplasten.** Sie enthalten den Farbstoff Chlorophyll, der den Blättchen die grüne Farbe verleiht. Die Chloroplasten sind eingebettet in eine farblose, zähflüssige Substanz. Diese Substanz wird **Zellplasma** genannt. Das Zellplasma wird von einem dünnen Häutchen umgeben, der **äußeren Zellmembran.**

Aufgabe

① Schreibe auf, welche Teile der Plastikdose in Abb. 4 den Teilen einer pflanzlichen Zelle entsprechen. Welche Aufgaben haben die einzelnen Bestandteile der Zelle?
Fertige dazu eine Tabelle nach folgendem Muster in deinem Heft an:

Plastikdose/ Zellmodell	Zell-bestandteil	Aufgabe
Plastikwand	...	...
Plastiktüte	...	...
Grüne Kugeln	...	...
Wasser	...	...

Die Blättchen der Moospflanze bestehen aus Zellen. Zellen sind räumliche Gebilde, die von Zellwänden umgeben sind. Im Innern der Zellen liegt das Zellplasma. Die kugelförmigen Chloroplasten enthalten den Farbstoff Chlorophyll.

Arbeitsablauf beim Mikroskopieren

Präparat herstellen
↓
Lampe einschalten
↓
Präparat auflegen
↓
Objektiv mit der schwächsten Vergrößerung benutzen
↓
Mikroskopisches Bild scharf einstellen und Helligkeit regulieren
↓
Eventuell stärkere Vergrößerung wählen
↓
Zeichnung anfertigen

Ein Moosblättchen wird mikroskopiert

Wenn man beim Mikroskopieren gute Ergebnisse erzielen will, dann muß man die folgenden Arbeitsvorschriften beachten:

- Zupfe mit einer Pinzette vorsichtig ein Moosblättchen vom Stiel ab. Bringe einen Tropfen Wasser auf die Mitte des Objektträgers. Lege das Moosblättchen hinein. Bedecke das Blättchen anschließend mit einem Deckglas. Das ist ein dünnes Glasplättchen. Überschüssiges Wasser, das unter dem Deckglas vorquillt, kannst du mit etwas Filterpapier absaugen. Du hast jetzt ein Präparat vom Moosblättchen.

- Schalte die Mikroskoplampe ein. Lege das Präparat so auf den Mikroskoptisch, daß Licht durch das Objekt hindurchfallen kann. Beginne beim Mikroskopieren grundsätzlich mit dem am schwächsten vergrößernden Objektiv. Bei dieser Einstellung kannst du dein Objekt leicht und schnell finden.

- Drehe zunächst den Knopf für Grobeinstellung so, daß Präparat und Objektiv einander genähert werden. Schaue jetzt durch das Okular. Vergrößere durch Drehen an der Grobeinstellung langsam den Abstand zwischen Objektiv und Moosblättchen, bis dessen Strukturen zu erkennen sind. Benutze zum Schluß den Knopf für die Feineinstellung, um das Moosblättchen ganz scharf einzustellen. Reguliere mit der Blende gegebenenfalls die Helligkeit.

- Wenn du eine stärkere Vergrößerung einstellen willst, drehe am Objektivrevolver, bis das Objektiv mit der nächst stärkeren Vergrößerung einrastet. Reguliere mit Hilfe der Grob- und Feineinstellung gegebenenfalls die Schärfe nach. Öffne die Blende ein wenig, da sonst das Bild zu lichtschwach erscheinen kann.

- Zeichne zunächst die Umrisse von vier bis fünf benachbarten Zellen bei 50facher Vergrößerung. Die Zeichnung sollte mindestens eine halbe DIN-A4-Seite groß sein. Verwende zum Zeichnen einen spitzen Bleistift und linienfreies Papier. Fertige die Zeichnung einer Zelle bei 400facher Vergrößerung an. Beschrifte die gezeichneten Zellbestandteile. Nimm dabei die Abb. 3 zu Hilfe.

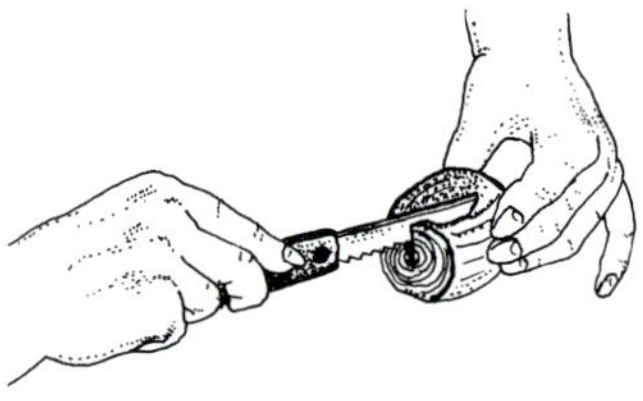

Zwiebel zerteilen

Zwiebelschuppe einschneiden

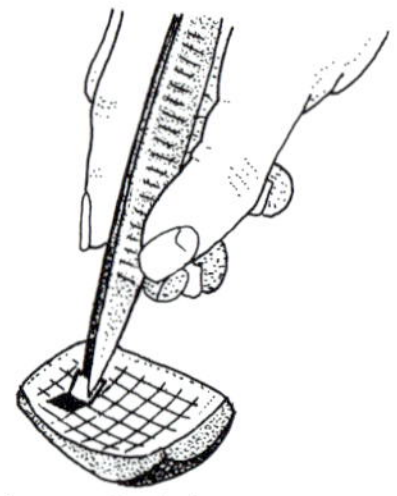

Häutchen abziehen

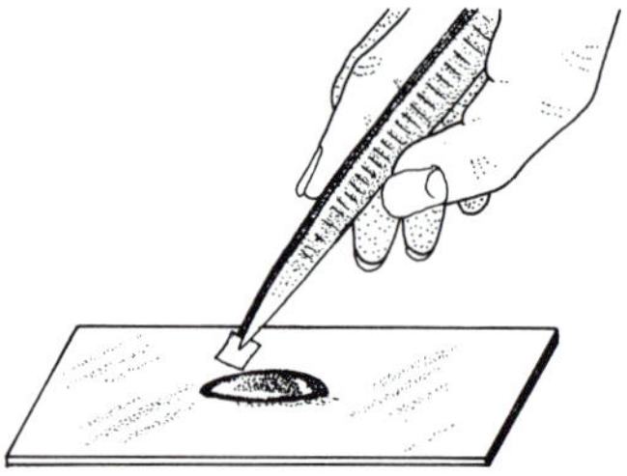

Häutchen auf dem Wassertropfen ausbreiten

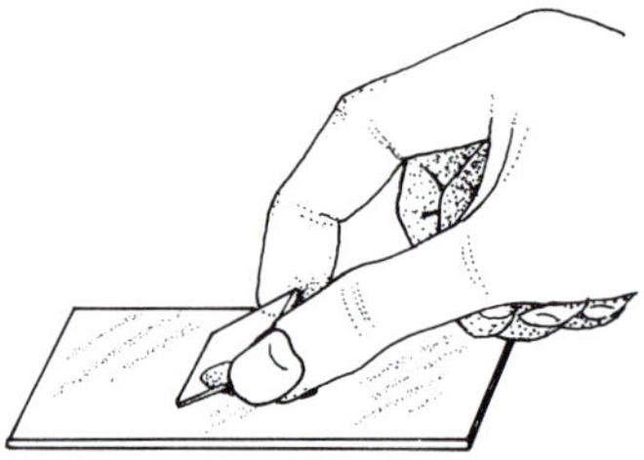

Deckglas auflegen

Wie man ein Präparat der Zwiebelhaut anfertigt

2.3 Lebewesen bestehen aus Zellen

Aufgaben

① Fertige ein Präparat der Zwiebelhaut an. Schneide mit einem Küchenmesser am oberen und unteren Ende einer Zwiebel jeweils ein Stück ab. Zerlege durch zwei Längsschnitte die Zwiebel in vier Teile. Jedes Viertel besteht aus mehreren schalenförmig gebogenen Teilstücken, die man Schuppen nennt. Benutze für die weitere Arbeit die dritte oder vierte Schuppe von außen. Die Innenseite jeder Schuppe wird von einem dünnen Häutchen bedeckt.
Zerteile mit einer scharfen Rasierklinge das Häutchen in viele kleine Vierecke. Hebe mit einer Pinzette ein kleines Viereck ab und lege es ausgebreitet in einen Wassertropfen auf den Objektträger. Senke das Deckglas langsam auf das Häutchen.
Stelle zunächst das Mikroskop so ein, daß es 50fach vergrößert und zeichne die Umrisse von vier bis fünf benachbarten Zellen. Zeichne anschließend eine einzelne Zelle bei 400facher Vergrößerung mit allen Einzelheiten. Deine Zeichnungen sollten jeweils auf die Hälfte eines DIN-A4-Blattes passen. Beschrifte die gezeichneten Zellbestandteile. Nimm dabei die Abb. 2 zu Hilfe.

② Gib mit einem Glasstab einen Tropfen verdünnter Methylenblau-Lösung auf einen Objektträger. Schabe mit einem sauberen Holzspatel an der Innenseite deiner Wange etwas Mundschleimhaut ab. Bringe den Belag, der am Spatel hängenbleibt, auf den Objektträger. Verrühre ihn vorsichtig in der Farbstofflösung. Lege ein Deckglas auf. Mikroskopiere zunächst bei 50facher, dann bei 400facher Vergrößerung. Fertige eine Zeichnung von einer Zelle der Mundschleimhaut an und beschrifte sie. Orientiere dich dabei an der Abbildung 4.

③ Zellen der Zwiebelhaut enthalten keine Chloroplasten. Finde eine Erklärung dafür.

④ Vergleiche pflanzliche und tierische Zellen. Notiere die Gemeinsamkeiten und Unterschiede in Form einer Tabelle.

Der Bau einer Pflanzenzelle läßt sich bei Zellen der Zwiebelhaut gut untersuchen (Abb. 1). Jede Zelle enthält eine zähflüssige Substanz, das **Zellplasma.** Es umhüllt als dünne Schicht an der Zellwand einen großen, von Flüssigkeit erfüllten Raum. Dieser Raum wird als **Vakuole** bezeichnet. Das Zellplasma der Zwiebelzellen enthält, im Gegensatz zu vielen anderen Pflanzenzellen, keine Chloroplasten. Im Zellplasma liegt der **Zellkern.** Er ist linsenförmig und erscheint in der Aufsicht

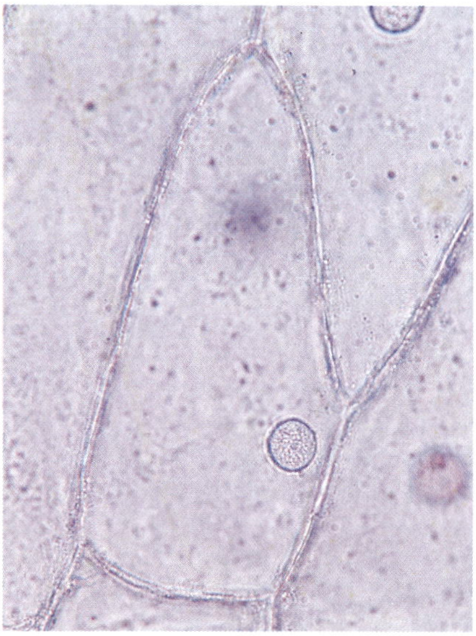

***1** Zellen der Zwiebelhaut*

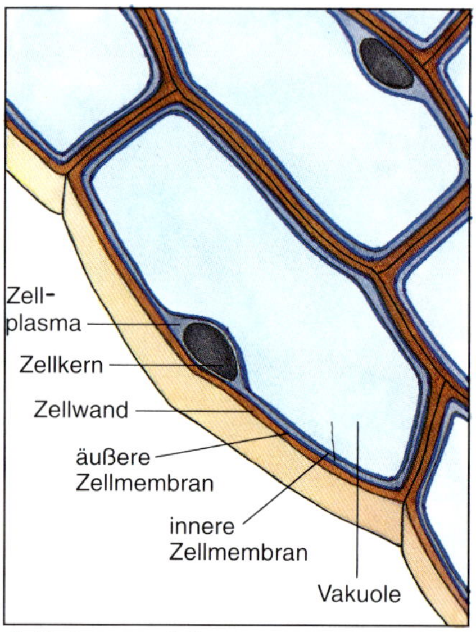

***2** Schemazeichnung von Zellen der Zwiebelhaut*

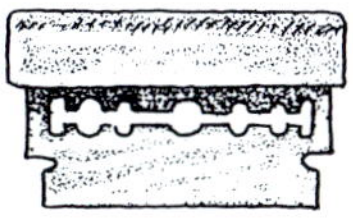

Rasierklinge

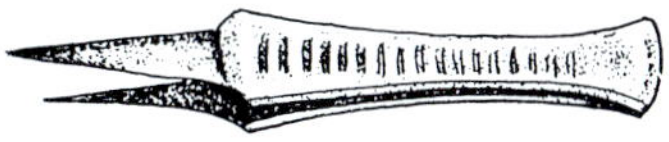

Pinzette

Küchenmesser

Geräte zum Präparieren

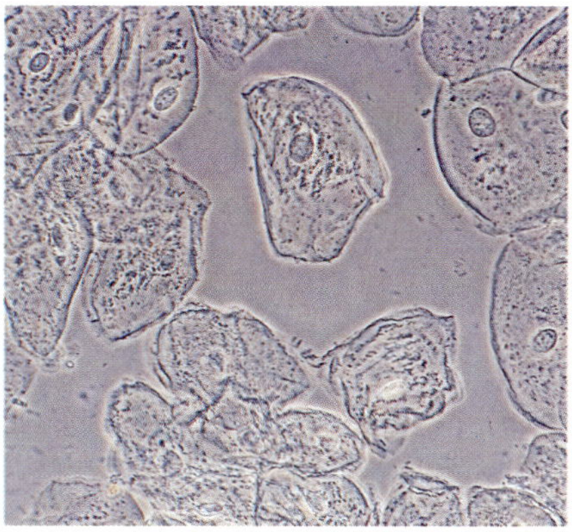

3 Zellen der Mundschleimhaut

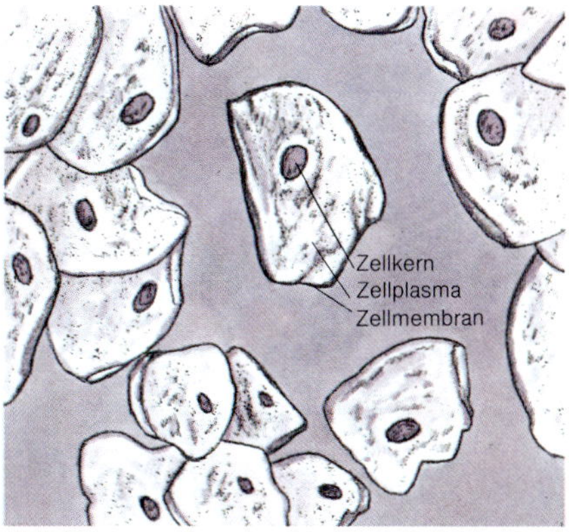

4 Schemazeichnung von Zellen der Mundschleimhaut

rund. Ein dünnes Häutchen grenzt das Plasma zur Vakuole hin ab. Man bezeichnet es als **innere Zellmembran.** Die **äußere Zellmembran** grenzt das Zellplasma nach außen hin ab. Darauf folgt die stabile **Zellwand.**

Die Zellwand verleiht der pflanzlichen Zelle eine feste Form. Gleichzeitig ist sie durchlässig für Wasser und die darin gelösten Stoffe. So kann die Zelle Stoffe aufnehmen oder nach außen abgeben. Die Zellwand ist dabei nicht im Wege.

Durch die mikroskopische Untersuchung erkennt man, daß auch die Mundschleimhaut des Menschen aus Zellen aufgebaut ist. Jede Zelle besteht aus Zellplasma, einer Zellmembran und einem Zellkern (Abb. 3). Die Zellmembran erscheint als feine Linie. Im Innern der Zelle liegt der Zellkern.

Alle Lebewesen – Pflanzen, Tiere und Menschen – sind aus Zellen aufgebaut. Alle Zellen bestehen aus Zellplasma, Zellmembranen und einem Zellkern. Bei pflanzlichen Zellen findet man darüber hinaus noch Zellwände, Vakuolen und Chloroplasten (Abb. 5).

Lebewesen sind aus Zellen aufgebaut. Zellen sind räumliche Gebilde, die aus einem Zellkern, Zellplasma und Zellmembranen bestehen. Pflanzliche Zellen besitzen darüber hinaus noch Zellwände, Vakuolen und Chloroplasten.

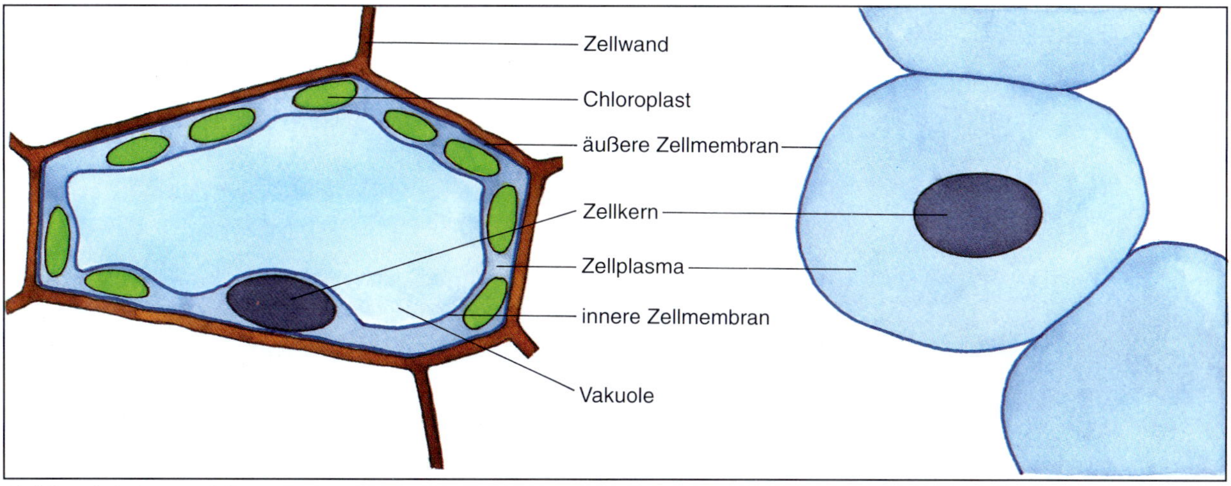

5 Vergleich von Pflanzenzelle und Tierzelle

3 Fortpflanzung und Entwicklung bei Pflanzen

3.1 Blüten und ihr Aufbau

1 Kirsche, aufgeschnitten

2 Zweijährige Kirschpflanze

3 Alter Kirschbaum

4 Kirschblüte, längs durchgeschnitten

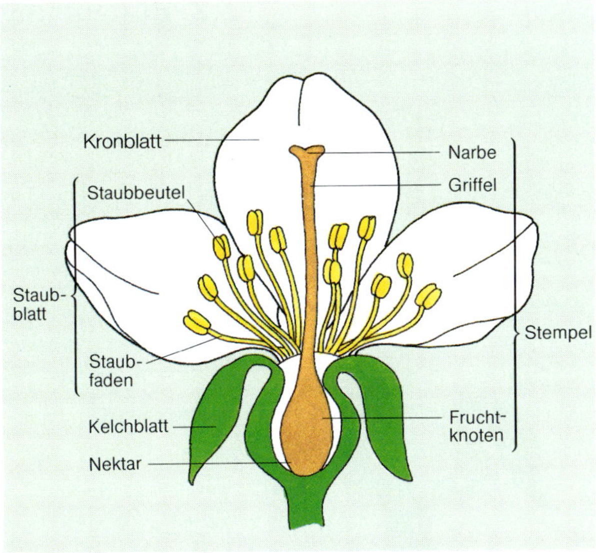

5 Schemazeichnung einer Kirschblüte

6 Blüten, längs durchgeschnitten

Kirschzweige kann man in der Wohnung schon im März zum Blühen bringen. Stellt man die Zweige in ein Gefäß mit Wasser, so öffnen sich bald die Blütenknospen. Im Freien wird die Temperatur, die für das Aufblühen notwendig ist, erst später erreicht. Daher blühen Kirschbäume im Freien erst Ende April, Anfang Mai. Einen blühenden Kirschbaum erkennt man dann schon von weitem an seinen vielen weißen Blüten.

Eine einzelne Kirschblüte besteht aus verschiedenen Teilen (Abb. 4, 5). Am Ende des Blütenstiels liegt der **Blütenboden.** An seinem Rand sitzen fünf schmale, grüne Blättchen, die **Kelchblätter.** Sie umschließen die inneren Blütenteile vor dem Aufblühen wie ein Kelch. Fünf große, weiße **Kronblätter** bilden zusammen die Krone der Kirschblüte. Sie sind die auffälligsten Teile der Blüte.

Auf die Kronblätter folgen weiter nach innen viele **Staubblätter.** Jedes besteht aus einem dünnen Stielchen, dem **Staubfaden,** und einer gelblichen Verdickung am oberen Ende, dem **Staubbeutel.** Er enthält feinen Blütenstaub, die **Pollenkörner.** Wenn der Staubbeutel bei warmem Wetter aufplatzt, werden die Pollenkörner frei.

In der Mitte der Kirschblüte steht ein grünes, längliches Gebilde, das einem auf dem Kopf stehenden Stempel ähnelt und daher **Stempel** genannt wird. Der verdickte Teil des Stempels nahe dem Blütenboden ist der **Fruchtknoten.** Daraus bildet sich später die Kirschfrucht. Der längliche Teil des Stempels heißt **Griffel.** Der obere Teil des Stempels ist die klebrige **Narbe.**

Ein Vergleich mit anderen Kirschblüten zeigt, daß alle gleich aufgebaut sind. Die Blüten anderer Pflanzen sind anders aufgebaut (Abb. 6). Man findet bei ihnen aber alle Blütenteile, die auch bei der Kirschblüte vorkommen.

Aufgaben

① Besorge dir Kirschblüten. Beschreibe die Anordnung und Anzahl der Blütenteile bei einer einzelnen Blüte. Nimm dazu Abb. 4 und 5 zu Hilfe.

② Beschreibe den Aufbau der Blüten von Raps, Hahnenfuß und Taubnessel (Abb. 6). Benutze dazu die Begriffe Blütenboden, Kelchblätter, Kronblätter, Staubblätter, Narbe, Griffel, Fruchtknoten.

Im April und Mai blühen die Kirschbäume. Eine einzelne Kirschblüte besteht aus Kelchblättern, Kronblättern, Staubblättern und Stempel.

3.2 Bestäubung und Befruchtung

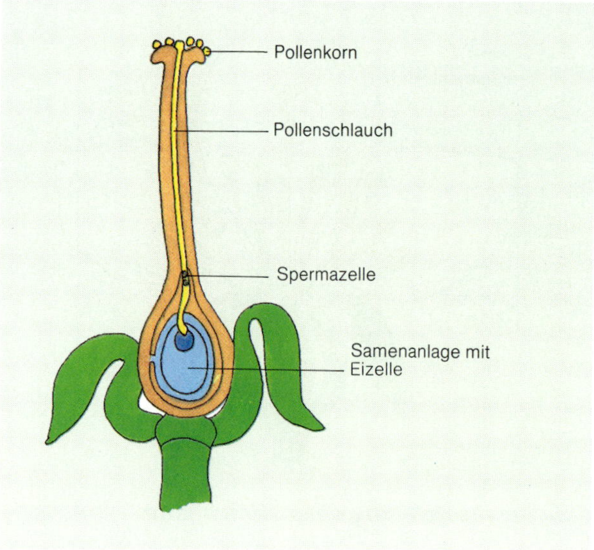

1 Befruchtung bei der Kirschblüte

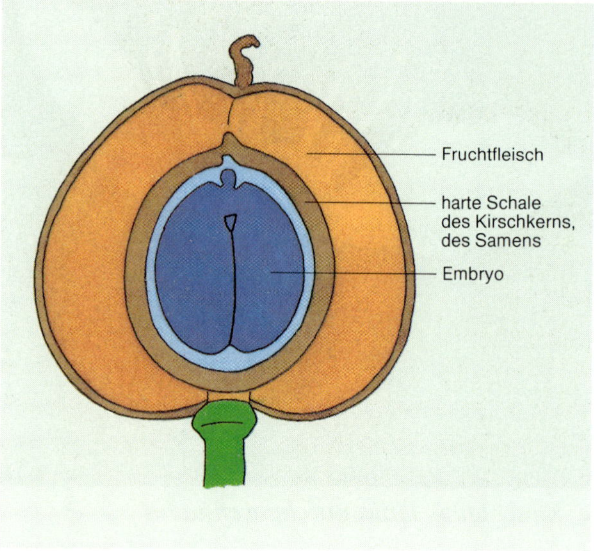

2 Frucht der Kirsche

Auch bei Menschen und bei Tieren nennt man ein Lebewesen in einem frühen Entwicklungsabschnitt Embryo.

Bei warmem und trockenem Wetter werden Kirschblüten von vielen Bienen besucht. Die auffälligen Kronblätter locken die Bienen an. Auch der Duft der Blüten und ihre Form spielen dabei eine Rolle. Werden die Kronblätter von Kirschblüten entfernt, fliegen Bienen diese Blüten meist nicht mehr an. Wenn eine Biene auf einer Kirschblüte gelandet ist, krabbelt sie zum Innern der Blüte, streckt ihren Rüssel aus und saugt Flüssigkeit vom Boden der Kirschblüte. Dieses wiederholt sie kurze Zeit später bei anderen Kirschblüten.

Untersuchungen haben ergeben, daß die Flüssigkeit am Blütenboden süß ist. Man nennt sie **Nektar.** Bienen bilden aus Nektar Honig. Zusätzlich sammeln Bienen Pollenkörner als Nahrung für die Aufzucht der jungen Bienen im Bienenstock.

Wenn man eine Biene beim Blütenbesuch genau beobachtet, kann man feststellen, daß sie dabei die Staubbeutel berührt. Dabei bleiben viele Pollenkörner an ihr hängen. Beim Besuch der nächsten Kirschblüte geschieht das gleiche. Schließlich befördert die Biene an ihrem Körper Pollenkörner von verschiedenen Kirschblüten. Berührt sie beim Umherkrabbeln an einer Blüte die klebrige Narbe, bleiben einige Pollenkörner daran haften. Wenn Pollen auf die Narbe einer Blüte übertragen wird, spricht man von **Bestäubung.**

Auf der Narbe entwickelt sich meistens aus jedem Pollenkorn ein Pollenschlauch. Ein Pollenschlauch dringt in die Narbe ein und wächst durch das Innere des Griffels zum Fruchtknoten (Abb. 1). Darin ruht die **Samenanlage,** aus der sich später der Kirschsamen entwickelt. In die Samenanlage ist eine weibliche **Eizelle** eingebettet.

In einem Pollenschlauch befinden sich männliche **Spermazellen.** Durch den Pollenschlauch erreichen sie die Eizelle. Wenn Spermazelle und Eizelle verschmelzen, nennt man das **Befruchtung** (Abb. 1).

Mit der Befruchtung beginnt die Entwicklung eines neuen Lebewesens. Aus der befruchteten Eizelle entwickelt sich ein winziges Kirschpflänzchen, der **Embryo** (◁). Daraus kann später eine junge Pflanze mit grünen Blättchen und schließlich ein mächtiger Kirschbaum entstehen (Abb. 1–3, Seite 26)

Für eine gute Süßkirschernte ist es wichtig, daß in der Nähe eines Süßkirschbaumes noch andere Süßkirschbäume stehen. Wenn Pollenkörner aus den Blüten des einen Baumes auf die Narben eines anderen Baumes gelangen, nennt man das **Fremdbestäubung.** Nur dann kann es zur Befruchtung bei Süßkirschen kom-

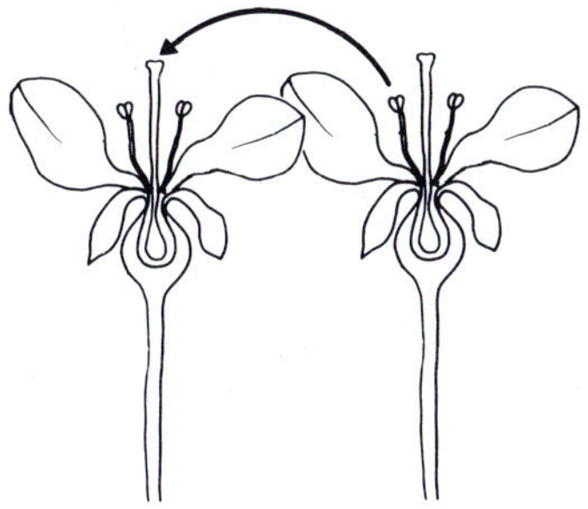

Fremdbestäubung

Selbstbestäubung

Versuch

Beobachtung von Pollenschläuchen mit dem Mikroskop
Übertrage mit Hilfe eines Pinsels Pollen aus frisch geöffneten Blüten vom Fleißigen Lieschen auf einen Objektträger. Gib darauf einen Tropfen einer 10 % bis 15 %igen Rohrzuckerlösung. Decke mit einem Deckglas ab. Beobachte sofort danach und in Abständen von 10 Minuten über einen Zeitraum von 30 bis 60 Minuten mit 100facher Vergrößerung. Wenn du die Kondensorblende des Mikroskops etwas stärker schließt, lassen sich die feinen Pollenschläuche besser erkennen. Bereits nach 10 bis 15 Minuten treten die ersten Pollenschläuche auf.

Biotip

Wegen ihrer Bedeutung als Bestäuber und Nektarsammler stehen Bienen unter Naturschutz. Vor allem im Frühjahr haben Bienen Schwierigkeiten, genug Nahrung für ihre Brut zu bekommen. Die Blüten der Salweide – auch Kätzchen genannt – liefern in dieser Jahreszeit Nahrung für Bienen.
Brich deshalb keine Weidenzweige ab.

men. Bei Apfel, Birne und vielen anderen Blütenpflanzen ist ebenfalls Fremdbestäubung für die Fruchtbildung notwendig. Bei manchen Sauerkirschen, bei Erbsen und Bohnen ist das nicht notwendig. Bei diesen Pflanzen entwickeln sich Früchte, wenn Pollenkörner von den Staubbeuteln auf die Narbe derselben Blüte gelangen. Wir sprechen dann von einer **Selbstbestäubung.** Eine Selbstbestäubung liegt auch vor, wenn Pollen bei derselben Pflanze von Blüte zu Blüte übertragen wird.

Aufgaben

① Beschreibe Bestäubung und Befruchtung bei der Kirsche. Nimm dazu den Text zu Hilfe.

② Unterscheide anhand der Zeichnung in der Randspalte und des Textes Fremdbestäubung und Selbstbestäubung.

③ In manchen Jahren ist es zur Zeit der Kirschblüte sehr kalt, mitunter friert es sogar. In solchen Jahren fällt die Kirschernte vergleichsweise gering aus. Begründe!

④ Aus dem Katalog einer Gärtnerei: „Süßkirsche ‚Kassins Frühe': Wertvolle Frühkirsche. Großfrüchtige, schwarzrote Herzkirsche, weich, wohlschmeckend; wind- und regenempfindlich, platzt leicht. Ertrag früh, hoch; wächst stark, braucht nährstoffreichen Boden; frostempfindlich. Blüte mittelfrüh. Bestäubersorten unter anderem: Große Prinzessinkirsche; Büttners rote Knorpelkirsche, Hedelfinger Riesen."
Entnimm dem Katalogtext, welche Gegebenheiten den Ernteerfolg bei ‚Kassins Frühe' beeinflussen können.

Pollenkörner können von einer Blüte auf die Narbe einer anderen Blüte übertragen werden. Dies nennt man Bestäubung. Aus Pollenkörnern können Pollenschläuche wachsen, die Spermazellen enthalten. Eine Samenanlage enthält eine Eizelle. Wenn Spermazelle und Eizelle verschmelzen, spricht man von Befruchtung.

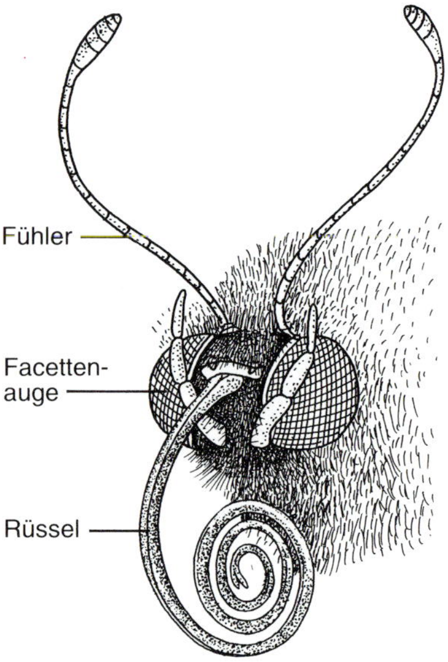

Kopf eines Schmetterlings

3.3 Bestäubung durch Insekten und Wind

Bei der Kirsche müssen die Blüten von Insekten bestäubt werden, damit Früchte entstehen können. Das ist auch bei vielen anderen Blütenpflanzen so. Bienen, Schmetterlinge, Käfer, Fliegen, Hummeln und Wanzen (Abb. 1–4) übertragen Pollen, wenn sie Blüten besuchen.

Es gibt lange, röhrenförmige Blüten, die vor allem von Schmetterlingen aufgesucht werden. Diese Insekten haben einen langen, aufrollbaren Rüssel, mit dem sie Nektar vom Blütenboden aufsaugen. Beim Kleinen Fuchs (Abb. 3) ist der Rüssel 1,5 cm lang. In manchen röhrenförmigen Blüten liegt der Nektar für Bienen und Fliegen zu tief. Insekten mit kurzem Rüssel können nur aus flachen oder kurzen Blüten erfolgreich Nektar saugen. Der Rüssel der Honigbiene ist nur 0,6 cm lang.

Lichtnelken haben tiefe, trichterförmige Blüten, auf deren Boden sich Nektar befindet. Nur Schmetterlinge mit sehr langem Rüssel können an den Nektar gelangen. Bei der Weißen Lichtnelke hängen die Kronblätter tagsüber schlaff herab. Am Abend jedoch öffnen sich die Blüten, und Duft strömt aus, durch den Nachtschmetterlinge angelockt werden (Abb. 5).

Zu Beginn des Frühjahrs, wenn sich aus den Knospen noch keine Blätter entwickelt haben, verstäuben die herabhängenden, gelben Kätzchen der Hasel ihre Pollenkörner (Abb. 6). Die gelben Kätzchen sind die männlichen Blüten der Hasel. Jedes Kätzchen eines Haselstrauches bildet ungefähr 200 Millionen Pollenkörner. Die Pollenkörner werden mit dem Wind davongetragen. Dabei gelangen sie auch auf die klebrigen Narben der weiblichen Blüten (Abb. 6). Pflanzen, bei denen der Wind die Bestäubung übernimmt, werden als **Windblütler** bezeichnet.

Aus den unscheinbaren weiblichen Blüten des Haselstrauches ragen die roten

1 Honigbiene mit Pollenkörnern

2 Schwebfliege

3 Kleiner Fuchs

4 Blütenbockkäfer

5 Nachtschmetterling besucht Weiße Lichtnelke

Hasel, Kiefer, Eiche und Buche sind Beispiele für einhäusige Pflanzen. Die Salweide ist eine zweihäusige Pflanze.

Zu den Windblütlern gehören auch die Getreidepflanzen, Gräser, Eiche, Buche, Birke und die Nadelbäume.

Narben des Stempels heraus. Nektar wird von den weiblichen Blüten nicht gebildet. Beim Haselstrauch sitzen männliche und weibliche Blüten auf einer Pflanze. Das nennt man **einhäusig.** Bei **zweihäusigen** Pflanzen sind männliche und weibliche Blüten auf verschiedenen Pflanzen (Abb. 7).

Bei Windblütlern sind die Staubblätter dem Wind ausgesetzt, und die Narben liegen frei. Windblütler stellen keinen Nektar her, duften nicht, und ihr Pollen ist nicht klebrig. **Insektenblütler** haben klebrige Pollen, die nicht vom Wind fortgeweht werden. Insektenblütler stellen Nektar her, und ihre Blüten duften. Farbige Kronblätter locken Insekten an. Die Pollenkörner sind klebrig und haften gut am Körper der Insekten.

6 Hasel im Frühjahr und im Herbst

Aufgaben

① Beschreibe anhand des Textes und der Abb. 6 die Windbestäubung bei der Hasel.

② Schreibe Unterschiede zwischen Insektenblütlern und Windblütlern auf. Übertrage dazu eine Tabelle nach folgendem Muster in dein Heft:

	Windblütler	Insektenblütler
Sind Staubblätter und Narben im Inneren der Blüten?		
Duften die Blüten?		
Sind die Kronblätter farbig oder weiß?		

③ Erläutere anhand der Abb. 7 die Begriffe: zwittrig, getrenntgeschlechtlich, einhäusig und zweihäusig.

④ Man kann Blüten beobachten, die sowohl von Hummeln, Fliegen, Käfern als auch von Schmetterlingen angeflogen werden. Manche Blüten werden fast nur von Schmetterlingen angeflogen. Nenne dafür mögliche Ursachen.

Windblütler haben Eigenschaften, die die Bestäubung durch Wind erleichtern. Insektenblütler locken mit farbigen Kronblättern, mit Duft und Nektar Insekten an, die die klebrigen Pollenkörner von Blüte zu Blüte übertragen.

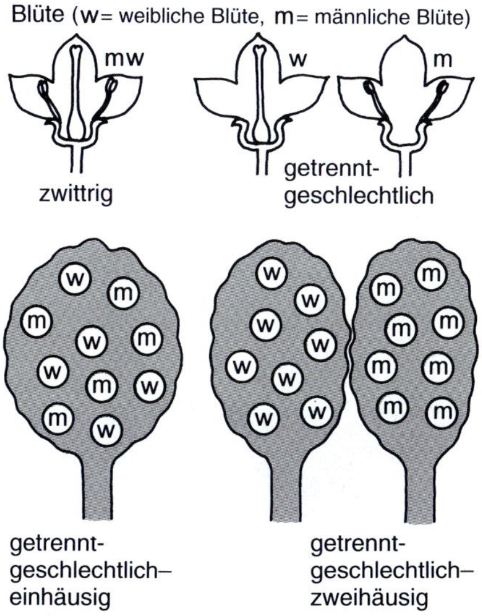

7 Schema zur Blütenverteilung

3.4 Die Kiefer, eine nacktsamige Pflanze

1 Kiefer

2 Kiefernzweig mit Zapfen

Kiefern wachsen in Moor- und Heidegebieten und auf Sandböden (Abb. 1). Kiefern besitzen lange Pfahlwurzeln und weit verzweigte Seitenwurzeln. Sie können sowohl aus der Tiefe als auch aus den oberen Bodenschichten Wasser und Mineralsalze aufnehmen. Kiefern halten auch starken Winden stand, da sie mit den Wurzeln gut im Boden verankert sind. Die Blätter der Kiefer bestehen aus schmalen Nadeln, die paarweise an den Ästen sitzen (Abb. 2, 3).

Kiefern blühen von Mai bis Juni. Am Ende der jungen Triebe sitzen die gelblichen männlichen Blüten (Abb. 3). Jede männliche Blüte ist aus vielen Staubblättern zusammengesetzt (Abb. 4). Jedes Staubblatt enthält zwei Pollensäcke. Bei trockenem Wetter rieseln aus den Pollensäcken riesige Mengen Pollenkörner auf den Boden. Manchmal sind Boden- und Wasserflächen mit den schwefelgelben Pollenkörnern der Kiefern bedeckt, so daß man von „Schwefelregen" spricht. Die Pollen sind durch zwei Luftsäcke besonders schwebefähig und können mit dem Wind über hundert Kilometer weit fortgetragen werden. Sie gelangen so zu den weiblichen Blüten anderer Kiefern.

Die weiblichen Blütenstände sitzen ebenfalls an den Spitzen der jungen Triebe. Es sind kleine, rötliche Zapfen (Abb. 3). Jeder Zapfen besteht aus Samenschuppen mit je zwei Samenanlagen. Diese Samenanlagen liegen nicht in einem Fruchtknoten eingeschlossen, sondern „nackt" auf der Samenschuppe (Abb. 4). Pflanzen mit solchen Samenanlagen nennt man **Nacktsamer.** Alle Nadelbäume gehören zu den Nacktsamern. Bei Tulpen, Kirschen und vielen anderen Blüten, sind die Samenanlagen von einem Fruchtknoten umgeben. Solche Pflanzen gehören zu den **Bedecktsamern.**

Nach der Bestäubung verkleben die Schuppen des Kiefernzapfens, so daß die Samenanlagen gut geschützt sind. Der Zapfen wird dicker und grün. Erst ein Jahr nach der Bestäubung findet die Befruchtung statt. Im Laufe des zweiten Jahres nach der Bestäubung wird der Zapfen braun und holzartig und wächst zu seiner endgültigen Größe heran. Im Frühjahr des dritten Jahres spreizen sich bei trockenem Wetter die Schuppen des Zapfens, so daß die geflügelten Früchte herausfallen können (Abb. 2). Sie werden vom Wind weggetragen, fallen irgendwo auf den Boden

3 Männliche und weibliche Blüten der Kiefer

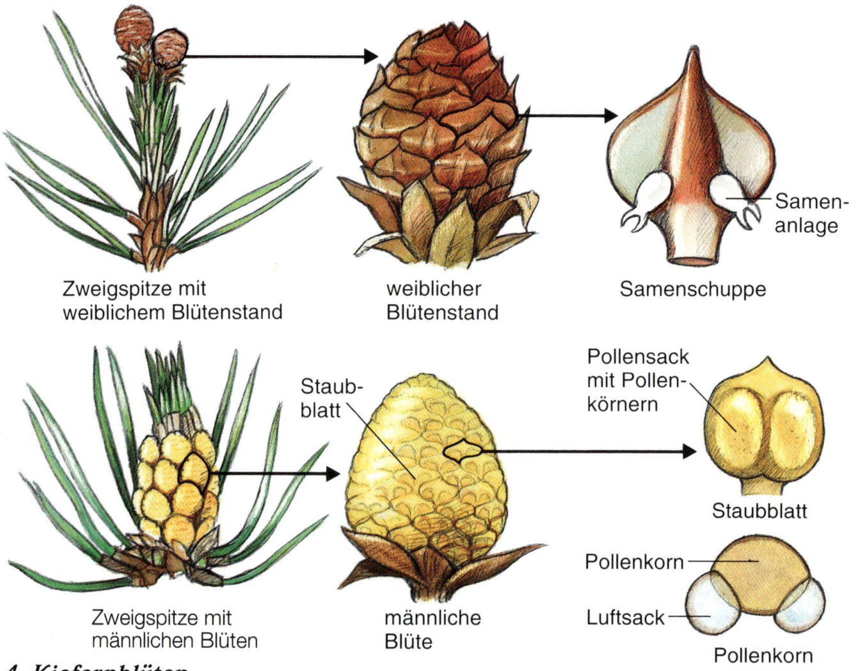

4 Kiefernblüten

und können zu neuen Kiefernpflänzchen auskeimen.

Zu den Nadelbäumen gehören auch Fichten, Lärchen, Tannen, Wacholder und Eiben (Abb. 5–7).

Aufgaben

① Beschreibe anhand des Textes den Zeitverlauf der Fortpflanzung bei der Kiefer von der Bestäubung bis zur Verbreitung der Früchte.

② Erläutere den Unterschied zwischen Nacktsamern und Bedecktsamern. Nenne Beispiele für Nacktsamer und Bedecktsamer.

③ Sammle Zweige mit Zapfen von verschiedenen Nadelbäumen. Beschreibe ihr Aussehen und bestimme, von welchem Baum sie stammen.

④ Sammle abgefallene Zapfen. Trockne sie einige Tage auf der Heizung. Lege anschließend einige der Zapfen in Wasser. Beschreibe deine Beobachtung. Welche Vorteile hat die Eigenschaft des Zapfens für die Verbreitung der Samen?

⑤ Untersuche männliche Blüten und weibliche Blüten der Kiefer und anderer Nadelbäume mit der Lupe. Beschreibe den Aufbau der Blüten. Vergleiche mit der Abb. 4.

⑥ Prüfe, welcher der folgenden Begriffe für die Kiefer zutrifft: zwittrig, getrenntgeschlechtlich, einhäusig, zweihäusig.

⑦ In manchen Gebieten der Erde haben sich auf natürliche Weise ausgedehnte Nadelwälder gebildet. Suche im Atlas eine Karte der Vegetationszonen der Erde und schreibe auf, in welchen Gebieten der Erde solche ausgedehnten Nadelwälder vorkommen.

Bei der Kiefer und anderen Nadelbäumen wie Fichte, Tanne und Lärche liegen die Samenanlagen auf den Samenschuppen, sie sind Nacktsamer. Die Samenanlagen der Bedecktsamer liegen dagegen im Inneren eines Fruchtknotens.

5 Tanne

6 Fichte

7 Lärche

3.5 Entwicklung von der Blüte zur Frucht

Bei der Kirschblüte welken bald nach der Befruchtung Kronblätter und Staubblätter und fallen ab. Diese Blütenteile sind nicht an der weiteren Entwicklung zur Kirschfrucht beteiligt. Nur der Fruchtknoten wächst beträchtlich, er bildet Samen und Frucht.

Aus der Samenanlage im Inneren des Fruchtknotens entsteht nach der Befruchtung der **Samen,** der Kirschkern. In ihm entwickelt sich ein winziges Pflänzchen, der **Embryo.** In einem fertig ausgebildeten Samen besitzt der Embryo eine winzige Wurzel, Stengel und Keimblätter.
Der Fruchtknoten bildet auch das saftige, süße Fruchtfleisch der Kirsche, die **Frucht** (Abb. 1, S. 26). Bei den meisten Pflanzen liegen die Samen in Früchten verborgen.

Bei Früchten anderer Pflanzenarten ist zusätzlich zum Fruchtknoten auch der Blütenboden an der Fruchtbildung beteiligt, so zum Beispiel beim Apfel (Abb. 1,2). Bei der Stachelbeere sind die Samen von saftigem Fruchtfleisch umgeben; bei der Hasel dagegen entwickelt sich die Wand des Fruchtknotens zu einer harten Schale.

Früchte ähneln sich. So sind die Früchte von Pflaume und Pfirsich ähnlich der Kirschfrucht aufgebaut: Der Same ist in eine harte Schale eingeschlossen, die von saftigem Fruchtfleisch umgeben ist. Bei der Birne liegen so wie beim Apfel die Samen in einem Kerngehäuse. Ähnlich der Stachelbeere sind Kiwi, Apfelsine, Weinbeere und Banane aufgebaut.

Aufgaben

① Beobachte und protokolliere das Wachstum von Apfelfrüchten. Wähle dazu an einem Apfelbaum in der näheren Umgebung fünf Blüten sofort nach dem Verblühen aus. Kennzeichne sie mit farbigen Bändchen. Miß in jeder Woche mit einem dünnen Faden den Umfang der wachsenden Frucht an seiner dicksten Stelle. Lege das Stück des Fadens, das dem Umfang entspricht, an ein Lineal an und lies die Länge in Millimetern ab. Trage die Meßergebnisse mit Angabe des Datums in eine Tabelle nach folgendem Muster ein:

Datum	15. 5.	22. 5.	29. 5.
Umfang in Millimetern	3, 3, 4, 3, 4	...	...

Beende deine Messungen zum Zeitpunkt der Apfelernte.

② Besorge dir unter anderem folgende Früchte: Gurke, Banane, Birne, Pfirsich, Walnuß, Eichel, Himbeere. Bestimme mit Hilfe der Abb. 2, um welche Fruchtform es sich handelt.

Eine Frucht bildet sich aus dem Fruchtknoten. Sie enthält einen oder mehrere Samen, die aus den Samenanlagen hervorgegangen sind. Jeder Samen enthält einen winzigen Embryo.

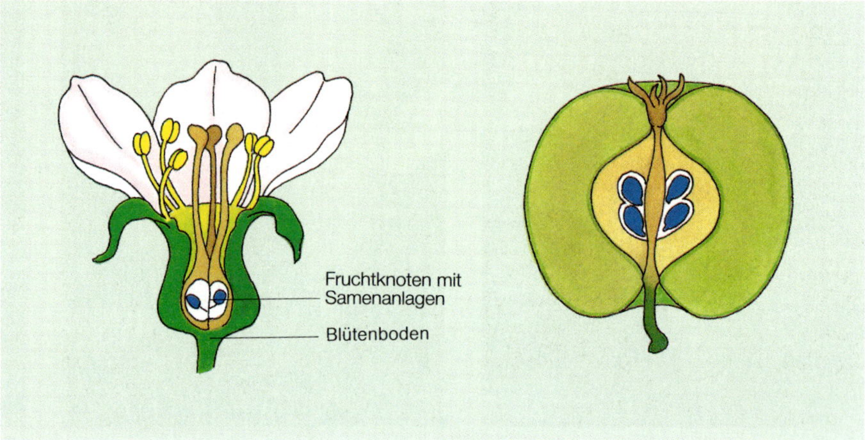

1 Fruchtbildung beim Apfel

Beere
Die Fruchtschale ist weich und fleischig;
ein bis viele Samen
Beispiele: Stachelbeere, Heidelbeere

Nuß
Die gesamte Fruchtschale ist trocken und hart;
ein Samen
Beispiele: Haselnuß, Buchecker

Steinfrucht
Der äußere Teil der Fruchtschale ist fleischig und saftig;
der innere Teil ist verholzt und steinhart; ein Samen
Beispiele: Pfirsich, Kirsche, Pflaume

Kernfrucht
In einigen Früchten liegen die Samen in einem Kerngehäuse, das vom Fruchtfleisch umschlossen wird.
Beispiele: Apfel, Birne

Sammel-Steinfrucht
Die einzelnen Früchte werden bei der Reife zu kleinen Steinfrüchten. Sie sitzen auf dem Blütenboden.
Beispiele: Himbeere, Brombeere

Sammel-Nußfrucht
Die einzelnen Früchte werden bei der Reife zu kleinen Nüssen. Die Nüsse sitzen auf dem fleischig-saftigen Blütenboden.
Beispiel: Erdbeere

2 Verschiedene Fruchtformen

3.6 Verbreitung von Samen und Früchten

1 Löwenzahn wächst fast überall

Sicherlich hast du schon einmal mitten in einer Stadt eine Pflanze in einer Pflaster- oder Mauerritze fernab einer Wiese oder eines Waldes gesehen. Vielleicht wurde die Frucht oder der Samen, aus dem diese Pflanze hervorging, mit dem Wind dorthin transportiert. In Abbildung 2 findest du Beispiele für die Verbreitung von Samen und Früchten.

Aufgaben

① Sammle verschiedene Samen und Früchte und stelle fest, von welcher Pflanzenart sie stammen. Gib an, auf welche Weise sie verbreitet werden. Bei der Auswahl deiner Sammlung solltest du darauf achten, keine fleischigen Früchte zu nehmen. Sie könnten schnell verderben.

② Erkunde in der Umgebung deiner Schule, wo sich Pflanzen inmitten von Pflaster oder Beton angesiedelt haben. Überlege, auf welche Weise Samen oder Früchte in diesen neuen Lebensraum gelangt sind und berichte darüber.

Versuch

Laß Früchte vom Ahorn und vom Löwenzahn von einer erhöhten Stelle im Klassenzimmer (Trittleiter benutzen) und später von der gleichen Höhe bei Wind im Freien fliegen. Miß die Zeit, bis die Früchte den Boden berühren, und miß die Entfernung, die sie zurückgelegt haben. Entferne dann von Löwenzahn- und Ahornfrüchten die Flugeinrichtungen (Schirmchen, Propeller) und führe die Versuche nochmal durch. Protokolliere auch diesmal die Versuchsergebnisse und vergleiche mit der ersten Versuchsreihe. Erkläre die Ergebnisse.

Die Verbreitung von Samen und Früchten kann durch Wind, Wasser, Tiere, Menschen oder durch Selbstverbreitung erfolgen. Durch die Verbreitung können Samen in neue Lebensräume gelangen.

Verbreitung durch Wind beim Löwenzahn

Die Frucht vom Löwenzahn sieht wie ein Fallschirm aus. Der Fallschirm bietet eine große Angriffsfläche für den Wind. Dadurch können die Löwenzahnfrüchte über große Entfernungen, bis zu zehn Kilometern, verbreitet werden. Ähnlich gebaute Früchte haben Huflattich, Rohrkolben, Disteln, Pappeln und Weiden.

Verbreitung durch Wasser bei der Sumpfdotterblume

Die Sumpfdotterblume wächst auf nassen Wiesen, an Gräben und Bachufern. Ihre Samen können auf dem Wasser schwimmen und so verbreitet werden.

Verbreitung durch Tiere bei der Großen Klette

Die Früchte der Großen Klette haben hakenförmig gebogene Spitzen. Sie bleiben im Haarkleid vorbeistreichender Tiere oder in der Kleidung des Menschen hängen.

Selbstverbreitung beim Ginster

Manche Früchte besitzen Einrichtungen, die sich bei der reifen Frucht blitzartig aufrollen und dabei die Samen wegschleudern. Die Hülse des Ginsters dreht sich beim Aufplatzen sehr schnell zusammen und schleudert die Samen dabei meterweit fort.
Lupinen und Springkraut verbreiten ihre Samen auf ähnliche Weise.

2 Beispiele für die Verbreitung von Samen und Früchten

3.7 Keimung

Versuche

1. Laß etwa zehn Bohnensamen einen Tag lang in Wasser quellen. Vergleiche mit ungequollenen Bohnensamen (Abb. 1). Begründe die Unterschiede!

2. Fülle einen kleinen Plastikbecher bis etwa einen Zentimeter unter den Rand mit Bohnen. Gieße dann Wasser nach, bis die Bohnen gut bedeckt sind. Spanne Haushaltsfolie mit Hilfe eines Gummiringes über die Öffnung. Stelle den Becher in ein größeres Gefäß. Beschreibe und erläutere das Ergebnis, das sich nach einem Tag einstellt.

3. Entferne mit einem Küchenmesser von einem gequollenen Bohnensamen die Samenschale und klappe den Samen auseinander. Beschreibe den Bau des Embryos. Vergleiche mit Abb. 2. Benutze eine Lupe für deine Betrachtungen.

4. Gib in ein größeres, durchsichtiges Glasgefäß (z. B. Einmachglas) Gartenerde. Drücke dann in regelmäßigen Abständen etwa drei bis vier gequollene Samen der Feuerbohne am Rand des Gefäßes etwa vier Zentimeter in die Erde. Die Bohnen sollten von außen gut sichtbar sein. Stelle das Gefäß an einen warmen, hellen Ort. Sorge dafür, daß die Erde in den nächsten zwei Wochen feucht, aber nicht naß bleibt. Protokolliere die Entwicklung im Abstand von ein bis zwei Tagen. Beschreibe den zeitlichen Ablauf bei der Keimung. Notiere das Wachstum der Keimwurzel und des Pflanzenstengels (Angaben in Millimeter).

Unter günstigen Bedingungen kann aus dem kleinen Samen einer Feuerbohne in drei Wochen eine Pflanze werden, die größer ist als du. Probiere es doch einmal aus!

Biotip

Vitaminreiche Keimlinge fürs Essen

Wenn Samen keimen, wird durch Wasseraufnahme und Quellung der ruhende Samen aktiv. Bei der Keimung werden in dem heranwachsenden Pflänzchen viele Vitamine gebildet. Da der Mensch Vitamine unbedingt braucht, aber in seinem Körper nicht herstellen kann, muß er sie mit der Nahrung aufnehmen. Aus Keimlingen kann man daher schnell vitaminreiche und schmackhafte Salate herstellen. Zum Keimen sollten nur solche Samen verwendet werden, die ausdrücklich für diesen Zweck angeboten werden. Nur dann hast du die Gewähr, giftfreie Samen zu bekommen. Zum Anbau im Freiland bestimmtes Saatgut wird nämlich meistens gebeizt, das heißt, vorbeugend mit Chemikalien gegen Krankheiten und Insektenfraß behandelt.

Zunächst werden die Samen in Wasser gereinigt. Dann folgt eine Zeit zum Einweichen (Quellen) der Samen. Nun werden sie in ein Einmachglas gegeben, dessen Öffnung mit luftdurchlässiger Gaze bespannt ist. Das Einmachglas wird schräg in ein größeres Gefäß gestellt. Von nun an müssen die Samen entsprechend der Anleitung mehrmals täglich mit handwarmem Wasser durchgespült werden. Das Spülwasser muß abtropfen. Nach jedem Spülen wird das Glas wieder so aufgestellt, wie es die Abbildung zeigt. Das Gefäß sollte nicht in direktes Sonnenlicht gestellt werden.

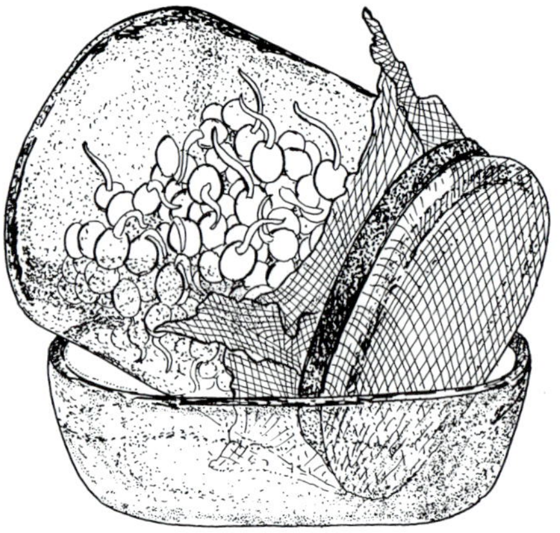

Kresse
Erst nach Entwicklung der grünen Blättchen essen; Einweichzeit: 6 Std.; Spülen: 2mal täglich; Ernte: nach etwa 8 Tagen; Ertrag: 3 Eßlöffel Samen ergeben ½ Tasse Sprossen; Verwendung: guter Salzersatz.

Weizen
Einweichzeit: mindestens 12 Std.; Spülen: 2mal täglich; Ernte: nach 2–3 Tagen; Ertrag: 1 Tasse Körner ergibt 2½ Tassen Sprossen; Verwendung: Salat, gedünstet oder geröstet.

Sojabohne, grün
Einweichzeit: 12 Std.; Spülen: 2- bis 3mal täglich; Ernte: nach 5 Tagen; Ertrag: 1 Tasse Samen ergibt 5 Tassen Sprossen; Verwendung: Salate, Gemüse.

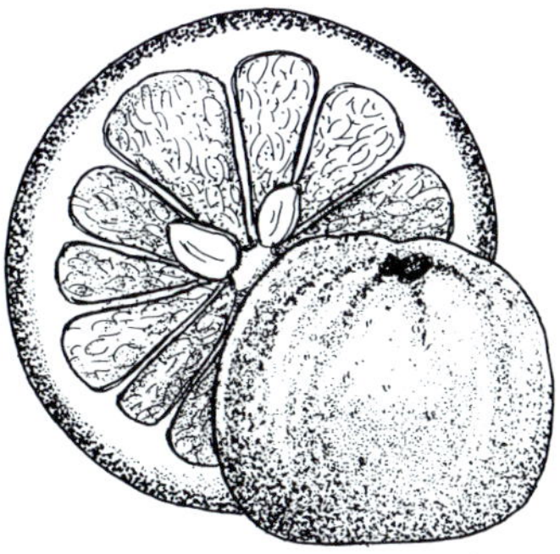

Apfelsine: Samen einpflanzen. Genauso kann man mit Zitronen, Pampelmusen und Mandarinen verfahren.

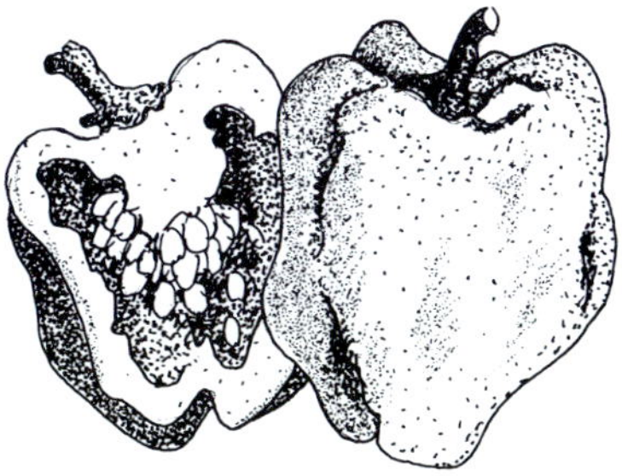

Paprika: Samen ein paar Tage trocknen, einpflanzen und den Topf warm und hell stellen.

Tomate: Samen waschen und trocknen, dann einige Wochen in eine Plastiktüte legen. Danach einpflanzen.

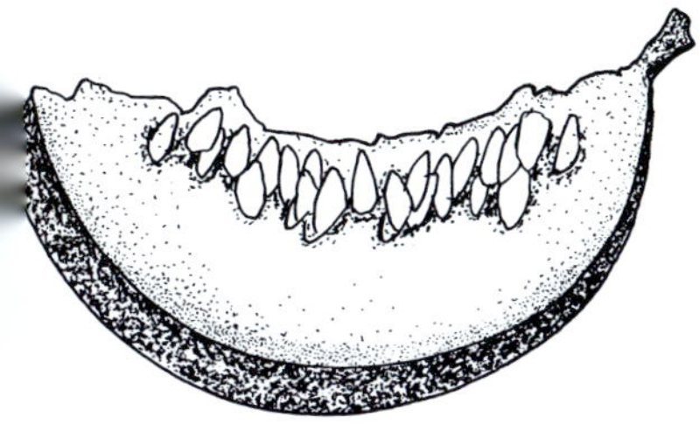

Melone: Samen waschen und trocknen, dann einpflanzen.

Wenn man Feuerbohnen einen Tag in Wasser legt, wird durch die Keimpore des Samens Wasser in das Innere aufgenommen (Abb. 1). Der Samen nimmt dabei an Länge und an Rauminhalt zu, und er wird weicher. Wenn ein Körper durch Wasseraufnahme an Rauminhalt zunimmt, nennt man diesen Vorgang **Quellung.**

Von gequollenen Bohnensamen kann die Schale leicht entfernt werden. Man sieht dann zwei große Hälften. Das sind die **Keimblätter.** Sie enthalten Vorratsstoffe für das Wachstum bei der Keimung. Werden die Keimblätter aufgeklappt, bemerkt man die zwischen ihnen verborgene **Keimwurzel** und den **Keimstengel** (Abb. 2). An der Spitze des Keimstengels befinden sich eine winzige **Knospe** und zwei **Laubblätter.** Keimblätter, Keimwurzel, Keimstengel, Knospe und Laubblätter bilden zusammen den **Embryo.** Daraus entwickelt sich durch Wachstum ein junges Pflänzchen mit Wurzel, Stengel, Knospe und Laubblättern. Der Embryo ist also auch eine kleine Pflanze.

Samen können längere Zeit ruhen. Sie vertragen dann Kälte, Hitze und Trockenheit. Auf diese Weise können Samen ungünstige Bedingungen, zum Beispiel die Kälte im Winter, überbrücken. Die Samen verschiedener Pflanzen haben eine unterschiedliche Lebensdauer. Bei der Roßkastanie beträgt sie 15 Monate. Danach können die Samen auch bei guten Bedingungen nicht mehr auskeimen. Der Same der Haselnuß ist höchstens zwei Jahre, der der Eiche höchstens ein Jahr lebensfähig. Kürbissamen können nach zehn Jahren noch auskeimen, und Roggensamen sind 32 Jahre keimfähig.

Erst wenn verschiedene Bedingungen vorhanden sind, keimen die Samen aus. Um die Bedingungen für die Keimung herauszufinden, kannst du einen Versuch machen.

Aufgabe

① In der Abb. 3 wird der Ablauf eines Versuches geschildert. Entwirf für die folgende Beobachtung und Problemfrage eine Versuchsannahme und eine Möglichkeit der Versuchsdurchführung. Führe entsprechende Versuche mit Feuerbohnen aus. Schreibe das Versuchsergebnis auf und gib eine Versuchsdeutung.
Beobachtung: Feuerbohnen haben dicke Keimblätter.
Problemfrage: Sind die Keimblätter zur Keimung nötig?
Versuchsannahme: ....
Versuchsdurchführung: ....
Versuchsergebnis: ....
Versuchsdeutung: ....

Ein Samen enthält einen Embryo, zu dem ähnliche Organe wie die einer jungen Pflanze gehören: Keimblätter, Keimwurzel, Keimstengel mit Knospe und die ersten Laubblätter.

1 Feuerbohne, gequollen und ungequollen

2 Feuerbohne, halbiert

3 Versuchsablauf

Versuch: Keimung unter verschiedenen Umwelteinflüssen

In einigen Versuchen mit besonders schnell keimenden Samen kannst du die Bedeutung der Umwelteinflüsse für die Keimung überprüfen (Abb. 4).
Du benötigst sechs Petrischalen, Kressesamen, Erde und Watte. In der ersten Petrischale läßt du die Kressesamen in Erde mit Wasser, Wärme, Licht und Luft keimen und wachsen. In den anderen Schalen läßt du jeweils einen der fünf Umwelteinflüsse weg.
Petrischale Nr. 1 „alle Umwelteinflüsse vorhanden“: Fülle die Petrischale mit feuchter Erde, streue Kressesamen hinein und stelle die Schale an einen hellen, warmen Ort. Vergiß das Gießen nicht.
Petrischale Nr. 2 „ohne Wasser“: Laß Blumenerde gut austrocknen und verfahre wie bei Nr. 1. Nicht gießen!
Petrischale Nr. 3 „ohne Licht“: Verfahre wie bei Nr. 1, stelle die Petrischale jedoch in einen dunklen Schrank.
Petrischale Nr. 4 „ohne Luft“: Verfahre wie bei Nr. 1, gib die Petrischale jedoch in einen Folienbeutel und verschließe diesen möglichst mit einem Folienschweißgerät. Dabei wird die Luft aus dem Beutel herausgesaugt.
Petrischale Nr. 5 „ohne Wärme“: Verfahre wie bei Nr. 1, stelle die Petrischale jedoch in einen Kühlschrank. Die Beleuchtung im Kühlschrank muß eingeschaltet bleiben (oder Taschenlampe verwenden).
Petrischale Nr. 6 „ohne Erde“: Verfahre wie bei Nr. 1, verwende jedoch an Stelle der Erde Watte.

Umwelteinflüsse	Petrischale Nr.					
	1	2	3	4	5	6
Wasser	+	–	+	+	+	+
Licht	+	+	–	+	+	+
Luft	+	+	+	–	+	+
Wärme	+	+	+	+	–	+
Erde	+	+	+	+	+	–

Tab. 1 Übersicht über die Versuchsbedingungen

Beobachte die Vorgänge in den sechs Petrischalen zwei Wochen lang täglich. Achte darauf, daß bei der Schale 3 nicht zulange Licht auf die Samen fällt.
Lege eine Tabelle an und trage jeden Tag deine Beobachtungen ein. Fasse nach Abschluß der Versuche deine Beobachtungen zusammen. In welchen Petrischalen ist die Keimung erfolgt? Gibt es Unterschiede in Aussehen und Größe der Kressepflänzchen?
Welche Umwelteinflüsse sind für die Keimung der Kresse nötig? Welche nicht?

Zeichenerklärung

= Erde

= Licht

= Luft

= Wasser

= Wärme

4 Keimung der Kresse unter verschiedenen Umwelteinflüssen

1 Erdbeere mit Ausläufern

2 Kartoffelpflanze mit Knollen

3.8 Ungeschlechtliche Fortpflanzung

Erdbeerpflanzen bilden im Sommer lange Ausläufer, an deren Enden Knospen zu neuen Pflanzen mit eigenen Wurzeln und Blättern heranwachsen (Abb. 1). Diese Tochterpflanzen werden von den Mutterpflanzen über die Ausläufer mit Wasser und Mineralsalzen versorgt. Später vertrocknen die Ausläufer und neue, selbständige Pflanzen sind entstanden. Weil bei dieser Fortpflanzung keine Blüten beteiligt sind, spricht man von **ungeschlechtlicher Fortpflanzung.** Viele Pflanzen haben die Möglichkeit, sich geschlechtlich und ungeschlechtlich fortzupflanzen. Die ungeschlechtliche Fortpflanzung erfolgt unter anderem durch **Ausläufer** (z. B. Kriechender Hahnenfuß), unterirdische **Knollen** (z. B. Kartoffeln), **Brutzwiebeln** (z. B. Tulpe) und **Brutknospen** (z. B. Brutblatt). In der Pflanzenzüchtung und in Gärtnereien nutzt man die Fähigkeit vieler Pflanzen, sich ungeschlechtlich durch **Stecklinge** fortzupflanzen. Dabei werden aus abgeschnittenen Zweigen oder Blättern neue Pflanzen gezogen. Bei der Blattbegonie können sogar Teilstücke von Blättern zu selbständigen Pflanzen heranwachsen.

Ungeschlechtliche Fortpflanzung erfolgt unter anderem durch Ausläufer, Knollen, Brutzwiebeln und Brutknospen. Bei der ungeschlechtlichen Fortpflanzung sind keine Blüten beteiligt.

Datum	Beobachtung
Montag 5. 3.	....
Mittwoch 7. 3.	....
....	....
....	....

Versuch

Vermehrung beim Zyperngras

Beim Zyperngras reicht schon ein Blatt, um neue Pflanzen heranzuziehen. Hierzu schneidest du mit einer scharfen Schere alle Blattspitzen eines Blattes ab. Stelle das gekürzte Blatt nun mit der Oberseite nach unten in ein Gefäß mit Wasser. Stelle daneben auch den Stiel eines Zyperngrasblattes in ein Wasserglas. Was kannst du feststellen? Beobachte deine Versuche etwa einen Monat lang. Fertige einen Beobachtungsbogen an. Hier trägst du alle Veränderungen mit Angabe des Datums ein.

Biotip

Pflanzen selbst vermehren

Vermehrung einer Geranie durch Stecklinge

Als Steckling sucht man sich einen Sproß mit drei oder vier Knospen. Der Steckling wird kurz unterhalb eines Knotens mit einem scharfen Messer abgeschnitten. Nachdem man den Steckling in einen Blumentopf mit feuchter Erde gesetzt hat, wird über den Topf ein Einmachglas oder ein Folienbeutel gestülpt. Dadurch bleibt die Luftfeuchtigkeit gleichbleibend hoch. An der Schnittstelle bilden sich schon nach zwei bis drei Wochen kleine Wurzeln.

Vermehrung einer Blattbegonie durch Blatt-Stecklinge

Ein Blatt einer Blattbegonie wird in mehrere Stücke zerschnitten und auf ein Gemisch von feuchter Blumenerde und Sand gelegt. Darüber streut man eine dünne, grobe Sandschicht. Die Blatt-Stecklinge werden mit Glas oder durchsichtiger Folie abgedeckt. Aus jedem Blattstück kann sich eine neue Blattbegonie entwickeln.

Vermehrung eines Philodendron durch Stecklinge

Mit einem scharfen, sauberen Messer wird etwa 15 cm unterhalb der Spitze geschnitten. Die großen Blätter, die an der Spitze verblieben sind, werden eingerollt, damit sie nicht zu viel Wasser verdunsten. Der Steckling wird in ein Glas Wasser gestellt. Wenn sich um die Schnittstelle herum Wurzeln gebildet haben, kann der Philodendron in einen Blumentopf gepflanzt werden. – Bei einer anderen Methode schneidet man den Sproß eines Philodendron jeweils über und unter einem Blatt ab und pflanzt das Sproßstück senkrecht in einen mit Blumenerde und Sand gefüllten Blumentopf. An der unteren Schnittstelle bilden sich Wurzeln.

4 Einheimische Blütenpflanzen

4.1 So entsteht ein Blütendiagramm

1 Kirschblüte

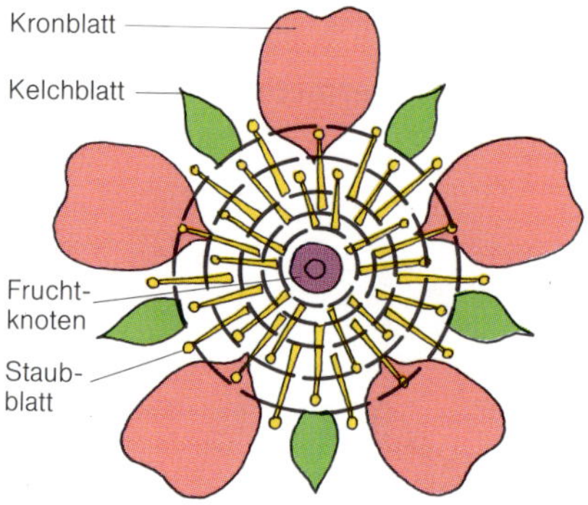

2 Legebild, Kirschblüte

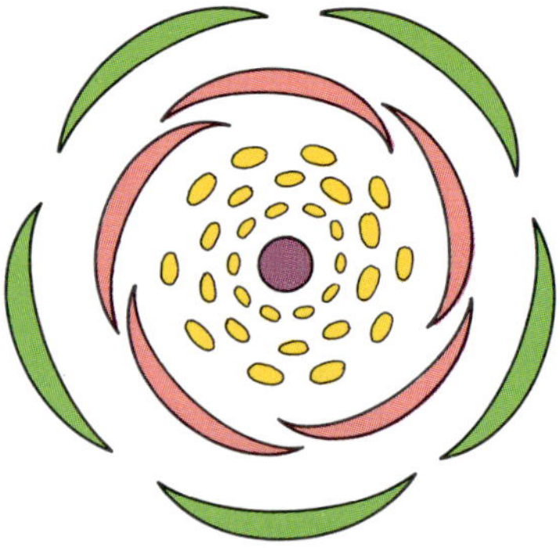

3 Blütendiagramm, Kirschblüte

In Blütendiagrammen sind den einzelnen Blütenteilen bestimmte Farben zugeordnet:
Stempel: lila
Staubblätter: gelb
Kronblätter: rot
Kelchblätter: grün

Aufgabe

① Zerlege mit Hilfe einer Pinzette eine Kirschblüte vorsichtig in ihre Bestandteile. Beginne außen mit den grünen Kelchblättern. Zupfe sie aus und lege sie auf ein dunkles Blatt Papier. Löse anschließend die weißen Kronblätter vorsichtig aus der Blüte. Nun ziehe Staubblätter und Stempel heraus. Ordne alle Teile so an, wie sie in der Blüte standen.

In der Kirschblüte sind die Kronblätter kreisförmig um den Stempel herum angeordnet (Abb. 1). Auch die weiter außen liegenden Kelchblätter bilden einen um den Stempel angeordneten Kreis. Die Staubblätter bilden sogar drei Kreise.

Wenn man eine Blüte zerlegt, kann man die Blütenteile wieder so zusammenlegen, wie sie in der Blüte angeordnet waren. Dazu werden verschieden große Kreise um einen Mittelpunkt gezeichnet. Im Mittelpunkt steht der Stempel. Er wird als dicker Punkt dargestellt. Auf den inneren Kreis werden die Staubblätter mit den kürzeren Staubfäden gelegt (Abb. 2). Auf dem nächsten Kreis folgen die Staubblätter mit den etwas längeren Staubfäden und auf dem dritten Kreis die Staubblätter mit den längsten Staubfäden. Auf dem vierten Kreis werden die Kronblätter angeordnet. Die Kelchblätter werden auf den äußeren Kreis gelegt. Auf diese Weise entsteht ein Legebild der Blüte (Abb. 2).

Dieses Legebild läßt sich zu einem **Blütendiagramm** vereinfachen (Abb. 3). Der Stempel wird genauso wie vorher eingezeichnet. Die einzelnen Staubblätter werden nicht mehr in ihrem natürlichen Bau dargestellt, sondern zu einer bohnenartigen Form vereinfacht. Die Kronblätter werden sichelförmig dargestellt. Auch die Kelchblätter werden im Blütendiagramm in Form von Sicheln dargestellt. Sie umschließen den Kreis der Kronblätter.

Der Bau einer Blüte kann durch das Blütendiagramm stark vereinfacht dargestellt werden. Wenn man Blütendiagramme verschiedener Pflanzen vergleicht, kann man leicht Übereinstimmungen und Unterschiede feststellen.

Aufgaben

② Besorge dir Blüten vom Apfelbaum und Birnenbaum und zerlege sie. Ordne die Teile auf einer Unterlage so an, wie sie in der Blüte standen. Zeichne die entsprechenden Blütendiagramme. Vergleiche die Blütendiagramme mit dem Blütendiagramm der Kirschblüte. Beschreibe Gemeinsamkeiten und Unterschiede.

③ Besorge dir eine Tulpenblüte und zerlege sie. Zeichne das Blütendiagramm. Vergleiche es mit der Kirschblüte. Welche Unterschiede und welche Gemeinsamkeiten stellst du fest?

Der Bau einer Blüte kann in einem Blütendiagramm dargestellt werden. Dadurch ist es leichter möglich, den Blütenbau verschiedener Pflanzen zu vergleichen.

4.2 Pflanzenblüten sind unterschiedlich gebaut

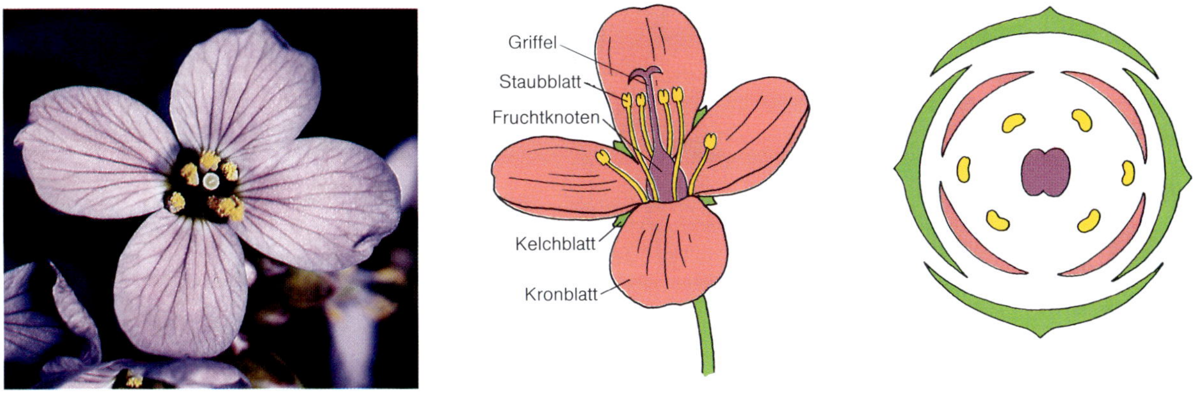

1 Wiesenschaumkraut: Blüte, Schemazeichnung, Blütendiagramm

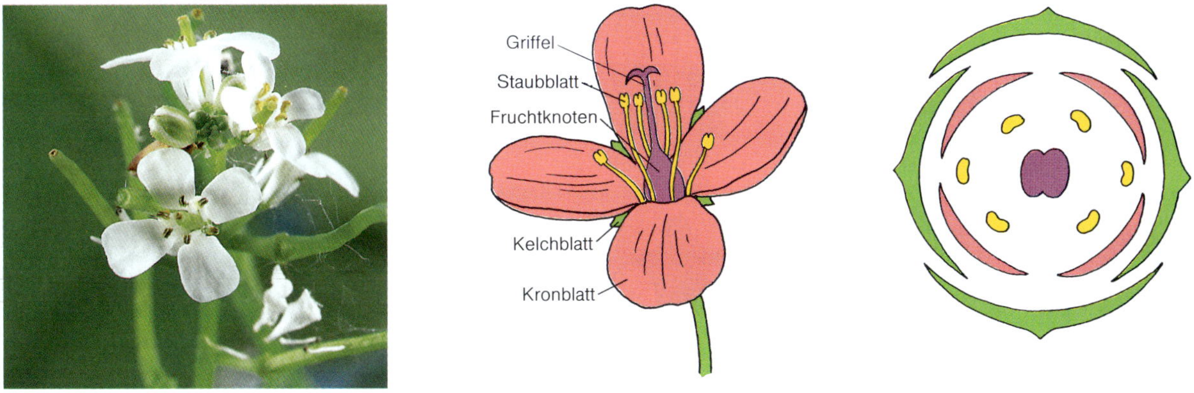

2 Knoblauchsrauke: Blüte, Schemazeichnung, Blütendiagramm

Aufgabe

① Auf den Abb. 1–4 sind die Blüten einiger Pflanzen abgebildet. Vergleiche Zahl und Anordnung der Kelch-, Kron- und Staubblätter miteinander. Notiere deine Ergebnisse in einer Tabelle.

Pflanzenart	Anzahl der Kelchblätter	Anzahl der Kronblätter	Anzahl der Staubblätter
Wiesenschaumkraut			

Auf feuchten Wiesen blüht im Frühjahr das Wiesenschaumkraut. Es besitzt vier Kelchblätter und vier Kronblätter (Abb. 1). Dazu kommen vier Staubblätter mit langen Staubfäden und zwei mit kurzen Staubfäden. Die Kelchblätter stehen sich kreuzförmig gegenüber. Die Kronblätter sind ebenfalls kreuzförmig angeordnet. Auch die vier Staubblätter mit den langen Staubfäden stehen an den vier Eckpunkten eines gedachten Kreuzes.

An Waldrändern blüht im Frühjahr die Knoblauchsrauke (Abb. 2). Ihre Blüte weist genau wie die Blüte des Wiesenschaumkrautes vier Kelchblätter und vier Kronblätter auf. Auch in ihrer Blüte stehen vier Staubblätter mit langen Staubfäden und zwei mit kurzen. Die Teile der Blüte sind ebenfalls kreuzförmig angeordnet. Der Blütenbau zweier unterschiedlicher Pflanzen weist also überraschenderweise mehrere Übereinstimmungen auf. Pflanzen mit Übereinstimmungen im Blütenbau werden zu einer Gruppe zusammengefaßt. Diese Gruppe wird **Familie** genannt. Wiesenschaumkraut und Knoblauchsrauke gehören zur gleichen Familie. Sie wird wegen der kreuzförmigen Anordnung der Blütenteile als „Familie der **Kreuzblütengewächse**" bezeichnet.

Die Große Sternmiere besitzt fünf Kelchblätter. Die fünf weißen Kronblätter sind gespalten (Abb. 3). In der Blüte stehen zehn Staubblätter. Pflanzenarten, die solche Blüten ausbilden, werden der Familie

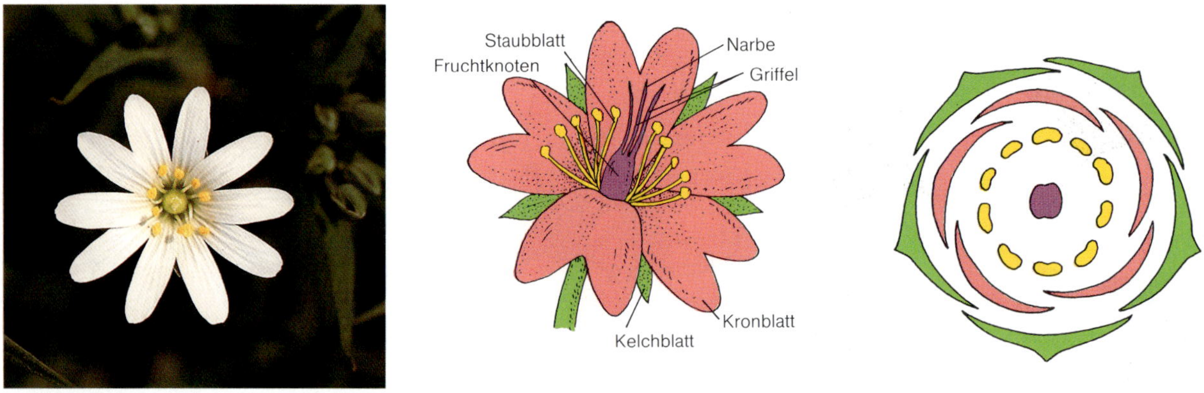

3 Große Sternmiere: Blüte, Schemazeichnung, Blütendiagramm

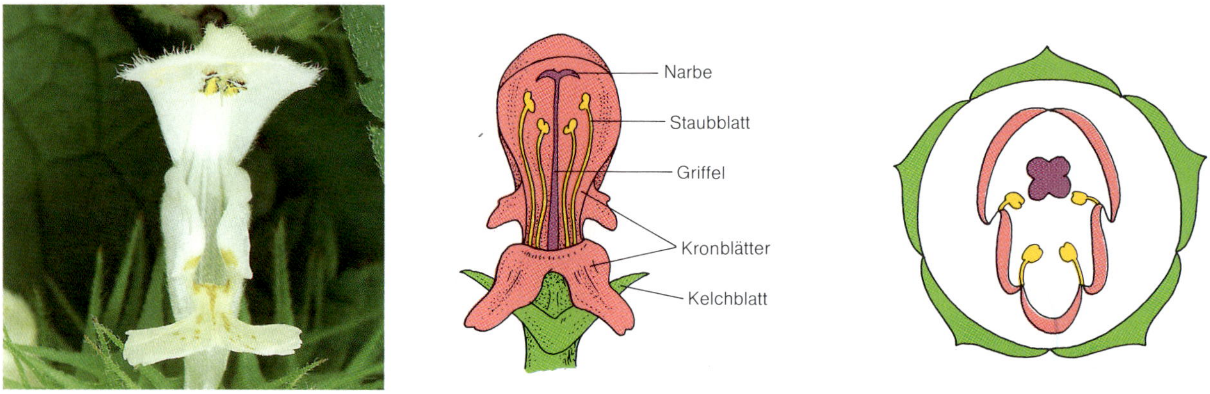

4 Weiße Taubnessel: Blüte, Schemazeichnung, Blütendiagramm

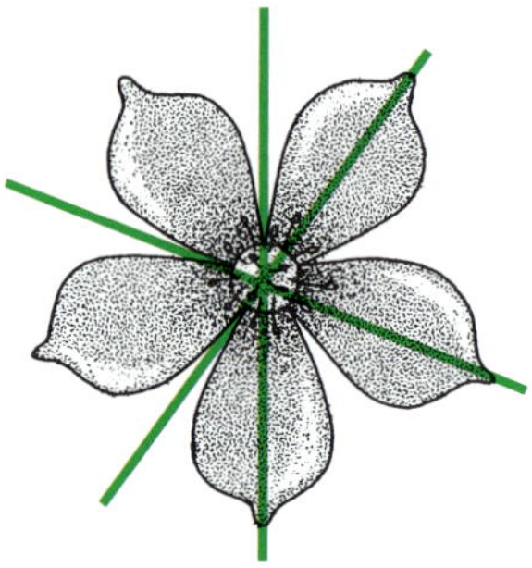

strahlige Blüte

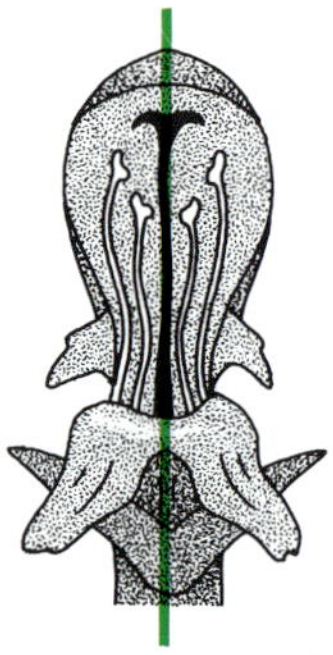

zweiseitig-symmetrische Blüte

der **Nelkengewächse** zugeordnet. Andere bekannte Nelkengewächse sind die Lichtnelke und das Leinkraut.

Die Kronblätter der Großen Sternmiere sind in gleichmäßigen Abständen auf dem Blütenumfang verteilt. Auch die Kronblätter von Wiesenschaumkraut und Knoblauchsrauke sind gleichmäßig auf dem Blütenumfang verteilt. Blüten mit solch einer Anordnung der Kronblätter werden als **strahlige Blüten** bezeichnet.

Bei der Blüte der Weißen Taubnessel sind die Teile nicht gleichmäßig auf dem Blütenumfang verteilt (Abb. 4). Man kann die Blüte nur einmal in zwei gleiche Hälften teilen. Solche Blüten heißen **zweiseitig-symmetrische Blüten.** Die fünf Kelchblätter der Weißen Taubnessel sind verwachsen. Die Kronblätter ähneln zwei Lippen. Drei verwachsene Kronblätter bilden die Unterlippe. Zwei weitere Kronblätter sind zur Oberlippe verwachsen. Die Weiße Taubnessel besitzt vier Staubblätter. Zwei Staubblätter haben lange Staubfäden, zwei haben kurze Staubfäden. Die meisten Pflanzenarten, deren fünf Kronblätter in Form einer Unter- und Oberlippe verwachsen sind, werden zur Familie der **Lippenblütengewächse** zusammengefaßt. Zu den Lippenblütengewächsen gehören auch der Ziest und der Salbei.

Aufgabe

② Zerlege eine Blüte vom Raps. Ordne alle Teile auf einer Unterlage so an, wie sie in der Blüte standen. Zeichne anschließend ein Blütendiagramm der Rapsblüte. Zu welcher Pflanzenfamilie gehört der Raps?

Pflanzen werden nach der Ähnlichkeit ihrer Blüten zu Familien zusammengefaßt. Kreuzblütengewächse und Nelkengewächse besitzen strahlige Blüten. Die Blüten der Lippenblütengewächse sind zweiseitig-symmetrisch gebaut.

4.3 Kennübungen: Blütenpflanzen

Wiesenschaumkraut

Blütezeit: April–Juni
Der Name Wiesenschaumkraut rührt von den Schaumklümpchen her, die nicht selten an Stengeln und Blättern der Pflanze kleben. Sie werden im Volksmund als Kuckucksspeichel bezeichnet. Der Schaum wird von der Larve eines kleinen Insekts, der Schaumzikade, erzeugt. Die Larve hält sich im Schaum versteckt. Das Wiesenschaumkraut ist auf feuchten Wiesen weit verbreitet.

Große Sternmiere

Blütezeit: April–Mai
Die Große Sternmiere ist eine typische Frühlingspflanze. Sie blüht an Waldrändern und im Wald, bevor die Bäume ihr Laub austreiben. Auf Wiesen und Weiden wachsen noch andere Sternmierenarten, deren Blüten aber bedeutend kleiner sind.

Knoblauchsrauke

Blütezeit: April–Juni
Die Knoblauchsrauke wird bis zu einem Meter hoch. Sie hat ihren Namen von den Blättern bekommen, die nach Knoblauch riechen, wenn man sie zerreibt. Die Knoblauchsrauke kommt auf nicht zu trockenen, stickstoffreichen Böden ziemlich häufig vor. Diese Umweltbedingungen findet sie in verwilderten Parkanlagen, an Hecken, Waldrändern und schattigen Wegsäumen.

Weiße Taubnessel

Blütezeit: April–Oktober
Wenn sie nicht blüht, ist sie der Brennessel täuschend ähnlich. Da sie aber nicht brennt, wenn man sie berührt, wird sie Taubnessel genannt. Am vierkantigen Stengel kann man sie leicht erkennen. In manchen Gegenden trägt sie auch den Namen Bienensaug, da die weißen Blüten gerne von Bienen und Hummeln besucht werden. Taubnesseln wachsen an Wegrändern und auf Schuttplätzen.

4.4 Korbblütengewächse

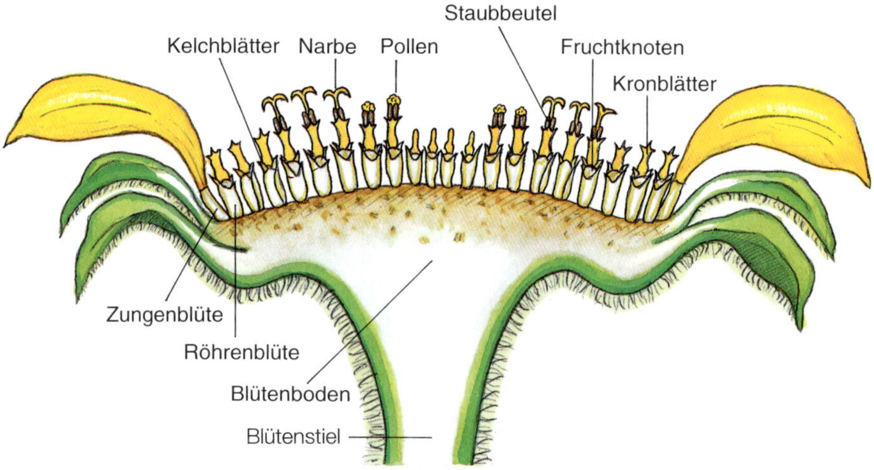

1 Blütenstand der Sonnenblume

Im Spätsommer blühen in vielen Gärten die Sonnenblumen. Bei der Sonnenblume verbreitert sich der dicke Blütenstiel oben zu einem scheibenförmigen Blütenboden (Abb. 1). Auf dem Blütenboden stehen hunderte von kleinen, röhrenförmigen Blüten eng zusammen. Alle kleinen Blüten bilden zusammen einen korbähnlichen Blütenstand. Pflanzen mit solch einem Blütenstand gehören zur Familie der **Korbblütengewächse.**

Den unteren Teil der kleinen Blüte nimmt der dicke Fruchtknoten ein. An seinem oberen Rand stehen zwei winzige Kelchblätter. Die bräunlichen Kronblätter sind miteinander verwachsen und bilden eine Röhre. Wegen dieser Form werden die Blüten **Röhrenblüten** genannt. Im Inneren der Röhre entspringen fünf Staubblätter. Die Staubbeutel sind zu einer schwarzbraunen Röhre verwachsen. Griffel und Narbe sind zunächst noch klein und in der Röhre verborgen.

Die Röhrenblüten sind unterschiedlich weit entwickelt (◁). Im Zentrum des Blütenstandes sind die Röhrenblüten noch geschlossen. Der Griffel wächst in die Länge und schiebt den Pollen vor sich her. Dabei wird der Pollen aus der Röhre hinausgeschoben. Bienen übertragen den

a
b
c
d

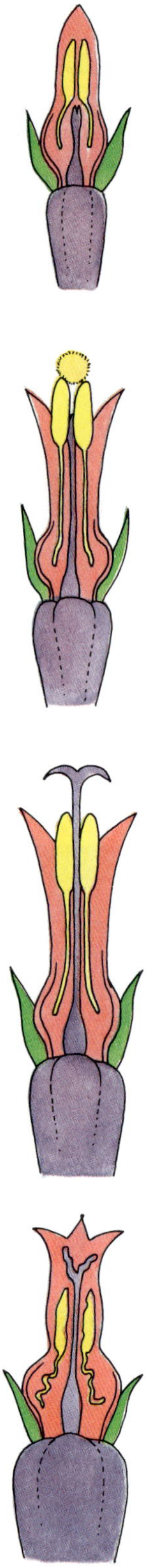

Röhrenblüten der Sonnenblume

2 Gänseblümchen

3 Rainfarn

4 Löwenzahn

Aus den Sonnenblumenkernen wird besonders in der Ukraine und auf dem Balkan das Sonnenblumenöl gewonnen. Dieses Öl kann auch zur Herstellung von Margarine verwendet werden.

Die Sonnenblume stammt aus den warmen Gebieten Nordamerikas. Schon im 16. Jahrhundert wurde sie nach Deutschland gebracht.

Pollen auf Narben von älteren Blüten einer benachbarten Sonnenblume. Erst wenn kein Pollen mehr vorhanden ist, entfalten sich die beiden Narben. Jetzt kann auch diese Blüte bestäubt werden. Die außen im Blütenstand liegenden Röhrenblüten sind bereits bestäubt. Griffel, Staubbeutel und Röhrenblüte vertrocknen. Die Früchte beginnen zu reifen. Sie werden Sonnenblumenkerne genannt.

Den äußeren Rand des Blütenstandes bilden ungefähr 30 auffällige, gelbe Blätter (Abb. 1). Bei den am Rand stehenden Blüten ist eines der Kronblätter stark vergrößert und ähnelt in seiner Form einer Zunge. Blüten, die solch ein Kronblatt ausbilden, werden daher **Zungenblüten** genannt. Die Zungenblüten der Sonnenblume entwickeln weder Staubblätter noch Griffel. Beim Aufschneiden des Fruchtknotens zeigt sich, daß keine Samenanlagen vorhanden sind. Die Zungenblüten sind unfruchtbar und locken Insekten an.

Die Korbblütengewächse sind mit über 300 Arten in Mitteleuropa die artenreichste Pflanzenfamilie. Einige Korbblütengewächse besitzen wie die Sonnenblume Röhrenblüten und Zungenblüten. Zu diesen gehört das Gänseblümchen (Abb. 2). Andere hingegen, wie zum Beispiel die Kornblume und der Rainfarn, bilden nur Röhrenblüten aus (Abb. 3). Ausschließlich aus Zungenblüten besteht der Blütenstand des Löwenzahns (Abb. 4). Die Zungenblüten des Löwenzahns enthalten auch Stempel und Staubblätter.

Biotip

Vogelfutter für die Winterfütterung

Sonnenblumenkerne keimen leicht in Balkonkästen und wachsen zu stattlichen, blühenden Pflanzen heran. Nach der Reife kannst du die Sonnenblumenkerne sammeln und im Winter für die Vogelfütterung nutzen.

Aufgaben

① Betrachte eine Sonnenblume. Zeichne eine ganze Sonnenblume von der Seite und den Blütenstand von oben. Beschrifte die Zeichnungen. Schneide den Blütenstand einer Sonnenblume dann wie in Abb. 1 durch. Entferne von der Mitte nach außen einzelne Blüten. Öffne sie vorsichtig der Länge nach. Zeichne die verschiedenen Entwicklungsstadien und beschrifte sie.

② Löse bei einem Sonnenblumenkern die feste Fruchtwand und zerreibe das Innere zwischen Papier. Beschreibe und erkläre deine Beobachtung.

③ Untersuche den Blütenstand des Gänseblümchens und des Rainfarns mit der Lupe. Vergleiche mit der Sonnenblume.

Korbblütengewächse besitzen kleine Blüten, die zu einem Blütenstand vereinigt sind. Sie sind in Mitteleuropa die artenreichste Pflanzenfamilie.

5 Nutzpflanzen

5.1 Getreidearten sind für unsere Ernährung wichtig

Roggen wird meist im September oder Oktober gesät. Er keimt noch vor dem Winter. Wenn es im Frühjahr wieder wärmer wird, beginnen die Roggenpflänzchen weiterzuwachsen. An der Halmspitze bildet sich im Frühsommer die Ähre (Abb. 1). Beim Umbiegen einer Ähre zeigt sich, daß sie aus vielen kleinen Blüten besteht. Jeweils zwei Blüten sind zu einem Ährchen zusammengefaßt (Abb. 2). Jede Blüte wird von zwei kleinen schmalen Blättern umgeben. Sie sind unscheinbar grün und werden Spelzen genannt. Zwischen den Spelzen ragen Staubblätter mit den Staubbeuteln heraus. Jeder Staubbeutel ist an der Spitze löffelartig umgebogen. Der Pollen in diesen Löffelchen wird vom Wind fortgeweht. Die Narbe sieht wie eine Feder aus. Sie fängt den vom Wind verwehten Pollen anderer Ähren auf. Nach der Befruchtung entsteht aus jeder Blüte ein Roggenkorn.

Der Roggen wird Ende Juli mit einem Mähdrescher geerntet und anschließend gleich gedroschen. Dabei springen die Körner aus den Spelzen. Das Korn ist die Frucht des Roggens. Es ist fast ganz vom weißen Mehlkörper ausgefüllt (Abb. 3). Der Mehlkörper enthält Stärke und Eiweiß. Am unteren Ende liegt im Korn der Embryo. Er enthält Eiweiß, Fette, Mineralsalze und Vitamine. Zwischen dem Mehlkörper und der Samenschale liegt eine dünne Eiweißschicht. Die Samenschale ist mit einer weiteren Schale, der Fruchtschale, verwachsen.

Nach dem Dreschen werden die Roggenkörner in der Mühle weiterverarbeitet. Das Korn wird zwischen Stahlwalzen gemahlen. Die Stahlwalzen sind zunächst weit gestellt. Das Korn wird nur grob zerkleinert. Dieses grob zerkleinerte Korn wird als Schrot bezeichnet. Wird das Korn etwas feiner gemahlen, entsteht Grieß. Wenn die Walzen noch enger gestellt werden, wird das Korn zunehmend feiner gemahlen. Es entsteht das Mehl. Mehl ist die Grundlage für die Brotherstellung. Wird das ganze Korn zermahlen, dann entstehen dunkles Vollkornmehl und Vollkornschrot. Häufig werden aber vor dem Mahlen die Fruchtschale und Teile der Samenschale sowie der Keimling

1 Roggenähren: vor der Blüte, blühend und mit Körnern

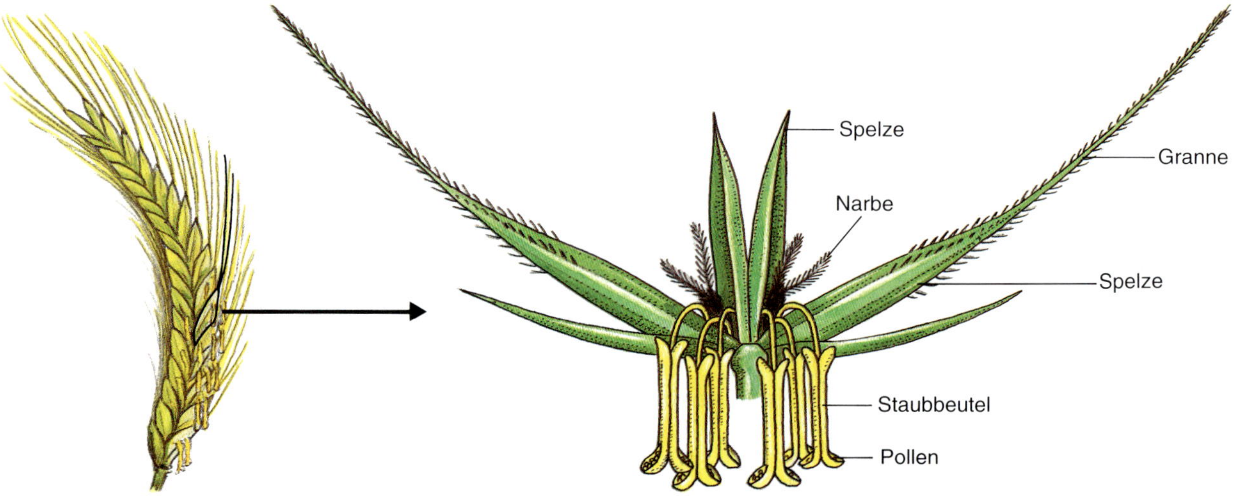

2 Roggenähre, Übersicht und geöffnetes Ährchen

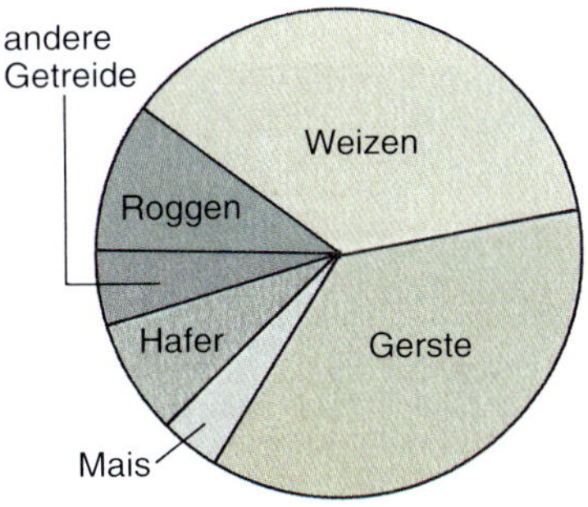

Getreideanbau in der Bundesrepublik Deutschland 1992

vom Korn abgetrennt. Dabei bleibt an der Samenschale ein Teil der Eiweißschicht haften. Die abgetrennten Bestandteile liefern als Kleie ausgezeichnetes Viehfutter. Aus dem übriggebliebenen Mehlkörper und Teilen der Eiweißschicht werden helle Auszugsmehle gemahlen.

Bei uns in Deutschland werden außer dem Roggen auch andere Pflanzenarten angebaut, deren Körner für die menschliche Ernährung genutzt werden. Diese Pflanzenarten werden als **Getreide** bezeichnet. In Deutschland sind dies, neben dem Roggen, Gerste, Hafer, Weizen und Mais. Aus den Körnern der Getreidearten werden viele Nahrungsmittel hergestellt (Abb. 4).

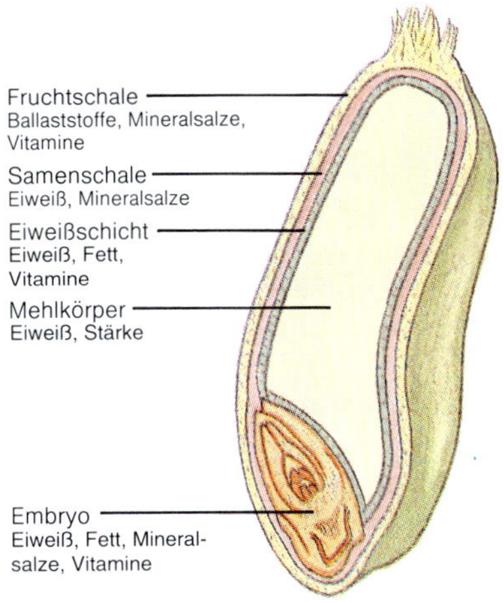

3 Bau eines Getreidekorns

Alle Getreidearten gehören zur Familie der **Gräser.** Der Halm der Gräser ist meistens hohl. Er ist durch Verdickungen, die Knoten heißen, in mehrere Abschnitte gegliedert. Die Gräser besitzen unscheinbare, kleine Blüten, die im Bau den Roggenblüten gleichen. Zu dieser Pflanzenfamilie gehören auch die Gräser der Wiesen und Weiden. Das Vieh verzehrt das Gras beim Weiden, oder es wird geschnitten und getrocknet als Heu im Winter an das Vieh verfüttert. Keine andere Pflanzenfamilie hat für unsere Ernährung eine solch große Bedeutung erlangt wie die Gräser.

Roggen	Weizen	Gerste	Hafer	Mais
– Mehl für Brot – Grünkern – Branntwein – Viehfutter	– Mehl für Weißbrot, Mischbrot, Kekse, Kuchen – Grieß – Stärke – Viehfutter – Branntwein	– zum Brauen von Bier – Malzkaffee – Grütze – Viehfutter	– Haferflocken – Grütze – Pferdefutter	– Gemüse – Speisestärke – Traubenzucker – Popcorn – Maisbrei – Säuglingsnahrung – Futter für Haustiere

4 Nutzung der Getreidekörner

Biotip

Wir stellen Popcorn her

1. Gib soviel Speiseöl in einen Glastopf, daß der Boden bedeckt ist. Erhitze das Öl auf einer Herdplatte bei höchster Stufe.
2. Gib soviel Pop-Corn-Mais in das heiße Öl, daß der Boden gerade bedeckt ist. Lege den Deckel wieder auf den Topf.
3. Sobald die Maiskörner zerplatzen und an den Deckel springen, stelle die Herdplatte auf die niedrigste Stufe.
4. Nimm den Topf von der Herdplatte, wenn alle Maiskörner aufgeplatzt sind.
5. Fülle das Pop-Corn in eine Schüssel. Du kannst es jetzt z. B. mit Mohn oder Zucker bestreuen. Guten Appetit!

Aufgaben

① Besorge dir Ähren von verschiedenen Getreidepflanzen. Versuche, sie mit Hilfe der Kennübungen, S. 52, zu bestimmen.

② Beschreibe die Verarbeitung des Korns in der Mühle. Versuche, dazu ein Pfeildiagramm zu erstellen.

③ Untersuche ein Weizenkorn. Schneide es längs durch und versuche, den Mehlkörper zu erkennen. Betupfe die Schnittfläche des Mehlkörpers mit einer Iod-Kaliumiodidlösung. Bei Anwesenheit von Stärke verfärbt sich die Schnittfläche blau. Erkläre deine Beobachtung.

④ Ist Auszugsmehl oder Vollkornmehl besser für unsere Ernährung geeignet? Begründe deine Entscheidung.

⑤ Welche Getreide sind für die Ernährung der Weltbevölkerung besonders wichtig? Informationen dazu findest du in deinem Atlas.

Die Getreidepflanzen gehören zur Familie der Gräser. Die Gräser bilden die Grundlage für die menschliche Ernährung. Sie sind auch für die Herstellung vieler Futtermittel bedeutsam.

5.2 Kennübungen: Gräser

Gerste ◁
Die Gerste wird etwa einen Meter hoch. Die Grannen sind viel länger als die Ähre. Gerste wird schon seit 3000 v. Chr. bei uns angebaut. Sie wächst auch in kalten, nördlichen Gebieten der Erde.

Weizen ▷
Weizen kann bis 1,50 Meter hoch werden, bleibt meistens aber kleiner. Er hat dicke Körner und keine Grannen. Er wird schon seit Jahrtausenden angebaut. Der Weizen braucht eine hohe Sommerwärme und bevorzugt tonig-lehmige Böden.

Hafer ◁
Der Hafer wird bis 1,20 Meter hoch. Er unterscheidet sich von den anderen Getreidearten durch den anders gebauten Blütenstand. Man vermutet, daß der Hafer in Mitteleuropa aus einem Wildgras, dem Windhafer, entstanden ist.

Mais ▷
Der Mais erreicht eine Höhe von bis zu 4 Metern. Er ist eine alte indianische Kulturpflanze. Die Spanier brachten ihn Anfang des 16. Jahrhunderts mit nach Europa. In Gebieten mit intensiver Tierhaltung ist er seit etwa 20 Jahren zum wichtigsten Futtergetreide geworden.

Wiesen-Fuchsschwanz ◁
Der Wiesen-Fuchsschwanz wird etwa 60 cm hoch. Er ist bei uns auf Wiesen und Weiden sehr häufig und eins unserer wichtigsten Futtergräser.

Knäuelgras ▷
Das Knäuelgras erreicht eine Höhe von bis zu einem Meter. Es ist sehr häufig und über die ganze Welt verbreitet. Das Knäuelgras ist ein wichtiges Futtergras, das vor allem auf gut gedüngten Wiesen vorkommt.

5.3 Kohl – ein vielseitiges Gemüse

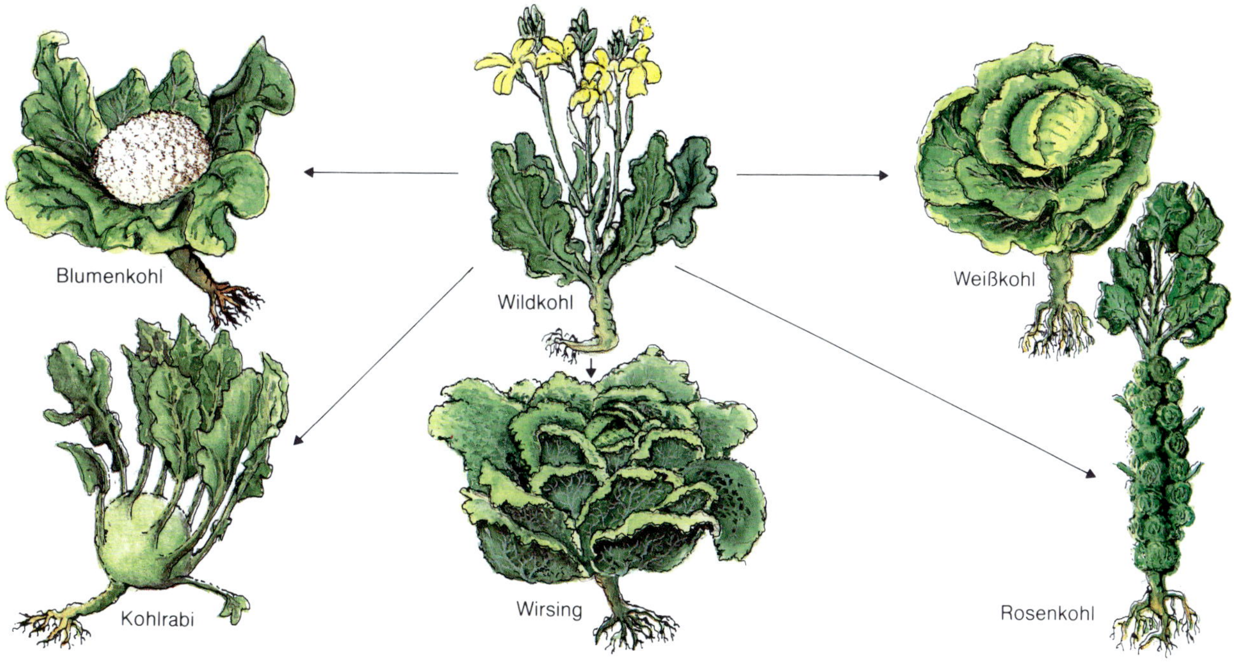

1 Kohlsorten

Der Vorfahre der heutigen Kohlsorten ist der Wildkohl (Abb. 1). Er wächst noch heute an felsigen und steinigen Küsten des Mittelmeers und des Atlantiks. Aus dem Wildkohl haben die Menschen im Laufe der Zeit viele verschiedene Kohlsorten herangezogen, die heute unseren Speisezettel bereichern (Abb. 1). Dabei gingen die Menschen folgendermaßen vor: Sie suchten unter den vielen Kohlpflanzen solche aus, bei denen sich bestimmte, eßbare Teile vergrößert hatten. Beim Rosenkohl waren dies z. B. die Knospen am Stengel. Die Samen solcher Pflanzen säte der Mensch dann wieder aus und vermehrte so nur diese Pflanzen weiter. Wir bezeichnen eine gezielte Auswahl und Vermehrung von Pflanzen durch den Menschen als **Züchtung.**

Der Weißkohl wurde in Deutschland gezüchtet. Er wird erstmals im 12. Jahrhundert erwähnt.

Eine dieser vom Menschen gezüchteten Kohlsorten ist der Weißkohl (Abb. 1). Sein Stengel ist kurz. Dadurch stehen die Blätter eng zusammen. Sie sind viel größer als die Blätter des Wildkohls. Die Blätter wachsen auf der Unterseite stärker als auf der Oberseite, so daß sie sich nach innen wölben und zu einem Kopf zusammenschließen. Der Weißkohl eignet sich für die Zubereitung von Suppen, Eintöpfen und Kohlrouladen ebenso wie für Salate. Zur Herstellung von Sauerkraut werden die Blätter des Weißkohls fein zerschnitten. Dann werden sie mit Salz in große Bottiche oder Töpfe eingelegt, in denen sie festgestampft werden. Das Kraut bedeckt man dann mit einer Lage Blätter und einem mit Steinen beschwerten Holzdeckel. Bei der nun einsetzenden Gärung entsteht eine Säure, die dem Sauerkraut den sauren Geschmack verleiht. Diese Säure macht das Sauerkraut haltbar.

Auch der Stengel des Wirsingkohls ist bedeutend kürzer als beim Wildkohl. Der Wirsingkohl hat große, faltige Blätter. Sie bilden einen lockeren Kopf (Abb. 1). Aus Wirsingkohl werden vor allem Eintopfgerichte zubereitet.

Beim Blumenkohl sind die Blütenstiele zu einer weißen, festen Halbkugel umgebildet (Abb. 1). Er eignet sich besonders für die Zubereitung von Suppen und als Gemüsebeilage.

Beim Rosenkohl haben sich die Knospen am Stengel vergrößert (Abb. 1). Diese Knos-

2 Grünkohlfeld

pen werden geerntet. Um richtig schmackhaft zu werden, müssen sie Frost bekommen.

Auch der Kohlrabi ist aus dem Wildkohl gezüchtet worden. Bei ihm ist der untere Teil des Stengels zu einer saftigen Knolle verdickt (Abb. 1). An der Knolle kann man Narben erkennen, an denen Blätter gesessen haben. Häufig wird nur die Knolle für die Zubereitung von Speisen verwendet. Jedoch können auch die Blätter genutzt werden.

Bekannt ist auch der Grünkohl (Abb. 2). Er ist an seinen gekräuselten Blättern zu erkennen. Von ihm werden die Blätter für die Ernährung genutzt. Der Grünkohl steht bis weit in die kalte Jahreszeit hinein auf dem Feld. Nach dem ersten Frost ist Grünkohl besonders schmackhaft. Der hohe Gehalt an Vitamin C und A macht den Grünkohl für die menschliche Ernährung wertvoll. Er verfügt über einen beachtlichen Gehalt an Mineralsalzen. In 500 g Grünkohl ist ein Gramm Kalzium enthalten. Das ist genauso viel wie in einem halben Liter Milch. Es ist mehr als der tägliche Bedarf eines Erwachsenen.

Aufgaben

① Welche anderen Kohlsorten gibt es noch? Schlage in einem Buch nach oder sieh dich in einem Supermarkt um.

② Welche Teile der verschiedenen Kohlsorten können für die menschliche Ernährung genutzt werden? Trage die Namen der Kohlsorten in eine Tabelle nach folgendem Muster ein. Doppelnennungen sind möglich.

Blätter	Blüten	Stengel	Knospen

③ Sieh in einem Kochbuch nach, für welche Gerichte man Kohl verwenden kann. Schreibe für drei Gerichte auf, wie der Kohl zubereitet wird.

④ Schneide einen Weißkohl in der Mitte durch. Beschreibe den Aufbau des Kohlkopfes. Verwerte die Blätter anschließend zur Herstellung eines Salates.

Biotip

Weißkohlsalat

Blätter vom Weißkohl werden gewaschen und fein geraspelt. Die geraspelten Blätter bestreut man mit etwas Salz und fügt während des Umrührens nach Geschmack Essig hinzu. Der Salat muß dann eine Stunde durchziehen. Zum Schluß wird der Salat mit Salz, Pfeffer, Zitronensaft und Salatöl abgeschmeckt.

Aus dem Wildkohl hat der Mensch verschiedene Kohlsorten gezüchtet. Die Züchtung führte zu einer Veränderung von Teilen der Pflanzen. Dadurch sind die Teile der Pflanzen besser für die Ernährung des Menschen zu nutzen.

5.4 Pflanzen liefern Textilfasern

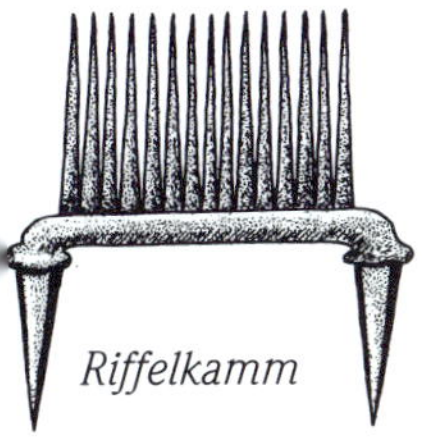
Riffelkamm

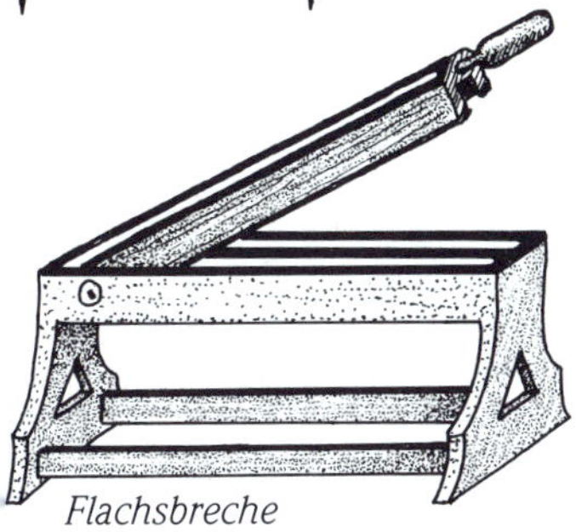
Flachsbreche

Holzhammer

Geräte zur Flachsherstellung

1 Leinpflanze, „Flachs" genannt

2 Baumwollfeld

Aufgabe

① Zerdrücke Leinsamen auf Papier. Beschreibe und erkläre deine Beobachtung.

Der Lein oder Flachs wird schon seit etwa 7000 Jahren vom Menschen genutzt (Abb. 1). Der Stengel des Flachs enthält kräftige Fasern, aus denen Stoffe gewebt werden können. Aus den Samen des Flachs wird Öl gewonnen. Die Pflanzen werden im Herbst geerntet und getrocknet. Nach dem Trocknen zieht man sie durch eiserne Kämme, wodurch die Blätter und die Kapseln mit den Samen von den Stengeln entfernt werden. Diesen Vorgang nennt man „Riffeln". Anschließend werden die Stengel in Wasser gelegt oder auf dem Feld ausgebreitet und so Tau und Regen ausgesetzt. Die weichen Teile des Stengels zersetzen sich dabei. Dieses Verfahren wird als Flachsröste bezeichnet. Durch Brechen des Stengels und anschließendes Schlagen mit einem Holzhammer werden die holzigen Teile danach von den Fasern getrennt. Die Fasern können jetzt zu Garn versponnen werden, aus dem man das sogenannte Linnen oder Leinentuch webt.

Aus dem Ausland wird seit dem letzten Jahrhundert zunehmend Baumwolle in die Bundesrepublik Deutschland geliefert. Baumwolle wird auf riesigen Feldern z. B. in den USA, Indien und Kasachstan angebaut (Abb. 2).

Die Frucht der Baumwollpflanzen ist eine walnußgroße Kapsel. Wenn sie reif ist, springt sie auf. Dabei dringt ein mächtiger, watteartiger Haarschopf aus der Kapsel heraus (Abb. 2). Die bis zu fünf Zentimeter langen Haare sitzen an der gesamten Oberfläche der erbsengroßen Samen. Die Kapseln werden mit Maschinen gesammelt. Schon bei der Ernte werden die Haare von den Samen getrennt. Die Haare werden maschinell gesponnen und zu Stoffen verwebt. Die Haare dienen auch zur Herstellung von Watte. Aus dem Samen wird Öl für die Margarine- und Seifenherstellung gewonnen.

Aufgaben

② Früher hat man aus der Brennessel das sogenannte Nesseltuch hergestellt. Knicke den Stengel einer Brennessel an mehreren Stellen quer. Zerreiße ihn anschließend mehrfach der Länge nach. Versuche, Fasern herauszulösen. Verwende bei der Arbeit Gummihandschuhe.

③ Sieh auf den Wäschezeichen deiner Kleidungsstücke nach, ob sie Baumwolle enthalten. Trage diese Wäschestücke in eine Liste ein. Schreibe dazu, welchen Baumwollanteil sie enthalten.

Aus Teilen von Flachs- und Baumwollpflanzen werden Stoffe gewebt und Öl gewonnen.

5.5 Heilmittel aus der Natur

1 Mädesüß

2 Schafgarbe

In England wurde mit Hilfe des Mädesüß sogar Bier gebraut, das einen besonders erfrischenden Geschmack hatte.

Pflanzen werden schon seit Jahrtausenden verwandt, um Beschwerden zu lindern und Krankheiten zu heilen. Man nennt diese Pflanzen **Heilpflanzen.** Noch bis vor einigen Jahrzehnten wurden für die Herstellung von Medikamenten ausschließlich Bestandteile von Pflanzen genutzt.

Eine bekannte Heilpflanze ist das Mädesüß (Abb. 1). Es ist auf feuchten Wiesen, an Gräben und Bächen recht häufig. Getrocknete Blüten und Blätter dieser Pflanze werden zur Herstellung von Tees genutzt. Der aus den Blüten hergestellte Tee lindert Harnwegsentzündungen und Nierenentzündungen. Er hat eine harntreibende und schweißtreibende Wirkung. Aus der Pflanze lassen sich auch wohlriechende Öle gewinnen. Durch das Einreiben mit diesem Öl kann Rheumatismus gelindert werden. Schon im Mittelalter empfahl der Hofapotheker des englischen Königs, die Schlafräume mit getrockneten Mädesüßpflanzen auszustreuen. 1839 gelang es deutschen Wissenschaftlern, aus dem Mädesüß den Bestandteil zu gewinnen, der hauptsächlich für die heilende Wirkung verantwortlich ist. Chemiker untersuchten diesen Stoff und gaben ihm den Namen Salizylsäure. Dieser Bestandteil war damals eines der wirksamsten Mittel gegen Fieber und Rheumatismus. Später gelang es, die Salizylsäure durch eine kleine chemische Veränderung, zu Acetyl-Salizylsäure, noch wirksamer zu machen. Erst die chemische Herstellung der Acetyl-Salizylsäure löste die Verwendung des Mädesüß weitgehend ab. Heute ist die Acetyl-Salizylsäure unter dem Namen „Aspirin" ein weltweit bekanntes Medikament.

Die Schafgarbe trägt den wissenschaftlichen Namen Achillea millefolium (Abb. 2). Ihr Name leitet sich von einem Helden der griechischen Sage mit Namen Achilles ab. Achilles soll die blutenden Wunden seiner Soldaten mit dieser Pflanze gestillt haben. Die Bezeichnung „millefolium" bedeutet auf deutsch „Tausendblatt". Sie ist auf die vielfach geteilten Laubblätter der Pflanze zurückzuführen. Die in der Schafgarbe enthaltenen Stoffe stoppen Nasenbluten schnell. Diese blutstillende Wirkung war auch schon den Indianern bekannt. In China ist die Schafgarbe seit 4000 Jahren als Heilpflanze gebräuchlich. Schafgarbentee wirkt krampflösend und entzündungshemmend. Er unterstützt die Heilung von Verdauungsbeschwerden und Magen-Darm-Krämpfen. Die entzündungshemmende Wirkung von Schafgarbe kann auch zur Behandlung von Wunden, Geschwüren und Hämorrhoiden eingesetzt werden. Auch bei Zahnfleischerkrankungen ist die Anwendung von Schafgarbe hilfreich.

Das Immergrün ist eine bekannte Heilpflanze (Abb. 3). Noch vor einigen Jahrzehnten sammelten Menschen, die sich mit Heilpflanzen auskannten, die Blätter des Immergrüns. An einem warmen Ort wurden die Blätter auf Drahtnetzen getrocknet. Aus den Blättern konnte ein Tee gekocht werden, der eine gute Wirkung als Stärkungsmittel besaß. Auch zur Be-

3 Immergrün

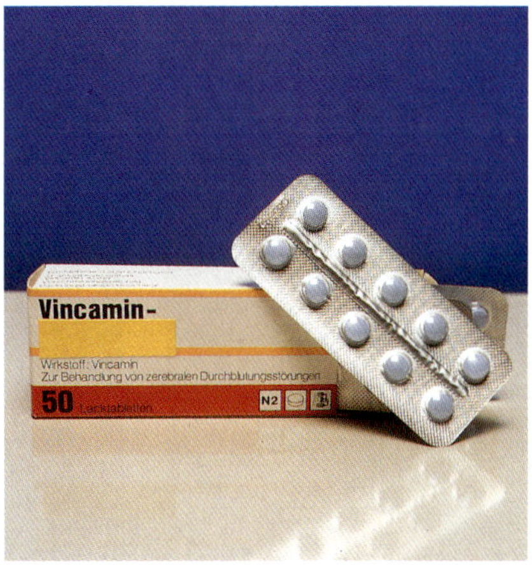

4 Vincamin

handlung von Verdauungsproblemen wurde er eingesetzt. Man stellte aus den Blättern eine Creme her, die sich zur Behandlung von Hautkrankheiten, besonders der Kopfhaut, eignete. Immergrün verwendete man früher auch als Mittel gegen Diphtherie. Der chemische Aufbau eines sehr wirksamen Bestandteils des Immergrüns wurde 1961 aufgeklärt. Es gelang, diesen Bestandteil in großen Mengen chemisch herzustellen. Heute ist das daraus hergestellte Medikament unter dem Namen „Vincamin" im Handel. Das Vincamin fördert die Durchblutung des Gehirns, es löst Krämpfe in den Blutgefäßen und fördert die Sauerstoffaufnahme des Organismus.

„Vincamin" leitet sich von dem lateinischen Namen des Immergrüns, Vinca minor, ab.

Die Bestandteile fast aller Medikamente, die vom Arzt heute für die Behandlung von Krankheiten herangezogen werden, stammen ursprünglich aus Pflanzen. Diese Bestandteile der Pflanzen werden von Chemikern isoliert und in größeren Mengen hergestellt. Anschließend werden sie auf ihre Wirkung, aber auch auf Risiken und Nebenwirkungen untersucht und erprobt. Dann erst kommen sie als Medikamente in den Handel.

Heilpflanzen können aufgrund der Vielzahl ihrer Bestandteile gleichzeitig mehrere Wirkungen haben. In zu großen Mengen eingenommen, können auch Heilpflanzen schädlich oder sogar giftig wirken.

Aufgabe

① Gehe in ein Reformhaus oder in eine Apotheke und schreibe drei Pflanzentees auf, die angeboten werden. Welche Beschwerden oder Krankheiten lindern diese Tees?

Heilpflanzen enthalten Bestandteile, die eine heilende Wirkung zeigen. Sie werden schon seit Jahrtausenden von Menschen benutzt. Fast alle Bestandteile unserer Medikamente stammen ursprünglich aus Pflanzen.

Biotip

Holunderblütentee

Der Schwarze Holunder ist ein hoher Strauch, den du an Waldrändern oder in Hecken findest. Er blüht von Juni bis Juli. Sammle in dieser Zeit Holunderblüten. Entferne die Blütenstiele. Trockne die Blüten an der Luft. Setze sie aber keiner zu großen Wärme aus. Bewahre die getrockneten Holunderblüten in einem dunklen Gefäß auf.

Wenn du an einer fieberhaften Erkältungskrankheit leidest, kannst du zwei Teelöffel der getrockneten Blüten mit heißem Wasser aufgießen und 5–10 Minuten ziehen lassen. Leg dich ins Bett. Der schweißtreibende Tee wird deine Beschwerden bald lindern.

6 Lebewesen in verschiedenen Jahreszeiten

6.1 Frühjahr – Blüten trotz Frost und Schnee

1 Tiere und Pflanzen im Frühjahr

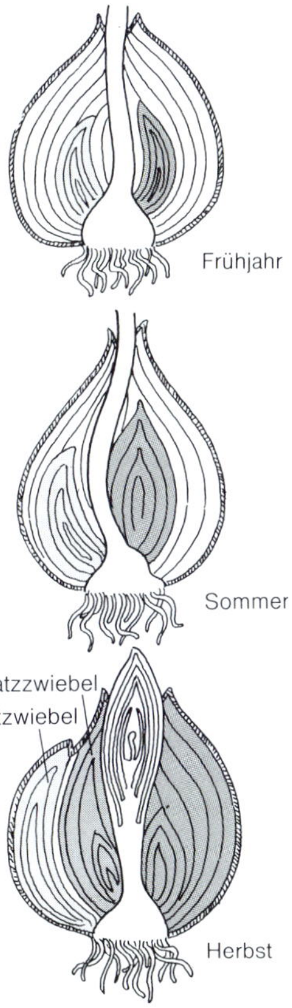

Schneeglöckchenzwiebel

Im Frühjahr ist wieder Schnee gefallen, der Boden noch gefroren. Trotzdem kann man die ersten Blüten der Schneeglöckchen sehen (Abb. 2). Diese Pflanzen sind **Frühblüher.** Sie überdauern den Winter mit Hilfe ihrer **Zwiebeln,** die in der Erde vor starker Kälte geschützt sind. In den Zwiebeln werden Nährstoffe gespeichert. Diese Nährstoffe stehen den Schneeglöckchen schon zeitig im Frühjahr für Wachstum und Blütenentwicklung zur Verfügung.

Die Zwiebeln der Schneeglöckchen sind von braunen, trockenen Schalen umhüllt. Darunter liegen dicke, fleischige Schalen, sie heißen Zwiebelschuppen. Sie enthalten viele Nährstoffe. Während des Sommers stirbt die alte Zwiebel ab. Dafür wird in der Mitte der alten Zwiebel eine neue gebildet, die man **Ersatzzwiebel** nennt. Im Sommer werden Nährstoffe in der Ersatzzwiebel abgelagert, sie wird immer kräftiger. Daneben wachsen noch kleinere Zwiebeln heran, die am Rand der Ersatzzwiebel gebildet werden. Diese Zwiebeln werden **Brutzwiebeln** genannt. Aus jeder Zwiebel wächst eine neue Pflanze heran, die eine Blüte bildet. Viele frühblühende Pflanzen wie Tulpen, Narzissen, Hyazinthen und Märzenbecher entwickeln sich aus Zwiebeln.

Bei anderen Frühblühern sind Teile der Wurzel knollenartig verdickt und speichern Nährstoffe. Solche Verdickungen

2 Schneeglöckchen

nennt man **Knollen.** Frühblüher wie Scharbockskraut und Krokus besitzen Knollen (Abb. 3). Das Scharbockskraut wächst in feuchten Wäldern. Es entwickelt an warmen Frühlingstagen innerhalb weniger Tage einen Stengel mit Blüten und Blättern. In der Blüte entwickeln sich winzige, mikroskopisch kleine Samen. Zur Vermehrung dienen auch Brutknospen, die zwischen Blatt und Stengel ausgebildet werden, auf den Boden fallen und dann eine neue Pflanze bilden.

Maiglöckchen, Schlüsselblume und Buschwindröschen bilden einen mehrere Zentimeter langen, verdickten Stengel, der unterirdisch wächst. Man nennt einen solchen Stengel **Erdsproß** (Abb. 4).

3 Scharbockskraut

4 Buschwindröschen

Auch in ihm werden Nährstoffe für das Frühjahr gespeichert. Der Erdsproß verlängert sich jedes Jahr um einige Zentimeter. Die älteren Teile des Erdsprosses sterben nach einigen Jahren ab. So wächst die Pflanze jedes Jahr in neue nährstoffreiche Bereiche des Bodens hinein.

Aufgaben

① In den Abbildungen und im Text sind Frühblüher abgebildet und beschrieben. Liste die Namen der Frühblüher auf. Benenne und beschreibe ihre Speicherorgane.

② Weshalb soll man bei Frühblühern nach der Blütezeit die Blätter nicht abschneiden?

③ Betrachte und vergleiche den Zustand der Frühblüher während des Frühjahrs (Abb. 1, S. 58) und während des Sommers (Abb. 1, S. 61). Welche Unterschiede bestehen?

Frühblüher haben Organe, in denen sie Nährstoffe speichern. Solche Speicherorgane sind Zwiebeln, Knollen und Erdsprosse.

Versuche

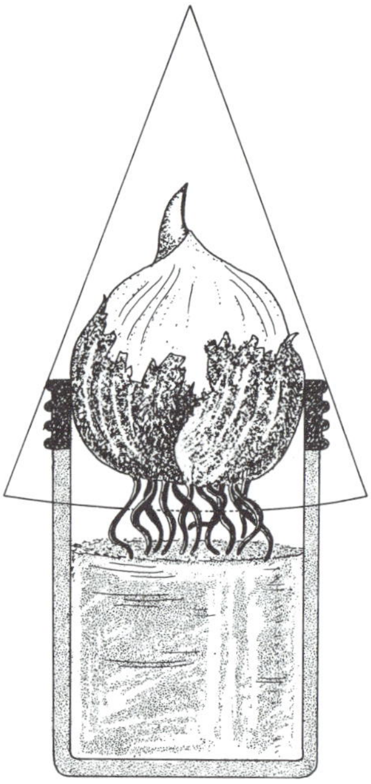

Hyazinthenzwiebel

1. Entwicklung einer Hyazinthe

Beobachte, wie sich aus einer Zwiebel eine Hyazinthe entwickelt. Fülle ein Glas mit Wasser. Setze die Hyazinthenzwiebel auf das Glas. Es soll nur so viel Wasser im Glas sein, daß die Zwiebel dicht über der Wasseroberfläche liegt. Das Wasser sollte einmal in der Woche gewechselt werden. Stülpe eine spitze Papiertüte über die Zwiebel. Stelle das Glas in einen warmen Raum. Beobachte alle Veränderungen bei der Zwiebel und notiere sie. Die Tabelle, in die du deine Beobachtungen einträgst, kann etwa so aussehen:

Datum	Beobachtung
8. Januar	Zwiebel hat eine grüne Spitze
11. Januar	Die grüne Zwiebelspitze ist etwa 1 cm lang
14. Januar	

2. Entwicklung von Knospen der Roßkastanie

Stelle im Frühjahr einen Roßkastanienzweig mit den noch geschlossenen Knospen in ein Gefäß mit Wasser. Beobachte die Veränderungen der Knospen. Protokolliere deine Beobachtungen in einer Tabelle nach folgendem Muster:

Datum	Beobachtung
14. 2.	Knospen geschlossen
18. 2.	...

3. Stärkenachweis bei der Küchenzwiebel

Auch die Küchenzwiebel bildet ein Speicherorgan aus. Schneide eine Zwiebel mit einem Messer auf. Träufle einige Tropfen Iod-Kaliumiodid-Lösung auf die Schnittfläche. Diese Lösung färbt Stärke blau-violett. Notiere das Ergebnis und erkläre es.

6.2 Sommer – Wildkräuter am Feldrand

1 Tiere und Pflanzen im Sommer

2 Lichtnelke

3 Kornrade

Früher glichen Feldränder oft einer bunten Wiese mit vielen verschiedenen Pflanzen. Heute blühen dort nur noch wenige Pflanzen. Wie ist es zu dieser Veränderung gekommen?

An den Feldrändern finden Pflanzen heutzutage meist ungünstige Umweltbedingungen. Die Feldränder werden von schweren Traktoren befahren. Dadurch werden die Böden verfestigt, die Pflanzen oft überfahren. Düngemittel und Gülle gelangen auf den Feldrand. So werden die Feldränder mit zu vielen Nährstoffen versorgt. Obwohl verboten, geschieht es immer wieder, daß Feld- und Wegränder mit Herbiziden gespritzt werden. Dies sind chemische Mittel, die Pflanzen abtöten.

Aus diesen Gründen findet man seit einigen Jahren an den Feldrändern nur noch Pflanzen, die an diese ungünstigen Umweltbedingungen angepaßt sind. Sie müssen z. B. auf festem Untergrund wurzeln können, trotz Spritzungen mit Herbiziden wachsen und übermäßige Düngung vertragen. Manche Gräser gedeihen hier gut, denn sie richten sich wieder auf oder bilden neue Triebe, wenn sie plattgefahren oder die Blätter zerstört werden.

An vielen Feldrändern tritt der Rainfarn häufig auf (Abb. 3, S. 49). Seinen Namen trägt er, weil die gefiederten Blätter an einen Farn erinnern. Der Rainfarn ist aber ein Korbblütler. Die kräftigen Wurzeln sind weit verzweigt und können auch Bodenverdichtungen vertragen. Der Rainfarn wächst auf allen nährstoffreichen und gedüngten Böden. Auch die Weiße Lichtnelke wächst an Feldrändern (Abb. 2). Sie gehört zu den Nelkengewächsen und gedeiht auf sehr unterschiedlichen Böden. Sogar steinige und mit Schutt angereicherte Böden werden besiedelt. Die Weiße Lichtnelke fällt durch ihre großen, weißen Blüten auf. Die Blüten werden von Nachtschmetterlingen bestäubt.

1983 waren in Nordrhein-Westfalen bereits 11 % der Ackerwildkräuter ausgestorben, 30 % von ihnen waren vom Aussterben bedroht oder im Bestand gefährdet. Viele Pflanzen, die noch 1970 an Feldrändern häufig waren, existierten 1983 nicht mehr. Bunte, abwechslungsreiche Feld- und Wegränder waren selten. So durfte die Entwicklung nicht weitergehen!

Biologen, Landwirte und Politiker entwickelten aus diesem Grund 1985 ein Programm zum Schutz der Ackerwildkräuter. Das Programm sieht vor, daß Landwirte einen Streifen am Feldrand so behandeln, daß mehr Wildkräuter auf ihm wachsen können. Es wird zum Beispiel vertraglich vereinbart, daß die Feldränder nicht gedüngt werden, kein Mist abgelagert und Herbizide nicht gespritzt werden. Verpflichtet sich ein Landwirt, seine Feldränder so zu behandeln, dann bekommt er dafür eine finanzielle Entschädigung.

Viele Landwirte in Nordrhein-Westfalen schlossen solche Verträge. Der Erfolg war groß. Schon 1988 wuchsen an manchen Feldrändern vom Aussterben bedrohte Wildkräuter. Die Kornrade sieht man nun

4 Wegwarte

5 Nachtkerze

an solchen Feldrändern wieder häufiger (Abb. 3). Es ist ein Nelkengewächs, das auch durch den Einsatz der Herbizide bedroht war. Auch die Wegwarte, ein Korbblütler, trat häufiger auf (Abb. 4). Die Gemeine Nachtkerze entdeckte man wieder in größerer Zahl (Abb. 5). Wegen der ausbleibenden Bodenverdichtungen konnte sie an Feldrändern besser keimen und wachsen. Mit der größeren Vielzahl an Ackerwildkräutern gab es an solchen Feldrändern auch wieder mehr Insekten, die an den vielen bunten Blüten mehr Nektar fanden und sich besser vermehrten.

Weit mehr als 1000 Landwirte haben bisher bei dem Programm zum Schutz der Ackerwildkräuter mitgemacht. Auch heute werden noch weitere solcher Verträge mit Landwirten abgeschlossen.

Aufgaben

① Wie unterscheiden sich normale Feldränder von denen, die im Programm zum Schutz der Ackerwildkräuter sind?

② Erkläre, weshalb an Feldrändern mit vielen Pflanzenarten, auch viele Säugetierarten leben können.

③ Betrachte Abb. 6. Beschreibe wesentliche Unterschiede der Feldränder.

An Feldrändern werden durch intensive Düngung und den Einsatz von Herbiziden viele Pflanzen vernichtet. Schutzprogramme konnten helfen, seltene Pflanzen wieder heimisch zu machen.

6 Feldrand mit Wildkräutern und ...

... ohne Wildkräuter

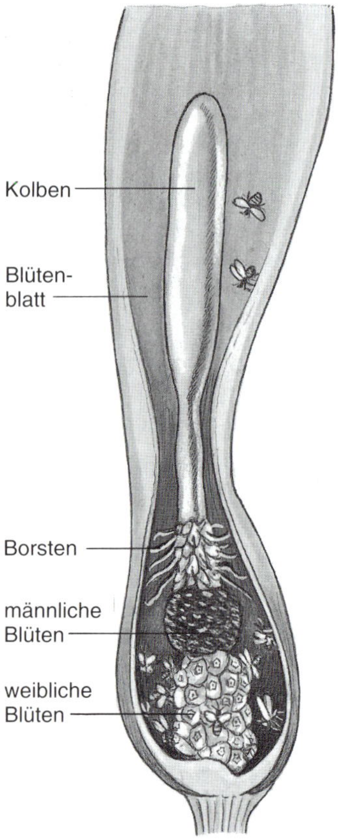

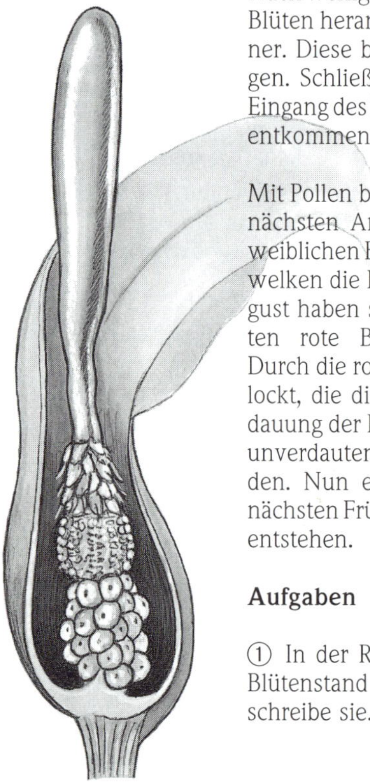

Blütenstand des Aronstabs, aufgeschnitten

6.3 Der Aronstab

Der Aronstab wächst in feuchten Wäldern. Die Pflanze hat große, auffällige bis zu 40 Zentimeter lange Blätter (Abb. 1). Schon im Mai blüht die Pflanze. Zwischen den Blättern entwickelt sich ein tütenförmiges, grünlich-weißes Blütenblatt. In dessen Mitte ragt ein brauner Kolben empor (Abb. 1). Das Blütenblatt bildet im unteren Teil eine kesselartige Erweiterung. Der Kolben trägt am unteren Ende Borsten. Durch diese Borsten wird der Eingang zum Kessel verschlossen. In ihm stehen die männlichen und weiblichen Blüten.

Während der Blütezeit werden Fliegen, Mücken und andere kleine Insekten durch den kotartigen Geruch des Kolbens angelockt. Die Insekten landen beim Anflug auch auf dem hellen Blütenblatt. Dies ist von einer feinen Fettschicht bedeckt. An der Fettschicht rutschen die Insekten durch die Borsten in das Innere des Kessels. Die glatte Kesselwand und die Borsten ermöglichen kein Entkommen aus dem Kessel. In dieser Zeit können die weiblichen Blüten bestäubt werden. Nach wenigen Tagen sind die männlichen Blüten herangereift und bilden Pollenkörner. Diese bleiben an den Insekten hängen. Schließlich welken die Borsten am Eingang des Kessels. Die Insekten können entkommen.

Mit Pollen beladen können sie dann zum nächsten Aronstab fliegen und dort die weiblichen Blüten bestäuben. Ab Juni verwelken die Blätter des Aronstabs. Im August haben sich aus den weiblichen Blüten rote Beeren entwickelt (Abb. 2). Durch die rote Farbe werden Vögel angelockt, die die Beeren fressen. Nach Verdauung der Beeren fallen mit dem Kot die unverdauten, harten Samen auf den Boden. Nun erst können sie keimen. Im nächsten Frühjahr kann eine neue Pflanze entstehen.

Aufgaben

① In der Randspalte sind Vorgänge im Blütenstand des Aronstabs abgebildet. Beschreibe sie.

1 Aronstab mit Blüte

2 Fruchtstand des Aronstabs

② Erstelle eine Tabelle, in der du stichwortartig einträgst, welche Vorgänge beim Aronstab in den Monaten von Januar bis Dezember ablaufen. Die Tabelle kann etwa so aussehen:

Monat	Vorgang
Januar Februar	Überwinterung

Der Aronstab entwickelt an einem Kolben männliche und weibliche Blüten. In einem Kessel werden Insekten einige Tage gefangen gehalten. Sie bestäuben die weiblichen Blüten. Aus ihnen entwickeln sich im Herbst rote Beeren.

6.4 Herbst – Vorbereitung auf Kälte und Schnee

1 Tiere und Pflanzen im Herbst

Es gibt Pflanzen, bei denen die Blätter im Herbst nicht abfallen. Solche Pflanzen bezeichnet man als immergrüne Pflanzen. Dazu gehören z. B. Efeu und Stechpalme.

Es ist Anfang Oktober. Das Wetter ist kalt und regnerisch. Die Blätter der Roßkastanie auf dem Schulhof sind nicht mehr dunkelgrün gefärbt wie im Sommer. Einige sind bereits vollständig gelb. Andere beginnen sich vom Rand her gelb zu färben (Abb. 2). Nach dieser Laubfärbung fallen die Blätter nach und nach ab. Sie haben sich an besonderen Bruchstellen von den Zweigen gelöst. Hier haben die abgefallenen Blätter Blattnarben hinterlassen (Abb. 3). Ende Oktober haben die Zweige der Roßkastanie keine Blätter mehr. Der **Laubfall** ist beendet.

Wenn Roßkastanien ihre Blätter abgeworfen haben, erkennt man an ihren Zweigen Knospen (Abb. 3). Es sind kleine Verdickungen, die von harten, lederartigen Blättchen eingehüllt sind. Diese Blättchen sind die Knospenschuppen. Sie sind klebrig und schwer voneinander zu lösen. Unter den Knospenschuppen liegen winzige, stark behaarte Blattanlagen und die Blütenanlage (Abb. 3). Aus ihnen entstehen im Frühjahr Blätter und Blüten.

Die harten, klebrigen Knospenschuppen schützen die Knospe im Winter vor dem Eindringen von Wasser und Krankheitserregern und bewahren sie vor dem Austrocknen. Während des Winters verändern sich die Knospen nicht. Wenn es im Frühjahr wärmer wird, werden sie dicker. Die Blattanlagen und Blütenanlagen wachsen. Im Mai fallen die Knospenschuppen ab, Blätter und Blüte entwikkeln sich.

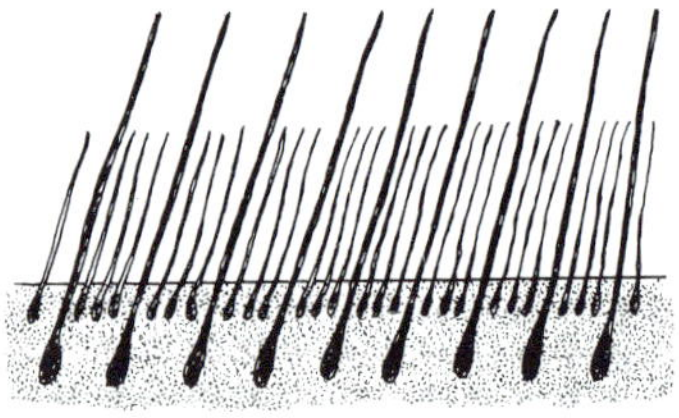

Sommerfell

Auch viele Tiere bereiten sich auf Schnee und Kälte des bevorstehenden Winters vor. Bei Reh, Fuchs und Wiesel fallen im Herbst die Haare des Sommerfells aus. Das jetzt heranwachsende **Winterfell** ist länger und dichter als das Sommerfell. Beim Wiesel ändert das Fell auch seine Farbe. Aus dem braunen Sommerfell wird das weiße Winterfell. Ein solches Fell schützt nicht nur vor Kälte und Nässe. Es ist auch eine gute Tarnung, wenn die Landschaft verschneit ist.

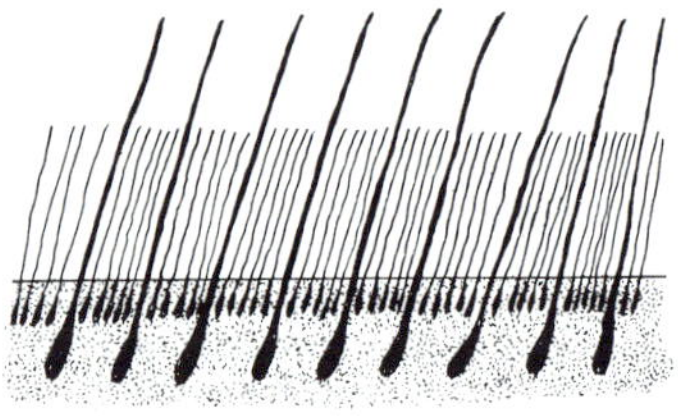

Winterfell

Bei vielen Vögeln wächst im Herbst ein neues Federkleid heran. Die Vögel verlieren jetzt viele der Federn, die während des vergangenen Jahres ihr Federkleid bildeten. Die neuen Federn sind fest und hart. Man bezeichnet den Federwechsel als **Mauser.**

2 Blattfärbung bei der Roßkastanie

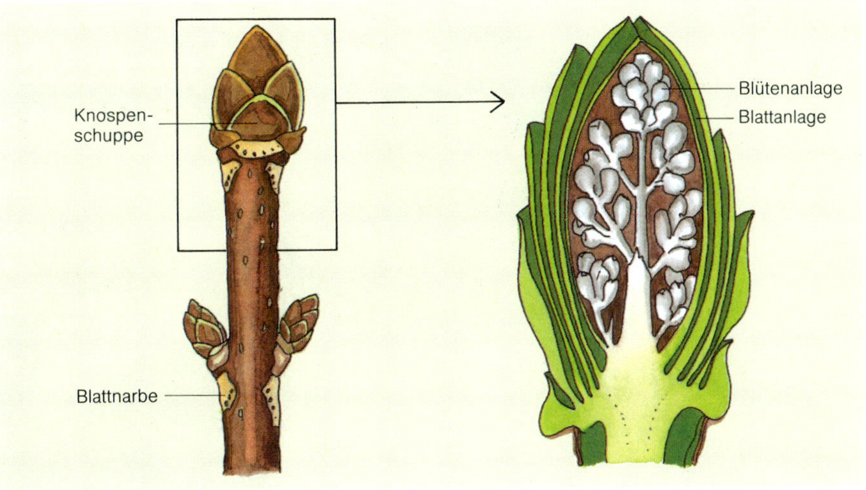

3 Zweig und Knospe einer Roßkastanie

Aufgaben

① Beobachte die Farbänderungen der Laubblätter von September bis zum Laubfall. Presse pro Woche je ein Blatt eines Laubbaumes und lege eine Blattsammlung an. Du kannst dafür z. B. Blätter von Rotbuche oder Ahorn verwenden. Die Blätter kannst du zwischen Büchern in Löschblättern oder Zeitungspapier pressen (s. S. 18). Klebe die gepreßten, trockenen Blätter auf ein Blatt Papier. Notiere darauf den Namen des Baumes, Datum und Fundort.

② Besorge dir im Frühjahr einen kleinen Zweig von einer Roßkastanie. Entferne mit Hilfe einer Pinzette die klebrigen, braunen Knospenschuppen. Betrachte mit einer Lupe die Blattanlagen und beschreibe sie. Versuche vorsichtig, die Blattanlagen abzunehmen und betrachte die Anlage der Blüte. Beschreibe sie.

③ Nach dem Aussehen der Knospen kannst du im Herbst und Winter Bäume und Sträucher bestimmen. Besorge dir einen kleinen Zweig von einem Baum oder Strauch und versuche, ihn mit Hilfe von Abb. 4 zu bestimmen.

④ Im Herbst ziehen sich viele Tiere in ihr Winterversteck zurück. Gib mit Hilfe von Abb. 1, S. 69, und Abb. 1, S. 65, an, in welche Winterverstecke sich die Tiere im Herbst begeben. In welchem Bereich liegen die meisten Winterverstecke? Gib Gründe dafür an.

Im Herbst werfen Bäume und Sträucher ihre Blätter ab. An den Zweigen werden Knospen erkennbar. Die Knospenschuppen schützen Blatt- und Blütenanlagen. Manche Tiere werden durch ein Winterfell vor Nässe und Kälte geschützt.

4 Zweige im Winter

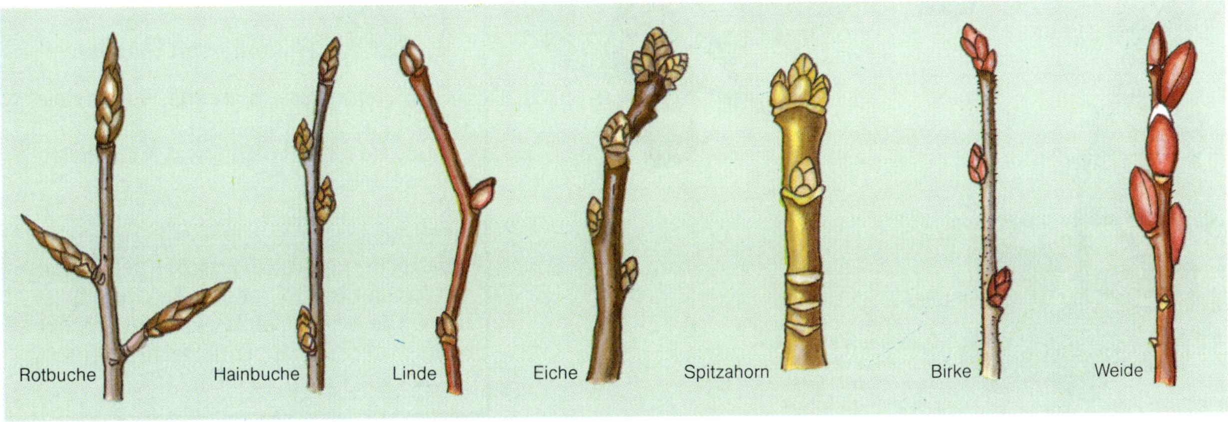

6.5 Samen und Früchte im Herbst

Holunder
Blüten klein und gelblichweiß in Blütenständen. Früchte schwarz, genießbar für Menschen.

Schneeball
Bis 4 m hoch. Blüten zu Blütenständen zusammengefaßt. Die roten Früchte werden von Vögeln gefressen.

Brombeere
Bis 2 m hoch. Zweige mit Stacheln; Blüten weiß bis rosa. Die Früchte dienen Insekten, Vögeln und Säugetieren als Nahrung. Brombeeren bilden oft am Boden ein Dickicht, das vielen Tieren Deckung oder Nistplätze bietet.

Schlehdorn oder Schwarzdorn
Bis 3 m hoch. Zweige mit Dornen; bilden ein Schutz für die Nester verschiedener Vögel. Weiße Blüten ,Früchte werden von Vögeln gefressen.

Faulbaum
Bis 4 m hoch. Blüten unscheinbar. Kugelige Früchte zuerst rot, später schwarz. Für Menschen giftig.

Heckenrose oder Hundsrose
Bis 3 m hoch. Stamm und Zweige mit Stacheln. Blüten meist rosa. Früchte (Hagebutten) leuchtend orange. Früchte werden von Vögeln gefressen.

Geißblatt
Zweige umschlingen andere Sträucher und Bäume. Die großen, gelblichweißen Blüten riechen sehr stark. Sie enthalten viel Nektar für Nachtschmetterlinge mit langem Rüssel.

Hasel
Blätter rundlich mit herzförmiger Spitze, weich behaart. Männliche Blüten (Kätzchen) mit viel Pollen; weibliche Blüten mit roter Narbe, Windbestäubung. Frucht ist die Haselnuß.

Weißdorn
Bis 4 m hoch, Zweige mit Dornen; im Frühling weiße Blüten, zu Blütenständen zusammengefaßt; ab Oktober rote Früchte.

Efeu
Bis 20 Meter hochkletternd. Efeudickichte bieten verschiedenen Vögeln Nistplätze. Im Efeudickicht halten sich auch viele Insekten auf.

Biotip

Holundersaft machen

Holundersaft ist sehr gesund, weil er viele Vitamine und Mineralsalze enthält. Du mußt die reifen Früchte waschen, in den Dampfentsafter füllen und zuckern. Pro Kilogramm Früchte etwa 200 g Zucker. Der heiße Saft aus dem Entsafter wird möglichst randvoll in Flaschen gefüllt und sofort mit einer Gummikappe verschlossen. Die heißen Saftflaschen müssen mit einem dicken Lappen angefaßt werden, sonst verbrennst du dich!

6.6 Überleben im Winter

1 Tiere und Pflanzen im Winter

Tierspuren im Schnee

Insekten vertragen sehr tiefe Temperaturen, Schmetterlinge z. B. minus 30 °C.

Wenn es im Winter lange Zeit kalt ist und die Schneedecke erhalten bleibt, ist die Nahrung für viele Tiere knapp. Rehe müssen unter dem Schnee nach Nahrung suchen. Oft kann man ihre Spuren im Schnee entdecken. Die Suche nach Pflanzen unter dem Schnee ist mitunter kraftraubend. Schwache Tiere können sterben, wenn sie nicht genug Nahrung finden.

Einige Tiere ziehen sich während des Winters in ein frostgeschütztes Versteck zurück. Sie verkriechen sich in Höhlen, unter Steinen oder im Schlamm. Hier ist es wärmer als über dem Erdboden. In ihrem Versteck überdauern sie die ungünstige Jahreszeit in einem schlafähnlichen Zustand. Sie atmen kaum noch. Ihr Herz schlägt sehr langsam. Die Körpertemperatur entspricht der Umgebungstemperatur. Diesen Zustand nennt man **Winterstarre.** Schlangen, Eidechsen und Frösche überleben den Winter auf diese Weise. Auch viele Insekten verharren im Winter starr im Fallaub, in hohlen Pflanzenstengeln oder in den Spalten der Baumrinden. Kleine Bodentiere wie Käfer oder Regenwürmer ziehen sich im Winter tief in die Erde zurück, ehe sie in Winterstarre verfallen.

Säugetiere wie z. B. Igel und Fledermäuse überleben den Winter im **Winterschlaf** (Abb. 2). Bei ihnen sind Atmung und Körpertemperatur abgesunken. Die Körpertemperatur liegt aber immer noch über der Umgebungstemperatur. Igel leben geschützt vor Frost, Eis und Schnee in einem Versteck im Erdboden. Fledermäuse fliegen zur Überwinterung meistens in unterirdische Höhlen oder Keller. Sinkt die Umgebungstemperatur zu stark ab, dann fliegen sie mitten im Winter zu günstigeren Überwinterungsplätzen.

Eichhörnchen bauen zur Überwinterung ein kugelförmiges Nest, das man Kobel nennt. Hier verbringen sie die Nacht und schlafen auch tagsüber darin, wenn das Wetter kalt und regnerisch ist. Eichhörnchen halten **Winterruhe.** So nennt man die Überwinterung bei Tieren, die nur bei ungünstigem Winterwetter längere Zeit schlafen. Körpertemperatur und Atmung sinken im Schlaf nicht ab. Wenn ein Eichhörnchen während des Winters aus der Winterruhe erwacht, kriecht es aus seinem Kobel und sucht nach Nahrung.

2 Igel im Winterschlaf

Aufgaben

① Betrachte Abb. 1. Notiere, welche Tiere den Winter in Winterschlaf oder Winterstarre überleben. Wo halten sie sich versteckt? Fertige als Übersicht eine Tabelle an, die so aussehen kann:

Tier	Versteck	Form der Überwinterung

② Welche weiteren Verhaltensweisen und Veränderungen im Aussehen tragen dazu bei, daß die Tiere den Winter überleben? Nimm zur Beantwortung der Frage Abb. 1 und den Text zu Hilfe. Stelle das Ergebnis in einer Tabelle dar:

Tier	Verhalten und Aussehen im Winter

Tiere können den Winter auf verschiedene Art und Weise überdauern. Rehe suchen auch bei hohem Schnee nach Nahrung. Schlangen, Eidechsen oder Frösche verfallen in Winterstarre. Igel oder Fledermäuse halten Winterschlaf. Die Überwinterung beim Eichhörnchen nennt man Winterruhe.

6.7 Der Igel hält Winterschlaf

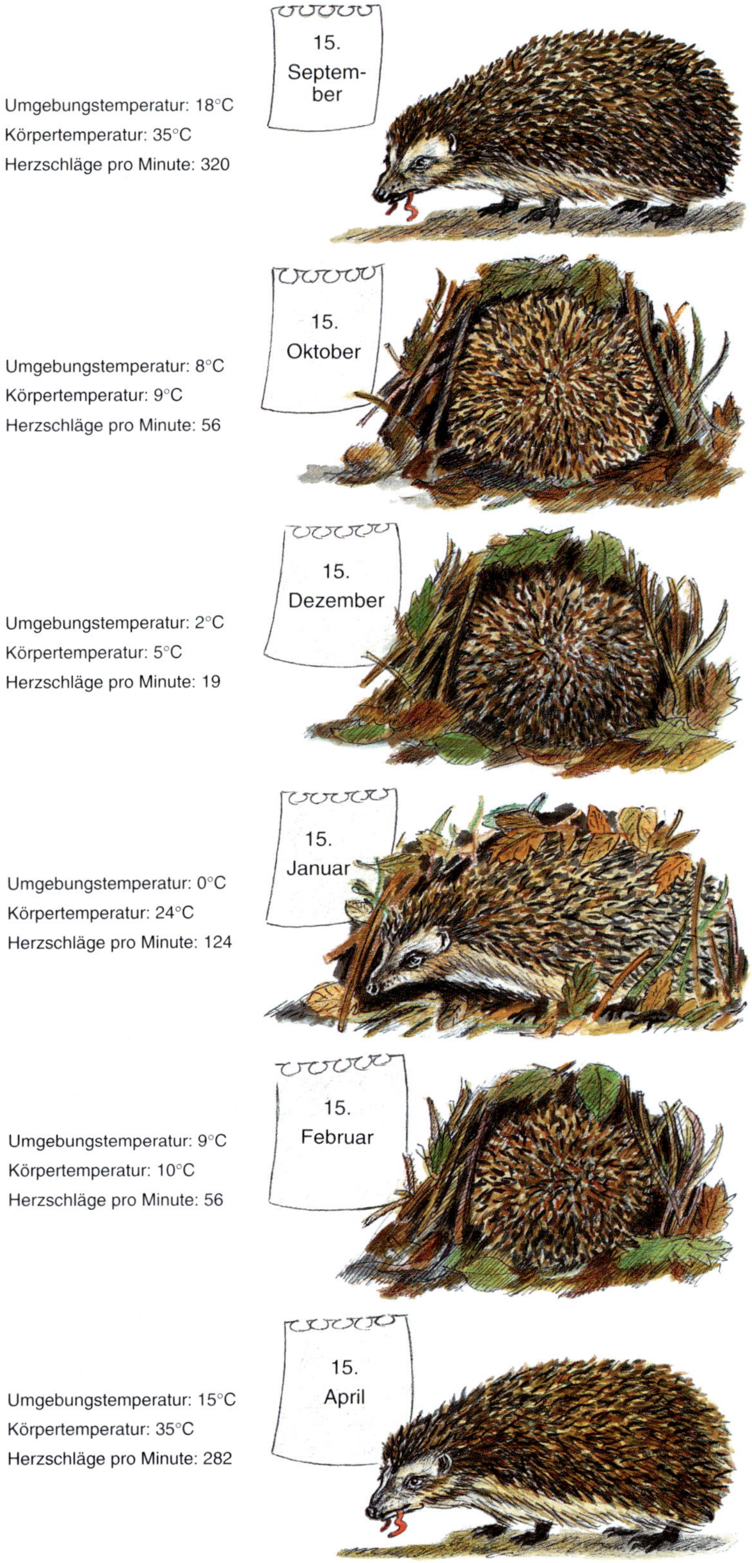

1 Verhalten des Igels im Winterschlaf

Anfang November beginnt ein Igel mit dem **Winterschlaf.** Er hat ein warmes Winternest gebaut. Es besteht aus Laub, Gräsern und Moos. Das Winternest schützt einen Igel vor Kälte und Nässe. Wenn die Umgebungstemperatur nachts auf 10 °C absinkt, dann bleibt der Igel dauernd in seinem Winternest. Dort liegt er bewegungslos eingerollt, seine Augen sind fest geschlossen. Bei einer Umgebungstemperatur von 2 °C schlägt sein Herz nur 18- bis 20mal in der Minute. Wenn die Umgebungstemperatur aber unter 1 °C absinkt, wacht er auf. Er zittert und bewegt sich. Dadurch steigt die Körpertemperatur, und er kann nicht erfrieren. Wenn ein Igel während des Winters mehrfach aufwacht, verbraucht er viel Fett von seinem Fettpolster, denn Nahrung nimmt er nicht auf. Es kann sogar vorkommen, daß er abmagert und stirbt.

Im April ist der Igel vom langen Winterschlaf dünn geworden. Er läuft tapsig und unsicher umher und sucht nach Nahrung. Man kann dann im Garten etwas Futter für den Igel auslegen. Er mag z. B. ungesalzenes Hackfleisch, gekochtes Ei oder einige Bananenstückchen. Milch sollte man nicht hinstellen, denn ein Igel kann davon Durchfall bekommen.

Aufgabe

① Abb. 1 zeigt die Umgebungstemperaturen und Körpertemperaturen bei einem Igel vor und während des Winterschlafs. Gib für die jeweiligen Tage Umgebungstemperatur und Körpertemperatur des Igels an. Gib an, unter welchen Bedingungen der Igel wach ist und wann er Winterschlaf hält. Notiere deine Ergebnisse in Form einer Tabelle:

Datum	Umgebungstemperatur	Körpertemperatur	Herzschlag	Winterschlaf ja/nein

Igel halten Winterschlaf. Während dieser Zeit sind Herzschlag und Körpertemperatur deutlich herabgesetzt. Bei tiefer Umgebungstemperatur erwacht ein Igel aus dem Winterschlaf. Die Körpertemperatur steigt an, so daß er nicht erfriert.

7 Lebensräume in unserer Umgebung

7.1 Lebensraum Hecke

1 Ackerlandschaft ohne Hecken

2 Ackerlandschaft mit Hecken

Aufgabe

① Siehe dir Abb. 1 und 2 an. In welcher Landschaft würdest du lieber spazierengehen? Begründe deine Entscheidung.

Stell dir vor, eure Klassenwanderung im Sommer würde in eine Ackerlandschaft verlegt, wie sie Abbildung 1 zeigt: Keine Bäume und Sträucher, keine Hecken und Blumen. Ihr würdet auf Wegen ohne Schatten gehen. Der Wind würde eure Haut austrocknen. Wahrscheinlich würdet ihr kaum einen Vogel hören oder sehen, vielleicht einmal eine Feldlerche. Anders in einer Ackerlandschaft mit Hecken. Hecken können Lebensraum für viele verschiedene Tier- und Pflanzenarten sein (Abb. 3).

Dorngrasmücke, Neuntöter, Goldammer, Fasan und andere Vögel legen in Hecken ihre Nester an. Auch der Nachwuchs von Hase, Igel, Rötelmaus und Zauneidechse kommt in Hecken oder in ihrer Nähe zur Welt. Manche Tiere wie Hermelin, Igel, Rötelmaus, Dorngrasmücke, Neuntöter, Fasan, Zauneidechse, Hainschnirkelschnecke, Schwebfliege und Laufkäfer halten sich in Hecken auf, weil sie dort Nahrung finden. Besonders im späten Sommer und im Herbst bieten die Früchte der Heckensträucher Nahrung. Insekten wie zum Beispiel Kleiner Fuchs, Laufkäfer und Schwebfliegen kommen zahlreich in Hecken vor. Sie finden dort Nahrung. Viele Insekten sind Nahrung anderer Tiere. Manche Tiere halten sich in Hecken auf, weil sie dort vor Feinden, vor Störungen durch Menschen und vor schlechtem Wetter geschützt sind und Deckung finden. Hasen und Fasanen fliehen in den Schutz einer Hecke, wenn ein Fuchs zu nahe kommt oder sie von Menschen gestört werden. Für Igel und Zauneidechse

3 Lebensraum Hecke

In Hecken können leben:
Pflanzenarten: über 1000
Tierarten: über 7000
davon
Säugetiere: 45
Vögel: 50
Amphibien: 7
Reptilien: 8
Käfer: 800
Blattläuse: 12
Schmetterlinge: 115
Schlupfwespen: 110
Mücken, Fliegen: 200
Spinnen: 60
Wanzen: 73
Zikaden: 29
Heuschrecken: 7
Schnecken: 30

„Auf den Stock setzen" nennt man es, wenn eine Hecke geschnitten wird. Viele Sträucher und Bäume einer Hecke vertragen es, geschnitten zu werden. Allerdings darf niemals eine ganze Hecke auf den Stock gesetzt werden, weil sonst viele Tiere ihren Lebensraum verlieren. Deshalb werden alle paar Jahre nur kleine Abschnitte einer Hecke geschnitten.

bietet eine Hecke Überwinterungsmöglichkeiten. Jagende Vögel, wie Habicht und Turmfalke, starten von höheren Heckenbäumen ihre Beuteflüge.

Hecken sind nicht nur für Tiere und Pflanzen wichtig, sondern bieten auch Menschen Vorteile: Sie verschönern die Landschaft, mindern die Windgeschwindigkeit und die Verdunstung in Bodennähe, halten mit den Wurzeln den Boden fest und verhindern so die Abtragung von Ackerboden. Außerdem können Blätter, Blüten und Früchte einiger Heckenpflanzen für die Herstellung von Tee, Saft oder Marmelade genutzt werden.

Früher wußten die Bauern vom Nutzen der Hecken. An den Grundstücksgrenzen wurden Hecken angepflanzt und an Stellen, die schwierig zu bearbeiten waren, ließ man Hecken wuchern. Mit der Modernisierung der Landwirtschaft wurden immer mehr große und teure Maschinen bei der Feldarbeit eingesetzt. Die alten Feldhecken waren im Wege. In den letzten vierzig Jahren verschwanden viele tausend Kilometer Hecken aus der Landschaft. Heute setzt sich die Erkenntnis durch, daß Hecken Lebensraum für viele verschiedene Pflanzen und Tiere sein können und deshalb geschützt werden müssen. Es werden sogar wieder Hecken gepflanzt. Es dauert viele Jahre bis aus einer Heckenpflanzung der Lebensraum geworden ist, den eine große, alte Feldhecke für viele Tiere und Pflanzen darstellt.

Aufgaben

② Vergleiche Abb. 1 und Abb. 2 miteinander. Nenne die Unterschiede und gib an, welche Auswirkungen die unterschiedlichen Landschaften in Abb. 1 und Abb. 2 für die Tier- und Pflanzenwelt haben.

③ Für die Tiere, die in Abb. 3 gezeigt sind, hat eine Hecke unterschiedliche Bedeutung, je nachdem, ob sie als Nistplatz, für Nahrung, oder als Deckung genutzt wird. Fertige nach folgendem Muster eine Tabelle an, um die Bedeutung einer Hecke für die verschiedenen Lebewesen übersichtlich darzustellen:
Folgende Tiere bringen in einer Hecke ihre Jungen zur Welt: Igel, ...
Diese Tiere finden in einer Hecke Nahrung: Dorngrasmücke, ...
Folgende Tiere flüchten vor Feinden oder bei Störungen in eine Hecke: Fasan, ...

④ Geht zu einer Hecke in der Nähe eurer Schule. Unterteilt die Hecke in 10 Meter lange Abschnitte. Bestimmt die Bäume und Sträucher in diesen Abschnitten mit Hilfe der Abb. 4 und der Abb. 1, S. 68. Zeichnet ihren Standort in eine Karte der Hecke ein. Beschreibt wie der Boden beiderseits der Hecke genutzt wird. Notiert euch die Namen der Tiere, die ihr im Bereich der Hecke gesehen habt. Tragt Gründe zusammen, die dafür sprechen, die Hecke zu erhalten und zu schützen.

Hecken sind Lebensraum für viele verschiedene Tiere und Pflanzen. Tiere finden in einer Hecke Nistgelegenheit, Nahrung, Deckung vor Feinden und Schutz vor schlechtem Wetter sowie einen Platz zum Überwintern.

Biotip

Lebensraum Reisighaufen
Heckensträucher und Bäume eines Gartens sorgen ständig für Nachschub an Reisig und Ästen. Diese Materialien gehören nicht auf den Müll, sondern in einer feuchten und schattigen Gartenecke aufgeschichtet. Dort kann das Material über Jahre hinweg vermodern. Immer wieder anfallende Zweige und Äste werden obenauf geschichtet.
Solch ein Haufen toten Holzes bietet Lebensmöglichkeiten: Bakterien, Baumpilze, Asseln, Springschwänze und Regenwürmer bauen den Haufen Stufe um Stufe ab. Holzwespen, manche Käfer und andere Insekten legen im morschen Holz ihre Eier ab. Heckenbraunelle und Zaunkönig finden möglicherweise Nistgelegenheit im Totholzhaufen, und andere Vögel wie Rotkehlchen, Nachtigall und Kleiber gehen in den Zweigen auf Insektenjagd. Igel finden im Reisighaufen ein Quartier.

Pfaffenhütchen:
Strauch oder kleiner Baum bis etwa 6 m Höhe. Frucht scharlachrot oder tiefrosa, öffnet sich vierklappig und zeigt die orangeroten Samen. Früchte ab Oktober. Die grünen Blätter werden im Herbst purpurrot.

Weißdorn:
Strauch oder kleiner Baum bis etwa 8 m Höhe. Dicht verzweigt. Weiße Blüten im Mai und Juni. Langgestielte, rote Früchte mit je einem Kern ab September.

Feldahorn:
Strauch oder Baum bis 15 m Höhe; Blätter drei- bis fünflappig; Blütezeit Mai, reife Früchte im Oktober, Früchte geflügelt.

Schwarz-Erle:
Baum bis etwa 25 m Höhe. Einhäusig. Blüten ab März vor dem Laubaustrieb. Weibliche Blütenstände reifen zu holzigen Zapfen heran.

Liguster:
Strauch bis etwa 4 m Höhe. Weißliche Blüten im Juni und Juli. Schwarz-violette, kugelige Früchte ab September.

Hartriegel:
Strauch bis etwa 5 m Höhe. Weiße Blüten im Mai/Juni. Kugelige Früchte ab September, zunächst grünlich-rot, dann schwarz-blau.

Hainbuche:
Baum bis zu etwa 25 m Höhe. Blüten erscheinen mit der Belaubung ab Mai. Früchte ab September; dreilappig geflügelt.

Birke:
Baum bis etwa 20 m Höhe mit weiß und schwarzer Borke. Im April und Mai männliche Kätzchen an den Enden älterer Triebe, weib-liche Kätzchen an der Spitze jüngerer Triebe. Die einzelne Frucht ist nur 2 bis 3 mm groß und rundum häutig geflügelt.

Salweide:
Strauch oder Baum bis etwa 10 m Höhe. Zweihäusige Pflanze. Blüten in Form von Kätzchen vor dem Laubaustrieb im März/April. Früchte ab Mai.

Silberweide:
Strauch oder Baum bis 25 m Höhe; lanzettliche Blätter oberseits dunkelgrün, unterseits graublau zunächst dicht behaart, im Spätsommer werden die Blätter kahl; Zweihäusige Pflanze; Blütezeit März - April.

Felsenbirne:
Meist stark verzweigter Strauch von 1 bis 3 m Höhe. Weiße Blüten erscheinen kurz vor oder mit dem Laubaustrieb im April oder Mai. Früchte ab August.

4 Bestimmungshilfe: Heckenpflanzen im Herbst

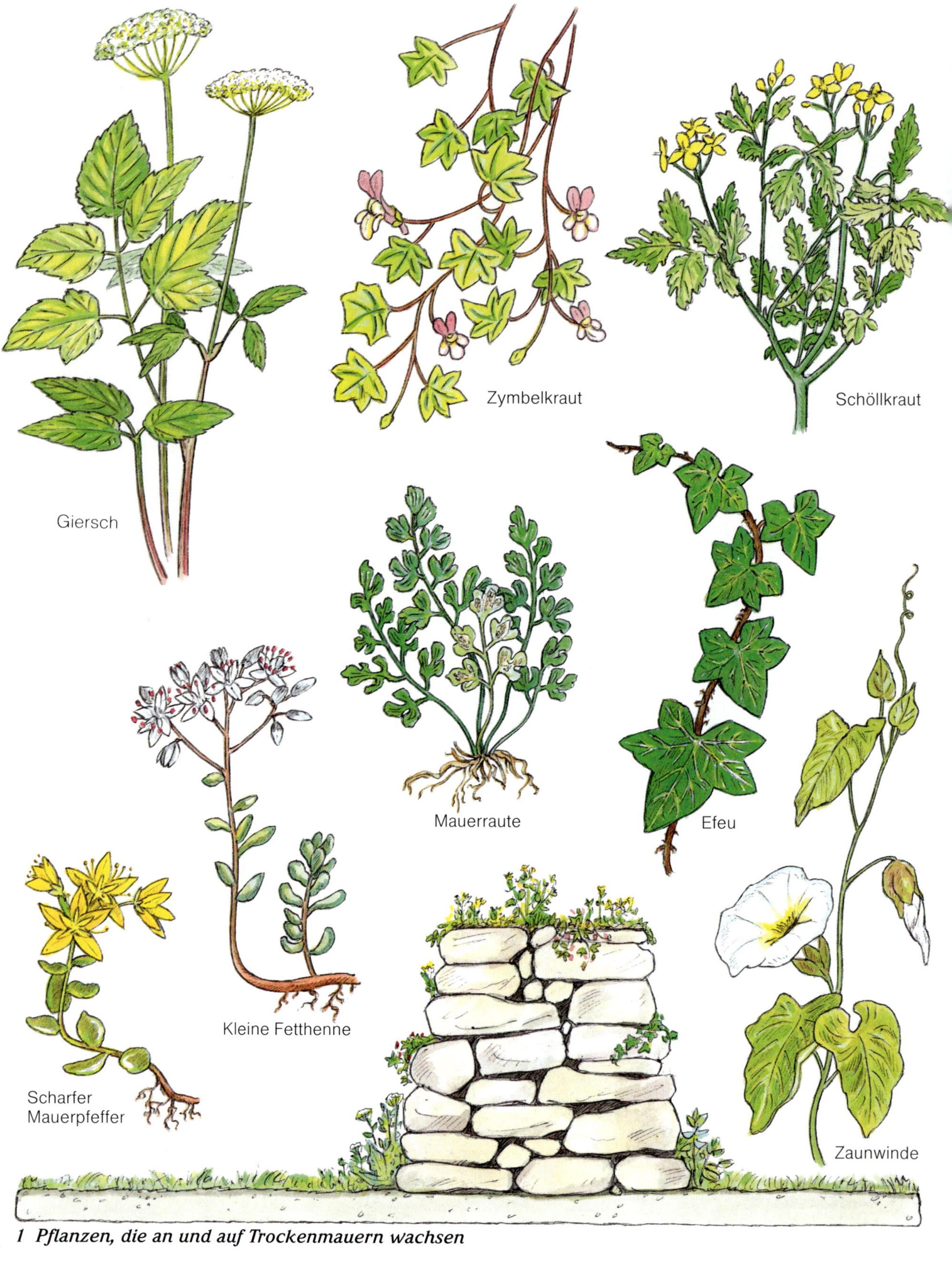

1 Pflanzen, die an und auf Trockenmauern wachsen

7.2 Ein Platz für Mauerblümchen – die Trockenmauer

Mauern gibt es in verschiedenen Formen: glatte Betonmauern ohne Fugen, Ziegelmauern und Trockenmauern. Eine Trockenmauer wird aus Natursteinen aufgeschichtet. Dabei werden die Steine nicht durch Mörtel oder Zement verbunden. Auf diese Weise entstehen zahlreiche Fugen, Ritzen und kleine Höhlen, in denen Pflanzen wachsen und Tiere sich verstecken können. Die Lebensbedingungen einer Trockenmauer sind besonders: Wenn es regnet, fließt das Wasser ziemlich schnell durch Fugen und Ritzen bis in den Boden am Fuß der Mauer; scheint die Sonne, erwärmen sich die Steine viel mehr als die Umgebung.
Pflanzen und Tiere einer solchen Mauer vertragen Trockenheit und Wärme.

Aufgaben

① Überlegt zusammen mit eurem Lehrer/eurer Lehrerin, wo ihr auf dem Schulgelände oder in der näheren Umgebung einen Lebensraum Trockenmauer schaffen könnt. Bedenkt dabei, daß die Mauer für Untersuchungen gut zugänglich sein sollte, andererseits kein Hindernis für Fußgänger und Radfahrer sein darf. Falls bereits eine Trockenmauer vorhanden ist, macht ihr sie zu eurem Untersuchungsgegenstand. Dann braucht ihr keine neue zu bauen.
Als Material für die Mauer verwendet ihr am besten Natursteine. Das sind unregelmäßig geformte Steine, die so, wie sie in Steinbrüchen gewonnen werden, Verwendung finden. Wenn ihr die Wahl habt, solltet ihr Natursteine mit hohem Gehalt an Kalk verwenden. Wenn die Steine viel Kalk enthalten, siedeln sich eher Pflanzen auf der Mauer an.
Plant die Trockenmauer möglichst so, daß eine Seite nach Norden, die andere Seite nach Süden zeigt. An der Nordseite wird es schattig und kühl sein, die Südseite wird von der Sonne bestrahlt.
So wird die Trockenmauer gebaut: Zunächst wird der Boden 20 bis 30 cm tief ausgehoben. Diese Vertiefung wird mit einer etwa 10 cm dicken Schicht Kies aufgefüllt. Wenn der Boden ziemlich fest ist, kann die Kiesschicht auch wegfallen. Als Grundlage der Mauer nimmt man besonders große und breite Steine. Die Steine werden immer so gelegt, daß sie auf ihrer breitesten Seite liegen. Senkrechte Fugen sollen nur durch eine Schicht, niemals durch zwei gehen; man sagt, die Steine sind versetzt. Besonders stabil wird die Mauer, wenn Steine, die der Länge nach in der Mauer liegen, mit solchen abwechseln, die quer in der Mauer liegen.
Wie hoch ihr eure Mauer baut, hängt von dem verwendeten Material ab. Meistens reicht es schon, wenn man bis in Sitzhöhe baut. Nach oben hin wird die Mauer schmaler. Eine ein Meter hohe Mauer sollte unten wenigstens 80 cm und oben 40 cm breit sein.

② Die fertige Trockenmauer ist nun für viele Jahre Gegenstand eurer Untersuchungen. Führt über eure Untersuchungen Buch. Notiert jeweils das Datum. Beobachtungen zu folgenden Fragen gehören in das Buch: Welche Pflanzen haben sich angesiedelt? Wo auf der Mauer wachsen sie? Welche Insekten und andere Tiere leben in und auf der Mauer?

③ Untersucht ältere Mauern in der Umgebung der Schule. Erkundigt euch nach dem Alter der Mauer. Vergleicht die Pflanzen und Tiere unterschiedlich alter Mauern.

Biotip

Steinhaufen im Garten

Dort, wo Platz oder das Material für eine Trockenmauer fehlt, kann man sich mit einem Steinhaufen begnügen. Die Hohlräume der locker aufgeschichteten Steine bieten Tieren das ganze Jahr über Unterschlupf – als Tagesversteck, Brutplatz oder Winterquartier.

7.3 Wir schützen Insekten im Garten

1 Naturnaher Garten

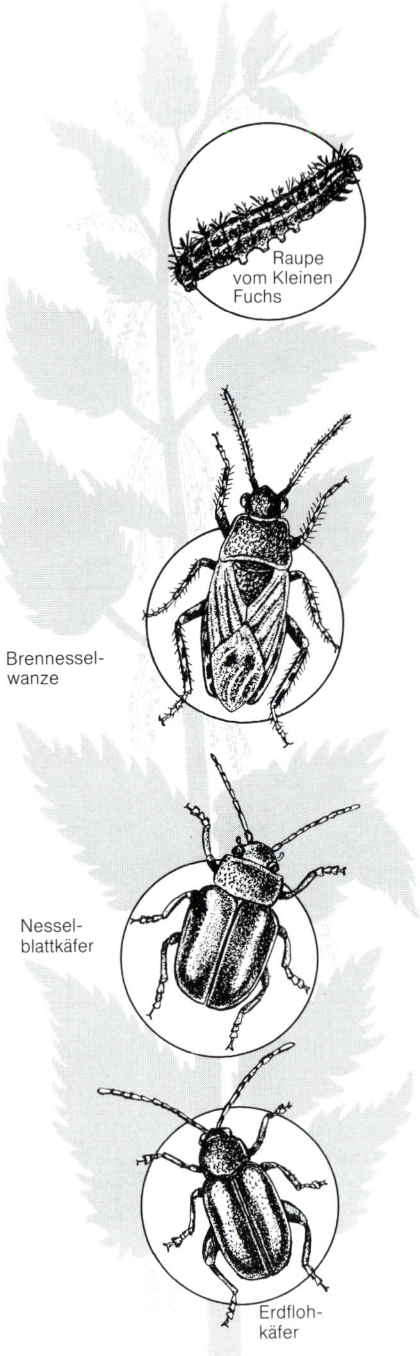

Tiere auf einer Brennesselpflanze

Aufgaben

① Beschreibe den Garten (Abb. 1) und vergleiche ihn mit Gärten in deiner Umgebung!

② Fülle im Herbst einen Blumentopf aus Ton mit Holzwolle. Verschließe ihn mit einem Gitter aus einem Stück Maschendraht. Hänge ihn mit der Öffnung nach unten in einen Obstbaum oder stülpe ihn auf einen Stock, den du in ein Beet gesteckt hast. Untersuche nach ein paar Wochen die Holzwolle nach Insekten.

Viele Menschen bewundern die Schönheit und den Reichtum an verschiedenen Pflanzen und Tieren in einem Mischwald oder auf einer Gebirgswiese. Aus dem eigenen Garten aber versuchen sie, alles zu verbannen, was sie nicht selbst gesät oder gepflanzt haben. Im Garten nennen sie Wildpflanzen und wildlebende Insekten „Unkraut“ und „Ungeziefer“. Zu deren Ausrottung ist jedes Mittel recht, sogar Gift. Auch in der Landwirtschaft werden große Mengen Gift eingesetzt, vor allem gegen Insekten und Wildkräuter. Auf vielen landwirtschaftlichen Flächen wurden Hecken und Bäume gerodet, weil sich auf großen freien Flächen Maschinen schneller und kostengünstiger einsetzen lassen. Dieses lebensfeindliche Verhalten hat dazu beigetragen, daß ein großer Teil der wildlebenden Pflanzen und Tiere schon ausgerottet wurde oder vom Aussterben bedroht ist.

Wenn du dazu beiträgst, einen Garten naturnah zu gestalten, leistest du einen wichtigen Beitrag zum Naturschutz. Das soll natürlich nicht heißen, daß dein Garten zu einer unbewohnbaren Wildnis werden soll. Naturnah bedeutet: Der Garten wird so bewirtschaftet, daß sich darin auch zahlreiche Insekten und andere kleine Tiere ansiedeln und entwickeln können. Ein Garten, der nur aus ausländischen Nadelhölzern und einem eintöni-

Viele Tiere stehen unter Naturschutz. Es ist verboten, sie zu fangen, um sie im Garten auszusetzen.

2 Nistholz für Insekten

gen Rasen besteht, ist lebensfeindlich. Insekten finden darin keinen Unterschlupf und keine Nahrung. Der Boden enthält kaum Regenwürmer, und Vögel finden darin nichts zu fressen. Es ist sinnlos, wildlebende Tiere im Garten auszusetzen, wenn sie darin keine Lebensmöglichkeit haben. Besser ist es, die Voraussetzungen für ihre Ansiedlung zu schaffen. Dann mußt du warten, daß sie sich von selbst ansiedeln. Weißt du z. B., welche biologische Bedeutung Brennesseln haben? Sicher hast du dich schon über Brennesseln geärgert, wenn deine Haut mit ihnen in Berührung kam. Das ist aber kein Grund, sie zu vernichten. Ihre Blätter sind die einzige Nahrung für die Raupen von mehr als zehn verschiedenen Schmetterlingsarten. Darum sollte man in einer Ecke des Gartens Brennesseln stehenlassen.

Auch Ohrwürmer können wir anlocken. In einem mit Holzwolle ausgestopften Blumentopf können Hunderte von Ohrwürmern tagsüber Unterschlupf finden (Abb. 3). Nachts machen Ohrwürmer dann Jagd auf Blattläuse.

Mit einem Bündel von Pflanzenstengeln, das du waagerecht im Garten aufhängst, schaffst du eine Brutmöglichkeit für die selten gewordenen Mauerbienen (Abb. 2). Sie bestäuben Blüten, genau wie die Honigbienen. Gut geeignet ist auch ein Ziegelstein, in den bleistiftdicke, tiefe Löcher gebohrt werden. Er wird so aufgestellt, daß die Löcher nach Süden oder Westen zeigen und die Bohrgänge waagerecht verlaufen.

Oft stehen Pflanzen am falschen Standort, bekommen zu wenig Wasser oder kümmern in einem Boden, der für sie ungeeignet ist. Solche Pflanzen wachsen schlecht, neigen zu Krankheiten und werden leicht Opfer von Schädlingen. Du kannst viel tun, um für Pflanzen günstigere Lebensbedingungen zu schaffen. Bedecke den Boden unter Obstbäumen und zwischen den Pflanzen auf Beeten mit einer dünnen Schicht aus Gras oder anderen Pflanzenresten. Man nennt diese Maßnahme Mulchen. Durch Mulchen bleibt die Erde feucht. Bodenlebewesen haben gute Nahrungsbedingungen. Vor allem wird dadurch die Vermehrung von Regenwürmern und Insekten, die im Boden leben, gefördert. Sie bilden wertvollen Humus, lockern den Boden und sind Nahrung für Vögel, Igel und Spitzmäuse.

Durch naturnahe Gestaltung eines Gartens fördert man die Ansiedlung von Insekten und anderen Tierarten. Man kann dann auf den Einsatz von Gift verzichten. Dadurch wird ein wichtiger Beitrag zum Naturschutz geleistet.

3 Tontopf für Ohrwürmer

Biotip

Insekten

Es gibt eine Reihe von Möglichkeiten, um die Ansiedlung von Insekten im Garten zu fördern, unter anderem: Bau von Nisthilfen für Insekten; feine Verteilung von Laub und angetrocknetem Rasenschnitt auf Beete; Verzicht auf chemische Insektenvernichtungsmittel (Insektizide).

Solche Maßnahmen fördern auch die Ansiedlung von Insekten, die andere Insekten fressen: Die Weibchen der Schlupfwespen legen mit Hilfe ihres Legestachels ihre Eier in verschiedene Insektenlarven ab. Die aus den Eiern schlüpfenden Larven der Schlupfwespen zerstören durch ihren Fraß die Larven und töten sie.

Gartenlaufkäfer ernähren sich am Boden von anderen Insekten. Marienkäfer und ihre Larven fressen Blattläuse. Die Larven der zartgrünen Florfliege töten während ihrer achtzehn Tage dauernden Larvenzeit bis zu fünfhundert Blattläuse. Die Blattläuse werden mit den Beißzangen der Larven gepackt und dann ausgesaugt. Im Winter findet man die erwachsenen Tiere in Kellern und Schuppen. Dort sollte man sie in Ruhe überwintern lassen.

Schlupfwespe

Gartenlaufkäfer

Marienkäferlarven

Marienkäfer frißt Blättläuse

Florfliege

Biotip

Nisthilfen für Vögel

In der Abbildung findest du Beispiele für Nisthilfen und einige Vögel, die darin ihr Nest bauen können. Beachte folgende Punkte:

1. Der fertige Nistkasten sollte etwa 2–3 Meter über dem Boden angebracht werden. Nistkästen sollten nur dort hängen, wo die Vögel nicht gestört werden. Bringe den Kasten im Winter an, nicht erst im Frühjahr.
2. Hänge den Nistkasten nicht an einer heißen Südseite eines Gebäudes auf, sonst könnten die Jungvögel in der Hitze verdursten. Der Kasten sollte am besten an der Ostseite eines Baumes oder Hauses befestigt werden. Das Einflugsloch darf nicht nach Westen zeigen.
3. Reinige die Nistkästen jedes Jahr im Herbst.

8 Bewegung

8.1 Ein Skelettfund aus der Steinzeit

1 Skelettfund aus der Steinzeit

Bei Ausgrabungen in Dänemark fand man 1980 das ziemlich gut erhaltene Skelett einer Frau und eines kleinen Kindes nebeneinander, vermutlich eine Mutter mit ihrem Neugeborenen (Abb. 1). Eine Altersbestimmung ergab, daß die beiden Menschen in der Steinzeit bestattet worden waren. 6000 Jahre sind seitdem vergangen. Trotzdem ist das Skelett noch gut erhalten. Knochen und Zähne sind sehr hart und verwesen deshalb nicht so schnell wie die weichen Teile des Körpers.

Zum **Skelett** eines Menschen gehören über 200 Knochen, die den Körper stützen, innere Organe schützen und an Bewegungen beteiligt sind. Bei aufrechter Haltung wird der Körper von den Beinen und Füßen getragen. Auf den **Beckenknochen** ruht der Oberkörper. Die **Wirbelsäule** hält den Körper aufrecht, sie ist mit den Beckenknochen verwachsen. Die Wirbelsäule umschließt das Rückenmark, das wie ein dicker Strang die Wirbelsäule von oben nach unten durchzieht und mit dem Gehirn in Verbindung steht. Das Gehirn wird durch die **Schädelknochen** geschützt. Kopf und Brustkorb werden von der Wirbelsäule getragen. Der **Brustkorb** schützt Herz und Lungen. Die Knochen der Arme mit Schulterblatt und Schlüsselbein können den Körper abstützen, wenn er fällt.

Aufgabe

① Benenne mit Hilfe der Abb. 2 die Teile des Skeletts, die man bei Ausgrabungen in Dänemark gefunden hat.

Das Skelett eines Menschen wird unterteilt in Arm- und Beinknochen, Beckenknochen, Wirbelsäule, Brustkorb und Schädelknochen. Das Skelett stützt und trägt den Körper und schützt die inneren Organe.

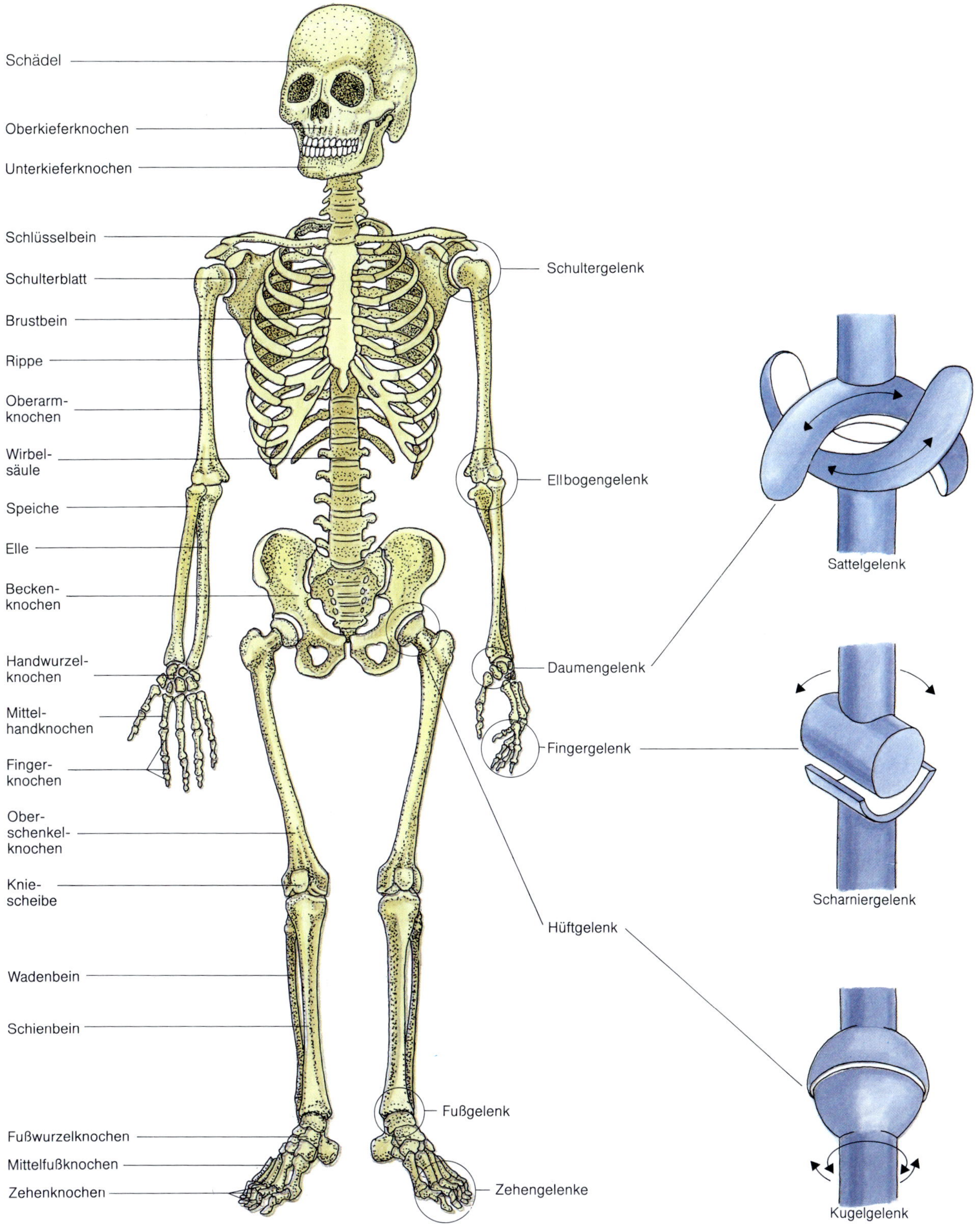

2 Skelett und Gelenke

8.2 Gelenke

Wenn du die Knochen deines Armes abtastest, bemerkst du, daß sie aus mehreren Abschnitten bestehen. Im Ellbogengelenk ist der Oberarmknochen mit den Unterarmknochen beweglich verbunden. Andere Gelenke, zum Beispiel der Schultern, der Finger oder der Beine kannst du leicht ertasten. Knochen werden einerseits durch **Gelenke** fest zusammengehalten; andererseits ermöglichen Gelenke, daß Knochen beweglich verbunden sind, ohne daß die harten Knochenenden schmerzhaft aneinander reiben.

Abbildung 1 zeigt den Bau eines Gelenks. Das vorgewölbte Knochenende, der **Gelenkkopf** ragt in eine Vertiefung, die **Gelenkpfanne** des anderen Knochens. Beide Knochenenden sind von einer glatten Substanz überzogen, die man **Knorpel** nennt. Die Knochenenden werden von festen Bändern zusammengehalten, die eine Kapsel bilden. Von der Innenseite dieser Kapsel wird Gelenkschmiere abgesondert. Gelenkschmiere und glatter Knorpel verhindern, daß die beiden Knochenenden aufeinander reiben.

Das Hüftgelenk ist ein Beispiel für ein **Kugelgelenk:** Der Oberschenkelknochen bildet den kugeligen Gelenkkopf, eine Vertiefung des Beckens bildet die Gelenkpfanne (Abb. 1). Bei Kugelgelenken sind Bewegungen in viele Richtungen möglich. **Scharniergelenke** erlauben nur Bewegungen in eine Richtung (◁). Die Fingergelenke gehören dazu (Abb. 1). **Sattelgelenke** lassen Bewegungen in zwei Richtungen zu. Am Grunde des Daumens befindet sich ein Sattelgelenk (Abb. 1). Damit kann der Daumen den anderen Fingern gegenübergestellt werden. So sind fein abgestufte Greifbewegungen der Hand möglich.

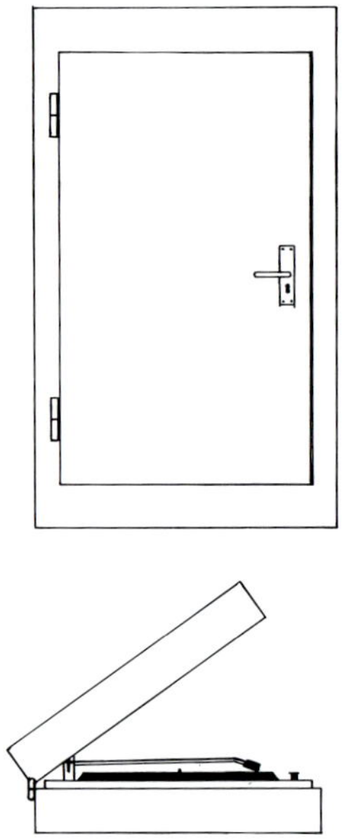

Scharniergelenke

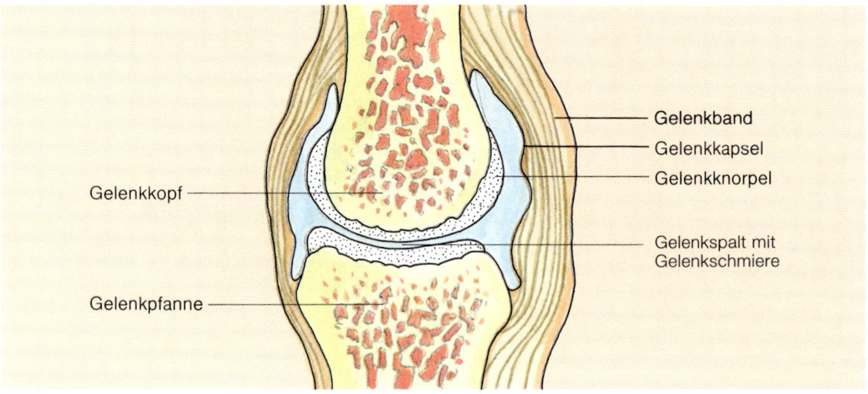

1 Schema eines Gelenks

Aufgaben

① Binde den Daumen mit einem dünnen Tuch an die zugehörige Mittelhand, so daß der Daumen kaum noch bewegt werden kann. Versuche dann mit dieser Hand verschiedene Bewegungen auszuführen: Greifen, Schreiben, Papier falten, Tasse hochheben, im Buch blättern. Berichte über die Schwierigkeiten, die dabei auftreten. Beschreibe, welche Bedeutung das Daumengelenk hat.

② Zeichne in dein Heft ein Strichmännchen. Übertrage die Kreise aus der Abb. 1. Umrande die Kreise farbig: Rot für Kugelgelenke, gelb für Scharniergelenke, blau für Sattelgelenke. Versuche durch Bewegungen der entsprechenden Gelenke herauszufinden, zu welchem Typ die Zehengelenke, das Fußgelenk und das Schultergelenk gehören. Trage die Ergebnisse deiner Untersuchungen mit den angegebenen Farben in die Zeichnung ein.

③ Suche in der Schule und zu Hause verschiedene Gegenstände mit gelenkigen Verbindungen (z. B. Klappstuhl, Tafelzirkel). Welchem Gelenktyp entspricht die jeweilige Verbindung am ehesten?

Gelenke stellen in der Form von Kugel-, Scharnier- und Sattelgelenken eine bewegliche Verbindung zwischen zwei Knochen her.

8.3 Bau der Knochen

Versuche

1. Besorge von einem Schlachthof den Oberschenkelknochen eines Schweins. Säubere den Knochen vorsichtig von anhaftenden Fleischresten. Spanne den Knochen fest in einen Schraubstock, so daß der Gelenkkopf des Hüftgelenks nach oben ragt. Säge nun den Knochen mit einer Bügelsäge (am besten ist eine feinzähnige Metallsäge geeignet) in Längsrichtung von oben bis zur Mitte. Bitte dabei um Hilfe deiner Lehrerin oder deines Lehrers. Entferne die Längshälfte, indem du in der Mitte einmal quer sägst. Die Schnittfläche wird mit einem Tropfen Spülmittel und einer Handwaschbürste gesäubert und entfettet. Beschreibe den Knochenlängsschnitt! Vergleiche ihn mit Abbildung 2.

2. Stelle eine Schweinerippe in ein Becherglas. Gib soviel verdünnte Salzsäure hinzu, daß die Schweinerippe gerade bedeckt ist (Abb. 1 a). Salzsäure löst aus dem Knochen die harten Bestandteile heraus. Übrig bleiben die weichen, biegsamen und elastischen Bestandteile des Knochens. Man nennt diese Stoffe „Knochenleim".
Gieße nach zwei bis drei Tagen nach Anleitung deiner Lehrerin/deines Lehrers die Salzsäure vorsichtig ab. Spüle den Knochen gründlich mit Wasser ab. Prüfe den Knochen auf seine Biegsamkeit und seine Dehnbarkeit.

3. Greife das eine Ende einer Schweinerippe mit einer Tiegelzange (Abb. 1 b). Halte das andere Ende in die Flamme eines Brenners. Wenn der Knochen glüht, werden die weichen, biegsamen Bestandteile des Knochens verbrannt. Übrig bleiben die Bestandteile, die einem Knochen seine Härte geben. Weil diese Bestandteile nach dem Glühen eines Knochens übrigbleiben, nennt man sie „Knochenasche".
Laß den ausgeglühten Knochen 20 Minuten abkühlen. Prüfe anschließend die Festigkeit und Biegsamkeit des Knochens. Stoße mit dem ausgeglühten Knochenende auf eine Tischplatte. Beschreibe das Ergebnis. Vergleiche das Ergebnis dieses Versuchs mit dem Ergebnis von Versuch 2.

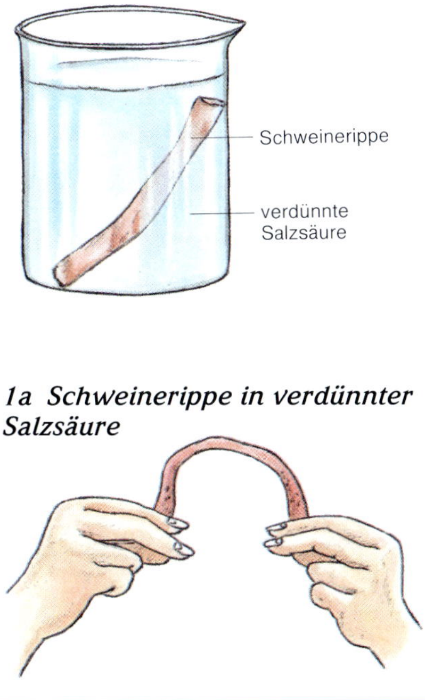

1a Schweinerippe in verdünnter Salzsäure

1b Schweinerippe wird geglüht

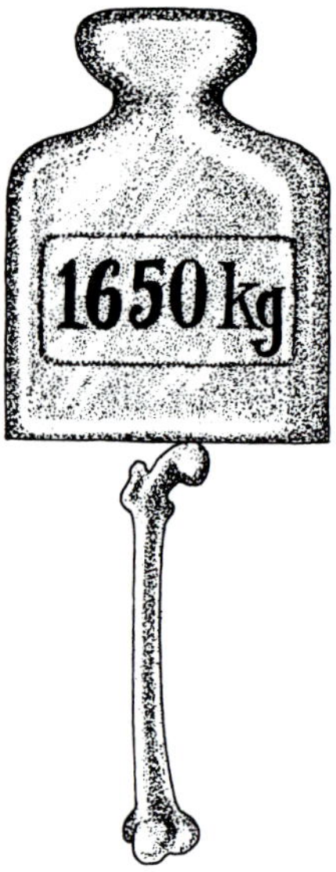

Knochen müssen einiges aushalten, zum Beispiel die Knochen der Beine: Sie tragen die Körpermasse beim Gehen, Laufen und Springen. Der Oberschenkelknochen des Menschen ist so fest gebaut, daß er 1650 Kilogramm tragen könnte – das ist ungefähr die halbe Masse eines ausgewachsenen Elefanten.

Wenn man aus Versehen gegen ein Hindernis stößt, brechen die Knochen nicht gleich. Knochen können einigen Druck vertragen. Knochen sind nicht nur sehr fest und hart, sondern auch ein wenig elastisch. Wenn man einen Knochen in verdünnte Salzsäure legt, werden die festen, harten Bestandteile aus dem Knochen herausgelöst. Übrig bleiben die weichen, biegsamen und elastischen Bestandteile. Diese nennt man **Knochenleim.** Wird ein Knochen in eine Flamme gehalten, so verbrennen die Bestandteile des Knochenleims. Übrig bleibt die Asche des Knochens. Sie ist brüchig und spröde. Die Bestandteile der **Knochenasche** sorgen für die Festigkeit und Härte eines Knochens.

In jedem Knochen sind Bestandteile des Knochenleims und der Knochenasche miteinander verbunden: Knochenleim und Knochenasche bewirken zusammen, daß ein Knochen fest und hart – aber auch ein wenig elastisch ist.

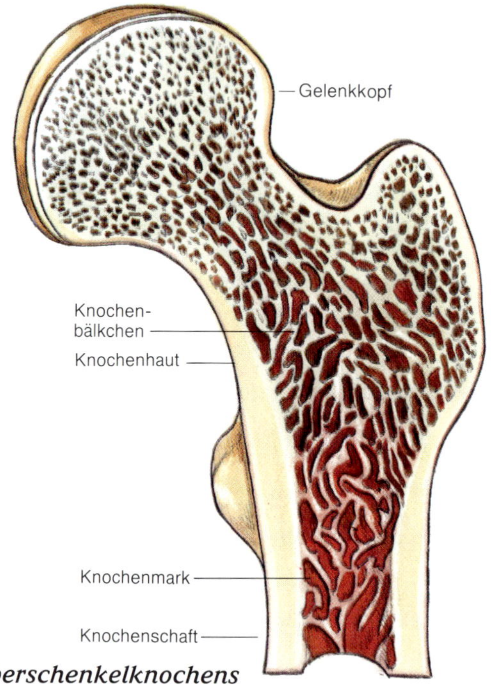

2 Bau eines Oberschenkelknochens

An einem Oberschenkelknochen kann man den langen Knochenschaft und den verdickten, abgerundeten Gelenkkopf unterscheiden (Abb. 2). Die Oberfläche des Knochens ist mit der dünnen **Knochenhaut** bedeckt, die nur im Bereich der Gelenkflächen fehlt. In der Knochenhaut verlaufen Blutgefäße und Nerven, die durch kleine Öffnungen in den Knochen hineinführen und den Knochen versorgen.

Ein Knochen ist aus vielen kleinen **Knochenbälkchen** aufgebaut (Abb. 2). Die Knochenbälkchen sind nicht regellos angeordnet. Ihr Verlauf ähnelt den Verstrebungen eines Krans oder den Stahlseilen einer Brücke. Kran und Brücke müssen schwere Lasten tragen können. Auch ein Knochen ist sehr stark belastbar. Die Anordnung der Knochenbälkchen sorgt dafür, daß ein Knochen viel Belastung aushalten kann.

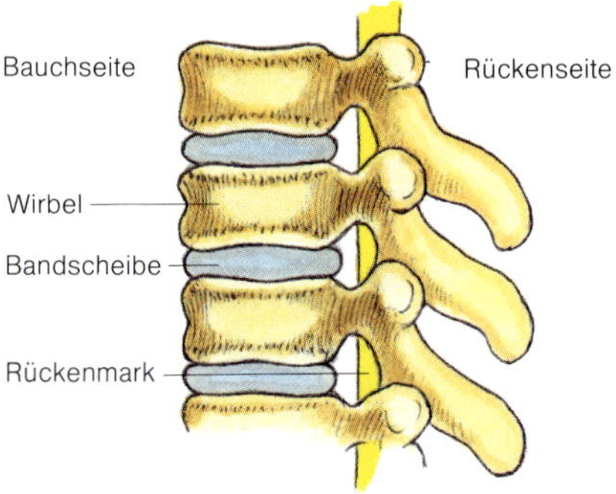

3 Teil der Wirbelsäule, Seitenansicht

Der Knochenschaft ist z. B. beim Oberschenkelknochen innen hohl. Diese Hohlräume sind mit **Knochenmark** gefüllt.

Die Härte der Knochen ist auch ein Schutz für die weichen Organe des Körpers. Die harten Schädelknochen schützen das Gehirn. Die einzelnen **Wirbel** der Wirbelsäule schützen die empfindlichen Nerven des Rückenmarks (Abb. 3). Zwischen den Wirbeln befinden sich die **Bandscheiben.** Durch kleine Stöße beim Gehen oder Springen, werden sie etwas verformt und wirken so wie ein Polster.

Knochen bestehen aus elastischen Bestandteilen, dem Knochenleim, und aus Knochenasche, die für die Härte eines Knochens sorgt. Knochen werden von Blutgefäßen und Nerven versorgt.

8.4 Muskeln bewegen den Körper

1 Hürdenläuferin

aktiv: selbst tätig
passiv: nicht selbst tätig

Aufgabe

① Abb. 1 zeigt den Bewegungsablauf einer Hürdenläuferin beim Überspringen der Hürde. Beschreibe den Bewegungsablauf. Achte dabei besonders auf die Beine. Welche Bedeutung haben die Arme beim Laufen?

Bei jedem Schritt wird der Unterschenkel gebeugt und gestreckt. Unterschenkel und Oberschenkel sind im Kniegelenk beweglich miteinander verbunden. Das Beugen und Strecken des Unterschenkels wird durch die Zusammenarbeit von zwei Muskeln hervorgerufen. Wenn sich der Muskel auf der Vorderseite des Oberschenkels zusammenzieht, wird das Bein gestreckt. Der Muskel wird deshalb auch als **Streckmuskel** bezeichnet. Wenn sich der Muskel auf der Hinterseite des Oberschenkels zusammenzieht, wird das Bein gebeugt. Der Muskel heißt deshalb auch **Beugemuskel.** Beim Zusammenziehen wird ein Muskel dicker. Das kann man an einigen großen Muskeln des Körpers gut ertasten.

Sehnen stellen die Verbindung zwischen Muskeln und Knochen her. Sehnen sind reißfest und kaum dehnbar. Sie übertragen die Kraft von Muskeln auf Knochen. Der Streckmuskel an der Vorderseite des Oberschenkels ist der größte Muskel des Körpers. Wenn er sich zusammenzieht, wird gleichzeitig der Beugemuskel gedehnt. Muskeln können sich also von selbst nur zusammenziehen, aber nicht von selbst ausdehnen. Streckmuskel und Beugemuskel arbeiten als Paar zusammen. Wenn einer von beiden sich zusammenzieht, wird der andere passiv gedehnt (◁). Streckmuskel und Beugemuskel sind Gegenspieler.

Wenn man einen Arm hin und her bewegen will, sind dazu ebenfalls zwei Muskeln notwendig (Abb. 2). Der Muskel, der sich beim Strecken des Armes zusammenzieht, heißt **Armstrecker.** Du kannst ihn bei gestrecktem Arm auf der Rückseite des Oberarms ertasten. Wenn du den Arm bewegst, so verkürzt sich der Muskel auf der Vorderseite des Oberarms. Er ist der **Armbeuger.** Armbeuger und Armstrecker sind Gegenspieler.

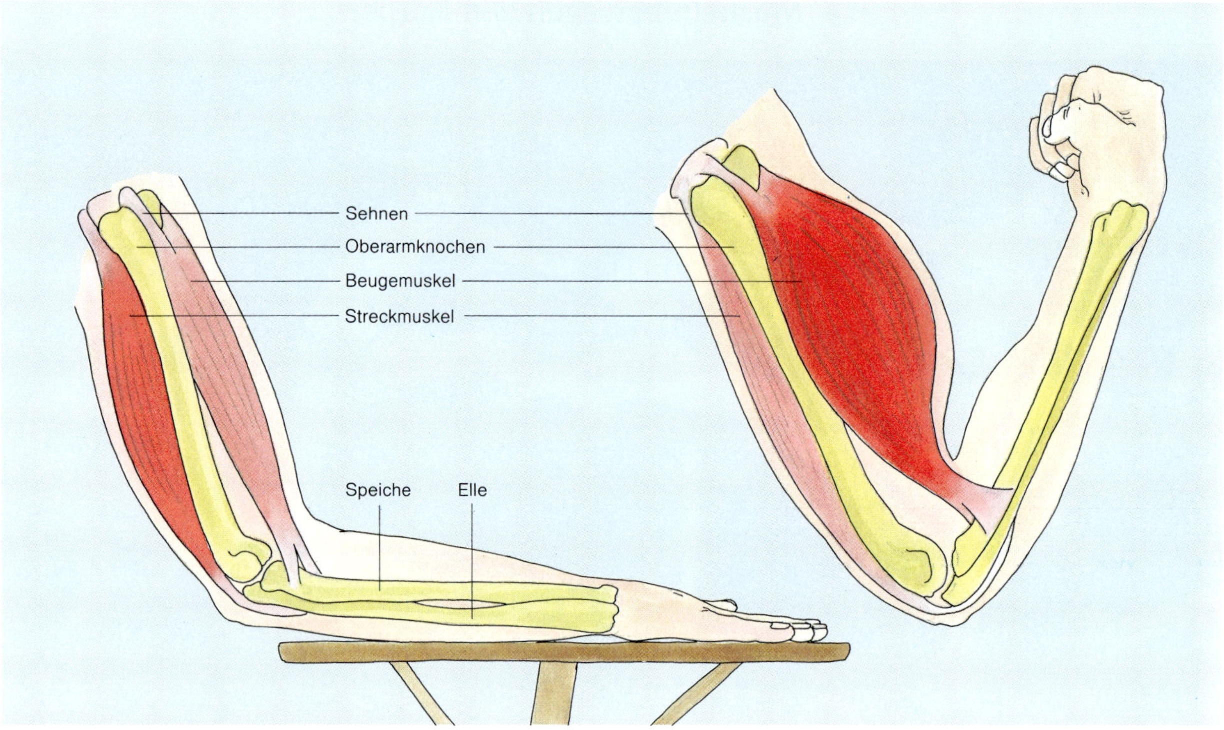

2 Beuge- und Streckmuskel am Arm

Wenn Muskeln stark beansprucht werden, ermüden sie. Die Bewegungen fallen dann nach einiger Zeit zunehmend schwerer. Die an der Bewegung beteiligten Muskeln beginnen zu schmerzen. Die Bewegungen werden langsamer und manchmal ungenau. Die Muskeln benötigen dann eine Erholungszeit. Durch Training kann man die Ausdauer eines Muskels erhöhen. Die Muskeln ermüden dann nicht so schnell. Durch Training können die Muskeln auch dicker und kräftiger werden. Regelmäßiges Bewegungstraining hilft auch Muskelzerrungen vorzubeugen. Muskelzerrungen treten vor allem bei ungewohnter körperlicher Aktivität auf. Eine Zerrung entsteht bei Überdehnung eines Muskels.

Muskeln nehmen einen großen Teil der Körpermasse ein. Das ist auch bei Tieren so. Die Muskeln von Schwein und Rind essen wir als Fleisch. Die Oberschenkelmuskeln des Schweins werden z. B. geräuchert und dann als Schinken verkauft.

Aufgaben

② Ertaste am Unterschenkel Streckmuskel und Beugemuskel für den Fuß. Beschreibe an diesem Beispiel, wie Muskeln paarweise als Gegenspieler wirken.

③ Beschreibe die Zusammenarbeit der Muskeln im Oberarm, wenn der Unterarm gebeugt oder gestreckt ist. Benutze dazu auch Abb. 2.

④ Krümme den Zeigefinger, bis er die Handinnenfläche berührt. Strecke ihn dann wieder. Wiederhole diese Bewegungen ununterbrochen. Zähle, wie oft du diese Übung nacheinander durchführen kannst. Beschreibe das Gefühl, das auftritt, wenn du diese Übung einige Zeit durchgeführt hast.

Muskeln können sich verkürzen und dabei mit Hilfe von festen Sehnen Knochen bewegen. Die meisten Skelettmuskeln arbeiten paarweise: Wenn ein Muskel sich zusammenzieht, wird der andere gedehnt.

8.5 Erkrankungen der Bewegungsorgane

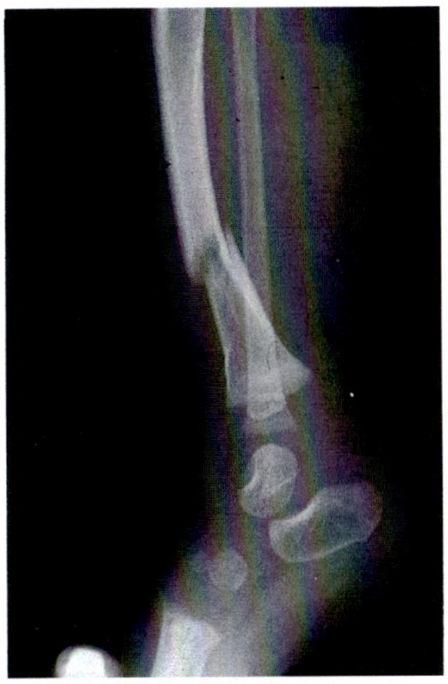

1 Das Schienbein ist gebrochen

Peter ist mit seinem Fahrrad unglücklich gestürzt. Im Unterschenkel des rechten Beines treten heftige Schmerzen auf, besonders wenn er versucht, mit diesem Fuß aufzutreten. Oberhalb des Knöchels schwillt das Bein an, und der Fuß sieht aus, als sei er etwas vom Unterschenkel abgeknickt. Das sind Anzeichen für einen **Knochenbruch.** Sichere Auskunft ergibt erst das Röntgenbild (Abb. 1). Es zeigt, daß das Schienbein etwas oberhalb des Knöchels gebrochen ist.

Auch Gelenke können bei plötzlicher starker Beanspruchung verletzt werden. Wenn ein Gelenk überdehnt wird und dabei der Gelenkkopf aus der Gelenkpfanne springt, aber schnell wieder in seine alte Lage zurückkehrt, spricht man von **Verstauchung.** Oftmals entstehen dabei Blutergüsse im Gelenk und Zerrungen der Gelenkbänder. Bei einer **Verrenkung** bleibt der Gelenkkopf außerhalb der Gelenkpfanne. Besonders häufig wird das Schultergelenk ausgerenkt. Seine Gelenkpfanne ist sehr flach, so daß der Gelenkkopf des Oberarms bei starker Beanspruchung aus der Gelenkpfanne herausgedrückt werden kann.

Bei vielen Kindern und Jugendlichen haben sich häufig unbemerkt Erkrankungen der Wirbelsäule gebildet. Man schätzt, daß jeder dritte Schüler der Klassen 5, 6 **Haltungsschwächen** oder schwerwiegende **Haltungsschäden** hat. Oftmals machen sich Haltungsschäden bei Kindern und Jugendlichen erst im Erwachsenenalter mit Schmerzen in Schultern, Nacken und Rücken bemerkbar. Ein Haltungsschaden liegt zum Beispiel dann vor, wenn die Wirbelsäule so verbogen ist, daß ein **Rundrücken** oder **Hohlrücken** entstanden ist (Abb. 2).

Schlechte Sitzhaltung fördert das Verbiegen der Wirbelsäule. Muskeln, Sehnen und Gelenke werden durch regelmäßige Bewegungen gestärkt. Bei Bewegungsmangel, also wenn die Muskeln nicht durch regelmäßige körperliche Betätigung gefördert werden, kann ein Haltungsschaden eintreten.

Die Füße sind besonderen Belastungen ausgesetzt. Immerhin tragen sie bei aufrechter Haltung das Körpergewicht. Zahlreiche Knöchelchen bilden das Fußgewölbe. Schwache Fußmuskeln können das natürliche Fußgewölbe nicht halten, die Fußknochen senken sich. Wenn der Fuß mit der ganzen Sohle den Boden berührt, so nennt man das einen **Plattfuß.**

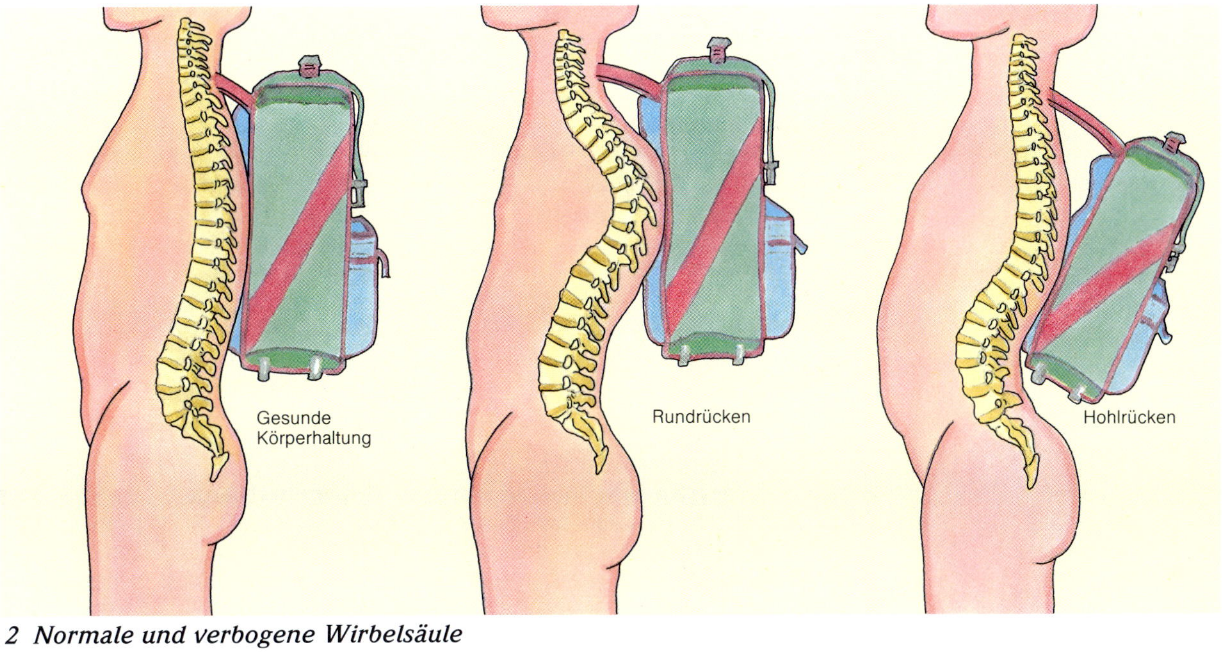

2 Normale und verbogene Wirbelsäule

Gequälte Füße

Häufiges Stehen, Bewegungsmangel, Übergewicht, häufiges Tragen schwerer Lasten und falsches Schuhwerk tragen zu Fußschäden bei. Regelmäßige Bewegung bei Sport und Spiel, Barfußgehen auf Kies, Sand oder Rasen und Fußgymnastik beugen Fußschäden vor.

Aufgaben

① Mit einem gesunden Fuß kann man einen Bleistift mit den Zehen vom Boden aufheben. Versuche es zu Hause einmal. Stelle fest, wie viele Schüler dies in deiner Klasse können.

② Durch Gedankenlosigkeit und aus Gründen der Mode quälen manche ihre Beine und Füße täglich und handeln sich dadurch Fußschäden ein. Betrachte die nebenstehende Abbildung und beschreibe, welches falsche Verhalten im Umgang mit unseren Beinen und Füßen dargestellt ist.

③ Stelle zu Hause mit deinem nassen rechten Fuß auf Tonpapier oder Löschpapier einen Fußabdruck her. Schneide den Fußabdruck aus und vergleiche mit den Fußabdrücken deiner Mitschüler. Liegt bei dir ein Plattfuß vor?

④ Eine Schultasche sollte gefüllt nicht schwerer als $^1/_{10}$ deiner Körpermasse sein. Berechne, wieviel dies bei dir ist. Überprüfe zwei Wochen lang mit einer Haushaltswaage die Masse der gefüllten Schultasche. Notiere die Masse mit Datumsangabe. Überlegt euch zusammen Wege, um die Masse der Schultasche zu mindern, wenn sich häufiger mehr als $^1/_{10}$ deiner Körpermasse ergibt.

⑤ Beschreibe die Unterschiede zwischen Normalrücken, Hohlrücken und Rundrücken mit Hilfe der Abb. 2.

Haltungsschäden, wie Rundrücken und Hohlrücken, und Fußschäden, wie z. B. Plattfuß, entwickeln sich meist unbemerkt. Regelmäßige Bewegung, Sport, Spiel und Gymnastik und Vermeidung einseitiger Belastungen wirken vorbeugend.

Biotip

Folgende Übungen im Sitzen halten frisch und fit:

1. Nach hinten sehen
Aufrecht sitzen. Abwechselnd über die rechte und linke Schulter nach hinten sehen.

2. Wirbelturnen
Hände im Nacken. Ellenbogen nach hinten gedrückt. Drehen des Oberkörpers abwechselnd nach links und nach rechts.

3. Katzenbuckel
Hände auf den Oberschenkeln. Kopf und Brust langsam nach unten senken – so weit es geht. Dann langsam, Wirbel um Wirbel, Rücken aufrichten und schließlich Brust nach vorn schieben (leichtes Hohlkreuz).

4. Größer werden
Im Sitzen (geht aber auch im Stehen) mit einem Arm hochrecken und so hoch als möglich reichen. Dabei um jeden möglichen Millimeter höheres Rekken bemühen. Einmal links, einmal rechts.

5. Händedruck
Rechte Hand umschließt linke so wie bei einem Händedruck. Beide Hände drücken mit voller Kraft aufeinander. Auch Arme und Schultern sind angespannt. Bis 7 zählen, dann lockern.

6. Beinschere
Beine im Sitzen ausstrecken und knapp vom Boden abheben. Dann langsam abwechselnd die gestreckten Beine anheben.

7. Gefesselte Hände
Hände hinter dem Rücken anfassen. Schultern nach vorn und dann so weit wie möglich nach hinten ziehen. Aufrecht sitzen bleiben.

8.6 Fit durch Bewegung

Viele Menschen leiden heute an Bewegungsmangel. In den letzten 40 Jahren hat sich die Zahl der Autos bei uns auf ungefähr 40 Millionen Fahrzeuge erhöht. Vor 40 Jahren gab es weniger als zwei Millionen Autos. Viele Wege wurden zu Fuß oder mit dem Fahrrad erledigt. Maschinen ersetzen heute oft schwere körperliche Arbeit. In vielen Berufen gibt es sitzende Tätigkeiten, die früher seltener waren. Auf der anderen Seite: Heute sterben bei uns fast die Hälfte aller Menschen an einer Erkrankung des Herzens oder an einer Erkrankung des Blutkreislaufs. Vor 50 Jahren waren solche Erkrankungen nur bei einem von sieben Menschen die Todesursache.

Wenn jemand sich über viele Jahre hinweg wenig bewegt, kann das zu ernsthaften Erkrankungen führen, besonders zu Erkrankungen des Herzens und des Kreislaufs. Übergewicht wird durch Bewegungsmangel gefördert.

Um die Folgen des Bewegungsmangels zu vermeiden, kann man sich selbst Bewegung verschaffen und trainieren. Regelmäßiges Bewegungstraining kräftigt die Muskeln und fördert die Durchblutung. Der Körper wird gelenkiger und die Knochen werden fester. Das Herz kann besser Blut pumpen, und die Lungen können bei Anstrengungen mehr Luft ein- und ausatmen. Regelmäßiges Bewegungstraining fördert nicht nur die Leistungsfähigkeit des Körpers bei Anstrengungen, sondern auch das Wohlbefinden. Deshalb machen viele Menschen regelmäßiges Bewegungstraining, z. B. joggen sie. Es genügen schon 15 bis 20 Minuten Training am Tag. Wichtiger ist es, jeden Tag etwas zu trainieren als nur einmal in der Woche sehr anstrengend.

Aufgabe

① Überprüfe deine augenblickliche Fitness mit Test 1 und 2.

Bewegungstraining fördert Muskelstärke, Ausdauer, Beweglichkeit, ein leistungsfähiges Herz und einen leistungsfähigen Blutkreislauf. Bewegungstraining erhöht die Leistungsfähigkeit und das Wohlbefinden.

Test 1

Testziel: Messung der allgemeinen Ausdauer.

Testdurchführung: Dauerlauf im Freien. Dafür benötigst du eine ausgemessene ebene Strecke und eine Uhr mit Sekundenzeiger. Gemessen wird die Laufstrekke, die du in 12 Minuten zurücklegen kannst. Zwischendurch kannst du Pausen einlegen, in denen du nicht läufst, sondern gehst.

Test 2

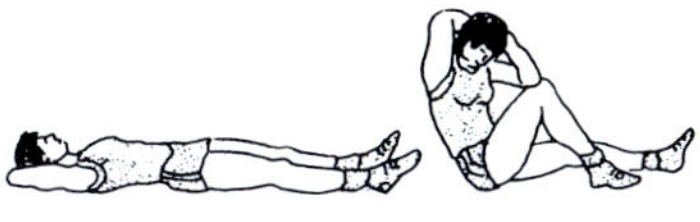

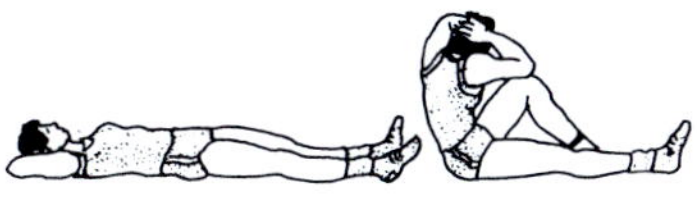

Testziel: Messung der Ausdauer und der Kraft der Rumpfmuskulatur und der Hüftmuskulatur.

Testdurchführung: Deine Aufgabe ist es, aus der Rückenlage den Oberkörper möglichst oft aufzurichten und dabei abwechselnd das rechte Knie mit dem linken Ellbogen und das linke Knie mit dem rechten Ellbogen zu berühren. Die Hände werden dabei hinter dem Nacken verschränkt, die Knie werden abwechselnd angewinkelt und gestreckt.
Gezählt wird, wie oft du diesen Bewegungsablauf in einer Minute schaffst.

8.7 Bei Bewegungen arbeiten viele Organe zusammen

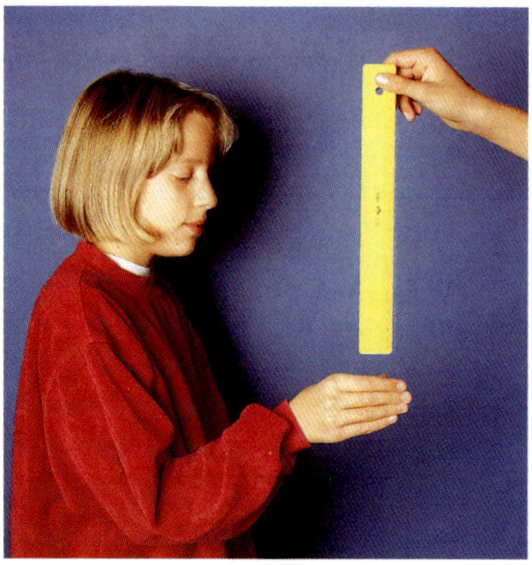

1 Versuch zur Reaktionszeit

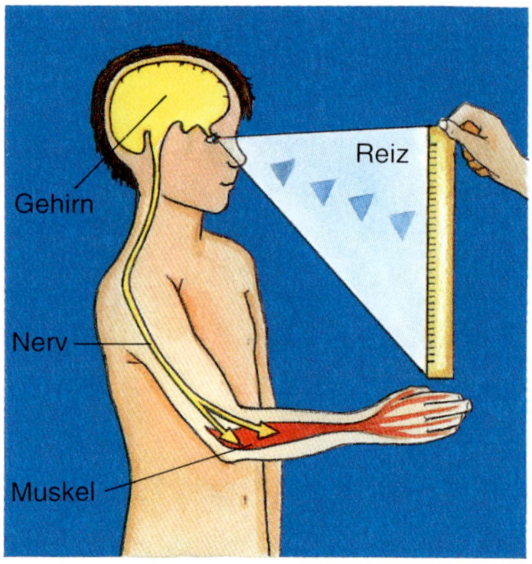

2 Reiz-Reaktions-Kette

Wir sollen ein fallendes Lineal fassen (Abb. 1). Die Aufgabe ist klar. Es gelingt uns aber nicht, das Lineal zu dem gleichen Zeitpunkt zu fassen, in dem es fallen gelassen wird. Es vergehen einige Zehntelsekunden, in denen wir scheinbar untätig sind. Was geschieht in dieser Zeit in unserem Körper, für uns nicht sichtbar?

Zunächst müssen wir erkennen, daß das Lineal fällt. Die Augen nehmen den **Lichtreiz** auf (Abb.2). Informationen darüber werden von den **Lichtsinneszellen** über die **Sehnerven** zum Gehirn geleitet. Dort werden sie ausgewertet. Erst jetzt nehmen wir wahr: Das Lineal fällt. Im Gehirn werden nun Befehle an die Muskeln des Arms und der Finger zusammengestellt. Die Beugemuskeln der Finger müssen den Befehl zum Zusammenziehen erhalten. Diese Befehle gehen über **Nerven** zum Arm an die Muskeln. Durch das Zusammenziehen der Fingerbeuger werden die Finger bewegt. Die **Reaktion** wird sichtbar: wir fassen zu und halten vielleicht das Lineal fest.

Die Reaktion tritt also erst ein, nachdem alle beschriebenen Abläufe stattgefunden haben. Wir sprechen von einer **Reiz-Reaktions-Kette.** Sie läuft immer in der gleichen Reihenfolge ab (Abb. 3): Die Reize werden mit den Sinnesorganen aufgenommen. Von den Sinnesorganen werden über Nerven Informationen zum Gehirn geleitet. Von hier gehen nach der Informationsauswertung und Befehlszusammenstellung die Befehle über andere Nerven zu den Muskeln. Diese ziehen sich zusammen, Bewegungen werden als Reaktion sichtbar. Die Zeit vom Fallenlassen des Lineals bis zum Zugreifen ist die **Reaktionszeit.** Da wir uns vorgenommen hatten, auf das fallende Lineal mit dem Zufassen zu reagieren, dauert die Befehlszusammenstellung für die Fingermuskeln nicht sehr lange. Die Reaktionszeit ist kurz.

Die Reaktionszeit ist nicht immer gleich lang. So verlängert zum Beispiel die Einnahme von Alkohol in der Regel die Reaktionszeit. Auch eine Reihe von Medikamenten kann die Reaktionszeit beeinträchtigen.

Nicht alle Reaktionen werden vom Willen beeinflußt. Wenn zum Beispiel eine heranfliegende Fliege die Wimpern berührt, dann schließen sich die Augenlieder. Wenn plötzlich helles Licht ins Auge fällt, verengt sich die Pupille. Beobachtet man einen Menschen, der an einer Zitronenscheibe lutscht, fließt einem das Wasser im Mund zusammen. In allen drei Fällen folgt auf einen Reiz unmittelbar eine Reaktion. Sie kann nicht durch den Willen beeinflußt werden. Man nennt sie daher unwillkürlich. Eine unwillkürliche Reaktion wird dem Menschen oft nicht einmal bewußt. Eine solche Aufeinanderfolge von Reiz und unwillkürlicher Reaktion bezeichnet man als **Reflex.**

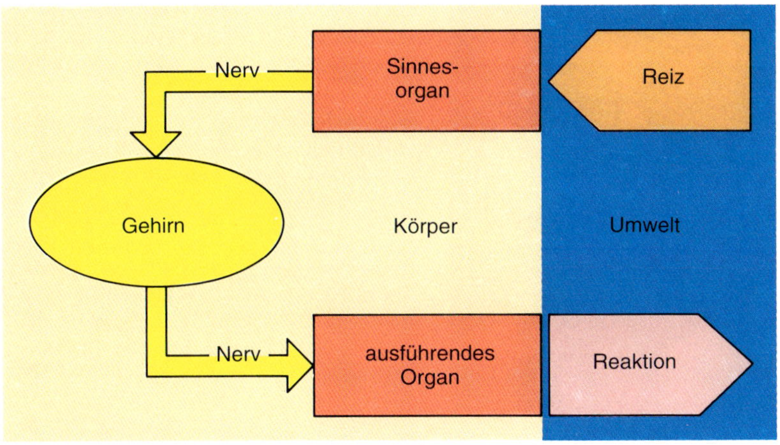

3 Reiz-Reaktions-Kette, schematisch

4 Gefährliche Verkehrssituation

Aufgaben

① Beschreibe den Weg vom Reiz zur Reaktion anhand der Reiz-Reaktions-Kette in Abb. 2.

② Du faßt mit der Hand aus Versehen auf eine heiße Herdplatte. Sofort ziehst du die Hand zurück. Zeichne ein Schema entsprechend Abb. 3 und trage die Stationen vom Reiz (= heiße Herdplatte) bis zur Reaktion ein.

③ Betrachte die Abb. 4. Beschreibe für den Skater und den Autofahrer die Reiz-Reaktions-Kette. Erläutere die Bedeutung der Reaktionszeit für solche Verkehrssituationen. Zeichne dazu jeweils ein Schema.

Eine Reiz-Reaktions-Kette umfaßt Reizaufnahme, Informationsleitung, Informationsauswertung und Reaktion. Sinnesorgane, Nerven, Gehirn und Muskeln sind daran beteiligt.

Versuche

Reaktionszeiten

1. Führe mit deinem Nachbarn einen Test nach Abb. 1 durch. Lasse ein 30 cm langes Lineal fallen. Dein Nachbar soll es während des Fallens mit Daumen und Zeigefinger greifen und festhalten. Lies die Strecke ab, die das Lineal gefallen ist und entnimm die dazu gehörende Reaktionszeit der Tabelle. Vergleiche diese Zeit mit der von anderen Mitschülern.

2. Wiederhole den Versuch 1. Dein Nachbar soll das fallende Lineal nun mit der anderen Hand fassen. Lies wieder die entsprechende Zeit in der Tabelle ab. Vergleiche sie mit der aus Versuch 1.

Lineal fiel	30	25	20	15	10	Zentimeter
Reaktionszeit	0,25	0,23	0,20	0,17	0,15	Sekunden

Zeit-Tabelle für Reaktionstest

3. Stelle dich vor einen Partner, der auf einem Stuhl sitzt und beide Füße unter dem Stuhl auf dem Boden stehen hat. Lasse ein Radiergummi fallen, an das du zuvor einen ausreichend langen Faden geknüpft hast. Das andere Ende des Bandes knotest du um dein Handgelenk. Dein Nachbar soll versuchen, das fallende Radiergummi wegzutreten. Stelle für diese Bewegung eine Reiz-Reaktions-Kette auf.

8.8 Moritz – bewegungsbehindert

1 Moritz

Moritz sitzt in seinem Rollstuhl im Garten seines Elternhauses. Seine beiden Brüder David und Jakob und seine Schwester Elisabeth spielen in der Nähe. Moritz hört seine Mutter im Haus rumoren. Moritz freut sich darüber, wie schön es im Garten ist. Bald gibt es Mittagessen – wie gut es schon riecht!

Moritz denkt an das Heim, in dem er die meiste Zeit des Jahres lebt. Er hat dort viele Freunde – und er mag die meisten Menschen gerne, die ihn dort pflegen und unterrichten. Vor allem freut sich Moritz auf die Dinge, die er tun kann: Er webt, er drechselt, er spielt Theater. Er darf auch beim Volkstanz mitmachen, vom Rollstuhl klopft er dann auf ein Tamburin, klatscht im Rhythmus oder singt mit.

Sicherlich – im Heim vermißt Moritz Vater, Mutter und Geschwister. Aber im Heim kann er viel lernen und sich gut beschäftigen. Das Heim ist für behinderte Kinder wie Moritz eingerichtet, besonders die Werkstätten. In ihnen können

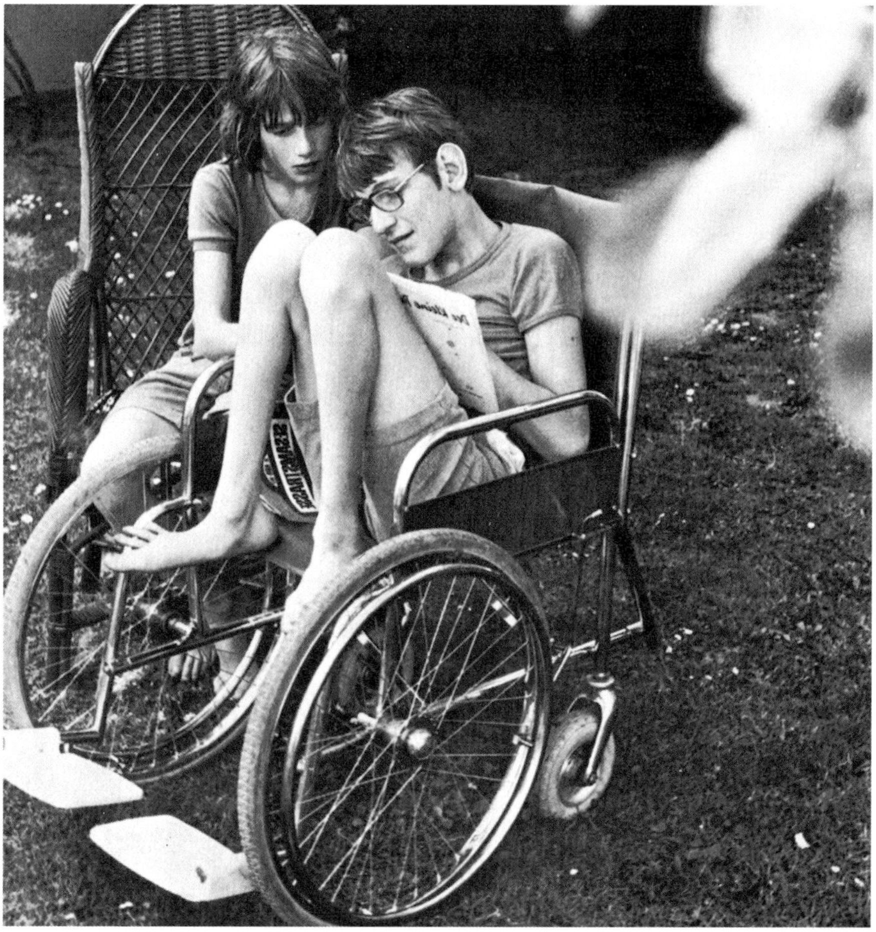

2 Moritz beim Lesen im Rollstuhl

Behinderte ohne Gefahr arbeiten. Es macht Spaß, wenn man ein Stück Stoff selbst gewebt hat. Moritz erinnert sich, wie er einmal alles stehen lassen wollte – Webstuhl, Werkstätte, alles – weil der Faden immer wieder riß. „Komm, mach weiter," hatte die Betreuerin gesagt. Sie war ein wenig streng. Und dann war es gegangen.

„Moritz, wollen wir turnen?" ruft der ältere Bruder David. Zusammen mit seiner Schwester Elisabeth und David macht er täglich bestimmte Übungen. Das macht er auch im Heim. Nach den Übungen holt David die Postkartensammlung von Moritz. Moritz sammelt Postkarten aus fernen Ländern. Er kennt seine Postkarten sehr genau und hat viel über die Länder gelesen. Im Heim erzählt er den anderen viele Geschichten darüber. Weil Moritz ein sehr gutes Gedächtnis hat, behält er fast alles, was er liest.

Als es Mittagessen gibt, freut sich Moritz nicht nur, weil es ein gutes Essen gibt, sondern auch, weil es beim Essen immer sehr lustig zugeht. Moritz lacht schrecklich gerne. Besonders mit David versteht er sich sehr gut. Und David versteht und liebt Moritz. Das ist das, was Moritz am meisten braucht.

Moritz ist behindert. Er kann sich nicht so bewegen, wie er will. Seine Muskeln verkrampfen sich derart, daß er zum Beispiel nicht laufen oder richtig stehen kann. Seine Beine gehorchen ihm nicht. Er ist schon oft operiert worden. Jedesmal hat Moritz gehofft, er würde jetzt gesund werden. Es hat schon geholfen, aber nicht so, wie er es sich gedacht hatte – daß er die Krücken in der Ecke stehen lassen oder radfahren könnte. Moritz ist auf den Rollstuhl angewiesen.

3 Moritz macht Gymnastik

Aufgaben

① Kein Mensch kann sicher sein, daß er nicht durch Unfall oder Krankheit behindert wird.
Wie würdet ihr euch gegenüber einem Mitschüler verhalten, der durch Unfall so behindert ist, daß er seine Beine nicht mehr bewegen kann und auf den Rollstuhl angewiesen ist?
Was würdest du von deinen Mitschülern besonders erwarten, wenn du durch Unfall in dieser Weise behindert wärest?

② Moritz kann nicht laufen und auch nicht richtig stehen. Er ist auf die Hilfe anderer Menschen und den Rollstuhl angewiesen. Versuche dich in die Lage von Moritz zu versetzen: Schreibe alle Schwierigkeiten auf, die dir im Laufe eines Tages begegnen würden, wenn du im Rollstuhl sitzen müßtest.

③ Behinderte, die mit dem Rollstuhl in der Stadt unterwegs sind, müssen einige Hindernisse überwinden.
Besorge dir einen Stadtplan oder einen Ausschnitt davon. Zeichne in den Stadtplan die Wege ein, die für folgende Erledigungen nötig sind:
Von der Schule zur Post. Dort am Schalter einen Brief abgeben.
Von der Schule zum Bahnhof. Dort in einen Zug einsteigen.
Von der Schule zum Rathaus. Dort im ersten Stock ein Formular abholen.
Von der Schule zum Großmarkt. Dort einige Lebensmittel einkaufen.
Von dir zu Hause zur Schule. Dort in deinen Klassenraum gehen.
Bildet Gruppen und geht oder fahrt den Weg nach. Versetzt euch dabei in die Lage eines Rollstuhlfahrers, der seine Beine nicht, wohl aber seine Arme und Hände vom Rollstuhl aus bewegen kann. Zeichnet in euren Stadtplan Symbole für folgende Hindernisse ein:
Bordstein
Enger Durchgang (Tür)
Treppen
Steigungen
Andere Hindernisse
Stellt eure Pläne in der Klasse aus.
Berichtet den Mitschülern darüber, welche Hindernisse auf eurem Weg auftraten.

9 Ernährung und Verdauung

9.1 Kristinas Speisezettel

1 Diese Lebensmittel ißt Kristina am Montag

Es ist Montagmorgen, 7.15 Uhr. Familie Körner sitzt am Frühstückstisch. Kristina kommt hereingestürmt. Auch für Kristina steht ein Frühstücksgedeck auf dem Tisch. Doch Kristina möchte nichts essen. „Ich habe wirklich morgens keinen Hunger. Ich muß vor der Schule noch dringend zu Manuela." So geht es fast jeden Morgen. Kristina möchte morgens selten etwas essen. Heute trinkt sie wenigstens eine Tasse Kakao. Bei Kristina stellt sich der Appetit erst in der großen Pause ein. Ihre Mutter weiß das und hat ihr deshalb schon das Pausenbrot zurechtgemacht: eine Scheibe Graubrot mit Käse und einen Apfel. Die Milch dazu kauft sich Kristina am Kiosk des Hausmeisters.

Meistens freut sich Kristina auf das Mittagessen. Für diese Mahlzeit nimmt sie sich viel Zeit. Frau Körner ist darauf bedacht, daß die Familie viel frisches Obst und Gemüse bekommt. Leider haben die Körners keinen eigenen Garten, aus dem sie ungespritztes Obst und Gemüse ernten können. Ein Geschäft in der Nachbarschaft verkauft jedoch auch Gemüse, das ohne Kunstdünger und ohne Spritzmittel gewachsen ist. Heute Mittag gibt es einen gemischten Salat aus Tomaten, Gurken und Paprika. Angemacht ist das Ganze mit einer Joghurt-Kräuter-Soße. Die Kräuter hierzu zieht Kristina in einem Blumentopf auf der Fensterbank. Kartoffeln und eine Scheibe Fleisch stehen ebenfalls auf dem Speisezettel. Als Nachtisch hat Frau Körner eine Quarkspeise mit frischen Erdbeeren zubereitet.
Am Nachmittag ist Kristina bei ihrer Freundin Manuela, um mit ihr noch etwas zu spielen. Die beiden Mädchen hören sich eine Musikkassette an, trinken dazu Saft und essen Kekse. Anschließend toben die beiden noch eine Stunde lang auf dem Spielplatz. Zum gemeinsamen Abendessen um 18.30 Uhr muß Kristina wieder pünktlich zu Hause sein. Kristina ißt am Abend am liebsten ein Butterbrot mit Wurst, einen Joghurt und trinkt dazu Tee.

Aufgaben

① Zähle alle Nahrungsmittel auf, die Kristina im Laufe des Tages gegessen hat. Vergiß auch die Getränke nicht. Du kannst hierzu den Text und Abbildung 1 zu Hilfe nehmen.

② Schreibe auf, was du gestern alles gegessen und getrunken hast. Trage deine Nahrungsmittel und die von Kristina in eine Tabelle nach folgendem Muster ein:

	Kristina	eigener Speiseplan
morgens		
mittags		
nachmittags		
abends		

③ Ordne alle Nahrungsmittel, die auf den beiden Speiseplänen (Aufgabe ②) stehen, in zwei Gruppen: feste und flüssige Nahrungsmittel. Ordne die gleichen Nahrungsmittel danach in die beiden Gruppen pflanzliche und tierische Nahrungsmittel. Finde weitere Möglichkeiten, wie man die Nahrungsmittel einteilen könnte.

9.2 Wir untersuchen Nahrungsmittel

In den Lebensmittelgeschäften gibt es eine Fülle verschiedener Nahrungsmittel. Damit die Kunden sich in dem großen Sortiment leichter zurechtfinden, sind die Nahrungsmittel geordnet und in die Regale gestellt. In einem Regal befinden sich alle Backwaren, daneben vielleicht die Zutaten, die man zum Backen braucht, oder Süßigkeiten. Es gibt eine Wurst- und eine Fleischtheke, eine Abteilung für Milchprodukte, eine für Obst und Gemüse.

Eine Möglichkeit, Nahrungsmittel zu ordnen, besteht darin, sie nach ihren Bestandteilen zu gruppieren. Du ißt zwar täglich eine Fülle unterschiedlicher Nahrungsmittel, sie enthalten aber alle in der Hauptsache Wasser und drei weitere Bestandteile. Auf einem Joghurtbecher ist z. B. neben dem Haltbarkeitsdatum der Inhalt angegeben. Du kannst dort lesen (Abb. 1): 100 Gramm Joghurt enthalten: 1,2 g Fett, 4,1 g Eiweiß, 17,5 g Kohlenhydrate.

Fett, Eiweiß und **Kohlenhydrate** sind in fast allen Nahrungsmitteln enthalten. Man bezeichnet diese Stoffe als **Nährstoffe.** Die Gruppe der Kohlenhydrate kann man noch unterteilen in **Zucker** und **Stärke.** Mit bestimmten Verfahren können die Nährstoffe, die ein Nahrungsmittel enthält, nachgewiesen werden.

Nahrungsmittel enthalten Nährstoffe: Fett, Stärke, Zucker und Eiweiß. Stärke und Zucker faßt man zur Gruppe der Kohlenhydrate zusammen. Die Nährstoffe sind in den einzelnen Nahrungsmitteln in unterschiedlichen Mengen enthalten. Sie können durch bestimmte Verfahren nachgewiesen werden.

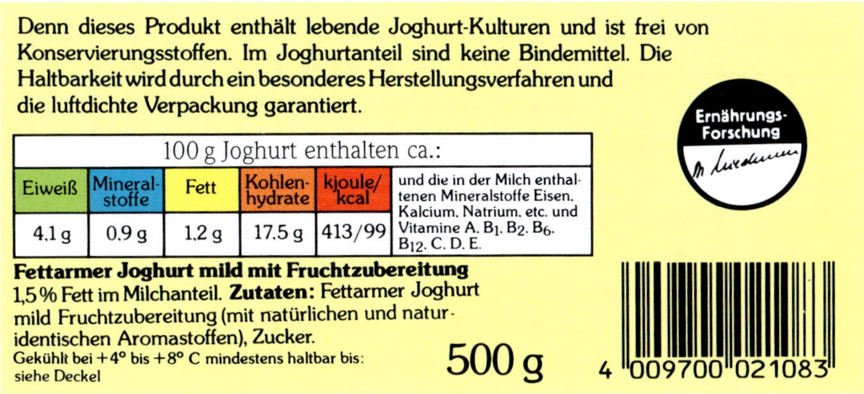
Denn dieses Produkt enthält lebende Joghurt-Kulturen und ist frei von Konservierungsstoffen. Im Joghurtanteil sind keine Bindemittel. Die Haltbarkeit wird durch ein besonderes Herstellungsverfahren und die luftdichte Verpackung garantiert.

100 g Joghurt enthalten ca.:					
Eiweiß	Mineral-stoffe	Fett	Kohlen-hydrate	kjoule/kcal	und die in der Milch enthaltenen Mineralstoffe Eisen, Kalcium, Natrium, etc. und Vitamine A, B_1, B_2, B_6, B_{12}, C, D, E.
4,1 g	0,9 g	1,2 g	17,5 g	413/99	

Fettarmer Joghurt mild mit Fruchtzubereitung
1,5 % Fett im Milchanteil. **Zutaten:** Fettarmer Joghurt mild Fruchtzubereitung (mit natürlichen und naturidentischen Aromastoffen), Zucker.
Gekühlt bei +4° bis +8° C mindestens haltbar bis: siehe Deckel

500 g

Ernährungs-Forschung

4 009700 021083

1 Beschriftung einer Joghurtpackung

1. Nachweis von Fett in Nahrungsmitteln

Nimm ein Blatt Papier, streiche etwas Butter darauf und halte das Blatt gegen das Licht. Du beobachtest einen dauerhaften durchscheinenden Fleck: Butter enthält Fett. Verfahre in gleicher Weise mit anderen Nahrungsmitteln, z. B. Wurst, Käse, Milch, einem Stück Apfel. Trage die Ergebnisse deiner Beobachtungen in eine Tabelle nach dem folgenden Muster ein:

Nahrungsmittel	Beobachtung	Ergebnis
Butter	durchscheinender Fleck	enthält Fett
Wurst		
Milch		
Käse		
Apfel		

2. Nachweis von Stärke in Nahrungsmitteln

Schneide eine rohe Kartoffel durch. Gib einige Tropfen einer Iod-Kaliumiodid-Lösung auf die Schnittfläche. Nach kurzer Zeit färbt die Iod-Kaliumiodid-Lösung die Stärke in der Kartoffel blau- violett. Untersuche einige Nahrungsmittel, die in Kristinas Speiseplan genannt werden, auf den Nährstoff Stärke. Trokkene Nahrungsmittel wie z. B. Brot mußt du vorher zerkleinern und in wenig Wasser aufkochen. Zu diesem Gemisch gibst du nach der Abkühlung die Iod-Kaliumiodid-Lösung.

Nahrungsmittel	Beobachtung	Ergebnis
Kartoffel	blauviolette Färbung	enthält Stärke
Brot	....	....

3. Nachweis von Zucker in Nahrungsmitteln

Viele zuckerhaltige Nahrungsmittel lassen sich leicht am Geschmack erkennen: Sie schmecken süß. Traubenzucker kann man mit Teststäbchen nachweisen. Für diesen Nachweis werden feste Nahrungsmittel zerkleinert und mit wenig Wasser verrührt. Tauche nun das Teststäbchen kurz in die Flüssigkeit ein. An der Farbveränderung kannst du ablesen, ob viel oder wenig Traubenzucker in dem Nahrungsmittel enthalten ist. Bleibt die Gelbfärbung bestehen, ist kein Traubenzucker enthalten. Die Verfärbung von grün bis blau zeigt den Gehalt von Traubenzucker an.
Stelle mit Hilfe der Geschmacksprobe und der Teststäbchen fest, ob in den folgenden Nahrungsmitteln Zucker enthalten ist: Apfelsinensaft, Saft einer Weintraube, Cola-Getränk light, Brot, Quark, Honigkuchen, Zwiebeln. Was schmeckt süß? Was enthält Traubenzucker? Halte die Ergebnisse deiner Untersuchungen in einer Tabelle fest.

4. Nachweis von Eiweiß in Nahrungsmitteln

Wenn man Milch einige Tage stehen läßt, kann sie sauer werden. Dabei scheiden sich weiße Flocken ab, die aus geronnenem Eiweiß bestehen. Du kannst diesen Vorgang auch beobachten, wenn du zu frischer Milch eine Säure hinzugibst, z. B. Zitronensäure oder Essig.
Untersuche, ob Eiklar aus einem Hühnerei, Milch und andere Flüssigkeiten Eiweiß enthalten. Mische z. B. etwas Orangensaft mit Essig und beobachte, ob sich geronnenes Eiweiß bildet. Halte auch diese Beobachtungen in einer Tabelle fest.

Zusammenfassung der Ergebnisse

Fertige zum Schluß eine Tabelle an, in der alle Ergebnisse deiner Untersuchungen nach folgendem Muster zusammengefaßt werden:

Nahrungsmittel	Fett	Kohlenhydrate		Eiweiß
		Stärke	Zucker	
Fleisch	+	–	–	+
Brot				
Milch				
Fruchtsaft				

9.3 Wozu werden Nährstoffe benötigt?

Du bewegst dich, du arbeitest, dein Körper hat ständig eine Temperatur von etwa 37 °C. Für diese und weitere Vorgänge ist **Energie** nötig. Sie wird dem Körper mit der Nahrung zugeführt. Die einzelnen Nährstoffe, die in der Nahrung enthalten sind, stellen dem Körper unterschiedlich viel Energie zur Verfügung. So enthalten zum Beispiel 100 g Fett mehr als doppelt soviel Energie wie 100 g Kohlenhydrate. Bei verstärkter körperlicher Tätigkeit erhöht sich hauptsächlich der Bedarf an Fetten und Kohlenhydraten. Während die Nährstoffe Fett und Kohlenhydrate vorwiegend als Energielieferanten gelten, wird Eiweiß in erster Linie als Aufbaustoff für den Körper benötigt. Ohne Eiweiß können keine Muskeln, keine Haare oder Fingernägel gebildet werden. Junge Menschen benötigen daher während ihrer Entwicklung mehr Eiweiß als ältere Menschen.

Die Maßeinheit der Energie ist das Kilojoule (Abkürzung kJ). Auf Lebensmittelverpackungen findet man häufig zusätzlich die alte Maßeinheit Kilokalorie (kcal). Es gilt: 1 kcal = 4,18 kJ

Selbst wenn der Mensch völlig ruhig liegt, benötigt er eine Mindestmenge an Energie. Sie beträgt für 24 Stunden etwa 6000 kJ. Sie wird z. B. für die Herztätigkeit, die Atmung, die Aufrechterhaltung der Körpertemperatur und die Gehirnfunktion gebraucht. Ein Kind deines Alters benötigt im normalen Schulalltag etwa 10 000 kJ täglich (Abb. 1). Wenn dem Körper mehr Energie mit der Nahrung zugeführt wird als er benötigt, legt er Reserven an: Er speichert sie in energiereichen Verbindungen, vor allem als Fett. Man wird dick.

Aufgaben

① Erkläre mit Hilfe der Abb. 1 und des Textes den unterschiedlichen Energiebedarf der abgebildeten Kinder.

② In Apotheken und bei Krankenkassen gibt es Tabellen über den Energiegehalt der verschiedenen Nahrungsmittel. Versuche für einen Tag zu berechnen, wieviel Energie du zu dir genommen hast. War es zu viel oder eher zu wenig?

Kohlenhydrate, Fette und Eiweiß liefern dem Körper Energie. Eiweiß wird zum Aufbau des Körpers benötigt. Der tägliche Energiebedarf ist vom Alter und von der Art der körperlichen Betätigung abhängig. Wenn zuviel energiereiche Nahrung aufgenommen wird, wandelt der Körper sie in Fett um.

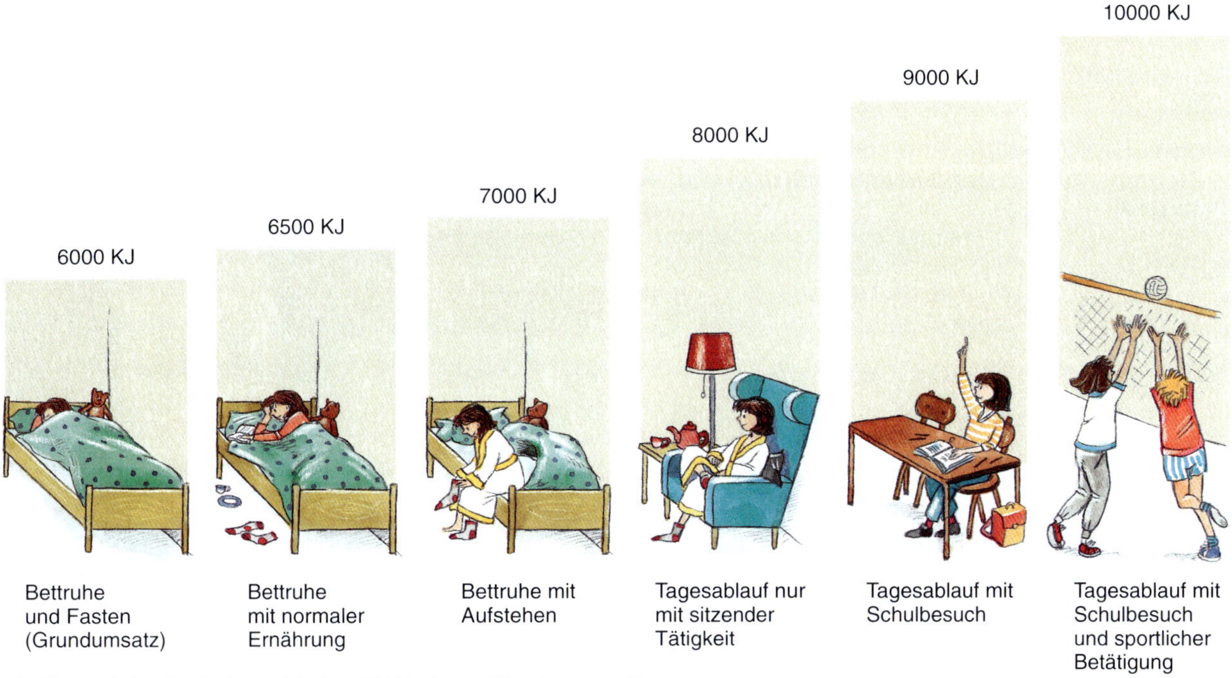

1 Energiebedarf eines 10- bis 12jährigen Kindes pro Tag

9.4 Wie gesund muß die Ernährung sein?

Zwei Äpfel pro Tag reichen aus, um den Bedarf an Vitamin C zu decken.

In einem alten Lexikon von 1882 steht unter dem Stichwort „Beri-Beri“ der folgende Text: „Beri-Beri ist eine dem Wesen nach noch wenig bekannte Krankheit, welche sich durch eine von den Beinen aus über den ganzen Körper fortschreitende Lähmung und Gefühllosigkeit sowie durch Ansammlung von Wasser in bestimmten Körperteilen charakterisiert. Die Krankheit tritt in Japan, Australien und Indien auf. Sie führt in der Regel nach drei bis vier Wochen zum Tode. Die Krankheit befällt sowohl Eingeborene als auch Fremde, letztere jedoch erst, wenn sie sich bereits einige Monate an diesen Orten aufgehalten haben. Man nimmt an, daß diese Krankheit durch plötzlichen Temperaturwechsel, Nahrungsmangel und gedrückte Gemütsstimmung begünstigt wird. Wirksame Mittel gegen ‚Beri- Beri‘ gibt es nicht.“

1882 wurde Beri-Beri noch als eine Krankheit bezeichnet, gegen deren tödlichen Verlauf man nichts unternehmen konnte. Heute kann man diese Krankheit sehr leicht heilen, wenn sie wirklich einmal auftreten sollte. Sie wird durch das Fehlen eines bestimmten Vitamins verursacht. Der Arzt verschreibt dann ein Medikament, das Vitamin B enthält.

Zu einer gesunden Ernährung gehören außer den Nährstoffen auch die **Vitamine.** Es gibt ungefähr 20 Vitamine, die man in Gruppen einteilt und mit Großbuchstaben, z. B. A, B, C, D, bezeichnet. Wir benötigen von den Vitaminen sehr kleine Mengen, und zwar weniger als ein Gramm pro Tag (◁). Die Information aus dem Lexikon von 1882 zeigt aber, daß schon das Fehlen eines einzigen Vitamins zum Tode führt. Die Abbildungen 1–4

1 Möhren, Milch, Leber, Eidotter enthalten viel Vitamin A

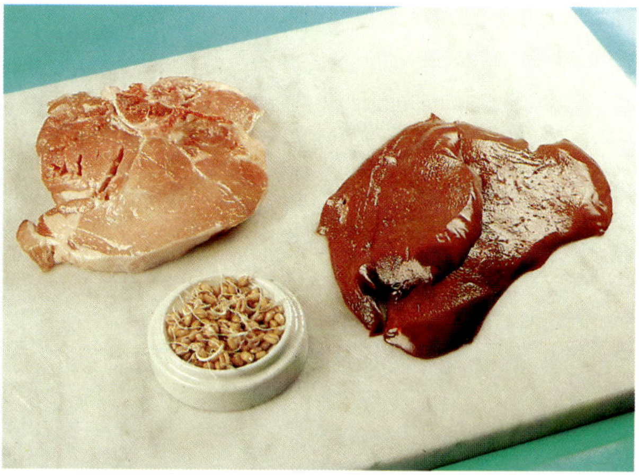

2 Schweinefleisch, Leber, Getreidekeimlinge enthalten viel Vitamin B

3 Zitrusfrüchte und Kartoffeln enthalten viel Vitamin C

4 Fisch, Milch, Eidotter enthalten viel Vitamin D

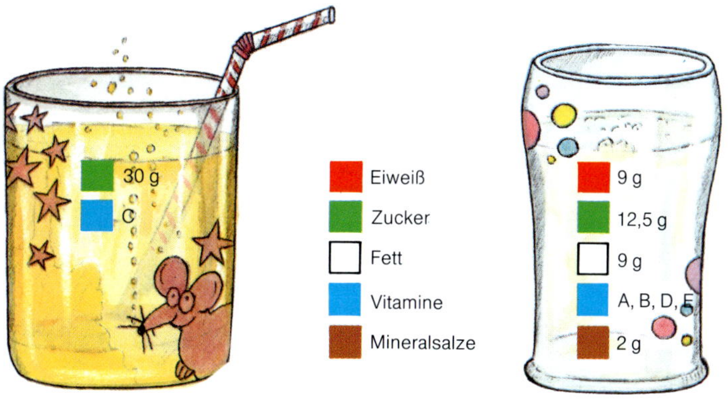

5 Limonade oder Milch – was ist gesünder?

zeigen Nahrungsmittel, die besonders viel Vitamine enthalten.

Außer den Vitaminen benötigt der Körper auch **Mineralsalze.** Sie sind hauptsächlich in Gemüse, Obst, Vollkornbrot und Milch enthalten. Ein wichtiges Mineralsalz ist z. B. Kalzium. Da zehn- bis zwölfjährige Kinder meist stark wachsen, benötigen sie viel Kalzium für den Aufbau ihrer Knochen und Zähne. Kalzium ist in Milch, Milchprodukten und in Gemüse, vor allem in Bohnen, Erbsen und Linsen, enthalten.

Sechs Weißbrote enthalten nur soviel Ballaststoffe wie ein einziges Vollkornbrot.

Bäckereien bieten viele verschiedene Brotsorten an. Immer häufiger liest man Hinweise wie: „Reich an Ballaststoffen", „Hergestellt aus vollem Korn", „Sechs-Korn-Brot" und viele andere mehr.

Manche Leute sind der Ansicht, daß diese Brotsorten einfach nur eine Modeerscheinung sind. Sie bleiben lieber bei ihrem Weißbrot mit Marmelade zum Frühstück. Andere haben sich umgestellt, sie essen jetzt häufiger Vollkornbrot und haben das Weißbrot von ihrem Speiseplan gestrichen. Sie merken dann oft nach einiger Zeit, daß sie keine Probleme mehr mit schlechter Verdauung haben. Die Ballaststoffe haben sich verdauungsfördernd auf ihren Darm ausgewirkt. **Ballaststoffe** sind Pflanzenteile, die kaum Nährstoffe enthalten (◁). Ballaststoffe haben viele günstige Eigenschaften. Da die Nahrungsmittel, in denen sie vorkommen, meist nicht fein gemahlen sind, müssen sie länger und gründlicher gekaut werden. Die Zähne bekommen mehr Arbeit. Gleichzeitig wird dabei viel Speichel gebildet, was sich günstig auf die Verdauung aus-

Biotip

Wir backen ein Vollkornbrot

Zutaten: 375 g Weizenvollkornmehl
125 g Roggenschrot Type 1800
300 ml lauwarmes Wasser
40 g Frischhefe
12 g Salz
10 g Zucker

Zubereitung: Hefe im warmen Wasser in einer Rührschüssel auflösen.

- alle weiteren Zutaten hinzufügen.
- von Hand fünf Minuten kneten, oder mit elektrischem Rührgerät und Knethaken auf höchster Geschwindigkeitsstufe drei Minuten kneten.
- Teig in der Schüssel zugedeckt 20 Minuten gehen lassen.
- Teig kurz durchkneten und auf einer mit Mehl bestäubten Fläche zu einem Brot formen.
- den Teig auf ein gefettetes Backblech legen und zugedeckt 30 Minuten gehen lassen, bis er sich deutlich vergrößert hat.
- Backofen auf 225 °C vorheizen.
- die Teigoberfläche mit Wasser oder Milch bestreichen und nach Belieben mit Sonnenblumenkernen, Haferflocken oder Sesam bestreuen.
- auf mittlerer Schiene 15 Minuten backen, dann die Backtemperatur auf 180 °C herunterstellen und das Brot weitere 55 Minuten backen lassen.

In einem Liter Limonade sind 36 Zuckerstückchen gelöst.

wirkt. Ballaststoffe können außerdem viel Wasser aufnehmen, das bedeutet, sie quellen. Magen und Darm sind schneller gefüllt. Man hat also länger das Gefühl satt zu sein. Das ist besonders für übergewichtige Menschen günstig.

Zum Backen von Weißbrot wird nur der kohlenhydrathaltige Mehlkörper des Getreidekorns verwendet (Abb. 6). Der vitaminhaltige Embryo und die ballaststoffreiche Hülle des Korns wurden zuvor entfernt. Je heller ein Mehl und das daraus gebackene Brot sind, um so mehr Vitamine und Ballaststoffe wurden entfernt. Auf jeder Mehlpackung ist eine Typennummer angegeben. Typ 405 ist die Bezeichnung

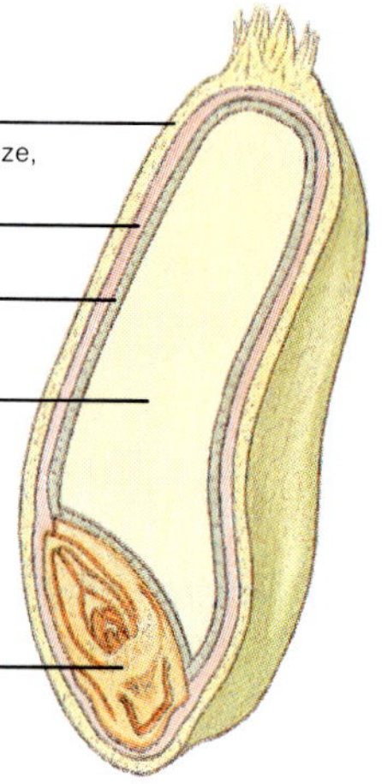

6 Aufbau eines Getreidekorns

für weißes Mehl. Es enthält nur den gemahlenen Mehlkörper. Je höher die Typennummer ist, um so mehr Bestandteile des vollen Korns sind im Mehl enthalten. Zu allen Lebensvorgängen in Körpern wird außerdem **Wasser** benötigt. Der Mensch benötigt etwa 1,5 Liter Wasser täglich. Die Getränke sollten möglichst ungesüßt sein (◁).

Versuch

Quellfähigkeit unterschiedlicher Mehle

Untersuche die unterschiedliche Quellfähigkeit von Weißmehl und Vollkornmehl. Gib 5 g Weißmehl in ein Reagenzglas und 5 g Vollkornmehl in ein zweites Reagenzglas. Gib dann in beide Reagenzgläser 5 g Wasser und verrühre Mehl und Wasser.
Was beobachtest du? Laß die Reagenzgläser 30 Minuten stehen. Vergleiche nun Weißmehl und Vollkornmehl. Vergleiche beide Gläser noch einmal nach zwei Stunden.

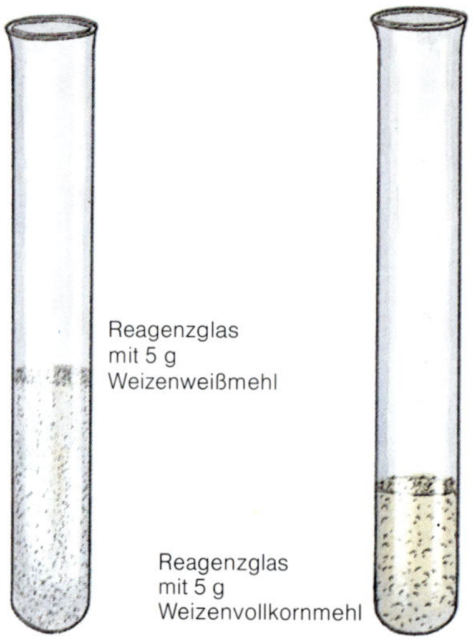

Aufgaben

① Heute braucht bei uns niemand mehr unter Vitaminmangel zu leiden. Begründe diese Behauptung. Verwende dazu die Abbildungen 1–5.

② Milch ist ein wertvolles Nahrungsmittel. Es ist durchaus möglich, sich überwiegend von Milch zu ernähren. Untersuche mit Hilfe der Abbildung 5, ob diese Aussage auch für Limonade zutrifft.

③ Beschreibe den Aufbau eines Getreidekorns (Abb. 6). Begründe, warum Mehl aus dem ganzen Getreidekorn gesünder ist als Mehl aus dem Mehlkörper.

Vitamine sind nötig, um den Körper vor Krankheiten zu schützen. Sie sind hauptsächlich in frischem Obst und Gemüse enthalten. Der Mensch benötigt von allen Vitaminen nur geringe Mengen. Die ausgewogene Menge an Nährstoffen, Vitaminen, Ballaststoffen und Mineralsalzen sorgt dafür, daß der Mensch sich wohl fühlt.

9.5 Gesund ernähren – aber wie?

1 Was ist als Pausenbrot gut geeignet?

Aufgabe

① Abb. 1 zeigt, was Schülerinnen und Schüler in einer Pause essen. Was würdest du davon gern in der Pause essen? Welche Speisen findest du als Pausenbrot gut geeignet, welche nicht?

Petra und Monika sind schon lange miteinander befreundet. Beide achten seit einiger Zeit besonders auf einen richtig zusammengestellten Speiseplan. Sie möchten nicht dick werden, wollen sportlich und gesund sein. Obst, Gemüse und Vollkornbrot stehen an oberster Stelle auf ihrem Speisezettel. Wurst und Käse mit hohem Fettanteil meiden sie. Auch auf Süßigkeiten und Kuchen versuchen sie weitgehend zu verzichten. Nach einiger Zeit stellen sie erfreut fest, daß sie schlanker geworden sind und recht sportlich aussehen. Wenn sie mit ihren Klassenkameraden in den nahegelegenen Imbiß gehen, bestellen sie einen Salatteller. Pommes frites mit Mayonnaise ist bei ihnen inzwischen die Ausnahme.

Früher standen bei Petra und Monika zu Hause beim Fernsehen Chips und Erdnüsse auf dem Tisch. Hatte man erst einmal angefangen davon zu essen, konnte man schlecht wieder aufhören. Deshalb haben beide ihre Eltern gebeten, abends einen Obstteller auf den Tisch zu stellen. Nach einiger Zeit haben sich die beiden Familien an diesen Obstteller gewöhnt. Petra und Monika sind sehr stolz darauf, daß sie ihre Familien auf diese vitaminreiche und fettarme Nahrung umstellen konnten. Schokoladen und andere Süßigkeiten werden in Petras und Monikas Familien nur noch selten gekauft. So kommt auch keiner mehr so leicht in Versuchung, z. B. aus Kummer über eine schlechte Arbeit oder aus Langeweile, unüberlegt eine Tafel Schokolade in sich hineinzustopfen.

Aufgaben

② Welche Speisen hast du gestern gegessen, die besonders fett-, zuckerhaltig und ballaststoffarm waren? Was wäre eine gesunde Alternative dazu gewesen?

③ Bittet eure Eltern, euch mindestens vier Wochen lang jeden Morgen ein gesundes Pausenbrot mitzugeben; schreibt auf, was ihr unter einem gesunden Pausenbrot versteht.

④ Gehe mit einigen Klassenkameraden in ein „Fast-food-Lokal". Welche der dort angebotenen Gerichte würdest du als geeignet, welche als weniger geeignet für eine gesunde Ernährung bezeichnen? Begründe!

Zu einer gesunden Ernährung zählen vitamin- und ballaststoffreiche Speisen. Zu viel Zucker und Fett sollten vermieden werden.

9.6 Augen und Nase essen mit

Versuch **Erkennen von Lebensmitteln**

Zu diesem Versuch benötigst du: drei Augenbinden, verschiedene Lebensmittel, drei Teller, eine Gabel.

Verbindet drei Schülern/Schülerinnen aus eurer Klasse die Augen. Der erste muß versuchen, durch Tasten herauszubekommen, um welches Lebensmittel es sich handelt. Der zweite soll nur durch schmecken, (Lebensmittel dabei nicht anfassen!), der dritte durch Riechen eine Lösung finden.
Halte die Ergebnisse dieses Versuchs in einer Tabelle nach folgendem Muster fest:

Lebensmittel	schmecken	riechen	tasten
geräucherter Schinken	X	–	–

Die Speicheldrüsen bilden täglich ein bis zwei Liter Speichel.

Mit den Augen sehen und erkennen wir zunächst das Nahrungsmittel. Ein schmutziger oder angefaulter Apfel kann den Appetit nicht wecken. Aber auch ein schöner Apfel, der unangenehm riecht, wird nicht gegessen. Die meisten Menschen mögen auch keinen Apfel, der kalt aus dem Kühlschrank kommt. Das ist unangenehm für Lippen und Zähne.

Mit Augen und Nase überprüfen wir vor dem Essen die Nahrung. Erst danach entscheiden wir uns dafür, die Nahrung in den Mund zu stecken. Hier überprüfen wir dann noch mit Lippen, Zunge und Zähnen die Genießbarkeit. Beim Kauen, aber schon vorher beim Anblick oder beim Wahrnehmen des Geruchs der leckeren Speisen bilden drei Paar **Speicheldrüsen** den **Speichel**. Er wird beim Kauen unter die Nahrung gemengt und macht diese gleitfähig. Je länger die Nahrung gekaut wird, desto mehr Speichel wird gebildet (◁). Vollkommen trockene Nahrung können wir nicht herunterschlucken.

Dies ist nicht die einzige Aufgabe des Speichels. Speichel verändert die Nahrung im Mund. Wer einmal länger ein Stückchen Brot im Munde zerkaut hat, hat sicher bemerkt, daß sich dabei der Geschmack des Brotes verändert hat. Es schmeckt leicht süß. Der Speichel sorgt dafür, daß aus der Stärke im Brot allmählich Zucker entsteht.

Stärke besteht aus Zuckerbausteinen. Durch einen Verdauungssaft im Speichel wird die Stärke im Brot verändert. Sie wird chemisch zerlegt und wasserlöslich gemacht. Eine solche Veränderung der Nahrung nennt man **Verdauung.** Bei der Verdauung werden Nährstoffe durch Verdauungssäfte in kleinere wasserlösliche Bestandteile zerlegt. Dies geschieht beim Menschen überwiegend im Darm.

Mit Augen und Nase überprüfen wir die Nahrung vor dem Verzehr. Im Mund wird sie zerkleinert und durch Speichel gleitfähig gemacht. Durch einen Verdauungssaft im Speichel wird Stärke in Zucker zerlegt und wasserlöslich gemacht. Diese Zerlegung der Nahrung in kleine wasserlösliche Bestandteile bezeichnet man als Verdauung.

Versuch

Wirkung des Speichels auf Stärke

Zu diesem Versuch benötigst du:
1 Becherglas
2 Reagenzgläser
Stärke
Iod-Kaliumiodid-Lösung

Erhitze in einem Becherglas 1 g Stärke mit 100 ml Wasser. Dabei entsteht eine Stärkelösung. Fülle nun zwei Reagenzgläser mit dieser Stärkelösung. Gib in beide Reagenzgläser tropfenweise soviel Iod-Kaliumiodid-Lösung, bis eine deutliche Blaufärbung auftritt. In das erste Reagenzglas gibst du jetzt 1 ml Speichel, in das zweite Reagenzglas etwa 1 ml Wasser. Beobachte beide Reagenzgläser und beschreibe die Veränderungen. Versuche, die Veränderung im ersten Reagenzglas zu erklären. Fertige zu diesem Versuch ein Protokoll an.

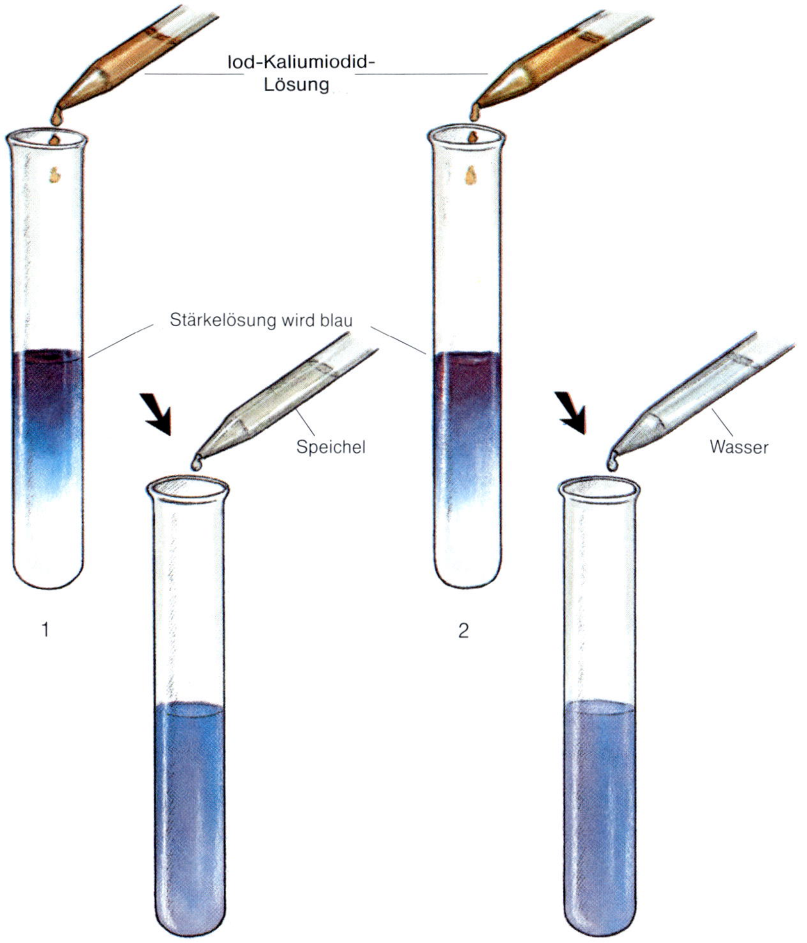

9.7 Aufbau der Zähne

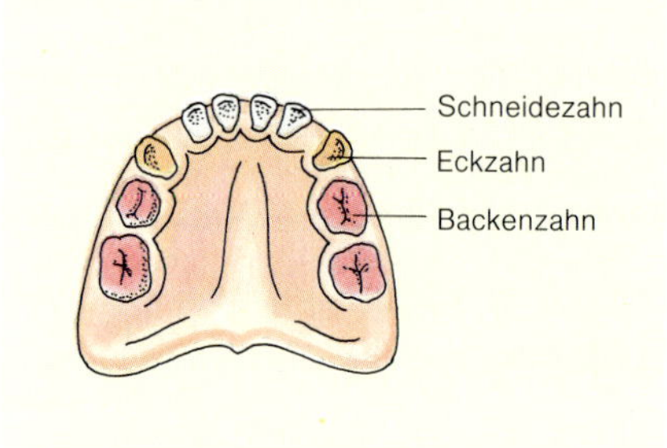

1 Kindergebiß

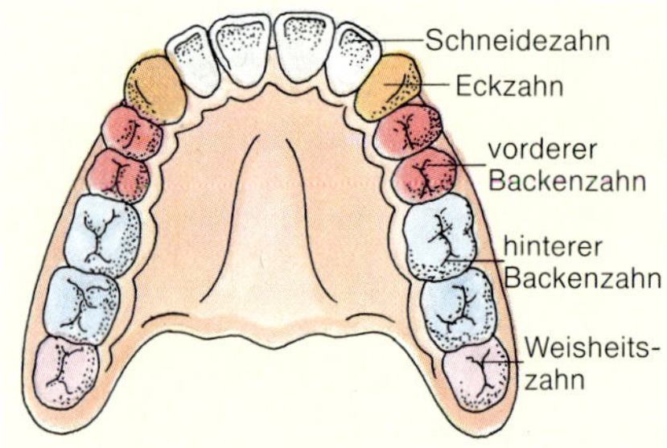

2 Erwachsenengebiß

Die ersten **Milchzähne** erscheinen etwa, wenn ein Säugling sechs bis sieben Monate alt ist. Es dauert dann noch zwei bis drei Jahre, bis das **Kindergebiß** vollständig entwickelt ist: im Unter- und im Oberkiefer befinden sich dann jeweils vier Schneidezähne, zwei Eckzähne und vier kleine Backenzähne (Abb. 1).

Der Kiefer eines Schulkindes ist schon größer als der eines Kleinkindes und wächst noch weiter. Damit verbunden ist der Zahnwechsel, der ungefähr mit dem Eintritt in die Schule beginnt. Die neuen, bleibenden Zähne wachsen von unten nach. Die Wurzelspitze der Milchzähne wird allmählich abgebaut und immer kürzer. Schließlich werden die Milchzähne wackelig, lose und fallen aus. Die neuen Zähne können wachsen, sie haben jetzt Platz, da auch der Kiefer inzwischen gewachsen ist. Zu den neuen 20 Zähnen kommen noch in den nächsten Jahren auf jeder Seite oben und unten je zwei Backenzähne hinzu, also insgesamt zusätzlich acht weitere Backenzähne. Damit ist das Gebiß des Jugendlichen vollständig. Das **Erwachsenengebiß** hat nochmal auf jeder Seite einen Backenzahn, den sogenannten Weisheitszahn. Es besteht also aus 32 Zähnen (Abb. 2).

Zähne sind von einer sehr harten porzellanähnlichen Schicht, dem **Zahnschmelz,** überzogen (Abb. 3). Wenn du aber z. B. Nüsse mit den Zähnen knackst oder deine Zähne nicht pflegst, bekommt der Zahnschmelz Risse. Dann können Bakterien in den Zahn eindringen und Entzündungen hervorrufen. Eine knochenähnliche Schicht, das **Zahnbein,** liegt unter dem Zahnschmelz und umschließt die **Markhöhle.** In der Markhöhle liegen Nerven und Blutgefäße. Die Blutgefäße versorgen den Zahn mit Nährstoffen. Mit der Wurzelhaut ist der Zahn tief im Kieferknochen verankert. Zwischen der Wurzel und der **Krone** liegt der **Zahnhals.** In diesem Bereich befindet sich das Zahnfleisch, das eng am Zahn anliegt und ihn schützt.

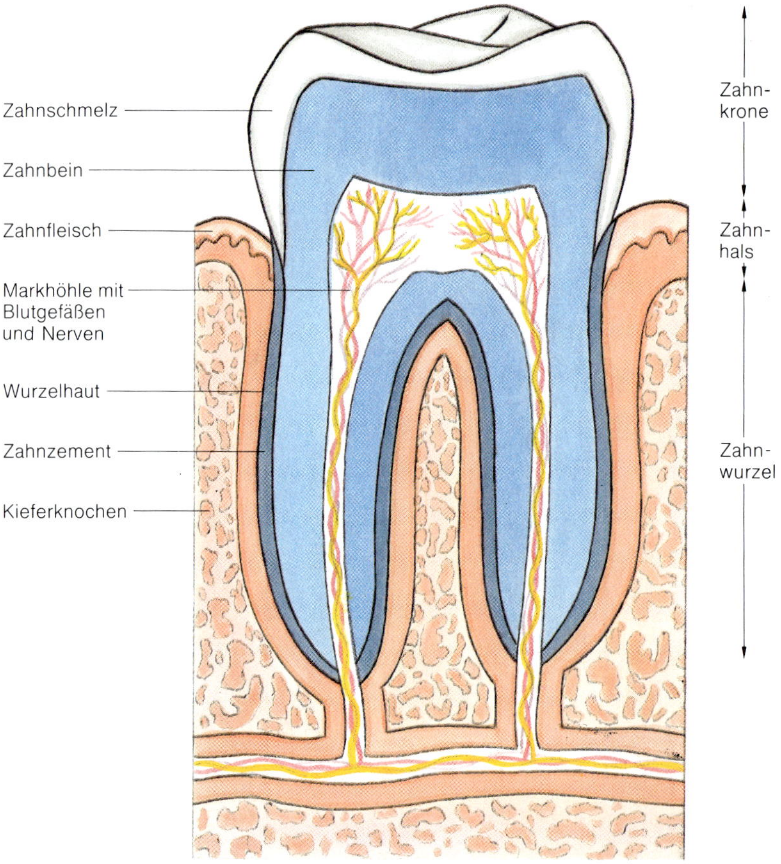

3 Aufbau eines Backenzahns

Das Gebiß eines Erwachsenen besteht aus 32 Zähnen. Jeder Zahn ist von Zahnschmelz überzogen, der besonders geschützt werden muß. Nerven und Blutgefäße versorgen die Zähne.

9.8 Wir pflegen die Zähne

Die Zähne pflegen heißt, richtig und regelmäßig Zähne putzen. Damit können Zahnerkrankungen, wie z. B. **Karies,** verhindert werden. Ohne Zähneputzen bleiben süße und klebrige Stoffe an den Zähnen hängen. So entstehen **Zahnbeläge,** in denen sich Bakterien ansiedeln (Abb. 1, 2). Diese zerstören als erstes den Zahnschmelz. Schließlich wird auch das Zahnbein angegriffen, die Zahnschmerzen beginnen (Abb. 3). Der Zahnarzt kann den Schaden durch eine **Zahnfüllung** begrenzen (Abb. 4). Wenn aber die Bakterien weiter vordringen, sind Entzündungen der Markhöhle und dann des Kieferknochens die Folge. Es kann zu schweren Erkrankungen wie Rheuma und Herzerkrankungen kommen. Damit es gar nicht erst soweit kommt, sollte jeder Mensch mindestens zweimal jährlich zum Zahnarzt gehen.

Zwischen den Zähnen und am äußeren Zahnrand kann sich mit der Zeit ein harter Belag bilden, der Zahnstein. Er muß vom Zahnarzt entfernt werden. Der Zahnstein bildet sich auch unter dem Zahnfleisch, so daß das Zahnfleisch nicht mehr so eng am Zahn anliegt. Zwischen Zahnfleisch und Zahn setzen sich dann Speisereste fest, in denen sich leicht Bakterien ansiedeln können. Dadurch wird die Kariesbildung gefördert. Außerdem entsteht ein sehr unangenehmer Mundgeruch.

Eine weitere stark verbreitete Krankheit ist die **Zahnfleischentzündung.** Sie ist oft durch Zahnfleischbluten beim Zähneputzen zu erkennen. Entzündetes Zahnfleisch umschließt den Zahn nicht mehr fest. Die Folge kann sein, daß der Kieferknochen zerstört wird. Der Zahn wird lokker und fällt aus. Dadurch haben die benachbarten Zähne weniger Halt, sie müssen außerdem mehr Arbeit beim Kauen leisten. Schließlich können nach und nach mehrere Zähne ausfallen. Aus der Zahnfleischentzündung ist eine schwere Erkrankung, die **Parodontose,** geworden. Sie kann zum Verlust aller Zähne führen.

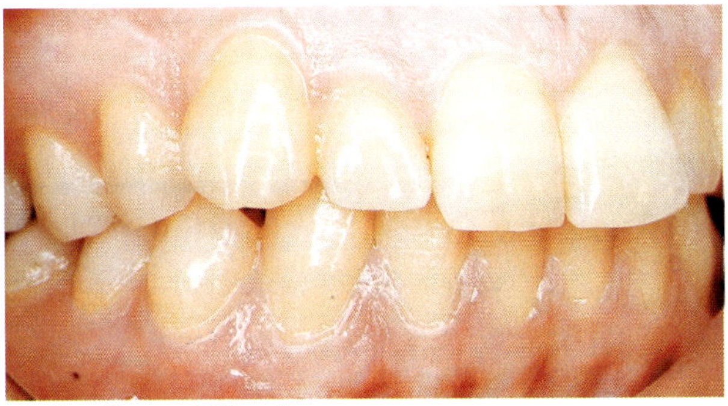

1 Gepflegte Zähne?

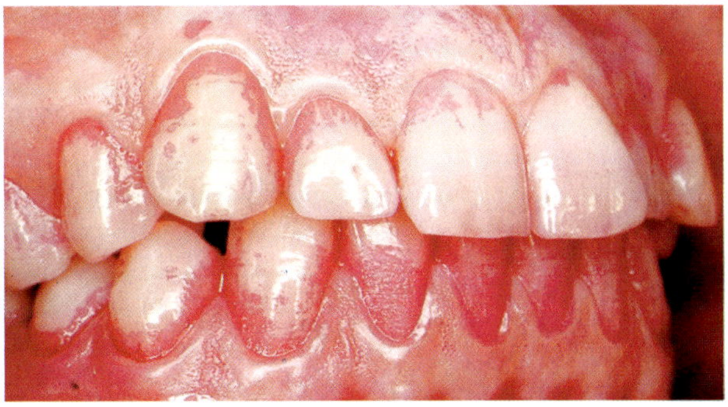

2 Die selben Zähne mit angefärbten Zahnbelägen

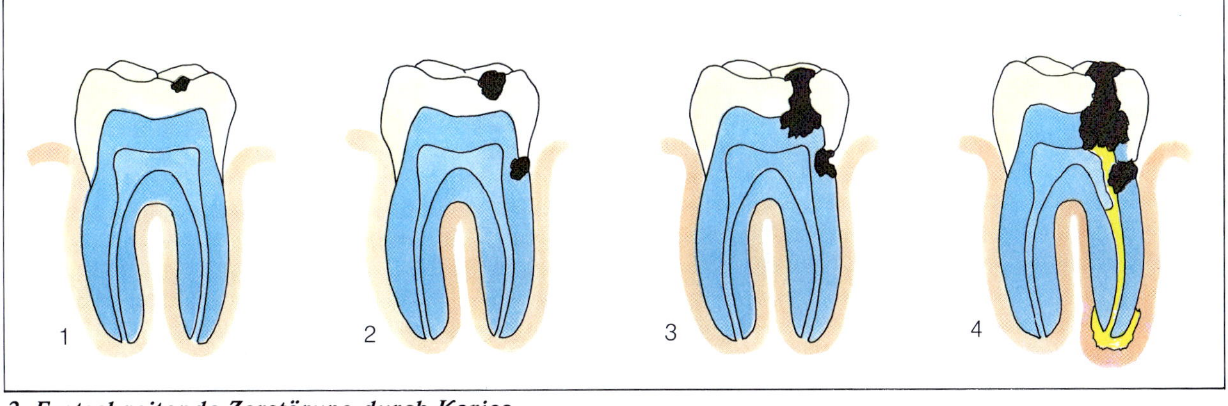

3 Fortschreitende Zerstörung durch Karies

Eine richtige Ernährung trägt viel zur Gesunderhaltung der Zähne bei. Für die Widerstandsfähigkeit des Zahnschmelzes sind Kalzium, Fluorid und weitere Mineralsalze erforderlich. Milch, Milchprodukte und Bananen und einige Gemüse sind besonders reich an Kalzium. Sie dürfen daher in der Nahrung nicht fehlen.

Manche Kinder haben vorstehende oder schief gewachsene Zähne. Bei einigen Kindern ist der Kiefer nicht groß genug. Die Zähne haben nicht genug Platz, stehen eng und verschachtelt. Dies erschwert eine gute Zahnpflege. Solche Kinder erhalten eine **Zahnregulierung,** die zur richtigen Zahnstellung führt. Die Kinder können nach Abschluß der Behandlung besser kauen und ihre Zähne besser pflegen.

Schon im alten Griechenland (4. Jahrhundert vor Christus) war tägliche Mundreinigung vorgeschrieben. Bei Indern und Arabern ist die Mundreinigung mit Zahnhölzern Gebot der Religionen (Abb. 6).

Die verschiedenen Geräte zur Pflege der Zähne dienen folgenden wichtigen Aufgaben:
- Von den Zähnen Beläge entfernen.
- Aus den Zwischenräumen Speisereste entfernen.
- Das Zahnfleisch massieren.

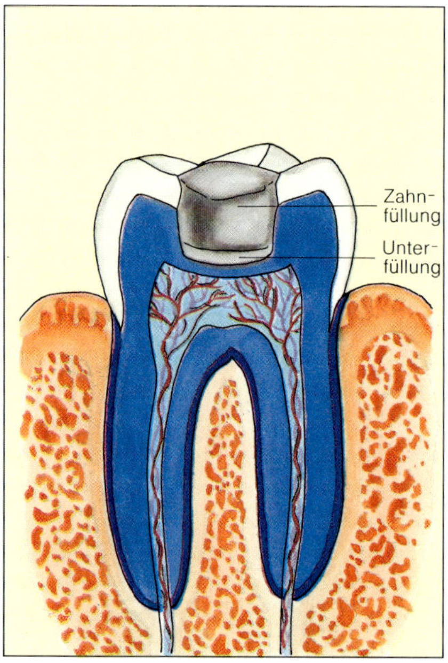

4 Plombierter Zahn

Zu welcher Tageszeit putzt man die Zähne? Man sollte morgens nach dem Frühstück und abends nach dem Abendbrot die Zähne putzen. Außerdem wenn möglich, auch zwischendurch. Unbedingt notwendig ist die Reinigung nach dem Genuß von zuckerhaltigen Speisen.

Aufgaben

① Vergleiche die Gebisse in Abb. 1 und 2, schreibe auf, welche Unterschiede du feststellen kannst. Was passiert mit den Zähnen in Abb. 2, wenn sie weiter nicht gereinigt werden?

② Beschreibe, wie man die Hilfsmittel in Abb. 6 richtig benutzt, um gesunde Zähne zu behalten.

Die Reinigung der Zähne dient der Gesunderhaltung der Zähne und verhindert die Erkrankung an Karies. Durch Zähneputzen wird auch das Zahnfleisch massiert. So wird der Zahnfleischentzündung entgegengewirkt und damit Parodontose verhindert. Zahnregulierung führt zur richtigen Zahnstellung und damit zur besseren Kauleistung. Diese und gute Zahnpflege verhindern Zahnerkrankungen.

Regeln zur Zahnpflege

1. Nach jeder Mahlzeit 1–3 Minuten lang die Zähne putzen (Abb. 5).

2. Eine mittelharte Zahnbürste benutzen, deren Kunststoffborsten abgerundet sind und parallel verlaufen.

3. Sobald die Borsten verbogen sind, eine neue Zahnbürste verwenden.

4. Regelmäßig zweimal im Jahr zum Zahnarzt gehen.

5. Bei Zahnschmerzen sofort den Zahnarzt aufsuchen.

6. Mehr Vollkornbrot, Obst und Gemüse, dafür weniger Kuchen, Brötchen und Süßspeisen essen. Nicht so viel zuckerhaltige Getränke trinken.

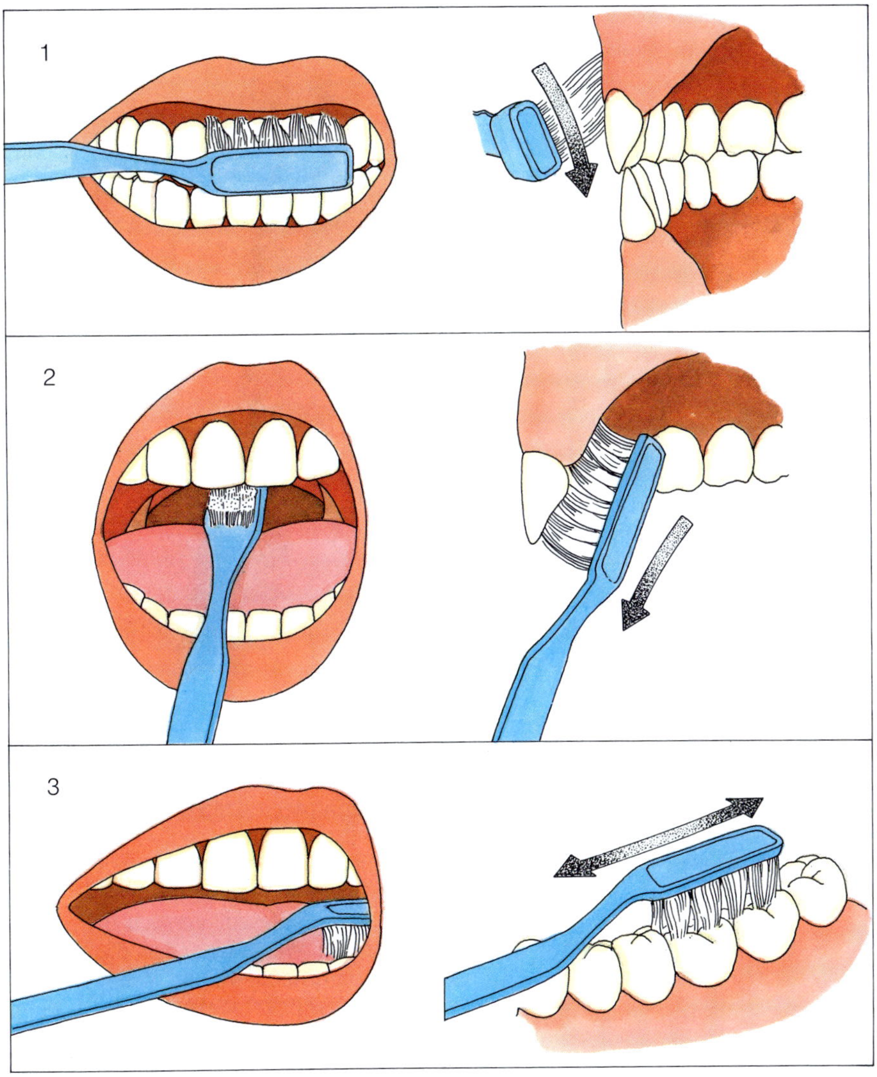

5 Richtiges Putzen der Zähne

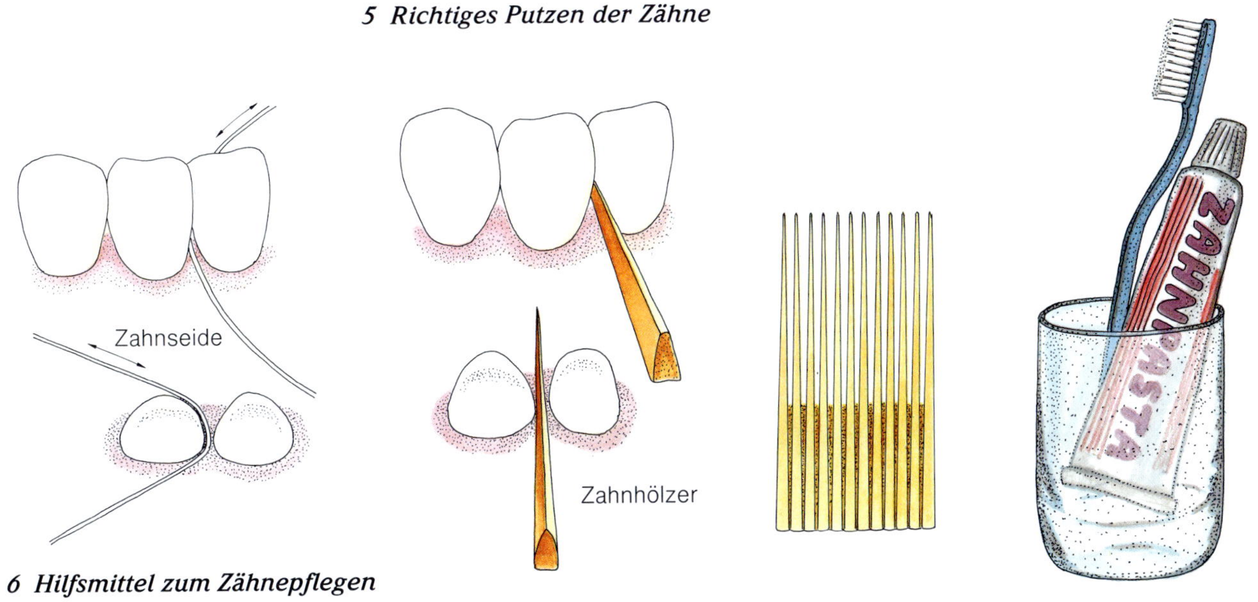

6 Hilfsmittel zum Zähnepflegen

9.9 Schlucken auch im Handstand?

1 Trinken im Handstand, geht das?

Damit der Nahrungsbrocken nicht in die Luftröhre gelangt, legt sich beim Schlukken der Kehldeckel über die Öffnung der Luftröhre, so daß der Bissen über die Luftröhre hinweg in die Speiseröhre gleitet. Wenn man gleichzeitig ißt und redet, besteht die Gefahr des Verschluckens. Der Kehldeckel legt sich dann nicht mehr über die Luftröhre. Der Speisebrocken kann mit dem Luftstrom in die Luftröhre gelangen.

Nach dem Schlucken rutscht die Nahrung nicht einfach durch die Speiseröhre in den **Magen.** In der Speiseröhre wird die Nahrung durch ringförmige Muskeln weitergeschoben. Diese Muskeln ziehen sich jeweils hinter den Nahrungsbrocken zusammen und drücken ihn so weiter zum Magen. Deshalb kann man auch im Handstand trinken.

Aufgabe

① Eine Schülerin, der es nicht schwer fällt, einen Handstand zu machen, soll in dieser Haltung versuchen, mit einem Gummischlauch aus einem Plastikbecher zu trinken. Fragt vor diesem Versuch in eurer Klasse nach: Wer meint, daß die Schülerin im Handstand trinken kann, wer bezweifelt dies? Begründet eure Meinung!

Nach dem Kauen wird die Nahrung von der Zunge in den Rachen geschoben und geschluckt. **Luft- und Speiseröhre** liegen unmittelbar hintereinander (Abb. 2).

Aufgabe

② Drücke einen Ball, der etwas dicker ist als der Querschnitt eines alten Fahrradschlauches, durch den Schlauch hindurch. Beschreibe, was du tun mußt, um den Ball weiter zu transportieren. Wie verändert sich beim Transport der Querschnitt des Schlauches?

Beim Schlucken legt sich der Kehldeckel über die Luftröhre und verhindert, daß die Nahrung in die Luftröhre gleiten kann. In der Speiseröhre wird die Nahrung durch ringförmige Muskeln in den Magen gedrückt.

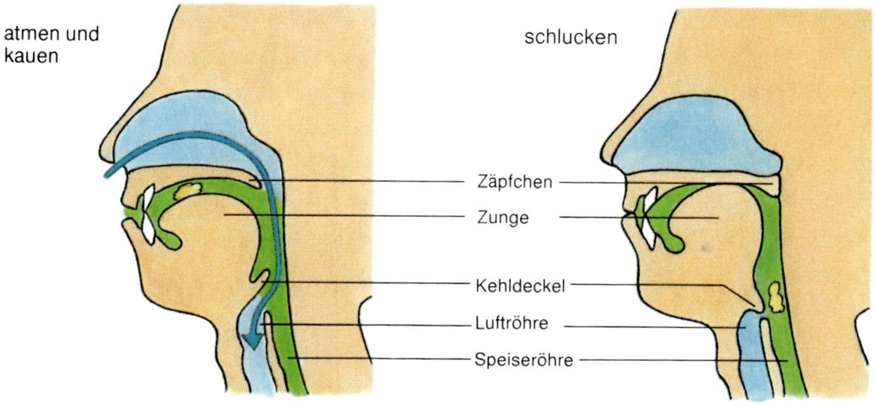

2 Atmen und schlucken

9.10 Verdauung der Nahrung

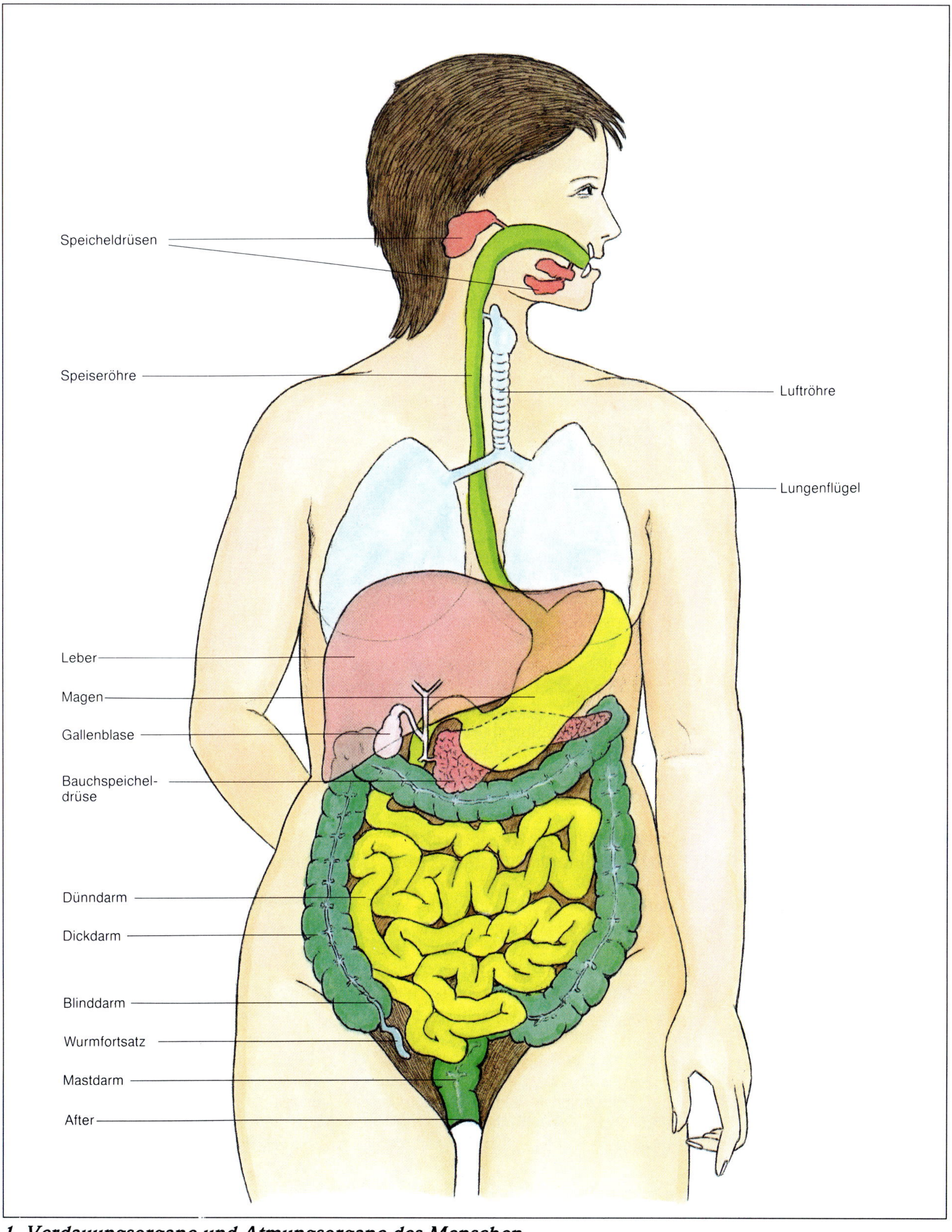

1 Verdauungsorgane und Atmungsorgane des Menschen

Der Magen kann bis zu zwei Liter Nahrung während einer Mahlzeit aufnehmen. Er sondert täglich 1,5 bis 2 Liter Magensaft ab.

Durch die Speiseröhre gelangt die zerkleinerte Nahrung in den **Magen** (Abb. 1). Im Magen wird die Nahrung zunächst gesammelt. Die muskulösen Magenwände sind dehnbar, so daß auch größere Mahlzeiten aufgenommen werden können. Sicherlich hast du schon einmal nach einer solchen größeren Mahlzeit ein Völlegefühl und Magendrücken bemerkt. Es ist nicht gesund, wenn der Magen häufig so überlastet wird.

Die kräftigen Magenmuskeln können sich zusammenziehen und wieder ausgedehnt werden. Dabei durchkneten sie den Mageninhalt. Gleichzeitig wird die Nahrung mit einer Flüssigkeit, dem **Magensaft,** vermengt. Den Geschmack des Magensaftes kannst du beim Aufstoßen wahrnehmen, er ist sehr sauer. Der Magensaft enthält nämlich stark verdünnte **Salzsäure.** Außerdem enthält der Magensaft einen Stoff, der bei der Eiweißverdauung eine Rolle spielt. Der Stoff heißt **Pepsin.** Die Salzsäure hat die Aufgabe, Bakterien abzutöten, die mit der Nahrung aufgenommen wurden. Gleichzeitig erfüllt die Salzsäure noch eine zweite Aufgabe. Sie läßt Eiweiß gerinnen. Nachdem das Eiweiß geronnen ist, kann es durch das Pepsin teilweise verdaut werden.

Nicht alle Speisen verweilen gleich lang im Magen (Abb. 2). Eine fettarme Kost aus Obst, Gemüse, Kartoffeln oder Brot ist leichter zu verdauen als ein fetter Braten. Der Magen darf nicht ständig mit solchen schwer verdaulichen Speisen belastet werden.

Die endgültige Verdauung aller Nährstoffe findet im **Dünndarm** statt. Im oberen Teil des Dünndarms sorgen Gallensaft, der Saft der Bauchspeicheldrüse und Verdauungssäfte des Dünndarms für die Verdauung von Fett, Eiweiß und Kohlenhydraten. Mit Hilfe der Verdauungssäfte wird hier die Nahrung weiter chemisch zerlegt und wasserlöslich gemacht. Nur so können die Nährstoffe durch die Dünndarmwand ins Blut aufgenommen werden. Unverdauliche Bestandteile werden durch den **Dickdarm** in den **Mastdarm** befördert und dann durch den **After** ausgeschieden.

Zur Gesunderhaltung deiner Verdauungsorgane kannst du selbst viel beitragen:
- Nimm nach Möglichkeit deine Mahlzeiten immer regelmäßig und in Ruhe ein.
- Iß nicht zuviel auf einmal, damit dein Magen nicht überlastet wird.
- Verzichte besonders abends auf schwer verträgliche, fetthaltige Kost.
- Achte darauf, daß deine Nahrung genug Ballaststoffe enthält. Durch sie wird die Darmtätigkeit angeregt.

1 bis 2 Stunden:
200 g Milch
2 weiche Eier (100 g)

2 bis 3 Stunden:
100 g Kakao mit Milch
2 hartgekochte Eier
150 g Salzkartoffeln
70 g Zwiebackbrot oder Weißbrot

3 bis 4 Stunden:
250 g gekochtes Rindfleisch
160 g Schinken
je 150 g Schwarzbrot, rohe Äpfel, Gurkensalat

4 bis 5 Stunden:
250 g gebratene Ente
200 g Salzhering

8 Stunden
200 g Ölsardinen

2 Verweildauer einiger Speisen im Magen

Aufgabe

① Beschreibe in einigen Sätzen die Veränderung der Nahrung in Magen und Darm.

Im Magen wird die Nahrung von den Magenmuskeln kräftig durchgeknetet und dabei mit Magensaft vermengt. Der Magensaft besteht aus Pepsin und verdünnter Salzsäure. Salzsäure tötet die Bakterien im Magen ab und läßt das Eiweiß gerinnen. Mit Hilfe des Verdauungssaftes Pepsin wird das geronnene Eiweiß im Magen teilweise verdaut. Im anschließenden Dünndarm werden alle Nährstoffe endgültig verdaut und ins Blut aufgenommen. Die unverdaulichen Bestandteile der Nahrung werden ausgeschieden.

Versuch

Eiweißverdauung im Magen

Du benötigst für diesen Versuch:
4 Reagenzgläser
gekochtes Hühnereiweiß
Pepsinlösung
verdünnte Salzsäure
destilliertes Wasser

Nimm vier Reagenzgläser und numeriere sie. In jedes Reagenzglas werden 2 g gekochtes und zerhacktes Hühnereiweiß gegeben. Dazu kommen folgende Flüssigkeiten:
Nr. 1: 10 ml destilliertes Wasser
Nr. 2: 10 ml Pepsinlösung
Nr. 3: 10 ml verdünnte Salzsäure
Nr. 4: 9 ml Pepsinlösung und 1 ml verdünnte Salzsäure

Stelle alle vier Reagenzgläser in ein Becherglas mit warmem Wasser (35 bis 40 °C). Beobachte nach 10 Minuten und nach 30 Minuten. Führe weitere Beobachtungen nach einem und zwei Tagen durch. Beschreibe, wie sich Geruch und Aussehen der Nahrung verändern. Die Inhalte von welchem Reagenzglas entsprechen den Verhältnissen im Magen?
Halte alle Beobachtungen in deinem Arbeitsheft fest.

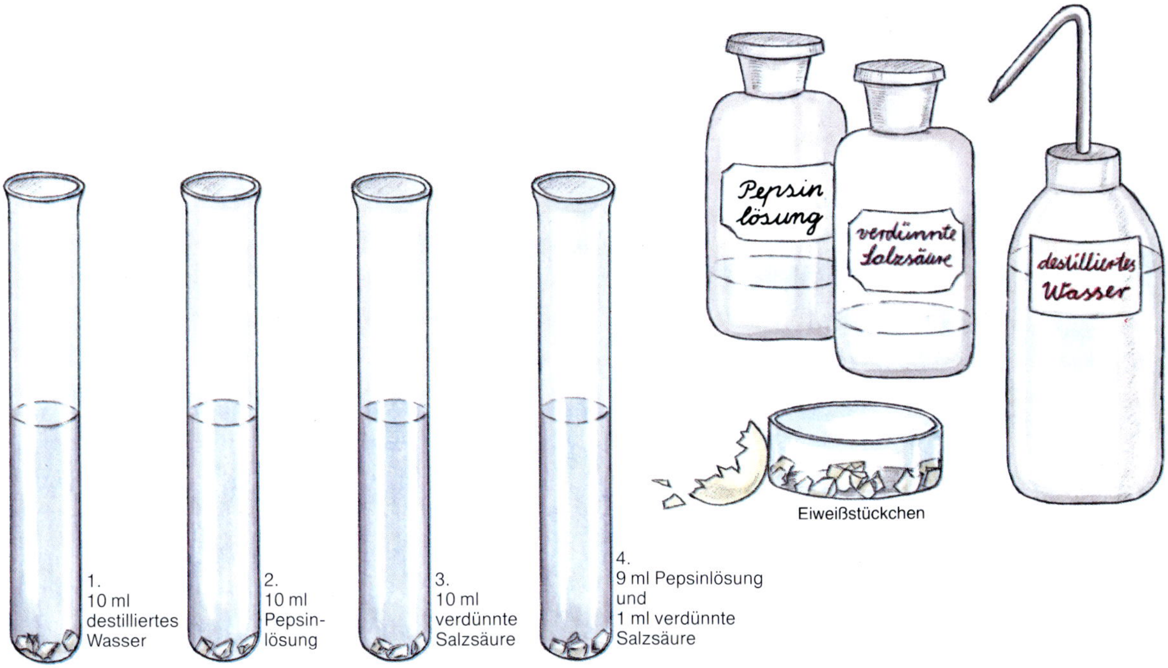

Reagenzglas	Beobachtungen nach 10 min	nach 30 min	nach 1 Tag	nach 2 Tagen
1. 10 ml dest. Wasser				
2. 10 ml Pepsinlösung				
3. 10 ml verdünnte Salzsäure				
4. 9 ml Pepsinlösung 1 ml verdünnte Salzsäure				

10 Atmung

10.1 Wie atme ich richtig?

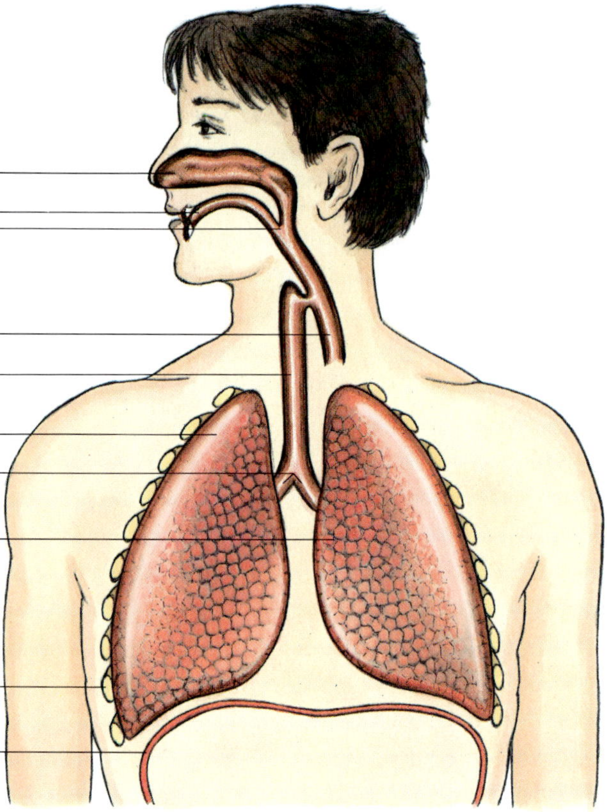

1 Die Atmungsorgane, Übersicht

Einwandfrei saubere Luft, z. B. über einem Waldgebiet, enthält 20 bis 250 Staubteilchen pro Atemzug. Über einem Industriegebiet können es mehr als 42 000 sein.

Aufgabe

① Atme eine Minute lang durch die Nase ruhig ein und aus. Anschließend atme eine Minute durch den Mund ein und aus. Zähle die Atemzüge in einer Minute. Beschreibe die Veränderungen in der Mundhöhle beim Atmen durch den offenen Mund.

Beim Atmen mit geschlossenem Mund gelangt die Luft durch die beiden Nasenlöcher in die beiden **Nasenhöhlen** (Abb. 1, 2). Der Eingang der Nasenhöhle ist mit zahlreichen Härchen besetzt.

In jede Nasenhöhle wölben sich von der Seite her muschelartig geformte Knorpel (Abb. 2). Die Oberfläche der Nasenhöhlen wird hierdurch stark vergrößert. Die Nasenhöhle ist von einer feuchten, gut durchbluteten **Schleimhaut** ausgekleidet. Die Schleimhautoberfläche ist mit Schleim und feinsten **Flimmerhaaren** überzogen. Beim Einatmen streift die Luft an der Schleimhaut vorbei. Die im vorderen Teil der Nasenhöhle stehenden Härchen und die Flimmerhaare der Nasenschleimhaut filtern einen Teil des eingeatmeten Staubes heraus. Beim nächsten Naseputzen oder Niesen wird der aufgefangene Staub wieder entfernt. In der Nasenhöhle wird die eingeatmete Luft angefeuchtet und, was besonders im Winter wichtig ist, erwärmt. Beim Atmen durch den Mund dagegen gelangt die Luft direkt in die Rachenhöhle. Sie wird weder gesäubert noch erwärmt (◁).

Beim Einatmen durch die Nase wird die Luft auch auf ihren Geruch überprüft und kontrolliert. So kann man z. B. unterschiedliche Nahrungsmittel an ihrem Geruch erkennen. Da Nasenhöhle und Mundhöhle miteinander verbunden sind, kann man auch Speisen und Getränke, die im Mund sind, riechen. Für die **Geruchswahrnehmung** sorgen besondere Zellen in der Schleimhaut. Sie befinden sich im

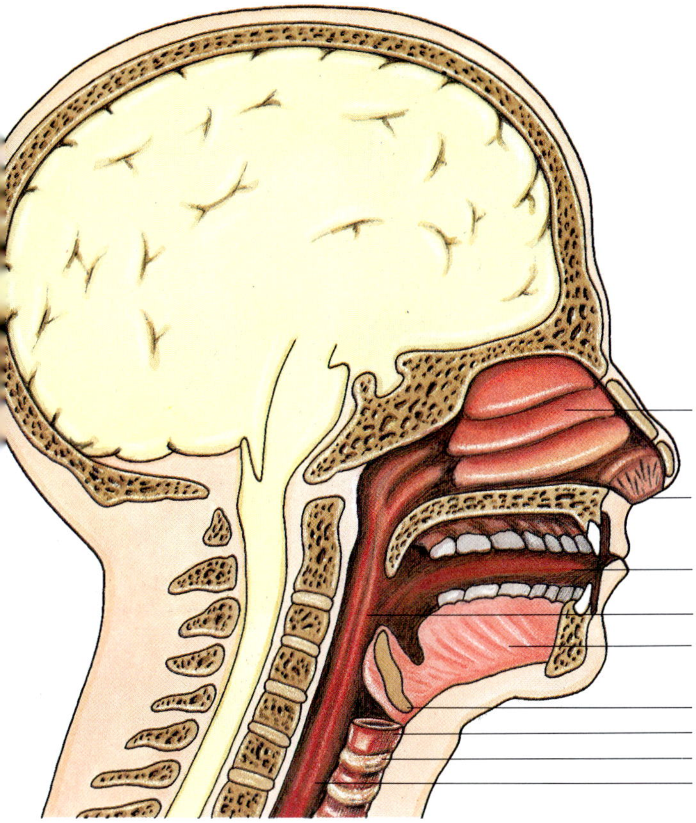

2 Nasenhöhle, Rachenraum, Luftröhre

oberen Teil der Nasenhöhle. Bei starkem Schnupfen kann man keine Gerüche mehr wahrnehmen.

Von den beiden Nasenhöhlen gelangt die angefeuchtete und erwärmte Luft in den **Rachenraum.** Von dort führt der Weg weiter in die **Luftröhre.** Sie ist die Verbindung zur Lunge. Die zehn bis zwölf Zentimeter lange Luftröhre ist eine elastische, etwa zwei Zentimeter weite Röhre, die durch 16 bis 20 hufeisenförmig gebogene Knorpelspangen ständig offen gehalten wird (Abb. 2). So wird die Luftröhre auch bei Bewegungen des Halses nicht zusammengedrückt. Die Innenwände der Luftröhre sind auch mit einer Schleimhaut ausgekleidet, die von kleinen Flimmerhärchen besetzt ist. Schleimhaut und Flimmerhärchen halten die feinen Staubteilchen fest, die durch die Nase noch nicht ausgefiltert wurden. Sie befördern die Teilchen zurück in den Rachen, wo sie durch Husten oder Räuspern entfernt werden.

Beim Essen kann es schon einmal geschehen, daß man sich verschluckt. In diesem Fall sind Speiseteilchen in die Luftröhre gelangt und müssen wieder ausgehustet werden. Die Eingänge zu Speise- und Luftröhre liegen im Rachenraum dicht beieinander. Beim Verschlucken hat sich der Kehldeckel nicht, wie es normalerweise geschieht, über den Eingang der Luftröhre gelegt (Abb. 2).

Aufgaben

② Beschreibe den Weg der Luft von der Nase bis in die Luftröhre. Was geschieht dabei mit der Luft?

③ Vergleiche längeres Atmen durch die Nase und durch den Mund! Was ist deiner Meinung nach gesünder? Begründe deine Antwort!

④ Nimm ein Zimmerthermometer, lies die Temperatur ab und notiere sie. Hauche deinen Atem etwa eine Minute lang gegen die Kugel des Thermometers. Lies nun erneut die Temperatur ab. Was stellst du fest? Begründe!

⑤ Laß dir von einem Klassenkameraden die Augen verbinden, so daß du die zu erratenden Gegenstände vorher nicht sehen kannst. Versuche nun Lebensmittel, Blumen und Flüssigkeiten am Geruch zu erkennen.

In der Nasenhöhle wird die Luft beim Einatmen gesäubert, angewärmt und angefeuchtet. Spezielle Zellen in der Nasenschleimhaut ermöglichen das Riechen. Von der Nasenhöhle gelangt die Luft durch den Rachenraum in die Luftröhre.

10.2 Atembewegungen

Aufgaben

① Miß mit einem Maßband den Brustumfang eines Mitschülers oder einer Mitschülerin bei ruhigem Ein- und Ausatmen. Anschließend sollen er oder sie versuchen, so tief wie möglich einzuatmen und dabei eine Hand auf die Rippen legen. Miß nun den Brustumfang bei angehaltener Luft. Vergleiche die Meßergebnisse miteinander!

② Lege deine Hand auf deinen Bauch und atme ruhig ein und aus. Versuche bewußt in den Bauchraum zu atmen. Berichte!

Beim Einatmen werden die Rippen angehoben, der Brustraum wird größer. Je tiefer man einatmet, um so mehr vergrößert sich der Brustraum. Bei jedem tiefen Atemzug heben sich die Rippen nach oben. Legt man beim Atmen eine Hand auf die Rippen wird diese Bewegung deutlich. Die Hand wird beim Einatmen mit den Rippen hochgedrückt und fällt beim Ausatmen wieder ab. Beim Einatmen ziehen sich die Muskeln zwischen den Rippen zusammen (Abb. 1). Dadurch werden die Rippen angehoben. Der Brustraum wird nach vorn und seitlich vergrößert. Die Luft wird wie bei einem Blasebalg in den Brustraum gesaugt. Erschlaffen die Muskeln zwischen den Rippen wieder, senken sich die Rippen. Der Brustraum wird kleiner, die Luft wird herausgepreßt. Man bezeichnet diese Art der Atmung, die von den Rippen und der Rippenmuskulatur ausgeführt wird, als **Brustatmung.**

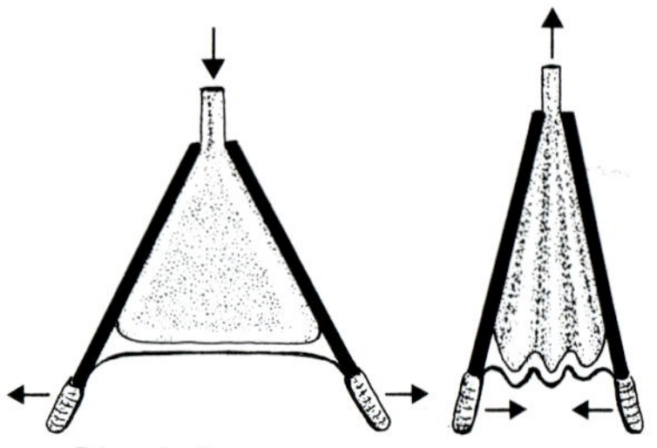

Blasebalg

Beim Einatmen kann man zugleich bemerken, wie sich der Bauch leicht nach vorn wölbt. Wenn man bei einem tiefen Atemzug die Hand auf den Bauch legt, kann man die Bewegung fühlen. Man kann auch bewußt tief in den Bauch hineinatmen. Hierbei ziehen sich die Muskeln des Zwerchfells zusammen (Abb. 1, S. 114). Das nach oben gewölbte Zwerchfell wird abgeflacht und nach unten gezogen. Der Bauch wölbt sich nach vorn, der Brustraum wird vergrößert. Beim Ausatmen erschlaffen die Muskeln des Zwerchfells wieder. Es wölbt sich wieder nach oben in den Brustraum hinein. Der Brust-

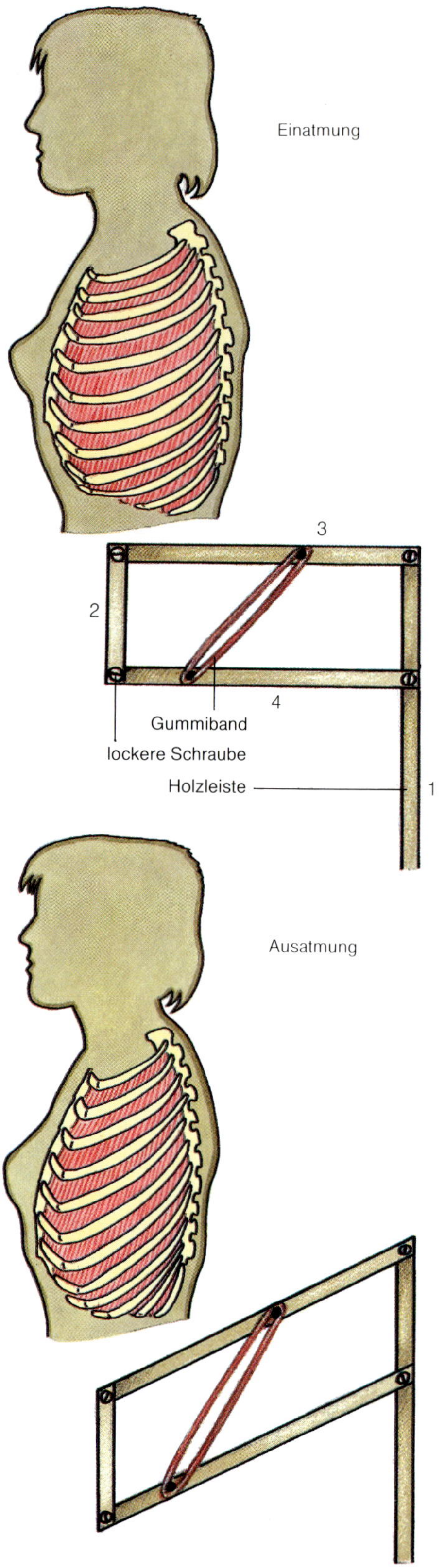

1 Schemazeichnung und Modell zur Brustatmung

raum wird verkleinert, die Luft aus der Lunge herausgedrückt. Diese Atembewegung wird als **Bauchatmung** bezeichnet.

Bei einer normalen, ruhigen Atembewegung wird bei jedem Atemzug etwa ein halber Liter Luft in die Lunge gesaugt und wieder herausgedrückt (Abb. 2). Durch kräftiges Einatmen kann man die pro Atemzug aufgenommene Luftmenge vergrößern. Statt eines halben Liters werden dann etwa zwei Liter Luft aufgenommen. Durch kräftiges Ausatmen werden sie wieder abgegeben. Etwa ein Liter Luft verbleibt immer in der Lunge und kann nicht ausgeatmet werden.

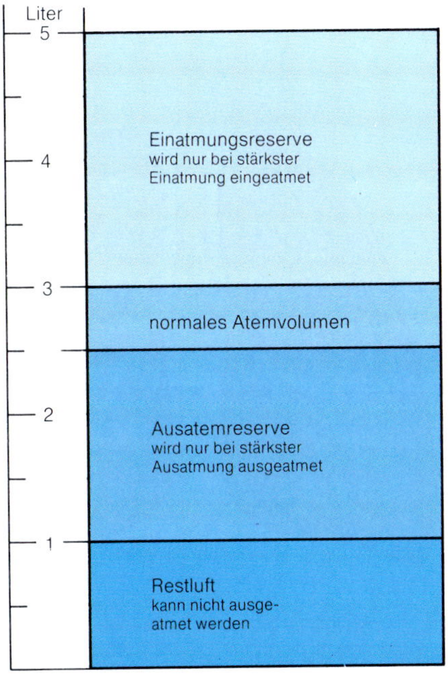

2 Luftfassungsvermögen der Lunge

Aufgaben

③ Ordne die Teile der Schemazeichung Abb. 1 dem Modell zu. Vergleiche Modell und Schemazeichnung. Erkläre das Zustandekommen der Atembewegungen.

④ Atme tief in den Bauch ein. Miß gleichzeitig den Brust- und den Bauchumfang, sowohl bei der Einatmung, als auch ausgeatmet. Vergleiche die Meßergebnisse mit denen der Aufgabe 1.

⑤ Beschreibe die Abb. 2 zum Luftfassungsvermögen der Lunge.

Mit Hilfe der Muskeln zwischen den Rippen und dem Zwerchfell wird der Brustraum vergrößert und wieder verengt. Beim Einatmen wird der Brustraum vergrößert, die Luft strömt in die Lunge. Beim Ausatmen wird der Brustraum verkleinert, der größte Teil der Luft wird wieder herausgepreßt.

Versuch

Fassungsvermögen der Lunge

Material: Glaswanne, Glasglocke (Inhalt 5 l)
Schlauch mit Mundstück
Durchführung:
Fülle eine Glaswanne mit Wasser und stelle eine Glasglocke oder ein großes Einmachglas von mindestens fünf Litern Inhalt mit der Öffnung nach unten hinein. Das Gefäß muß eine gut erkennbare Einteilung besitzen, an der man den Rauminhalt ablesen kann. Achte darauf, daß die Glasglocke ganz mit Wasser gefüllt ist. Lege einen Schlauch mit einem Ende unter die Glasglocke. Die Glasglocke muß während der Versuche festgehalten werden.

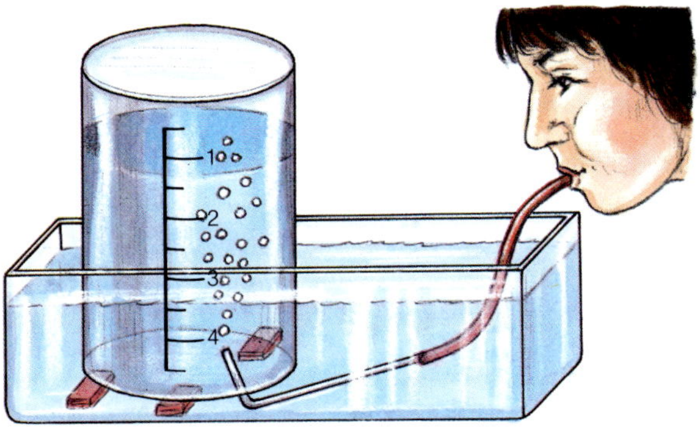

1. Messung:
Atme fünfmal normal in den Schlauch aus. Stelle fest, wieviel Luft du insgesamt ausgeatmet hast. Berechne den Durchschnittswert für die Luftmenge, die du bei einer Atembewegung ausgeatmet hast.
2. Messung:
Atme nun so tief ein, wie du kannst, und blase die Luft so fest wie möglich durch den Schlauch in die mit Wasser gefüllte Glasglocke. Ermittle auch hier den Durchschnittswert aus drei bis fünf Messungen.
Aufgabe:
Halte die Meßergebnisse in einer Tabelle fest. Vergleiche die Werte mit den Werten deiner Mitschüler und deines Lehreres. Wie kommen die Unterschiede zustande? Vergleiche die Werte auch mit denen in Abb. 2.

10.3 Aufbau der Lunge

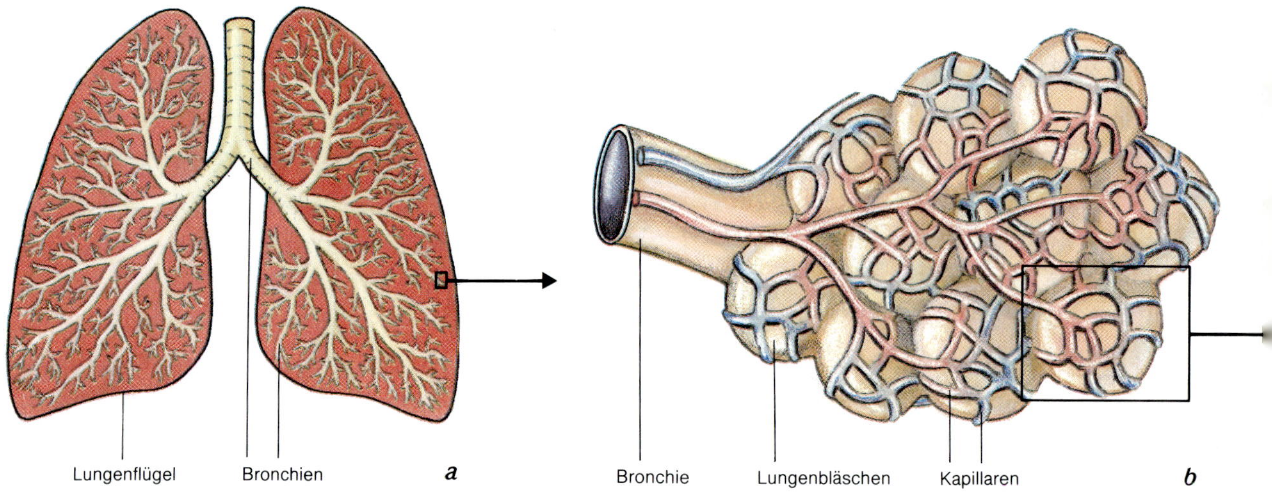

1 Aufbau der Lunge

Etwa 700 m lang sind die Bronchien mit ihren feinen Verzweigungen in einer menschlichen Lunge.

Die **Lunge** besteht aus dem rechten und dem linken Lungenflügel (Abb. 1). Diese liegen von den Rippen geschützt im Brustraum und füllen diesen fast ganz aus. Bei jedem Atemzug strömt Luft durch die Nasen- und Rachenhöhle in die Luftröhre. Die Luftröhre verzweigt sich in die beiden röhrenförmigen **Bronchien** (Abb. 1a). Diese werden ebenso wie die Luftröhre von Knorpelspangen ständig offen gehalten. Auch die Bronchien sind von einer Schleimhaut mit Flimmerhärchen ausgekleidet (Abb. 2). Bis hierhin eingedrungener Staub kann also immer noch entfernt werden. In den Lungenflügeln verzweigen sich die Bronchien immer weiter. Am Ende der Bronchien befinden sich zahlreiche traubenförmig angeordnete **Lungenbläschen** (Abb. 1b). Diese sind nicht mehr von einer Schleimhaut mit Flimmerhärchen ausgekleidet. Dringt zuviel Staub mit der Luft bis dorthin vor, so bleibt er zum Teil an der Innenfläche haften. Bei Bergleuten kann eine Ablagerung von Steinstaub in den Lungenbläschen zu einer Erkrankung führen, die als Silikose (Staublunge) bezeichnet wird. Bei der Silikose werden Lungenbläschen zerstört.

Die Lungenbläschen sind sehr klein. Sie haben nur einen Durchmesser von ⅕ mm, sind aber in sehr großer Zahl vorhanden. Beide Lungenflügel zusammen haben zwischen 300 und 750 Millionen Lungenbläschen, die eine Fläche von etwa 100 m^2 bilden. Das ist fünfzigmal so viel wie die Oberfläche des menschlichen Körpers. Die Wand der Lungenbläschen ist ganz dünn. Sie besteht nur aus einer einzigen Zellschicht (Abb. 1c). Alle Lungenbläschen sind von sehr vielen dünnen Blutgefäßen, den **Kapillaren,** umgeben. Die Wände der Kapillaren sind ebenfalls sehr dünn und für Sauerstoff und Kohlenstoffdioxid durchlässig. Das gleiche gilt für die Wände der Lungenbläschen.

Bei jedem Atemzug gelangt Luft in die Lungen und damit auch in die Lungenbläschen. Der **Sauerstoff** aus der Luft dringt durch die Wände der Lungenbläschen und der Kapillaren ins Blut. Das Blut versorgt den ganzen Körper mit Sauerstoff. Dabei nimmt es gleichzeitig **Kohlenstoffdioxid** aus dem Körper auf und transportiert es zur Lunge. Das Kohlenstoffdioxid wird hier vom Blut abgegeben. Es gelangt durch die dünnen Wände der Kapillaren und der Lungenbläschen in die Lunge. Von dort wird das Kohlenstoffdioxid zusammen mit der eingeatmeten Luft ausgeatmet.

Ein Jugendlicher atmet bis zu 20mal in der Minute ein und aus. Je anstrengender eine Tätigkeit ist, desto mehr Sauerstoff verbraucht der Körper, um so rascher erfolgt die Atmung. Die benötigte Luftmenge kann sich dabei verzehnfachen.

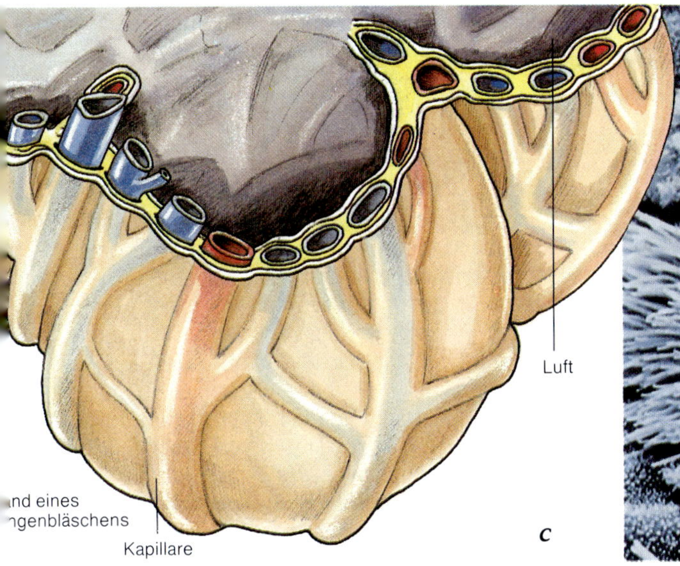

c

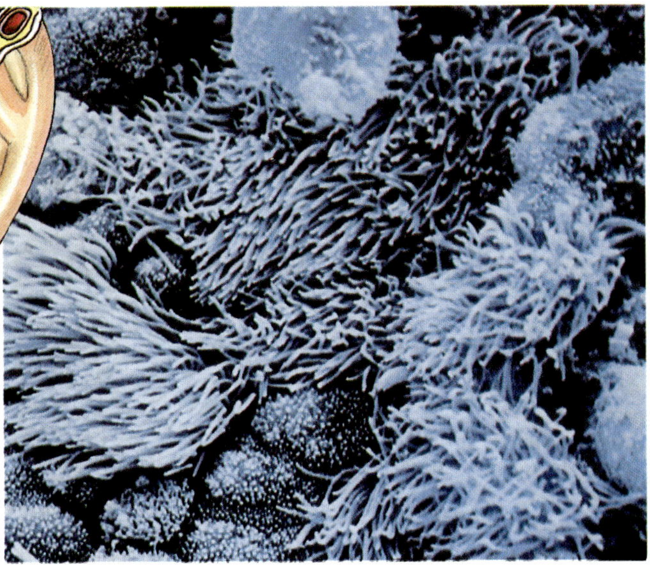

2 *Flimmerhärchen der Bronchien*

Bei jedem Atemzug wird vom Körper Sauerstoff aufgenommen und Kohlenstoffdioxid abgegeben. Dabei wird jedoch nicht der gesamte Sauerstoffanteil der Atemluft verbraucht, sondern etwa 4 % bis 5 % (Abb. 3).

Wenn mehrere Menschen sich längere Zeit in einem geschlossenen Raum aufhalten, ist die Luft schnell „verbraucht“. Das bedeutet, daß der Sauerstoffgehalt der Raumluft geringer geworden ist, und sich der Kohlenstoffdioxidgehalt erhöht hat. Die Fenster müssen deshalb etwa alle zwei bis drei Stunden weit geöffnet und der Raum gründlich gelüftet werden. So wird der Sauerstoffgehalt der Luft wieder erhöht.

Aufgaben

① Beschreibe den Weg der Luft von der Nase bis in die Lunge. Berichte über die Veränderungen, die die Luft in der Lunge erfährt. Nimm hierzu Abb. 1 zu Hilfe.

② Bergleute mit einer Staublungenerkrankung leiden häufig auch in gut durchlüfteten Räumen unter Atemnot. Versuche hierfür eine Erklärung zu geben.

③ Beschreibe den Verlauf der Kurve in Abb. 4 und gib an, wann der Kohlenstoffdioxidgehalt zunimmt, wann er abnimmt.

Benötigte Luftmenge pro Minute beim Schlafen, Gehen, Schwimmen und beim Ruder-Wettbewerb.

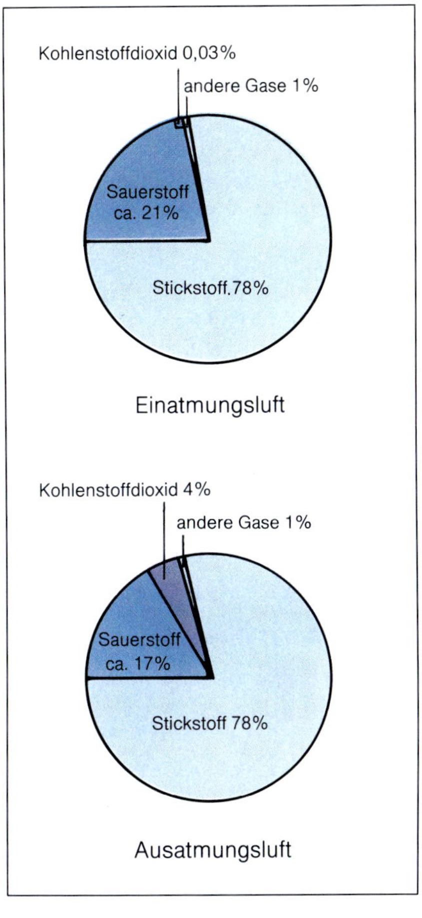

3 ***Zusammensetzung der Einatmungsluft und Ausatmungsluft***

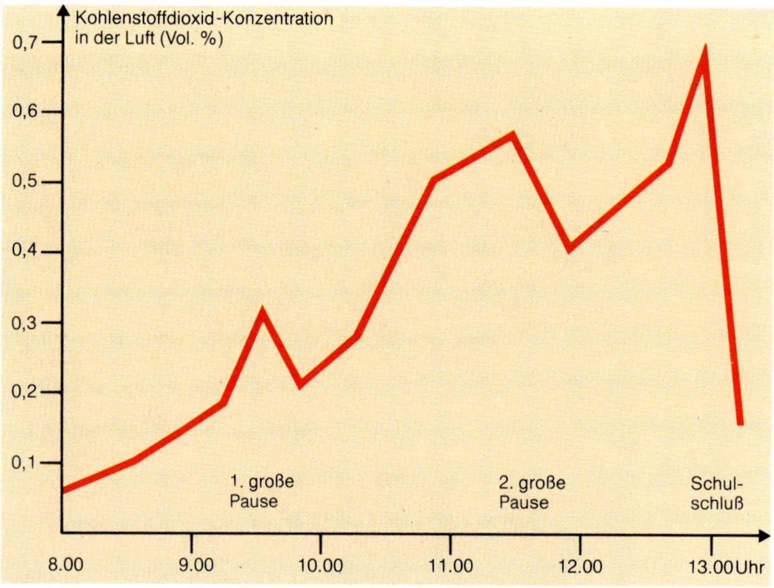

4 Kohlenstoffdioxidgehalt in der Luft eines Klassenraumes

Gib eine Erklärung für die Zu- und Abnahme! Übertrage das Diagramm in dein Arbeitsheft. Markiere mit unterschiedlichen Farben Schulstunden und Pausen. Wie ändert sich der Sauerstoffgehalt im gleichen Zeitraum? Formuliere deine Vermutung und begründe sie.

Die eingeatmete Luft strömt durch die Luftröhre in die Bronchien. Diese verzweigen sich in den Lungenflügeln in immer feinere Äste. Sie enden in den traubenförmigen Lungenbläschen, die von zahlreichen, sehr dünnen Kapillaren umgeben sind. Zwischen den Lungenbläschen und den Kapillaren vollzieht sich der Austausch von Sauerstoff und Kohlenstoffdioxid.

Versuch

Nachweis von Kohlenstoffdioxid in der Einatmungs- und Ausatmungsluft

Material:
2 Waschflaschen oder Erlenmeyerkolben, 4 gewinkelte Glasrohre, 2 Gummistopfen mit je zwei Bohrungen, 2 Schlauchstücke, Kalkwasser

Durchführung:
Baue den Versuch entsprechend den Abbildungen auf und fülle die Waschflaschen zu etwa einem Drittel mit Kalkwasser. Kalkwasser ist ein Nachweismittel für Kohlenstoffdioxid. Kalkwasser verfärbt sich durch Kohlenstoffdioxid milchig-trüb. Kennzeichne die eine Flasche mit E (Einatmungsluft), die andere mit A (Ausatmungsluft). Atme durch das Mundstück der Flasche E etwa drei Minuten ein und durch die Nase aus. Achte dabei auf eventuelle Veränderungen des Kalkwassers. Atme anschließend durch die Nase ein und durch das Mundstück der Flasche A aus. Achte auf eine eventuelle Veränderung in der Flasche A.

Aufgabe:
Beschreibe den Weg der Atemluft durch die beiden Flaschen. Was kannst du nach einiger Zeit in den beiden Flaschen beobachten? Erkläre die Ergebnisse!

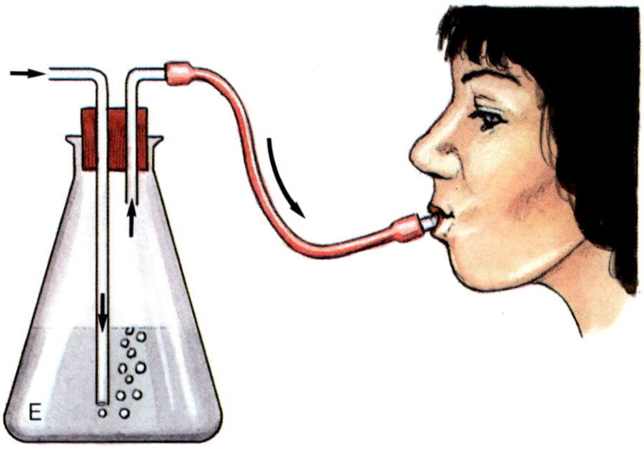

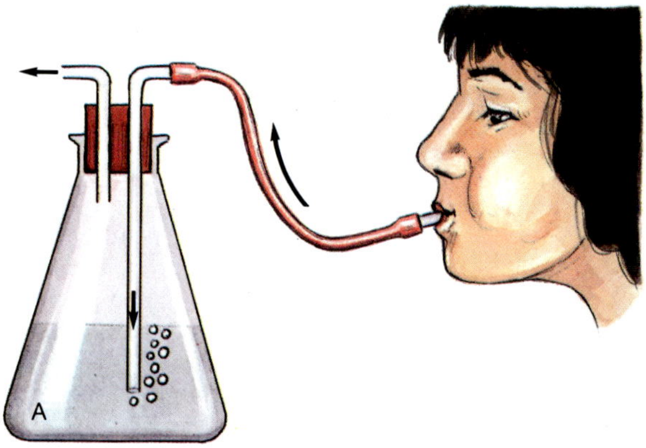

10.4 Ohne Sauerstoff läuft nichts!

Aufgabe

① Zähle die Anzahl deiner Atemzüge in einer Minute im ausgeruhten Zustand im Sitzen. Führe anschließend 20 Kniebeugen durch. Zähle danach wiederum die Anzahl deiner Atemzüge pro Minute. Vergleiche beide Meßergebnisse. Versuche, eine Erklärung zu finden.

Bei schwerer Gartenarbeit, beim Dauerlauf oder beim schnellen Treppensteigen gerät man außer Atem und fängt an zu schwitzen. Wie kommt es dazu? Bei all diesen Tätigkeiten wird Energie verwendet, die vom Menschen aus energiereichen Nährstoffen freigesetzt wird. Zur Freisetzung der Energie ist Sauerstoff notwendig. Er wird bei der Atmung aufgenommen und mit dem Blut zu den Muskeln transportiert. Mit Hilfe des Sauerstoffs laufen unter anderem in den Muskeln chemische Vorgänge ab, bei denen aus den Nährstoffen Energie frei wird. Man nennt diesen Vorgang als **Innere Atmung** (Abb. 1).

Einen Teil dieser Energie benötigen die Muskeln für Bewegungen. Ein anderer Teil dieser Energie wird zu Wärme. Die entstandene Wärme wird über das Blut im Körper verteilt. Bei der Inneren Atmung der Zellen entstehen aus den energiereichen Nährstoffen energiearme Stoffe. Das sind unter anderem Kohlenstoffdioxid und Wasser. Das Kohlenstoffdioxid gelangt mit dem Blut in die Lunge. Hier wird es an die Atmungsluft abgegeben.

Je mehr die Muskeln bewegt werden, desto schneller erfolgt die Atmung; denn die Muskeln benötigen mehr Sauerstoff und müssen gleichzeitig mehr Kohlenstoffdioxid abgeben.

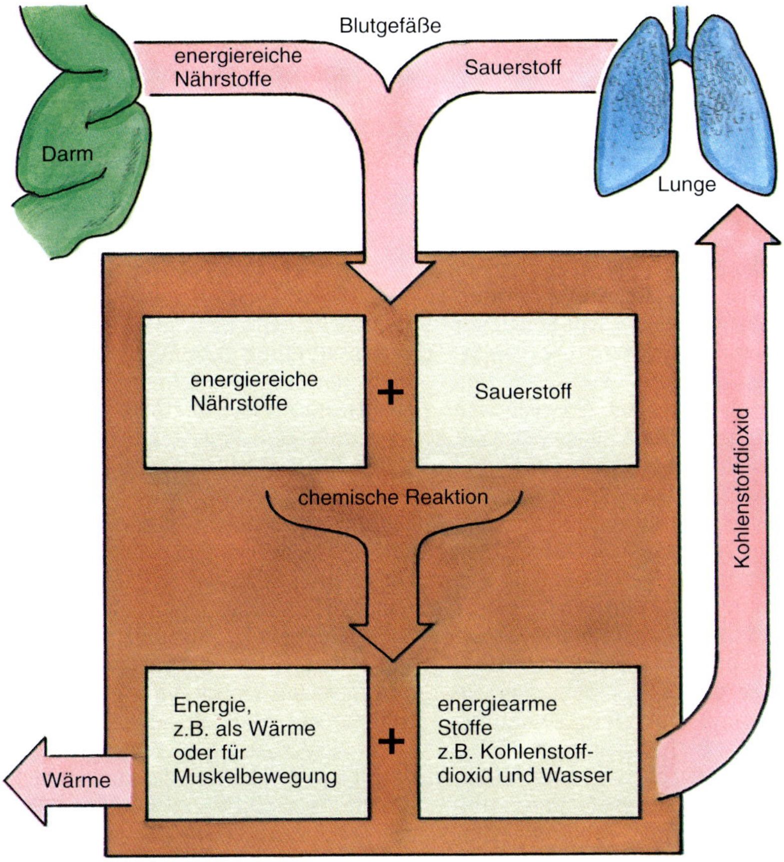

1 Was geschieht mit Nährstoffen und Sauerstoff im Körper?

Aufgaben

② Im Winter spielt eine Schülergruppe, nur bekleidet mit einem leichten Jogginganzug, Fußball im Freien. Sie kommen dabei außer Atem und sind erhitzt. Ihre Mitschüler stehen, mit dicken Winterstiefeln und Anoraks bekleidet, am Rande des Spielfeldes. Trotz der dicken Winterkleidung frieren sie. Finde eine Erklärung!

③ Erkläre mit Hilfe der Abb. 1, was im Körper mit der Energie geschieht, die in den Nährstoffen enthalten ist.

④ Erkläre mit Hilfe der Abb. 1, warum ein Kind, das sich viel bewegt, mehr Nahrung braucht als ein Kind, das sich wenig bewegt.

Energiereiche Nährstoffe werden im Körper unter Mitwirkung von Sauerstoff zu energiearmen Stoffen und Energie umgewandelt. Die Energie verwendet der Körper z. B. für Muskelbewegungen und zur Wärmebildung.

10.5 Die Lunge, ein vielbeanspruchtes Organ

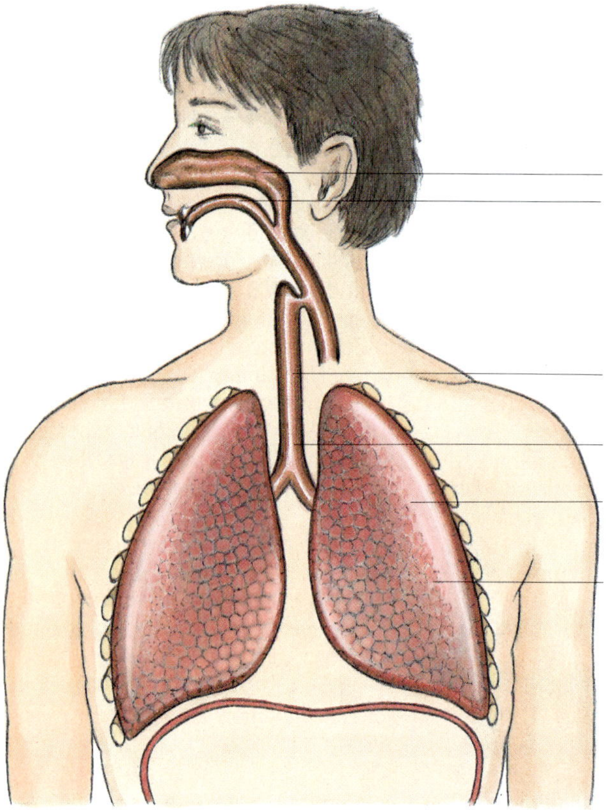

1 Schädigungen der Atmungsorgane durch Zigarettenrauch

Nahezu jeder Mensch hat im Laufe eines Jahres einmal eine **Erkältungskrankheit,** begleitet von einem Schnupfen. Der Herbst scheint die Jahreszeit zu sein, die eine solche Erkrankung des Nasen- und Rachenraumes begünstigt. Normalerweise dringen ständig Krankheitserreger mit der Atemluft in den Körper ein. Der Körper besitzt jedoch genügend Abwehrstoffe, um die Krankheitserreger zu vernichten. Anders ist es, wenn die Abwehrkraft, z. B. durch Unterkühlung geschwächt ist. Die Krankheitserreger können sich im Körper rasch vermehren. Dabei greifen sie die Schleimhaut im Nasen- und Rachenraum an. Als eine der Folgen rötet sich die Schleimhaut und schwillt an. Die Atmung wird erschwert, gleichzeitig wird eine schleimige Flüssigkeit abgesondert. Ein solcher Schnupfen ist zwar für den Betroffenen sehr unangenehm, aber ungefährlich. Meistens verschwindet er nach einer Woche wieder, ohne daß Medikamente eingenommen werden müssen.

Durch eine gesunde Lebensweise können die Abwehrkräfte des Körpers gegen Krankheitserreger erheblich gesteigert werden. Hierzu gehört neben einer vitaminreichen Kost viel Bewegung an der frischen Luft.

Eine Erkältung mindert häufig die Abwehrkräfte des Körpers gegen andere Krankheitserreger. Im Anschluß an eine Erkältungskrankheit kann es daher zu einer Ausweitung der Schleimhautanschwellung im Bereich der Luftröhre und der Bronchien kommen. Diese Erkrankung wird von einem quälenden Husten begleitet. Durch kräftige Luftstöße versucht der Körper, den angesammelten Schleim aus den Bronchien zu entfernen. Manchmal wird eine solche **Bronchitis** von Fieber begleitet. Es ist dringend erforderlich, einen Arzt aufzusuchen. Er kann durch Abhören mit dem Stethoskop feststellen, wie weit die Erkrankung in der Lunge fortgeschritten ist und entsprechende Medikamente verschreiben. Bleibt eine Bronchitis unbehandelt, kann das ernsthafte Folgen haben. Die anhaltende Entzündung kann zu einer Zerstörung der Flimmerhärchen in den Bronchien und zu einer Schädigung der Lungenbläschen führen. Der Gasaustausch wird erschwert, man leidet unter Atemnot.

Dringen Krankheitserreger bis in die Lungenbläschen vor, kann es zu einer **Lungenentzündung** kommen. Bei dieser schweren Erkrankung treten hohes Fieber, Husten und Schüttelfrost auf. Der Austausch von Sauerstoff und Kohlenstoffdioxid in der Lunge ist erschwert.

Die Lungen von Rauchern sind besonders anfällig gegen Infektionskrankheiten. Die Lunge eines Rauchers wird durch den Tabakrauch so stark geschädigt, daß sie mit weiteren Belastungen nicht mehr so leicht fertig wird wie die Lunge eines Nichtrauchers. Eine gesunde Lunge kann den mit der Atemluft aufgenommenen Staub wieder aus dem Körper entfernen oder ihn in den Lungenbläschen vernichten. Im Tabakrauch sind unter anderem Teerstoffe enthalten, die sich in den Bronchien und Lungenbläschen ablagern. Es kann nicht mehr soviel Sauerstoff aufgenommen werden wie bei der unbelaste-

Wer täglich 20 Zigaretten raucht, nimmt im Jahr etwa eine Tasse Teer auf.

ten Lunge eines Nichtrauchers. Die Schleimhaut der Bronchien reagiert auf die Ablagerungen der Teerstoffe mit vermehrter Schleimproduktion. Gleichzeitig lähmen und zerstören die Inhaltstoffe von Zigarettenrauch die Flimmerhärchen in den Bronchien. Die Lähmung tritt bereits nach wenigen Zügen an einer Zigarette ein. Teer und Staubteilchen können kaum noch nach draußen befördert oder in den Lungenbläschen vernichtet werden. Der Schleim setzt sich in den Bronchien ab und verengt die Atemwege. Krankheitserreger können sich hier leichter festsetzen als in den Bronchien von Nichtrauchern. Der Körper versucht durch oft quälenden Husten, den vermehrten Schleim loszuwerden. Man spricht vom „Raucherhusten", der morgens nach dem Aufstehen besonders stark ist. Die schlimmste Folgeerscheinung des Rauchens ist der **Lungenkrebs.** Zehn von elf Lungenkrebserkrankten sind Raucher (Abb. 2). Aber auch Nichtraucher, die längere Zeit dem Zigarettenrauch von Rauchern ausgesetzt sind, erkranken häufiger an Lungenkrebs. Überall wo geraucht wird, wird der Nichtraucher belästigt und gefährdet. Viele Nichtraucher sehen heute nicht mehr ein, daß sie die Belästigung durch Zigarettenrauch ertragen sollen. Man richtet immer häufiger rauchfreie Zonen in den Bereichen ein, in denen mehrere Menschen zusammen sind. Auch in der Bevölkerung ist ein Umdenken erfolgt. Man ist nicht mehr lässig und cool, weil man raucht. Der Raucher fühlt sich schon fast schuldig, daß er raucht. Umfragen haben ergeben, daß die meisten Raucher eigentlich mit dem Rauchen aufhören möchten.

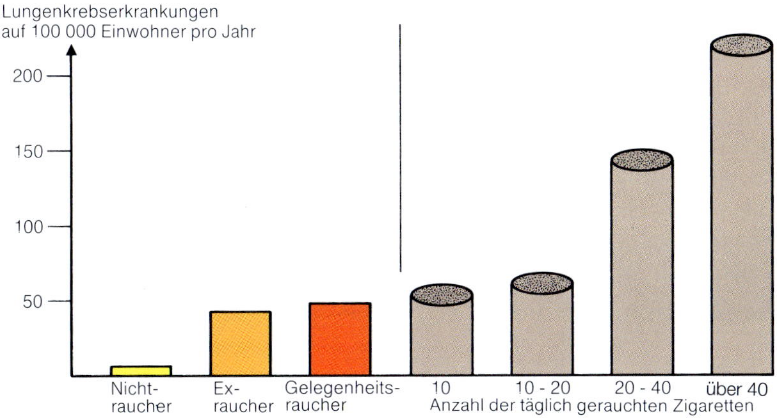

2 Krebsrisiko durch Zigarettenrauchen

Aufgaben

① Beschreibe mit Hilfe von Abb. 1 und des Textes, welche Teile der Atmungsorgane durch Zigarettenrauch besonders geschädigt werden.

② Peter bat seinen Vater, einen Zigarettenraucher, einmal folgendes Experiment zu machen: Nimm einen tiefen Zug aus der Zigarette, behalte den Rauch im Mund und blase ihn anschließend durch ein weißes Taschentuch. Im Taschentuch bleibt ein deutlich sichtbarer, brauner Fleck zurück.
Nimm dann wieder einen tiefen Zug aus der Zigarette, atme den Rauch tief in die Lunge ein und blase ihn dann wieder durch ein weißes Taschentuch. Der Fleck im Taschentuch ist nun kaum wahrnehmbar. Finde eine Erklärung für den Unterschied!

③ Erkältungskrankheiten, die von Schnupfen begleitet sind, lassen sich vermeiden. Nenne mindestens vier Maßnahmen, die dir helfen können, auch während der sogenannten Erkältungszeiten vom Schnupfen verschont zu bleiben.

④ Führe in deinem Verwandten- und Bekanntenkreis eine Umfrage durch. Frage mindestens zehn Personen verschiedener Altersgruppen. Erstelle dazu einen Fragenkatalog:
- Wer litt im letzten Frühjahr, Herbst oder Winter unter einer Erkältungskrankheit?
- Wer ißt regelmäßig Obst?
- Wer treibt mindestens einmal in der Woche Sport?
- Wer ist Raucher? Wer muß sich längere Zeit am Tage in verräucherten Räumen aufhalten?

Welche weiteren Fragen könntest du stellen? Halte die Ergebnisse der Umfrage in einer Tabelle fest und vergleiche sie mit den Umfrageergebnissen deiner Mitschüler.

Bei gesunder Lebensweise können Erkrankungen der Atemwege wie Erkältungen, Bronchitis und Lungenentzündung weitgehend vermieden werden. Auch der Verzicht auf das Rauchen unterstützt eine einwandfreie Funktion der Lunge.

11 Blut und Blutkreislauf

11.1 Unser Blut hat lebenswichtige Aufgaben

Durch Rühren oder Zusatz von Chemikalien (Natriumoxalat/ Natriumcitrat) wird Blut ungerinnbar gemacht.

Aufgabe

① Fülle Tierblut, das ungerinnbar gemacht wurde, in ein hohes Becherglas. Beschreibe das Aussehen des Blutes. Stelle das Becherglas dann einen Tag in den Kühlschrank. Wie hat sich danach das Aussehen des Blutes verändert? Schreibe die Unterschiede auf.

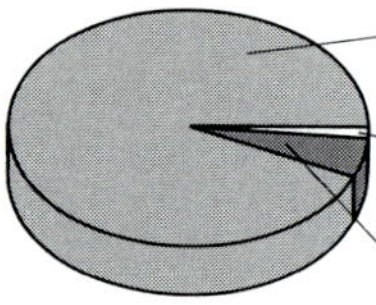

Anteil der Blutkörperchen in 1 mm³ Blut

Läßt man ungerinnbar gemachtes Blut stehen, so erkennt man nach einigen Stunden zwei Bestandteile (Abb. 1): Unten hat sich ein dunkelroter Teil abgesetzt. Er enthält die **Blutkörperchen.** Darüber sieht man eine hellrote Flüssigkeit, das **Blutplasma.** Ein Liter Blut enthält etwa 0,6 Liter Blutplasma. Es besteht hauptsächlich aus Wasser. Das Blutplasma ist das Transportmittel unseres Körpers. Es transportiert Nährstoffe, Abfallstoffe, Mineralsalze, alle Blutkörperchen und Wärme (Abb. 2).

Wenn man einen Blutstropfen unter dem Mikroskop ansieht, erkennt man viele rötliche Scheibchen, die **roten Blutkörperchen** (Abb. 3). Bei genauem Hinsehen entdeckt man auch unregelmäßig geformte, durchscheinende und größere Blutzellen, die **weißen Blutkörperchen.** Neben diesen beiden gibt es noch eine dritte Gruppe von Blutkörperchen, die **Blutplättchen.** Weil sie so klein sind, können sie mit einem Lichtmikroskop nicht gesehen werden. Alle Blutkörperchen werden im roten Knochenmark gebildet. Solches Knochenmark findet man beispielsweise im Inneren des Oberschenkelknochens oder in der Wirbelsäule. In der Zeit, in der man diesen Abschnitt liest (etwa eine halbe Minute), sind ungefähr 50 Millionen weiße Blutkörperchen im roten Knochenmark entstanden! Etwa die gleiche Menge wurde währenddessen auch in der Leber abgebaut.

Wenn man einen 1 mm hohen Stapel aus Blutkörperchen bauen könnte, benötigte man dazu 500 rote Blutkörperchen oder 200 weiße Blutkörperchen oder 2000 Blutplättchen.

Die Anzahl der Blutkörperchen im Blut ist verschieden. Am meisten findet man rote Blutkörperchen, gefolgt von den Blutplättchen und den weißen Blutkörperchen (◁).

Die roten Blutkörperchen haben die Form einer Scheibe, die oben und unten in der Mitte eingedellt ist (Abb. 4). Sie geben dem Blut die rote Farbe. Ihre Aufgabe ist es, den lebenswichtigen Sauerstoff von der Lunge zu allen Körperzellen zu bringen. Von dort nehmen Blutplasma und rote Blutkörperchen Kohlenstoffdioxid wieder mit zurück zur Lunge. Hier atmet man es aus. Ein rotes Blutkörperchen wird spätestens nach vier Monaten in der Leber abgebaut.

Blut, das viel Sauerstoff enthält, ist hellrot. Blut, das viel Kohlenstoffdioxid enthält, ist dunkelrot. Die Farbe des Blutes zeigt also an, ob es viel Sauerstoff oder viel Kohlenstoffdioxid enthält. Die Farbänderung des

1 Frisches und abgestandenes Blut

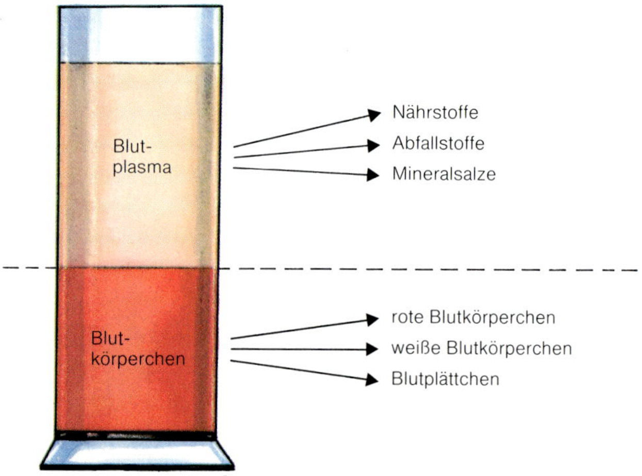

2 Bestandteile des Blutes

Blutes von hellrot nach dunkelrot und umgekehrt zeigt, daß der Vorgang der Sauerstoff- und Kohlenstoffdioxidaufnahme abwechselnd stattfinden kann.

In Garagen und Autowerkstätten warnen Schilder vor einer Vergiftung durch Autoabgase. In Autoabgasen ist das Gas Kohlenstoffmonoxid enthalten, das man weder sehen noch riechen kann. Es verbindet sich mit den roten Blutkörperchen so fest, daß sie dann keinen Sauerstoff mehr aufnehmen und transportieren können. Der Mensch wird bewußtlos und erstickt. Deshalb ist das Einatmen von Autoabgasen sehr gefährlich.

Weiße Blutkörperchen sind größer als rote. Sie haben unterschiedliche und veränderbare Formen. Sie spüren Fremdkörper und Krankheitserreger im Körper auf und machen sie unschädlich (Abb. 5). Dabei helfen und ergänzen sich verschiedene Formen von weißen Blutkörperchen untereinander. So gibt es große Freßzellen, die Krankheitserreger verschlingen und verdauen können. Andere Zellen sind darauf spezialisiert, Stoffe herzustellen, die eingedrungene Fremdkörper auflösen. Die meisten weißen Blutkörperchen werden etwa zwei Monate alt.

Die Blutplättchen sind die kleinsten Blutkörperchen. Obwohl sie so winzig sind, ist ihre Aufgabe für unser Überleben von großer Bedeutung: Bei einer Verletzung verschließen sie die Wunde gemeinsam mit Fäden, die sich im Blutplasma bilden.

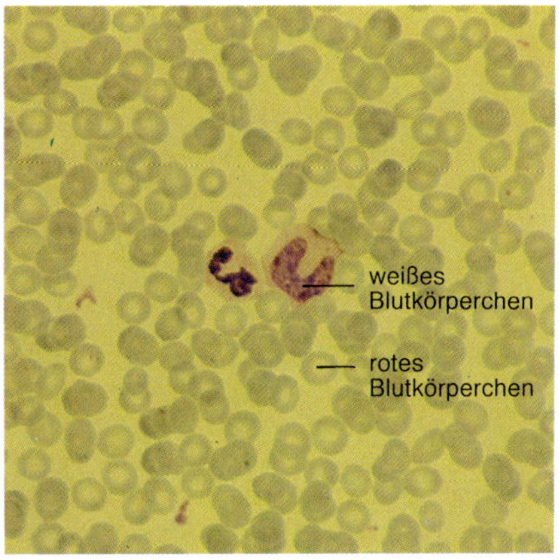

3 Blut unter dem Mikroskop, gefärbt

Durch die Fäden entsteht in der Wundöffnung ein Netz, in dem Blutkörperchen hängenbleiben und die Wunde verschließen. Diesen Vorgang nennt man Blutgerinnung. Sie sorgt für einen raschen Verschluß von Wunden.

Bei großen und tiefen Wunden verliert der Verletzte sehr schnell viel Blut. Deshalb sind Erste-Hilfe-Maßnahmen erforderlich. Bereits das Hochhalten der Wunde kann eine Blutung vermindern. Wenn diese Maßnahme nicht ausreicht, muß die entsprechende Arterie abgedrückt werden. Anschließend muß zur Blutstillung ein Druckverband angelegt werden. Dazu bedeckt man die Wunde keimfrei und legt auf diese Bedeckung ein Druckpolster, z. B. ein Verbandspäckchen. Das Druckpolster wird mit einer Binde fest auf die Wunde gedrückt, so daß die Blutung aufhört (◁).

In einem Erste-Hilfe-Kurs lernt man am besten, wie man verletzten Menschen schnell helfen kann. Dazu gehört auch das Stillen starker Blutungen. Bei der Erste-Hilfe-Leistung muß der Helfer zu seinem Schutz Handschuhe tragen.

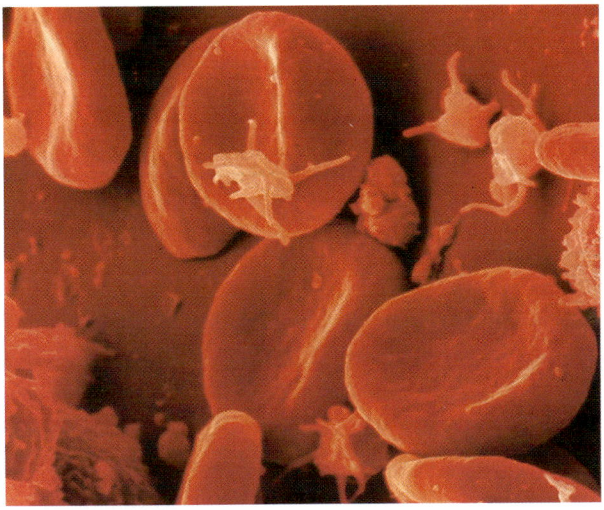

4 Rote Blutkörperchen

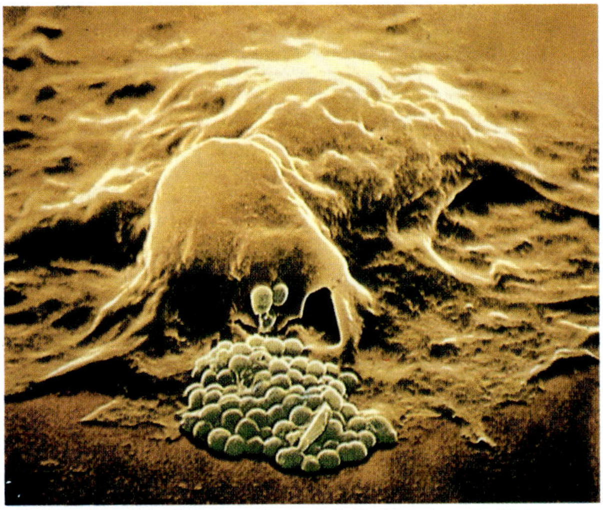

5 Weißes Blutkörperchen mit Bakterien (grün)

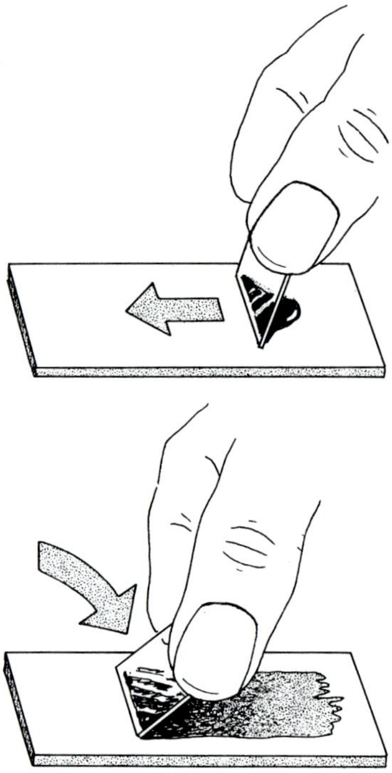

So wird ein Blutpräparat angefertigt.

Aufgaben

② Überprüfe, ob Blutplasma Zucker und Eiweiß enthält. Tauche dazu Zucker- und Eiweißteststäbchen in Blutplasma. Zu welchem Ergebnis kommst du?

③ Betrachte einen Tropfen Tierblut unter dem Mikroskop. Bereite dazu einen Objektträger so vor, wie es die Abbildung in der Randspalte zeigt. Nachdem du das Deckgläschen in der Mitte aufgelegt hast, kannst du mit 100- bis 400facher Vergrößerung mikroskopieren. Zeichne und beschrifte, was du siehst!

④ Zeichne eine Tabelle nach folgendem Muster in dein Heft und fülle sie mit Hilfe des Buchtextes vollständig aus:

Bestandteil des Blutes	Aufgabe
...	...

⑤ Schreibe auf, von welchen Meldeeinrichtungen (Telefone, Notrufmelder, Notrufsäulen, Polizeirufstellen) du auf deinem Schulweg Hilfe bei einem Unfall herbeiholen könntest. Wo benötigst du dazu Geld und wo nicht?

⑥ Unter der Telefonnummer 110 erreicht man den Notruf der Polizei. Sie veranlaßt dann, z. B. bei einem Unfall, den Einsatz von Krankenwagen oder Feuerwehr. Stelle schriftlich zusammen, welche Informationen man der Polizei bei einem Notruf-Anruf geben muß.

Das Blut besteht aus flüssigen und festen Bestandteilen. Der flüssige Bestandteil ist das Blutplasma. Zu den festen Bestandteilen gehören die roten Blutkörperchen, die weißen Blutkörperchen und die Blutplättchen.

Versuche

1. Fülle ein hohes Becherglas zur Hälfte mit ungerinnbar gemachtem Tierblut. Sorge für einen hellen Hintergrund, z. B. durch weißes Papier. Außerdem benötigst du noch einen Luftballon, der mit Sauerstoff gefüllt ist, und einen, der Kohlenstoffdioxid enthält.
Stelle nun mit Hilfe von Stopfen, Glasröhrchen, Schläuchen und einem Durchlüftungsstein für Aquarien den Versuchsaufbau wie in der Abbildung gezeigt zusammen.
Laß nun zunächst drei Minuten lang sehr langsam Sauerstoff durch das Blut strömen. Achte dabei auf die Farbe des Blutes.
Laß anschließend drei Minuten lang sehr langsam Kohlenstoffdioxid durch das Blut strömen. Achte erneut auf die Blutfarbe. Schreibe deine Beobachtungen auf und erkläre sie.

2. Stelle frisches Tierblut für zwei bis drei Tage in den Kühlschrank. Gieße dann die Flüssigkeit ab und lege das entstandene Blutstück in eine Petrischale. Schneide nun das Blutstück mit einem Messer durch. Beschreibe das Aussehen der Schnittstelle sofort nach dem Durchschneiden und nach 15 Minuten. Erkläre deine Beobachtungen!

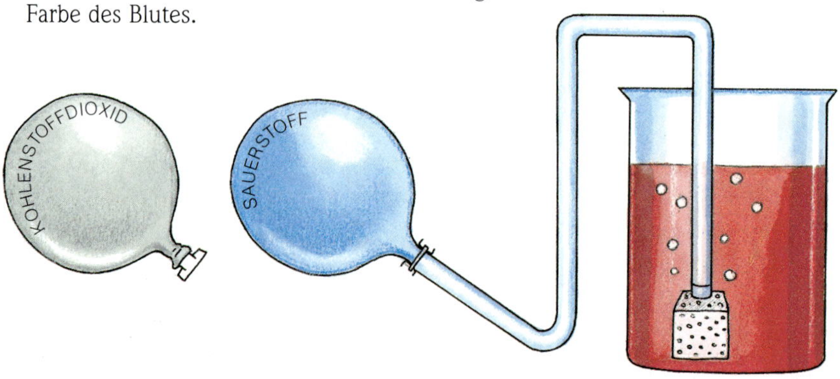

11.2 In einer Minute durch den Körper

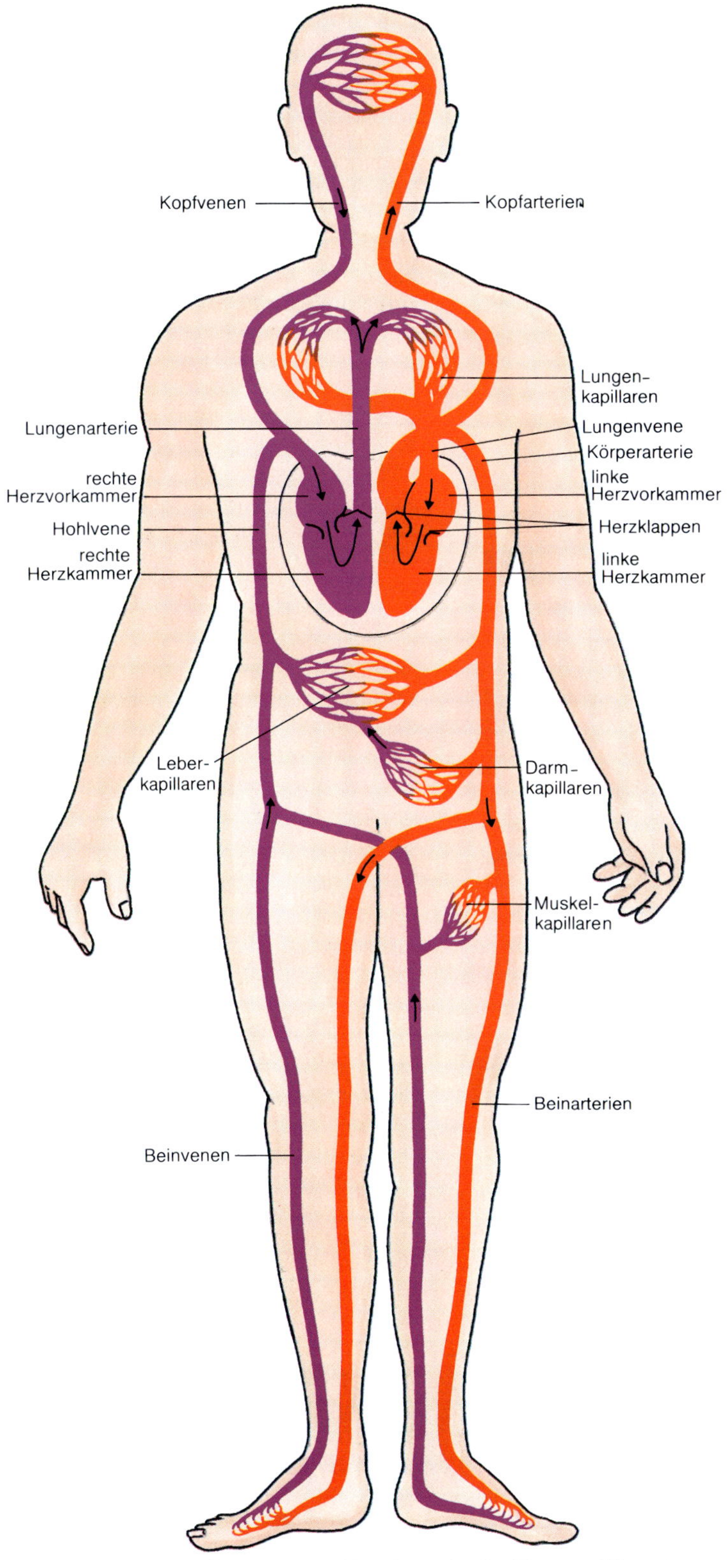

1 Vereinfachtes Schema des Blutkreislaufs, Herz größer dargestellt

Hast du Lust, uns auf einer Reise durch deinen Körper zu begleiten? Dann steig ein! Wo denn? Na, am besten auf ein rotes Blutkörperchen, das wir als Auto benutzen. Dazu müssen wir aber viel kleiner werden.

Wir beginnen mit unserer Reise im **Herzen,** genauer gesagt: In der linken Herzkammer (Abb. 1). Wir brauchen noch nicht einmal einen Antrieb für unser „Auto", denn das Herz sorgt ja für den nötigen Schwung. Wir werden aus dem Herzen durch eine Herzklappe in die Körperarterie geschleudert. **Arterien** heißen die Adern, die das Blut vom Herzen wegtransportieren. Sie haben eine dicke Muskelwand, so daß sie den Druck des Blutstromes aushalten (Abb. 2). Nach ungefähr 20 Sekunden nähern wir uns unserem ersten Ziel, den Zellen des großen Oberschenkelmuskels. Die Arterien werden immer kleiner und schließlich kommen wir in die **Kapillaren** (Abb. 1, 3). Das sind die winzigsten Adern im menschlichen Körper. Sie sind dünner als ein Haar. Hier sind wir hautnah an die Zellen des Oberschenkelmuskels herangekommen. Jetzt geben wir den Sauerstoff an eine Zelle ab und nehmen dafür Kohlenstoffdioxid aus der Zelle auf.

Nun geht unser Weg wieder in Richtung Herz zurück. Ab jetzt nennt man die Adern, die zum Herzen zurückführen, **Venen.** Sie sind viel dünnwandiger als die Arterien, weil in ihnen der Blutdruck nicht mehr so groß ist (Abb. 1, 2). Kurz vor dem Eintritt in die rechte Herzhälfte, in die Hohlvene, sind wir noch nicht einmal halb so schnell wie am Beginn unserer Reise. Wir werden jetzt in die rechte Vorkammer hineingesaugt und mit leichtem Druck durch eine Herzklappe in die rechte Herzkammer geworfen. Von dort geht es sofort mit neuem Schwung durch eine weitere Herzklappe in die Lungenarterie. Sehr schnell haben wir die Strecke zur Lunge zurückgelegt. Die Kapillaren in der Lunge sind gerade so groß, daß wir uns mit unserem roten Blutkörperchen hindurchzwängen können.

Es bleibt uns nur wenig Zeit, um das Kohlenstoffdioxid abzugeben und dafür wieder Sauerstoff aufzunehmen. Voll bepackt mit Sauerstoff verlassen wir die Lunge. Nur wenige Sekunden befahren wir die breiter werdende Lungenvene. Gleich

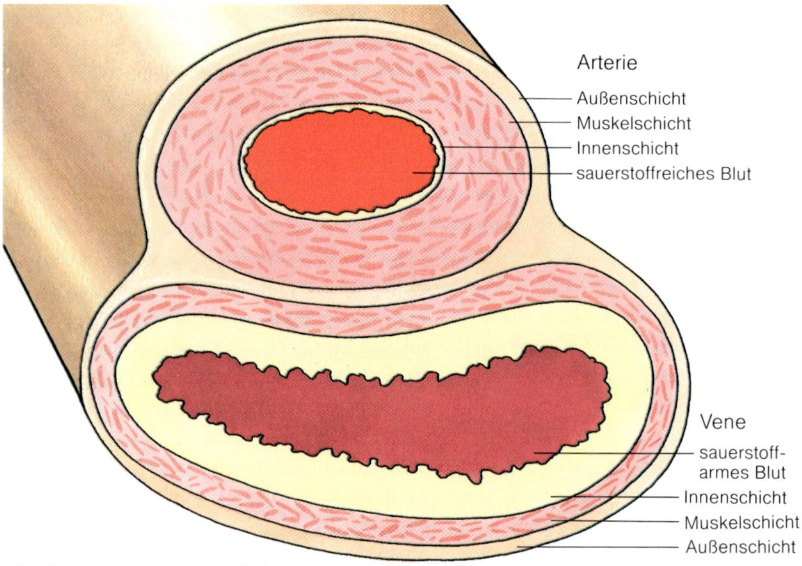

2 Querschnitt durch Vene und Arterie

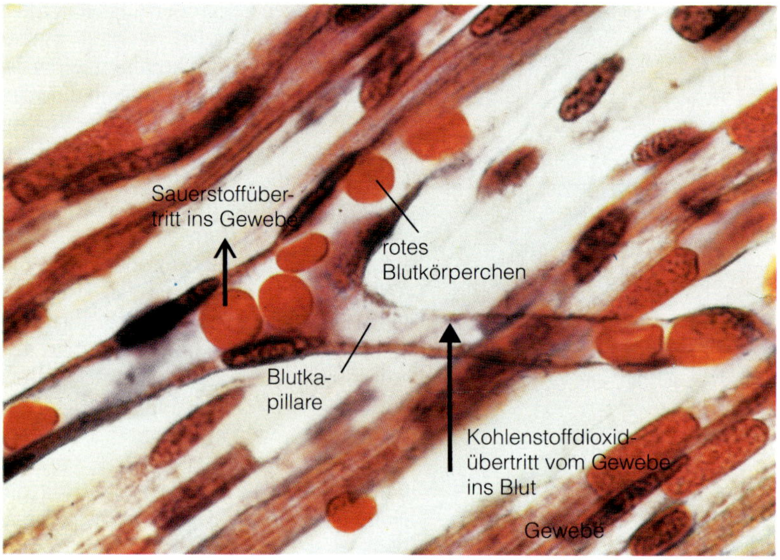

3 Kapillare mit roten Blutkörperchen

sind wir am Ausgangspunkt unserer Reise angekommen. Durch die linke Vorkammer und ihre Herzklappe gelangen wir wieder in die linke Herzkammer. Springe nur schnell ab, sonst mußt du dich noch einmal auf den Weg machen! Diesmal vielleicht zu einem ganz anderen Organ. Aber keine Angst, du verpaßt nicht viel vom Unterricht, denn die ganze Reise dauerte nur 60 Sekunden!

Unser Blut fließt durch Tausende Kilometer Blutadern, die unseren Körper durchziehen. Sie bilden den **Blutkreislauf**. Der Blutkreislauf des Menschen ist geschlossen. Die Adern sind so miteinander verbunden, daß das Blut vom Herzen aus durch den Körper und wieder zum Herzen zurückfließen kann.

Das Herz sorgt für den Bluttransport. Es ist ein faustgroßer Muskel und liegt mitten im Brustraum. Auch das Herz wird durch Arterien mit Sauerstoff und Nährstoffen versorgt. Verstopft solch eine Arterie, stirbt sehr rasch ein Teil der Muskulatur ab. Es kommt zum gefürchteten **Herzinfarkt**. Rauchen, falsche Ernährung und Bewegungsmangel erhöhen das Risiko für einen Herzinfarkt.

Die Herzspitze ist etwas nach links versetzt. Deswegen und weil die linke Herzhälfte kräftiger ist, fühlt man den Herzschlag auch links. Schneidet man ein Herz von oben nach unten mit einem Längsschnitt durch, so kann man seinen Aufbau erkennen (Abb. 4). Es hat innen einen Hohlraum, der in der Mitte durch die Herzscheidewand in zwei Hälften geteilt ist. Es gibt keinen Blutaustausch zwischen der linken und der rechten Herzhälfte. Die linke Herzhälfte pumpt das sauerstoffreiche Blut in die Körperarterie und von dort in den ganzen Körper. In der rechten Herzhälfte befindet sich sauerstoffarmes Blut, das aus dem Körper zurückgekommen ist. Es wird von der rechten Herzhälfte zur Lunge gepumpt. Jede Herzhälfte ist noch einmal quer durchteilt. Der obere, kleinere Hohlraum heißt Vorkammer, der untere, größere Herzkammer. Das Blut gelangt jeweils zuerst in die Vorkammern und von dort in die Herzkammern. Zwischen Vorkammern und Herzkammern befinden sich Segelklappen. Sie lassen das Blut nur von den Vorkammern in die Herzkammer fließen. Die Herzkammern pumpen das Blut in die großen Arterien. Zwischen Herzkammern und Arterien befinden sich Segelklappen. Sie verhindern, daß das Blut, das aus den Herzkammern gepumpt wird, wieder zurückfließen kann.

Wenn man ruhig sitzt, pumpt es fast fünf Liter Blut in der Minute durch den Körper. Aber wenn man rennt, dann kann es sogar die gleiche Menge in zehn Sekunden befördern! Bei einem untrainierten Menschen wird dies durch mehr Herzschläge in gleicher Zeit erreicht: Das Herz kann 150 Mal und mehr in der Minute schla-

Das Herz eines Neugeborenen schlägt durchschnittlich 140mal in einer Minute, das Herz eines Erwachsenen schlägt in Ruhe etwa 76mal in der Minute.

Im Laufe eines 100jährigen Lebens schlägt das Herz eines Menschen etwa 5 Milliarden mal.

Das Blut eines Menschen benötigt für einen vollständigen Kreislauf durchschnittlich etwa 60 Sekunden.

Die Gesamtlänge der Kapillaren beträgt etwa 70 000 Kilometer.

Die Strömungsgeschwindigkeit des Blutes beträgt in der Aorta etwa 50 Zentimeter pro Sekunde, in den Kapillaren etwa 0,1 Zentimeter pro Sekunde und in den Venen etwa 25 Zentimeter pro Sekunde.

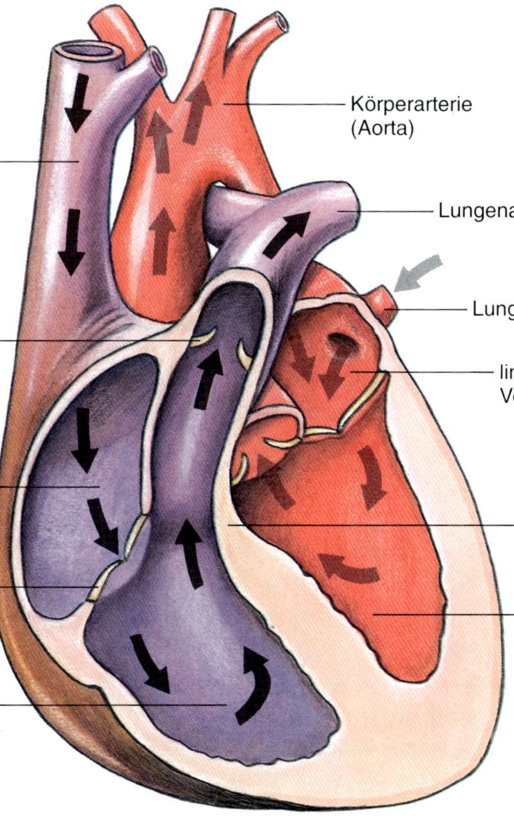

4 Aufbau der Herzens

gen. Bei einem sportlich trainierten Menschen wird dagegen bei einem Herzschlag eine größere Blutmenge aus dem Herzen gepumpt. Deshalb nimmt die Anzahl der Herzschläge bei einem Sportler bei körperlichen Anstrengungen nicht so stark zu, wie bei einem untrainierten Menschen.

Aufgaben

① Lies den Text „Eine Reise durch den Körper" noch einmal. Verfolge die einzelnen Stationen der Reise mit Hilfe der Abb. 1. Beantworte anschließend folgende Fragen in deinem Heft:
Wie nennt man Adern, die vom Herzen wegführen? Wie heißen diejenigen, die Blut zum Herzen transportieren? In welchen Adern findet man Blut mit viel Sauerstoff? In welchen Adern enthält das Blut viel Kohlenstoffdioxid? Gibt es auch Ausnahmen davon?

② Die feinen Blutgefäße der Nagelhaut kann man unter dem Mikroskop oder unter dem Binokular sehen. Gib dazu etwas Immersionsöl auf die Nagelhaut und beleuchte mit einer starken Lampe schräg von oben den Fingernagel.

③ Erstelle ein Fließdiagramm vom Blutkreislauf. Nimm dazu die Abb. 1 zur Hilfe. Beginne so:

linke Herzvorkammer

↓

rechte Herzkammer

↓

. . . .

Adern, die das Blut vom Herzen wegtransportieren, nennt man Arterien. Solche, die Blut zum Herzen zurückführen, heißen Venen. In sehr feinen Adern, den Kapillaren, gibt das Blut Sauerstoff an die Zellen ab und nimmt Kohlenstoffdioxid auf. Alle Adern zusammen bilden einen Blutkreislauf. Das Herz pumpt das Blut durch den gesamten Körper.

Versuche

1. Ertaste deinen Puls! Dazu drehst du deinen rechten Arm so, daß du auf die Innenseite siehst. Nun kannst du leicht mit den Fingern deiner linken Hand den Puls ertasten (Abb. 4). Ertaste auch den Pulsschlag deiner Halsschlagadern! Wenn du den Puls sicher fühlen kannst, weißt du genau, wie oft dein Herz schlägt, denn jeder Puls entspricht einem Herzschlag.
Zähle die Anzahl der Herzschläge im Sitzen und nach 15 Kniebeugen! Zähle jeweils 10 Sekunden lang und berechne die Anzahl der Herzschläge pro Minute. Erkläre die Unterschiede!

2. Mit einem Blutdruckmeßgerät kannst du feststellen, wie hoch dein Blutdruck ist. Zum Messen wird die Stoffmanschette um den entblößten Oberarm gelegt und verschlossen (Abb. 5). Nun wird die Manschette so weit aufgeblasen, daß der Puls der Armarterie mit einem Hörrohr gerade nicht mehr abzuhören ist. Jetzt läßt man langsam die Luft aus der Manschette ab. In dem Moment, in dem man den Puls gerade wieder hört, liest man den Druck auf dem Meßgerät ab. Er entspricht dem Druck, den das Herz beim Zusammenziehen erzeugt (1. Wert).
Nun muß man den Druck aus der Manschette weiter ablassen. Wenn der Puls nicht mehr zu hören ist, wird noch einmal der Luftdruck abgelesen (2. Wert).
Miß deinen eigenen Blutdruck und den einiger Mitschüler! Vergleiche deine Messungen mit den Meßwerten der Tabelle:

Blutdrucktabelle

Alter	Jungen/Männer		Mädchen/Frauen	
Jahre	1. Wert	2. Wert	1. Wert	2. Wert
10	103	69	103	70
12	106	71	106	72
15	112	75	112	76
20	123	76	116	72
30	126	79	120	75

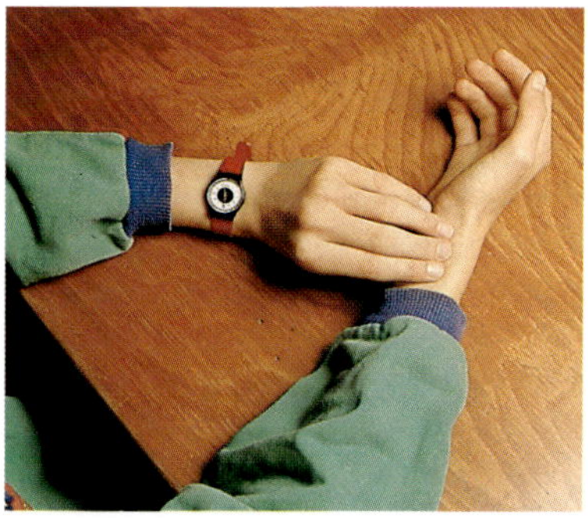

4 Pulsfühlen

5 Blutdruckmessen

Biotip

Bewegung hält dich fit! Nur wenige Menschen müssen heute im Vergleich zu früher noch körperlich schwer arbeiten. Auch Schüler verbringen viel Zeit im Sitzen und bewegen sich viel zu wenig. Dieser Bewegungsmangel führt dazu, daß das Herz wenig leistungsfähig bleibt. Durch Bewegungstraining kann man die Leistung des Herzens wesentlich steigern! Die Blutmenge, die das Herz mit einem Schlag transportiert, kann durch ein Bewegungstraining vergrößert werden!
Geeignet dafür sind Sportarten, die den Körper ordentlich ins Schwitzen bringen. Dazu zählen:

- Dauerlauf – dreimal in der Woche 20 bis 30 Minuten
- Radfahren – täglich etwa 1 Stunde
- Schwimmen – zweimal in der Woche 1 Stunde
- viele Ballsportarten wie Fußball, Handball, Volleyball, Basketball, Tennis, Federball usw.
- Gymnastik, Aerobic, Jazzdance, Rock 'n' Roll Tanz usw.

Viele liebgewordene Verhaltensweisen im Alltag kann man schnell ändern, um sich fit zu halten. Es ist z. B. ganz einfach, auf den Fahrstuhl oder die Rolltreppe zu verzichten, und statt dessen Treppen zu steigen. Eine gesunde Ernährung und der Verzicht auf Alkohol und Zigaretten bestimmen wesentlich die Gesunderhaltung von Herz und Blutkreislauf mit!

11.3 Verdauung, Atmung und Blutkreislauf wirken zusammen

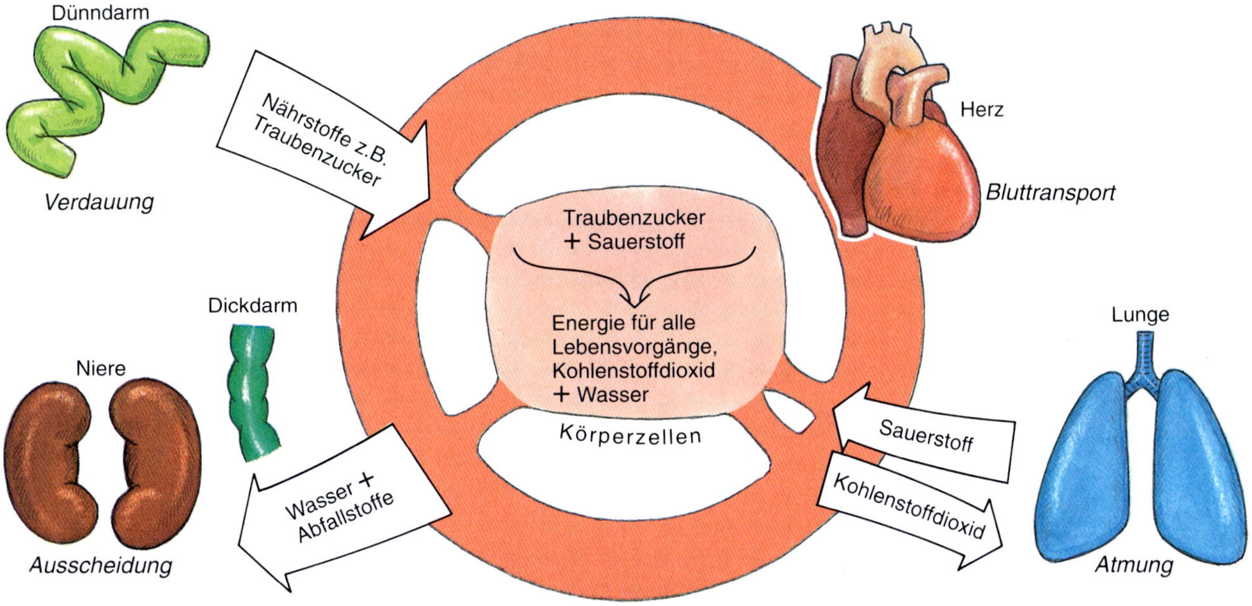

1 Zusammenwirken von Verdauung, Atmung und Blutkreislauf

Um die Lebensvorgänge in unserem Körper aufrechtzuerhalten, benötigt man **Energie**. Die Energie erhält unser Körper durch Nährstoffe, die wir essen. Durch das Zusammenwirken von Verdauungsorganen, Atmungsorganen und Ausscheidungsorganen mit dem Blutkreislauf wird diese Energie für den Körper nutzbar.

Die Nährstoffe, die man mit jedem Essen zu sich nimmt, werden von den Verdauungsorganen aufgeschlossen. Sie werden dabei in ihre Bestandteile, z. B. Traubenzucker, zerlegt. Der Traubenzucker gelangt im Dünndarm in das Blut und wird durch den Blutkreislauf im ganzen Körper verteilt. Die Körperzellen werden so mit Traubenzucker versorgt (Abb. 1).

Die Körperzellen wandeln die Energie des Traubenzuckers in eine Energieform um, die die Körperzellen für ihre Lebensvorgänge benötigen. Für diese Energieumwandlung ist Sauerstoff nötig. Man bezeichnet diesen Vorgang auch als **Innere Atmung.** Der Sauerstoff wird in den Lungen eingeatmet und an das Blut abgegeben. Mit dem Blutkreislauf gelangt er zu allen Körperzellen.

Bei der Energieumwandlung in den Körperzellen entsteht Kohlenstoffdioxid und Wasser. Beides wird von den Körperzellen an das Blut abgegeben. Das Blut transportiert das Kohlenstoffdioxid zur Lunge, wo es ausgeatmet wird. Ein Teil des Wassers und Abfallstoffe des Stoffwechsels werden von den Nieren aus dem Blut herausgefiltert und ausgeschieden. Auch der Dickdarm gibt Abfallstoffe des Körpers nach außen ab.

Das Verbindungsglied zwischen den Verdauungsorganen, den Atmungsorganen und den Ausscheidungsorganen ist der Blutkreislauf. Im Blut werden alle Stoffe zu den Körperzellen gebracht und die Abfallstoffe abtransportiert. Die Arbeit des Herzens hält das Blut in Bewegung.

Aufgabe

① Betrachte die Abbildung 1 „Zusammenwirken von Verdauung, Atmung und Blutkreislauf". Erkläre mit ihrer Hilfe, welche Aufgaben die verschiedenen Organe bei der Energieumwandlung besitzen. Schreibe die Erklärung auf.

Verdauungsorgane, Atmungsorgane, Ausscheidungsorgane und Blutkreislauf wirken zur Erhaltung der Lebensvorgänge in genau abgestimmter Weise zusammen.

12 Wir halten uns gesund

12.1 Die Haut und ihr Aufbau

Aus der Lederhaut von Rindern und Pferden wird Leder hergestellt; so erklärt sich der Name Lederhaut.

Pro Tag stößt die menschliche Haut etwa 50 Millionen Hautschuppen ab. Die gesamte Oberhaut erneuert sich etwa alle 28 Tage.

Die **Haut** ist die äußere Hülle unseres Körpers. Sie zeigt an, wie alt ein Mensch ist, ob er sich wohl fühlt, ob ihm heiß oder kalt ist. Auch Krankheiten des Körpers machen sich an der Haut bemerkbar. Rote Flecken auf der Hautoberfläche können Anzeichen für Krankheiten sein, z. B. für Masern, Scharlach oder Windpocken.

Die menschliche Haut ist etwa 8 mm dick, so dick wie eine Zeitschrift. Man teilt die Haut in drei Schichten ein: die Oberhaut, die Lederhaut und die Unterhaut (Abb. 1).

Die **Oberhaut** ist etwa so dick wie eine Buchseite. Sie besteht aus zwei Schichten. Wenn du auf die Haut deiner Hand schaust, siehst du auf die **Hornschicht,** von der sich ständig winzige Schuppen ablösen (Abb. 3). Die Hornschicht muß daher stets erneuert werden. Das besorgt die darunter liegende **Keimschicht.**

In der Keimschicht werden auch die Farbstoffe gebildet, die die Haut braun färben. Die Haut von hellhäutigen Menschen enthält weniger Farbstoff als die Haut von dunkelhäutigen Menschen. Besonders viele Farbstoffe bildet die Haut von Afrikanern.

Unter der Oberhaut liegt die **Lederhaut.** Sie ist etwa 2–3 mm dick (◁). In der Lederhaut befinden sich **Talgdrüsen** und **Schweißdrüsen,** die Ausführgänge nach außen zur Hautoberfläche haben. Dort kann man sie als feine Poren auf der Haut sehen. Die Schweißdrüsen sondern Schweiß ab. Der Schweiß verdunstet auf der Hautoberfläche. Auf diese Weise wird für Kühlung gesorgt. Die Talgdrüsen sondern Fett ab, das Haut und Haare einfettet.

In der Lederhaut sind die **Haare** verankert. Am Ende jeder Haarwurzel ist ein kleiner Muskel befestigt. Diese Muskeln ziehen sich bei Kälte zusammen. Dadurch werden die Haare aufgerichtet. So entsteht die sogenannte Gänsehaut. Mit den Wärmekörperchen und Kältekörperchen in der Lederhaut kannst du die verschiedenen Temperaturen wahrnehmen. In der Lederhaut liegen auch die **Tastkörperchen.** Mit ihrer Hilfe kann man ertasten, ob Gegenstände rauh oder glatt, spitz oder stumpf, rund oder eckig sind. Blinde Menschen können mit ihren Fingern die Blindenschrift ertasten (Abb. 4). Die Tastkörperchen sind in der Haut unterschiedlich verteilt, besonders dicht liegen sie in der Haut der Finger.

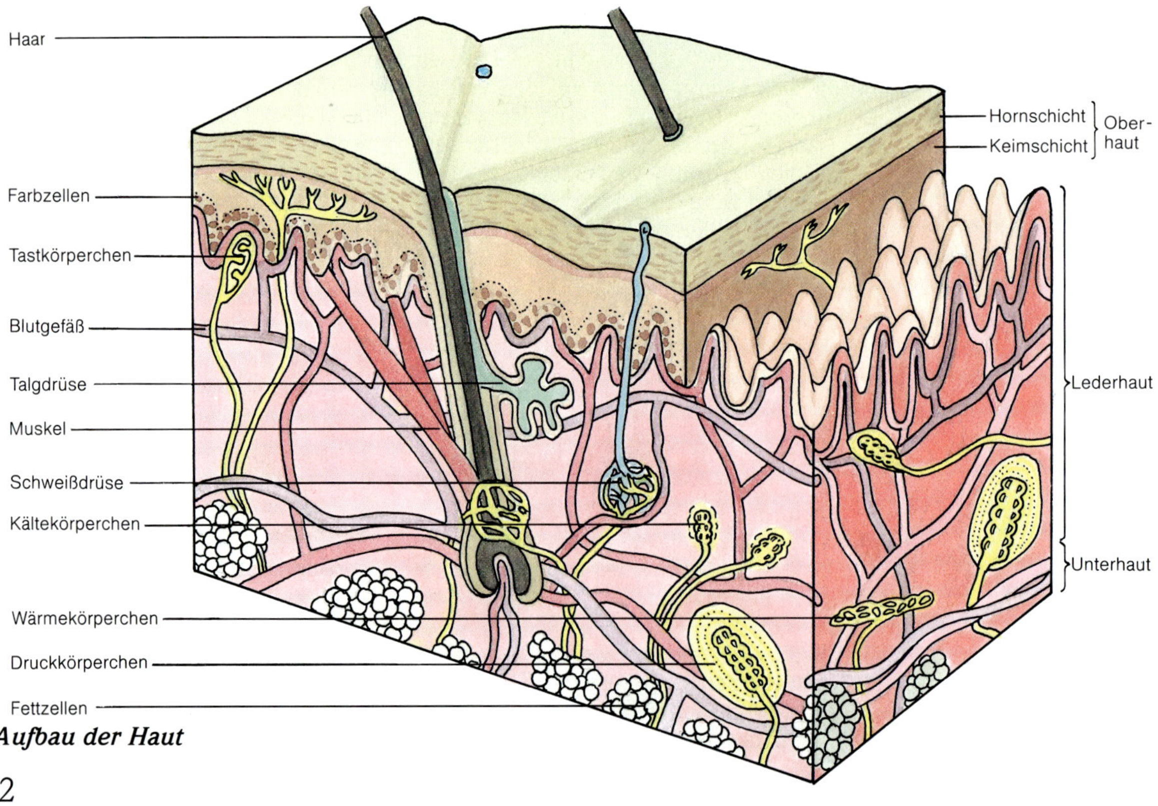

1 Aufbau der Haut

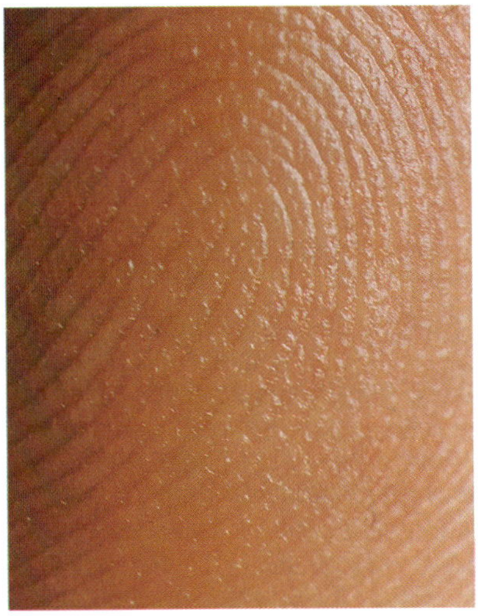
2 Hautleisten der Fingerkuppe

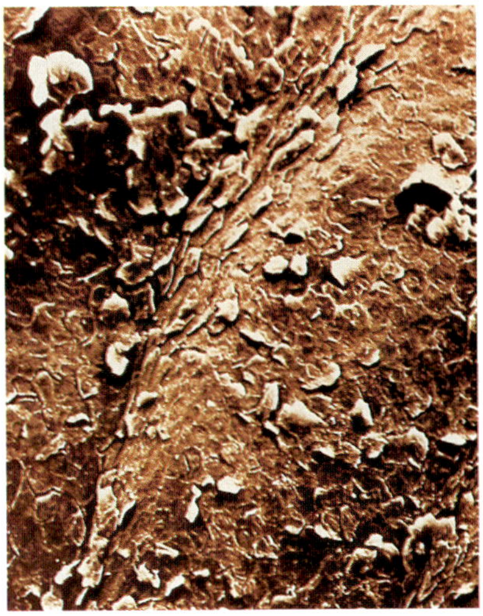
3 Hautleisten, stark vergrößert

4 Blindenschrift

Jede Fingerbeere weist außerdem Hautleisten auf, die ein Muster bilden (Abb. 2). Dieses Muster ist für jeden Menschen typisch, das heißt einmalig geformt. Kein anderer Mensch hat dieses Muster noch einmal. Auch wenn die Haut zerstört wird, bildet sich mit dem Heilungsprozeß das gleiche typische **Hautleistenmuster** wieder aus. Dabei kann sich das Muster bei einem Menschen von Finger zu Finger ein wenig unterscheiden. Dieses typische Muster wird von der Polizei zur Erkennung von Personen benutzt. Mancher Einbrecher wurde aufgrund seiner zurückgelassenen Fingerabdrücke an Gegenständen überführt. Die Fingerabdrücke kann man mit verschiedenen Methoden (z. B. Pulver) sichtbar machen. Ein gut sichtbarer Fingerabdruck wird fotografiert und vergrößert. Die Kriminalpolizei untersucht dann, ob die Abdrücke in bestimmten Merkmalen wie Gabelungen einer Linie oder Enden einer Linie übereinstimmen (Abb. 5).

Die Lederhaut ist stark durchblutet. Das Blut versorgt die Haut mit den notwendigen Nährstoffen. Wenn der Körper durch Überanstrengung oder Fieber überhitzt ist, werden die Adern in der Lederhaut stark erweitert. Sie nehmen dann mehr Blut auf. In den Adern an der Körperoberfläche kühlt das Blut ab. Dadurch sinkt die Körpertemperatur. Bei Kälte werden die

5 Zwei Fingerabdrücke: Sind sie gleich?

Adern verengt. Die Lederhaut wird kaum durchblutet, die Haut fühlt sich kalt an. Die Temperatur sinkt jedoch im Inneren des Körpers nicht ab, sondern bleibt auf 37 °C.
In der **Unterhaut** ist vor allem **Fett** eingelagert. Die Unterhaut der Frauen speichert mehr Fett als die der Männer. Die Unterhaut wirkt als elastisches Polster und schützt die darunterliegenden Organe. Sie dient auch als Schutz des Körperinneren vor zu starkem Wärmeverlust.

Versuche

1. Markiere eine Stelle deiner Haut auf dem Innenarm mit einem wasserunlöslichen Farbstift. Wasche diese Stelle zwei Tage nicht. Was passiert mit der Markierung? Erkläre.
2. Laß dir von einem Mitschüler die Augen verbinden und taste mit den Händen verschiedene Gegenstände ab, die du vorher nicht gesehen hast. Beschreibe deine Tasteindrücke, z. B. glatt, rauh, warm, kalt. Versuche herauszufinden, um was für Gegenstände es sich handelt.
3. Umhülle die warme Hand mit einer durchsichtigen Plastiktüte. Was kannst du nach fünf Minuten feststellen? Gib eine Erklärung.
4. Tauche die rechte Hand in ein Gefäß mit warmem Wasser und die linke Hand in ein Gefäß mit kaltem Wasser. Warte drei Minuten und betrachte dann beide Hände. Erkläre das unterschiedliche Aussehen deiner Hände.
5. Versuche mit einem Stechzirkel oder einer Nadel festzustellen, wie nah die Tastkörperchen zusammenliegen. Vergleiche dabei Finger und Handrücken.

Aufgaben

① Untersuche die Haut deiner Hände mit einer Lupe. Vergleiche Handrücken und Handinnenfläche. Schreibe deine Beobachtungen auf.

② Stelle mit Hilfe eines Stempelkissens Fingerabdrücke von deinen Fingern her. Vergleiche die Fingerabdrücke. Woran kann man einen Daumenabdruck erkennen? Beschreibe die Unterschiede der Muster.

③ Vergleiche die Fingerabdrücke in Abb. 5 und stelle dabei fest, ob die beiden Fingerabdrücke von einer Person stammen. Zwölf Übereinstimmungen im Hautleistenmuster sind notwendig, damit das Gericht anerkennt, daß die Abdrücke von derselben Person stammen.

④ Betrachte ein ausgerissenes Haar mit der Lupe, dem Binokular oder dem Mikroskop und fertige eine Zeichnung an.

⑤ Untersuche eine Kopfschuppe mit der Lupe und zeichne die Schuppe.

⑥ Stelle mit Hilfe der Lupe fest, wieviele Poren die Haut des Handrückens auf der Fläche von der Größe eines Pfennigs hat.

⑦ Beschreibe den Aufbau der Haut mit Hilfe der Abb. 1. Ordne dabei den einzelnen Schichten entsprechende Aufgaben zu, z. B.: Zur Oberhaut gehört die Keimschicht. Diese bildet Farbstoffe aus. Außerdem sorgt sie dafür, ...
Führe die Beschreibung entsprechend fort.

Die Haut besteht aus Oberhaut, Lederhaut und Unterhaut. Sie schützt den Körper vor Hitze, Kälte, Krankheitserregern und dem Austrocknen. Sie hilft mit, die Körpertemperatur zu regulieren.

12.2 Die Pflege der Haut

1 Spaziergang an der Nordsee

Versuche

1. Tauche deine Hände in eine Schüssel voll Wasser und beobachte beim Herausziehen der Hände, wie das Wasser von den Händen abläuft. Wasche anschließend deine Hände mit Seife und trockne sie ab. Führe den Versuch noch einmal durch. Vergleiche beide Ergebnisse und gib eine Erklärung.

2. Wasche deine Hände mit Seife und trockne sie ab. Laß eine Hand mit einer Fettcreme einfetten, die andere Hand bleibt zur Kontrolle nicht eingefettet. Nun arbeite mit beiden Händen in feuchter, lehmiger Erde. Laß dann die Erde an deinen Händen etwas antrocknen und reinige sie mit Wasser und Seife. Welche Hand wird schneller sauber? Gib eine Erklärung für die Beobachtung.

Die Haut wird von innen durch das Blut ernährt. Von außen können keine Nährstoffe in die Haut eindringen. Eine Nährcreme, die die Keimschicht, die Lederhaut oder sogar die Unterhaut versorgt, kann es daher nicht geben.

Mit Cremes und Salben wird die Hornschicht mit Feuchtigkeit und Fett versorgt.

Nur eine gesunde Haut kann die zahlreichen Aufgaben erfüllen. Sie erhält aus dem Blut alle notwendigen Nährstoffe und Vitamine. Für eine gesunde Haut ist eine gute Durchblutung daher besonders wichtig. Dies wird allerdings nur durch aktives Handeln erreicht, z. B. durch abwechselnd heißes und kaltes Duschen, Schlafen bei offenem Fenster, einen Spaziergang, Sport im Freien.

Wind und Sonne können die Haut austrocknen. Die Haut wird dann rauh und rissig. Schmutz und Staubteilchen bleiben leicht zwischen Hautschuppen in Hautrillen und Poren hängen. Schweiß, Hautfett, Schmutz und abgestoßene Hautschuppen erleichtern die Vermehrung von winzigen Lebewesen wie Hautpilzen und Bakterien. Einige von ihnen können **Krankheitserreger** sein. Sie dringen in Hautrisse ein und rufen Entzündungen in der Haut hervor.

Die Gesundheit der Haut wird durch eine richtige **Hautpflege** unterstützt und erhalten. Die Pflege beginnt mit dem Säubern der Haut. Mit Wasser und Seife entfernt man Schmutz und die meisten Bakterien, aber auch das Hautfett. Zu häufiges Waschen mit Seife entzieht der Haut soviel Fett, daß sie trocken und rauh wird (◁). Dies gilt besonders für die Hände. Ist die Haut der Hände rauh, sollte man sie

Solange kann man in der Sonne bleiben, ohne die Haut zu schädigen:

Tag	ohne Creme	mit Creme Schutzfaktor 6
1.	10 Minuten	6 x 10 Minuten
2.	15 Minuten	6 x 15 Minuten
3.	20 Minuten	6 x 20 Minuten
4.	30 Minuten	
7.	60 Minuten	
10.	120 Minuten	

Nicht länger als 2 Stunden pro Tag in der Sonne aufhalten. Über Mittag immer die Sonne meiden.

2 Wieviel Sonne verträgt die Haut?

Leichte Verbrennungen behandelt man, indem man mindestens eine Viertelstunde kaltes Wasser darüber laufen läßt.

Unter Allergie versteht man eine überempfindliche Reaktion des Körpers auf Fremdstoffe.

In den letzten Jahren entsteht immer häufiger Hautkrebs durch zuviel Sonneneinstrahlung auf die Haut. Dies hängt mit der zunehmenden Zerstörung der Ozonschicht zusammen.

nach dem Waschen mit einer Fettcreme einreiben. Durch die Creme werden Unebenheiten der Haut ausgeglichen, Schmutzteilchen können sich dort nur schwer festsetzen. Später ist dann die Reinigung der Haut leichter.

Körper und Füße sollte man einmal am Tage waschen, dadurch wird Schweiß entfernt, und es entsteht kein unangenehmer Körpergeruch. Die Haare sollte man mindestens einmal in der Woche waschen. Sehr fettiges Haar kann allerdings häufiger gewaschen werden. Die dünne Haut des Gesichtes verträgt nicht jede Seife. Es empfiehlt sich, eine besonders milde Seife zu verwenden. Die Haut des Körpers kann man nach dem Waschen mit einer einfachen, fetthaltigen Creme oder einem Körperöl einreiben, vor allem, wenn man eine trockene Körperhaut hat. Bei einer trockenen Haut geben die Talgdrüsen wenig Fett ab. Solche Haut wird durch Sonne, Kälte und Wind stärker angegriffen. Die Haut des Gesichtes, die ständig dem Klima ausgesetzt ist, sollte man mit einer Fettcreme schützen. Dies gilt besonders im Winter, wenn die Heizungsluft drinnen und die Kälte draußen die Haut stark austrocknen.

Sonnenstrahlen haben Vor- und Nachteile für die Haut. Ein Vorteil ist, daß die Haut gut durchblutet wird. Nachteilig ist, daß durch zuviel Sonne die Keimschicht geschädigt werden kann. Dann altert die Haut schneller, und es kann Hautkrebs entstehen. Die Haut reagiert auf Sonne, indem die Hornschicht dicker wird und mehr Farbstoffe gebildet werden. Wenn man längere Zeit nicht in der Sonne war, sollte man die Haut allmählich an die Sonne gewöhnen (Abb. 2). Zuviel Sonne verbrennt die Haut. Das erste Zeichen für einen Sonnenbrand ist eine Rötung der Haut. Bei stärkerer Verbrennung bilden sich Brandblasen.

Außer den Sonnenstrahlen können z. B. Feuer oder heißes Wasser die Haut verbrennen. Bei Brandblasen hebt sich die Hornschicht von der Keimschicht ab. Hautblasen können auch durch Reibung an einer Hautstelle entstehen. Sie sollten nicht geöffnet werden (◁).

Bei Schürfwunden sind nur die Oberhaut und Teile der Lederhaut verletzt. Solche Verletzungen kann man mit einem Pflaster, einem Sprühverband oder einem Wundgel behandeln.

Pickel und Mitesser sind Hautveränderungen, die häufig während der Pubertät auftreten. Diese Veränderungen werden auch **Akne** genannt. Akne kann heute vom Hautarzt mit bestimmten Arzneimitteln behandelt werden. Hautveränderungen können auch die Folge von ungesunder Ernährung, zu wenig Schlaf und zu wenig Bewegung in frischer Luft sein. Ein Hautausschlag zu einer bestimmten Zeit, z. B. nach dem Eincremen der Haut oder nach dem Genuß von bestimmten Speisen oder nach der Einnahme eines Medikamentes, deutet auf eine Überempfindlichkeit (Allergie) gegen ganz bestimmte Stoffe hin (◁). Der Hautarzt kann die Ursachen für Hauterkrankungen finden. Er gibt zugleich Anweisungen, wie man die verletzte Haut pflegt und wieder heilt.

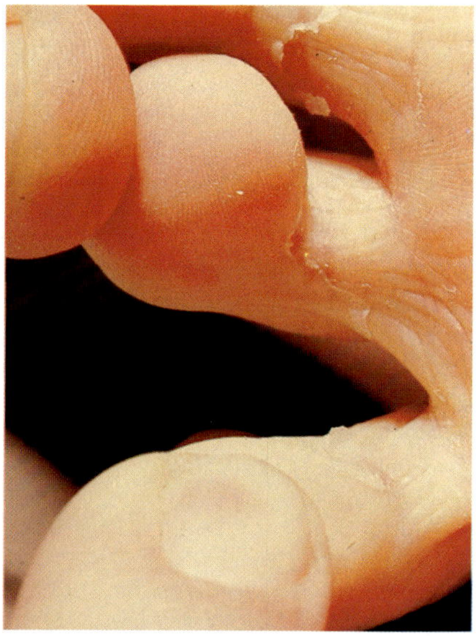

3 Hautpilzerkrankung am Fuß

Eine weitere Gefahr für die Haut, besonders für die Füße, sind die **Hautpilze.** Die winzig kleinen, mit bloßem Auge nicht sichtbaren Krankheitserreger gedeihen gut an feuchtwarmen Stellen. Häufig führt der Besuch eines Schwimmbades zum Befall mit Hautpilzen. Besprühe deshalb vor und nach dem Schwimmen deine Füße mit Fußspray, das in jedem öffentlichen Bad zu finden ist. Trockne deine Füße nach dem Baden gut ab, frottiere auch die Zwischenräume der Zehen. Anzeichen für Pilzbefall ist ein Jucken an den Zehen. Es treten kleine Hautbläschen auf (Abb. 3). Wenn man sich mit einem Hautpilz infiziert hat, kann man ihn mit bestimmten Salben bekämpfen, die der Hautarzt verschreibt.

Aufgaben

① Abb. 1 zeigt zwei Kinder an der Nordsee. In Abb. 2 kannst du ablesen, wie schnell sich die Haut an die Sonne gewöhnt. Schreibe auf, wie lange sich die Kinder ohne und mit Sonnenschutzcreme (Schutzfaktor 6) in der Sonne aufhalten können. Es ist ihr 3. Ferientag.

② Woran kannst du erkennen, daß du dich mit einem Hautpilz angesteckt hast? Abb. 3 zeigt eine Hautpilzerkrankung am Fuß. Wie muß man diese behandeln?

③ Familie Nause macht Sommerurlaub auf Mallorca. Vom ersten Tag an ist die Familie am Strand. Die Kinder Kati und Max werden häufig mit Sonnencreme eingecremt, haben in den ersten Tagen ein T-Shirt an und immer einen Hut auf. Herr Nause sitzt fast immer unter seinem Sonnenschirm. Frau Nause cremt sich auch ein, legt sich aber in die pralle Sonne. Abends ist ihre Haut rot und brennt.
Beschreibe das Verhalten von Herrn und Frau Nause und den Kindern. Wer verhält sich richtig, wer falsch?
Begründe deine Antwort.

Jeder kann dazu beitragen, seine Haut durch Hautpflege gesund zu erhalten. Man sollte die Haut reinigen, trockene Haut eincremen und vor starker Sonneneinstrahlung schützen. Bei Hautveränderungen sollte man den Hautarzt nach der richtigen Behandlung fragen.

Biotip

Herstellung einer Hautcreme
Sehr leicht kannst du dir eine Creme zur Pflege der Haut selbst herstellen. Dazu benötigst du: 50 g Eucerincreme, 2 g Zitronenöl, 2 g Geraniumöl, 1 g Orangenöl, 1 g Orangenblütenöl. Diese Zutaten sind in Apotheken und Naturkosmetikläden zu erhalten. Alle Zutaten müssen Zimmertemperatur haben. Gib erst ein Öl zur Eucerincreme und verrühre beides gut. Gib dann das nächste Öl dazu und verrühre wieder. Verfahre so, bis alle Öle in die Creme gerührt sind. Verwende zum Rühren z. B. den Stiel eines Löffels. Bewahre die fertige Creme in einem gut verschließbaren Gefäß auf.

Herstellung einer Erkältungscreme
Für Erkältungskrankheiten läßt sich eine weitere Creme leicht zubereiten. Diese wirkt lindernd, wenn man sie vor dem Zubettgehen auf die Brust reibt.
Herstellung: 50 g weiße Vaseline, dazu 5 g Öle, z. B. 5 g Pfefferminzöl oder 1 g Pfefferminzöl, 1,5 g Eucalyptusöl, 1 g Fenchelöl, 1 g Anisöl, 1 g Thymianöl. Die Herstellung erfolgt wie bei der Hautcreme.

12.3 Zigarette? Nein, danke!

Aufgaben

① Stelle fünf Beispiele für Zigarettenwerbung zusammen und werte sie aus: Womit erreicht der Zigarettenhersteller, daß man die Werbung gut findet? Was zeigt die Zigarettenwerbung nicht?

② Stelle ein eigenes Werbeplakat her, das sich gegen das Rauchen richtet und die Gefahren aufzeigt. Entwirf ein Werbeplakat für Nichtraucher.

③ Peter ist bei Lars zur Geburtstagsfeier. Zum Programm gehört auch eine Schnitzeljagd draußen im Wald. Am Ziel wartet Peter mit seinem Partner Jan auf die anderen der Gruppe. Plötzlich zieht er eine Zigarettenschachtel heraus, nimmt sich eine und steckt sie an. „Willst du auch eine?" fragt er Jan. „Nein, danke", lehnt Jan ab. Es entwickelt sich ein Gespräch, bei dem Peter versucht, Jan zum Rauchen zu überreden und Jan versucht, Peter klarzumachen, daß er leichtsinnig ist.
Versuche dich zuerst in die Lage von Peter, dann in die von Jan zu versetzen und schreibe Argumente für beide auf.

1 „Nein danke, ich rauche nicht!"

Durch Einatmen von Zigarettenrauch gelangen schädliche Stoffe in den Körper des Menschen. So kann durch die aufgenommenen **Teerstoffe** eine **Bronchitis,** eine Entzündung der Bronchien, entstehen.

Ein Kleinkind, das zwei Zigaretten ißt, kann daran sterben.

Der bekannteste Schadstoff des Tabakrauches ist das **Nikotin.** Es ist ein gefährliches Gift für den Körper. Es gelangt mit dem Rauch in die Lunge, von dort ins Blut und so in alle Teile unseres Körpers (Abb. 2). Je häufiger man Rauch einatmet, desto größer wird die Wahrscheinlichkeit, daß Entzündungen auftreten, weil der Körper durch das Gift zunehmend geschwächt wird. Starkes Rauchen führt häufig zu Durchblutungsstörungen, vor allem in den Beinen und Armen bis hin zum Absterben von Gewebe. Man weiß heute auch, daß **Lungenkrebs** eine Folge des Rauchens ist. Wenn auch nicht alle Raucher unbedingt Krebs bekommen, so sind fast alle Lungenkrebstote Raucher gewesen (s. S. 122).

Die Gefährdung des Rauchens ist um so größer:
- *je mehr man pro Tag raucht*
- *je jünger mit Rauchen angefangen wird*
- *je länger man raucht*
- *je tiefer man inhaliert*

Die Gefahren des Rauchens waren im Mittelalter noch nicht bekannt, man sprach aber schon von der „trockenen Trunkenheit". Heute weiß man, daß der Raucher für den Genuß einen hohen Preis zahlen muß. Die Leistungsfähigkeit nimmt ab. Häufiges Rauchen führt zur **Abhängigkeit.** Menschen, die ohne Zigaretten nicht mehr leben können, sich nicht mehr wohl fühlen, sind abhängig. Wenn man abhängig ist, kommt es schon nach kurzer Zeit des Nichtrauchens zu **Entzugsbeschwerden:** Konzentrationsschwächen, Magenschmerzen und Herzschmerzen.

Auch als Nichtraucher kann man von den Auswirkungen des Rauchens betroffen sein. Überall, wo geraucht wird, atmen auch die Nichtraucher den schädlichen Tabakrauch ein. Wenn dies sehr häufig geschieht, können durch dieses „passive Rauchen" ebenfalls Gesundheitsstörungen auftreten. Deshalb gibt es bei der Bundesbahn besondere Abteile für Raucher. In den meisten Warteräumen, z. B. beim Arzt, ist das Rauchen ebenfalls untersagt, so bleibt die Luft, die alle einatmen müssen, frei von schädlichen Stoffen des Tabakrauches. Solche Regelungen schützen die Nichtraucher. Ebenso sinnvoll ist es, dafür zu sorgen, daß im Auto und in kleinen Räumen, aber auch im Kinderzimmer und Schlafzimmer nicht geraucht wird.

Der Raucher erhöht nicht nur die Wahrscheinlichkeit, selbst Lungenkrebs zu bekommen, sondern er ist auch mitverantwortlich für die erhöhte Krebswahrscheinlichkeit z.B. seiner Angehörigen oder Freunde. Mit jeder Person, die in einer Familie mehr raucht, erhöht sich die Krebswahrscheinlichkeit entsprechend für alle Familienmitglieder.

Aufgaben

④ „Rauchstraße" nennt man den Weg des Rauches im Körper. Schreibe die Stationen im Körper auf (Abb. 2).

⑤ Lars und Peter diskutieren über Vor- und Nachteile des Rauchens. Peter sagt: „Mein Opa ist schon lange starker Raucher. Er ist gerade 85 Jahre alt geworden und hat keinen Lungenkrebs." Setze die Diskussion fort. Was könnte Lars darauf antworten?

⑥ Frage Eltern, Nachbarn oder Bekannte, warum sie rauchen. Stelle eine Liste mit den Antworten zusammen. Frage auch danach, ob sie gern aufhören würden zu rauchen, und ob sie es schon versucht haben. Trage auch diese Antworten in eine Liste ein.

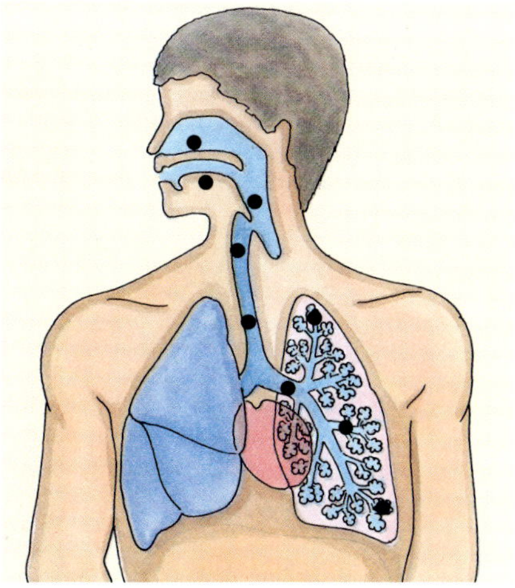

2 „Rauchstraße"

Mit dem Tabakrauch werden gesundheitsschädliche Stoffe wie Nikotin und Teer aufgenommen. Rauchen führt leicht zur Abhängigkeit und zu Erkrankungen der Lunge, des Herzens und des Blutkreislaufes. Auch „passives Rauchen" ist schädlich.

Versuche

1. Fülle ein Glasrohr mit Watte, die als Filter dienen soll. Schließe das Glasrohr über eine Waschflasche an eine Wasserstrahlpumpe an und lasse den Rauch einer Zigarette langsam durchziehen bis sie abgebrannt ist. Schließe danach ein zweites Glasrohr mit Watte an die Wasserstrahlpumpe an und lasse ebenso lange normale Luft hindurchziehen. Vergleiche die Watte aus beiden Glasrohren miteinander. Schreibe Unterschiede auf.

2. Fülle zwei Glasrohre mit Watte-Kochsalz-Watte und gehe dann wie in Versuch 1 vor.
Du kannst den Teer aus dem Kochsalz herausholen, indem du das Kochsalz in einen Papierfilter schüttest und langsam Wasser darüber laufen läßt. Das Kochsalz löst sich auf, die Teerstoffe bleiben im Filter zurück.

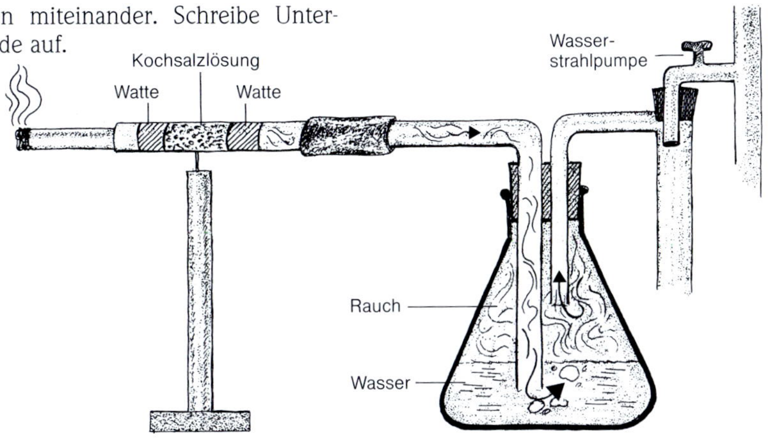

12.4 Ist Alkohol gefährlich?

1 Jugendliche trinken Saft

Alkohol wird z. B. aus Obst oder Getreide gewonnen. Diese enthalten Zucker oder Stärke, die durch Gärung in trinkbaren Alkohol umgewandelt werden.

Jeder von uns hat schon erlebt, daß Erwachsene nach Genuß von **Alkohol** lustig werden oder auch aggressiv. Es scheint so, als ob sie mehr Mut haben. Hemmungen scheinen dann wie weggeblasen. Angetrunkene Menschen bilden sich ein, daß ihre Probleme viel einfacher geworden oder gar nicht mehr vorhanden sind. Diese angenehmen Wirkungen des Alkohols sind nur von kurzer Dauer. Falls man Probleme hat, bestehen diese weiter. Sie sind nachher genauso vorhanden wie vorher. Alkohol kann auch wie eine Betäubung wirken: man reagiert langsamer, man kommt leicht aus dem Gleichgewicht, man hat Schwierigkeiten beim Sprechen. Diese Wirkungen des Alkohols können für den Angetrunkenen wie für seine Mitmenschen lebensgefährlich sein. Das gilt für den Erwachsenen, der angetrunken ein Auto steuert, ebenso wie für den Jugendlichen, der mit dem Fahrrad fährt. Jeder, auch der Jugendliche, kann den Gefahren aus dem Wege gehen, wenn er Alkohol meidet.

Größere Mengen von Alkohol sind ebenso schädlich wie Nikotin. Beides sind Gifte. Ein durch Alkohol gefährdeter Mensch trinkt zunächst nur gelegentlich, dann immer häufiger und immer mehr. Er wird **abhängig.** Alkoholabhängigkeit ist eine Krankheit. Je früher man erkennt, daß man alkoholabhängig ist, desto größer ist die Wahrscheinlichkeit, daß man wieder gesund wird.

Die folgenden Organe werden vor allem geschädigt, wenn man häufig Alkohol trinkt: Im Magen wird die Schleimhaut gereizt und kann sich entzünden, was mit Magenschmerzen verbunden ist. Schließlich entstehen Magengeschwüre. Auch die Bauchspeicheldrüse kann sich entzünden. Solche Schädigungen rufen meist starke Magenschmerzen und Verdauungsstörungen hervor. Der Darm kann sich auch entzünden. Darmgeschwüre und Blutungen können die Folge sein. Wenn man häufig trinkt, wird die **Leber** geschädigt. Langfristig schädigt Alkohol auch das Herz und das Gehirn, es kommt zu Herzmuskelerkrankungen und Nervenentzündungen. Diese Erkrankungen stellen sich um so eher ein, je jünger die Person ist, die häufig Alkohol getrunken hat.

Wenn man in kurzer Zeit sehr große Mengen Alkohol trinkt, kommt es zu Störungen der Atem- und Herztätigkeit und schließlich zum völligen Zusammenbruch mit Bewußtlosigkeit, manchmal sogar mit Todesfolge. Die Wirkung des Alkohols ist also von der aufgenommenen Menge abhängig.

Laut Gesetz darf an niemanden bis zum 17. Lebensjahr Alkohol verkauft oder ausgeschenkt werden.

Bei Kindern wirkt der Alkohol anders als bei Erwachsenen. Schon nach geringen Mengen Alkohol – z. B. einigen Schlukken – sind sie erregt, unruhig und handeln schneller. Nach einem oder mehreren Gläsern Bier oder Wein wird daraus lautstarkes ungezügeltes, oft gereiztes Verhalten mit anschließendem „Katzenjammer". Der Zustand des Rausches, des Lustigseins, des Wohlbefindens fehlt häufig oder geht schnell in Erbrechen, Schlaf- oder Bewußtlosigkeit über.

Aufgaben

① In Abb. 2 ist dargestellt, wie sich der Getränkeverbrauch im Laufe der letzten Jahre verändert hat.
Wieviel Liter der verschiedenen Getränke wurden 1990 verbraucht?
Vergleiche, wieviel Liter der verschiedenen Getränke 1970, 1980 und 1990 verbraucht wurden.

② Christian ist Auszubildender in einem metallverarbeitenden Betrieb. Es ist spät abends, er kommt vom Betriebsausflug mit dem Bus zurück, hat mehrere Flaschen Bier getrunken und will jetzt mit dem Fahrrad nach Hause fahren. Als er losfährt, merkt er, daß er nicht rechts auf der Straßenseite bleiben kann, er fährt „Schlangenlinie". Schreibe in dein Heft, wie die Fahrt von Christian weiter verlaufen könnte und denke dabei auch an Gefahren, die für Christian und für seine Mitmenschen entstehen könnten.

③ Stelle aus Illustrierten, die für alkoholische Getränke werben, zusammen: Was wird versprochen und was wird über die Folgen des Alkohols geschrieben?

④ „Kommt doch herein", ermuntert die Mutter den Besuch. Nachdem sich das befreundete Ehepaar gesetzt hat, fragt sie: „Was darf ich euch anbieten?" Gemeint ist damit meistens ein alkoholisches Getränk. Doch beide danken, sie möchten nichts trinken. Nach mehrmaliger Aufforderung trinken sie schließlich ein Glas Mineralwasser.
Schreibe Gründe auf, warum das Ehepaar alkoholische Getränke ablehnt.
Versuche zu erklären, warum viele Erwachsene nach mehrmaligem Bitten doch alkoholische Getränke trinken, obwohl sie es nicht vorhatten.

Alkohol kann die Gesundheit und damit auch die Entwicklung des menschlichen Körpers gefährden. Er gelangt schnell ins Blut und wirkt am stärksten auf das Gehirn. Häufiges Trinken alkoholischer Getränke führt leicht zur Abhängigkeit und ruft Erkrankungen hervor, z. B. des Magens, des Darms, der Leber, des Herzens.

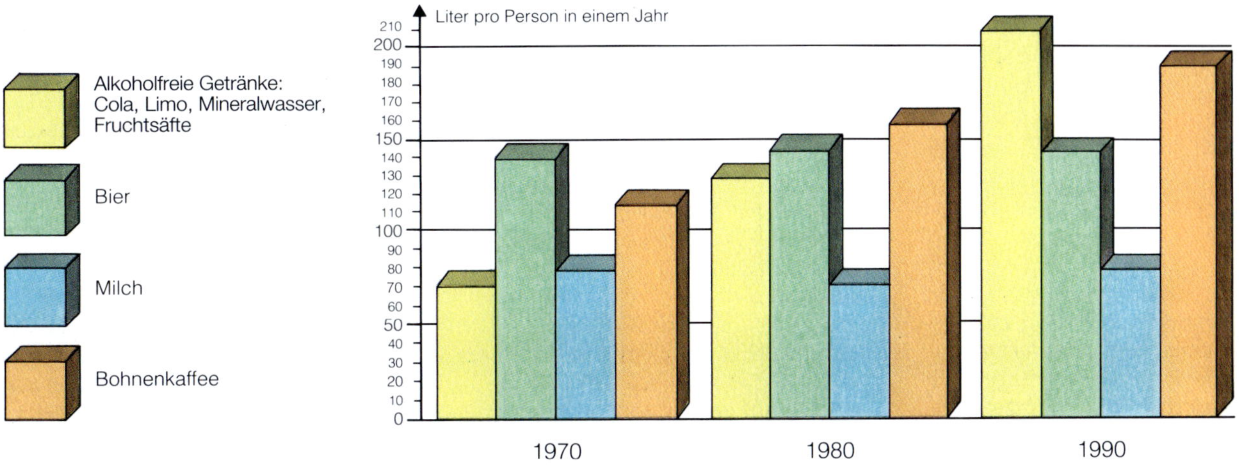

2 Getränkeverbrauch in der Bundesrepublik Deutschland

12.5 Eine Tablette gegen Kopfschmerzen?

Aufgaben

① Frank klagt morgens über Kopfschmerzen, hat keinen Hunger und fühlt sich schlapp. Die Mutter gibt ihrem Sohn eine Kopfschmerztablette und schickt ihn in die Schule. Nach zwei Stunden kommt Frank aus der Schule nach Hause, er fühlt sich schlecht, hat Kopfschmerzen und legt sich sofort ins Bett. Am Abend atmet er schwer und schnell und ist sehr heiß. Die Mutter mißt die Körpertemperatur und stellt fest, daß er hohes Fieber hat: 40,5 °C. Der Hausarzt stellt eine Grippe fest und empfiehlt, Wadenwickel zu machen. Was kannst du aus diesem Vorfall lernen?

② Nenne drei Arzneimittel, die häufig eingenommen werden: z. B. gegen Kopfschmerzen, Magenschmerzen oder gegen Durchfall. Welche Wirkungen und Nebenwirkungen haben die Arzneimittel? Übertrage die folgende Tabelle in dein Heft und fülle sie entsprechend aus:

Arzneimittel	1	2	3
Einnahmeform			
Eigenschaften			
Nebenwirkungen mögliche Spätfolgen			
darf nicht eingenommen werden bei:			

Viele Menschen, junge und alte, nehmen Tabletten, wenn sie von Schmerzen geplagt werden. Ein Grund dafür kann sein, daß der Arzt diese Tabletten verordnet hat, z. B. gegen starke Schmerzen nach einer Operation oder während einer schweren Erkrankung. Besonders wichtig ist, das verordnete **Arzneimittel** genau nach Anweisung des Arztes einzunehmen. Dann kann der Heilungsprozeß gefördert werden. Eine Reihe von Arzneimitteln sind für die Erkrankten lebensnotwendig, z. B. bei Zuckerkrankheit oder bei Bluthochdruck.

Arzneimittel können Stoffe enthalten, die auf den Körper schädlich wirken (Abb. 3). Diese Gefahr besteht auch, wenn die Tabletten in großen Mengen und lange Zeit eingenommen werden. Viele Menschen denken, daß man vor Schäden keine Angst zu haben braucht, wenn man nicht zuviel auf einmal und nur ab und zu solche Tabletten nimmt. Doch für manche Tabletten gilt dies nicht. Schon geringe Mengen können Schäden hervorrufen.

Ein **Schmerzmittel,** das man einnimmt, kann zu einem Zustand führen, der als angenehm empfunden wird. Die Schmerzen sind weg, man fühlt sich topfit. Mißbrauch von Arzneimitteln liegt dann vor, wenn das Schmerzmittel weiter eingenommen wird, um den angenehmen Zustand wieder zu erreichen, ohne daß man vorher von Schmerzen geplagt wurde. Bei häufiger Einnahme gewöhnt sich der Körper an das Schmerzmittel. Die gewünschte Wirkung wird dann nur noch erreicht, wenn die Tablettenmenge gesteigert wird. Häufiger oder ständiger Mißbrauch von Arzneimitteln führt leicht zur **Abhängigkeit.** Dies gilt für Schmerzmittel genauso wie für Aufputschmittel, Beruhigungsmittel oder Schlafmittel.

Ein Arzneimittel wirkt nicht bei jedem Menschen gleich. Auch machen mehrere Arzneimittel, gleichzeitig eingenommen, nicht schneller gesund. Bevor man ohne ärztliche Beratung Arzneimittel einnimmt, sollte man sich folgende Fragen beantworten und dann entsprechend handeln:
Habe ich die Kopfschmerzen selbst verursacht, z. B. durch zu wenig Schlaf, zu viel Fernsehen. Gehen sie ohne Einnahme von Tabletten vorbei?
Gibt es gegen meine Schmerzen ein natürliches Mittel, z. B. mehr Schlaf, ein erfrischendes Duschbad oder Bewegung an der frischen Luft?
Sollte ich einen Thymiantee oder einen Kamillentee trinken? Viele einfache, kurzfristige Beschwerden wie Erkältungsbeschwerden oder Magenschmerzen lassen sich damit beseitigen (Abb. 1, 2).

Das Einnehmen von Arzneimitteln kann gefährlich sein und sollte daher nur auf Anordnung des Arztes vorgenommen werden. Besonders gefährlich wird es dann, wenn das Einnehmen zur Gewohnheit wird. Viele Arzneimittel enthalten Stoffe, die bei häufiger Einnahme abhängig machen.

Arzneimittel können das Gesundwerden beschleunigen, allerdings nur bei richtigem Gebrauch. Dazu gehört:
- *nur bei Krankheit einnehmen*
- *genau nach Anweisung (Dosis und Dauer) einnehmen*

Ätherisch nennt man die Öle, die an der Luft leicht verfliegen und intensiv duften.

1 Echte Kamille
Kamille gehört in jede Hausapotheke. Die ätherischen Öle wirken entzündungshemmend, blähungsvertreibend, krampflösend und verdauungsfördernd. Kamillentee hilft bei Schnupfen wie bei Blähungen und Darmkrämpfen. Kalte Umschläge lindern Sonnenbrand.

2 Gartenthymian
Thymian ist, wie viele Kräuter, nicht nur Küchengewürz, sondern auch Heilkraut. Honiggesüßter Thymian-Tee wird oft als Kur vorbeugend gegen Erkältungskrankheiten empfohlen. Thymian hat schleim- und krampflösende Eigenschaften und hilft bei Husten.

Dolonida
Schmerztabletten

Zusammensetzung
1 Tabeltte enthält:

Acetylsalicylsäure	250 mg
Paracetamol	200 mg
Coffein	50 mg

Anwendungsgebiete
Schmerzen, z. B. Kopf- und Zahnschmerzen, Schmerzen bei Entzündungen, bei Fieber, bei Erkältungen.

Gegenanzeige
Dolonida Schmerztabletten dürfen nicht angewendet werden bei Magen- und Zwölffingerdarmgeschwüren, bei krankhaft erhöhter Blutungsneigung, bei Asthma, bei geschädigter Niere, in der Schwangerschaft insbesondere in den letzten drei Monaten.
Hinweis:
Patienten, die an Asthma, Heuschnupfen, Nasenschleimhautschwellung (Nasenpolypen) oder chronischen Atemwegsinfektionen leiden oder allergisch auf Arzneimittel reagieren, sollten vor Anwendung den Arzt befragen.
Bei längerer Anwendung sollte der Arzt befragt werden.

Nebenwirkungen
Magenbeschwerden, Magen-Darm-Blutverluste, selten Hautreaktionen, Leberschäden.
Hinweis:
Bei häufiger und längerer Anwendung kann es in seltenen Fällen zu schweren Magenblutungen kommen. Bei Auftreten von schwarzem Stuhl ist der Arzt zu benachrichtigen.
Schwindel, Ohrenklingen können bei Kindern und älteren Patienten auftreten. Den Arzt in solchen Fällen benachrichtigen.

Wechselwirkungen mit anderen Mitteln
Acetylsalicylsäure erhöht die Wirkung gerinnungshemmender Arzneimittel und die Wirkung von blutzuckersenkenden Arzneimitteln. Die Leberschädlichkeit in Verbindung mit Schlafmitteln wird erhöht.

Dosierung und Art der Anwendung
Soweit nicht anders verordnet, nehmen Erwachsene und Jugendliche über 14 Jahre 1–2 Tabletten bis zu 3 x täglich, Kinder zwischen 6 und 14 Jahren ½–1 Tablette täglich.
Die Tabletten sind unzerkaut mit reichlich Wasser einzunehmen.

Arzneimittel für Kinder unzugänglich aufbewahren

Eigenschaften
Dolonida enthält zwei bewährte schmerzstillende Substanzen, die sich in sinnvoller Weise ergänzen: Die Acetylsalicylsäure wirkt entzündungshemmend und äußerlich fiebersenkend. Das Paracetamol beseitigt Schmerzen und wirkt direkt auf das Temperaturzentrum im Gehirn. Das Coffein wirkt anregend auf den ganzen Körper und wirkt mit bei der Beseitigung der Kopfschmerzen.

Dolonida
Chemisch-pharmazeutische Fabrik

3 Beipackzettel eines Arzneimittels

12.6 Giftpflanzen

Peter und Ina stehen im Wald vor einem Pilz und streiten sich, ob der Pilz ein Fliegenpilz ist. Peter sagt: „Den kann man bestimmt essen, das ist kein Fliegenpilz." Ina meint: „Der sieht aus wie ein Fliegenpilz, nur daß er nicht rot ist. Der ist bestimmt giftig." Die Kinder beschließen, den Pilz stehen zu lassen. Sie merken sich genau, wie er aussieht. Zu Hause sehen sie in einem Buch nach, welcher Pilz es gewesen sein könnte (Abb. 1). „Ich hab ihn", ruft Ina. „Hier, genauso hat er ausgesehen. Er heißt Pantherpilz. Hier steht, er ist sehr giftig. Nur gut, daß wir ihn nicht mitgenommen haben."

Wenn man von Pilzen spricht, meint man meistens diejenige Gruppe von Pilzen, die im Boden leben und große Fruchtkörper bilden.

Diese Fruchtkörper essen wir z. B. von Pfifferlingen, Steinpilzen oder Champignons. Es gibt aber auch viele Pilze, die giftig sind.

Es gibt noch eine andere Gruppe von Pilzen, die häufig giftig ist: die Schimmelpilze. Du kennst sie als grün-weißlichen Belag z. B. auf Brot oder Marmelade. Angeschimmelte Lebensmittel sollte man stets wegwerfen. Die Stellen ausschneiden reicht meistens nicht, weil die Pilzfäden schon, nicht sichtbar, weitergewachsen sind.

Kann man giftige Pilze leicht von eßbaren unterscheiden? Die Antwort lautet: manchmal ja, meistens nein (Abb. 1). So hat der sehr giftige, Weiße Knollenblätterpilz eine Knolle mit weißem Häutchen.

Weißer Knollenblätterpilz:

Alle Teile weiß.
Standort: Fichtenwälder, Mischwälder unter Buchen und Eichen
giftig

Anis-Champignon:

Hut weiß, bei Druck gelb.
Standort: Nadelwaldränder, Waldlichtungen, unter Gebüsch in Parks
eßbar

Pantherpilz:

Geriefter Hutrand.
Standort: Nadel- und Mischwälder
giftig

Grauer Wulstling:

Glatter Hutrand.
Standort: Nadel- und Mischwälder
eßbar

1 Ähnlich aussehende Pilze, die leicht zu verwechseln sind

Der Wiesenchampignon oder der Anis-Champignon haben dies nicht und sind eßbar. Leider kann man daraus nicht schließen, daß Pilze mit Knolle und Häutchen giftig sind. Beim Pantherpilz ist es genau umgekehrt. Er hat eine Knolle ohne Häutchen und ist sehr giftig. Es gibt also keine Regel, auch keine sogenannte Volksregel, die das sichere Unterscheiden von giftigen und eßbaren Pilzen zuläßt. Daher ist es gut, wenn du die häufigsten Pilze, die besonders giftig sind, kennenlernst. Wenn du Pilze sammeln willst, dann nur solche, die du sicher kennst. Lasse unbekannte Pilze an ihrem Ort stehen, zerstöre sie nicht!

Auch anderen **Giftpflanzen** kann man nicht ansehen, daß sie in Teilen oder ganz giftig sind bzw. wie giftig sie sind. Die Giftpflanzen enthalten Stoffe, die schon in geringer Menge eingenommen Vergiftungen hervorrufen. Dazu gehören z. B. Efeu, Rhododendron, Philodendron, Buschwindröschen und das Maiglöckchen (Abbildungen S. 146, 147).

Zur Gruppe der Giftpflanzen, deren Teile stark giftige Wirkungen hervorrufen, gehört z. B. der Goldregen, der in vielen Gärten anzutreffen ist. Alle Teile des Goldregens, Blüten wie Früchte, sind giftig. Oft verhindert der starke Brechreiz nach dem Essen von Pflanzenteilen schwerwiegende Folgen. Das Gift kann tödlich wirken. Alle Teile der Tollkirsche ähnlich wie beim Goldregen enthalten Stoffe, die sehr giftig wirken. Die Früchte, glänzend schwarze Beeren, die von Vögeln wie Drossel und Fasan ohne gesundheitliche Schäden gefressen werden, haben einen süßlichen Geschmack und reizen zum Essen. Daher Vorsicht, denn zwei bis fünf Beeren können bei Kindern je nach Alter eine tödliche Gefahr sein. Zwei bis drei Blätter des Roten Fingerhutes, z. B. mit anderen Pflanzenteilen als Tee zubereitet, können auch zum Tod führen. Allerdings ist der Geschmack sehr bitter, und nach dem Essen folgt meistens starkes Erbrechen.

Folgende Regeln dienen der Gesundheit:
– Bei Vergiftungserscheinungen wie Erbrechen, Durchfall, Krämpfen aller Art sofort den Arzt informieren.
– Alle Giftreste, Pflanzenteile, Packungen, in denen die giftigen Pflanzenteile oder Lebensmittel enthalten waren, ebenso das Erbrochene aufbewahren, beschriften und zum Arzt oder zur Klinik mitgeben.
– Nach Essen giftiger Pflanzenteile viel Flüssigkeit trinken (außer Milch und Alkohol) und anschließend den Vergifteten zum Erbrechen bringen bzw. das natürlich hervorgerufene Erbrechen fördern.
– Atemwege freihalten, z. B. wenn der Vergiftete bewußtlos ist und erbrochen hat.
– Beruhigend auf den Betroffenen und die Umgebung einwirken.

2 Goldregen

Aufgaben

① Vergleiche die in Abb. 1 dargestellten Pilze. Schreibe auf, wie sich jeweils zwei ähnlich aussehende Pilze unterscheiden und was sie so ähnlich macht.

② Fertige eine Tabelle an, die folgendes Aussehen hat:

Name der Giftpflanze	Giftige Teile der Pflanze	Vergiftungs-erscheinungen

Trage alle Giftpflanzen, die in diesem Abschnitt beschrieben sind, sowie die auf Seite 146, 147, in die Tabelle ein.

Giftpflanzen enthalten Stoffe, die bei uns Vergiftungen hervorrufen. Man kann es Pflanzen nicht ansehen, ob sie für uns giftig sind.

Stechpalme

giftig: die roten Beeren

Vergiftungserscheinungen:
Bei Aufnahme durch den Mund Erbrechen, heftiger Durchfall, Schläfrigkeit.
Für Erwachsene sind 20–30 Beeren tödlich, für Kinder noch weniger.

Maiglöckchen

giftig: alle Teile

Vergiftungserscheinungen:
Bei Aufnahme durch den Mund Erbrechen, Durchfall, Schwindel, Herzrhythmusstörungen, zuletzt Kreislaufkollaps.

Schneebeere

oder Knallerbsenstrauch

giftig: die weißen Beeren

Vergiftungserscheinungen:
Bei Hautkontakt Hautentzündung, bei Aufnahme durch den Mund Erbrechen und Durchfall.

Fingerhut

giftig: alle Teile

Vergiftungserscheinungen:
Bei Aufnahme durch den Mund Erbrechen, Durchfall, Gefäßkrämpfe, Herzrhythmusstörungen, zuletzt Tod durch Herzlähmung.

Essigbaum

giftig: alle Teile durch den Milchsaft

Vergiftungserscheinungen:
Bei Hautkontakt Hautentzündung; Milchsaftspritzer ins Auge führen zu Entzündungen der Bindehaut und der Hornhaut; bei Aufnahme durch den Mund Erbrechen und Durchfall.

Liguster

giftig: Rinde, Blätter, vor allem die schwarzen Beeren

Vergiftungserscheinungen:
Bei Hautkontakt Hautentzündung; bei Aufnahme durch den Mund heftiges Erbrechen, starker Durchfall, Krämpfe, zuletzt Kreislauflähmung.

Kartoffel

giftig: alle oberirdischen Teile einschließlich der grünen Kartoffelbeeren

Vergiftungserscheinungen:
Bei Aufnahme durch den Mund heftiges Erbrechen und starker Durchfall, Schwindel, Krämpfe, Fieber, zuletzt Atemlähmung.

Eibe

giftig: fast alle Teile

Vergiftungserscheinungen:
Bei Aufnahme durch den Mund Erbrechen, Durchfall, weite Pupillen, Herzrhythmusstörungen, Bewußtseinstrübung, zuletzt Kreislauf- und Atemlähmung.

Ginster

giftig: alle Teile

Vergiftungserscheinungen:
Bei Aufnahme durch den Mund Durchfall, Kreislaufstörungen.

Schneeball

giftig: Rinde, Blätter, rote Beeren

Vergiftungserscheinungen:
Bei Aufnahme durch den Mund Erbrechen, Durchfall, auch tödliche Vergiftungen bekannt.

Biotip

Einige Früchte und Samen sind für den Menschen giftig. Auf dieser Seite sind giftige Pflanzen dargestellt, die in Gärten, Parks, Hecken und Wäldern vorkommen. Besonders Kleinkinder sind gefährdet, weil sie vieles mit dem Mund untersuchen. Ältere Kinder sind neugierig und probieren gerne aus. Viele Vergiftungen rühren nicht von Blütenpflanzen her, sondern von Pilzen. Man sollte nichts essen, bei dem man unsicher ist, ob es genießbar oder ungenießbar ist. Sobald Vergiftungserscheinungen eintreten, muß sofort ein Arzt hinzugezogen werden.

Fertige eine Skizze von der näheren Umgebung deiner Wohnung an. Zeichne in diese Skizze den Standort giftiger Pflanzen ein. Die Abbildungen auf dieser Seite sind dabei eine Hilfe. Sprich mit Eltern, Nachbarn und Kindern über deine Untersuchung. Umfangreicheres Informationsmaterial über Giftpflanzen bekommst du bei den Informationszentralen für Gifte und den Apotheken.

13 Sexualität des Menschen

13.1 Pubertät bei Mädchen und Jungen

1 Jugendliche

„Was ist das für ein Höllenkrach! Stell' sofort dein Radio leiser!" Herr Peters ist wütend auf seine Tochter Sabine. „Die Musik muß aber so laut sein, dann knallt sie echt rein!" wehrt sich Sabine. „Wenn du den Kasten nicht leise stellst, dann knallt es gleich bei dir rein!" droht Herr Peters. „Glaubst du vielleicht, daß alle diesen Krach mögen?" „Ist ja schon gut. Ich wollte sowieso zu Tina", sagt Sabine, und weg ist sie.

So wie zwischen Sabine und ihrem Vater kann es in vielen Familien Spannungen geben, wenn die Kinder zu Jugendlichen werden. Es ist für Eltern und ihre Kinder oft eine schwierige Zeit. Vielen Eltern fällt es schwer, sich daran zu gewöhnen, daß ihre Kinder andere Bedürfnisse und Interessen entwickeln, eigene Wege gehen und ein anderes Verhalten zeigen. Aus Sorge um das Wohlergehen ihrer Kinder geben sie gutgemeinte Ratschläge. Dabei kommt es dann zu Auseinandersetzungen und Verstimmungen. Manche Jugendliche fühlen sich dann nicht verstanden oder einsam. Hier können nur gegenseitiges Vertrauen, Verstehenwollen und ein offenes Gespräch helfen.

Ein Jugendlicher muß natürlich selbständiger werden. Andererseits braucht er aber noch die Hilfe und Geborgenheit der Eltern. Er läßt sich allmählich von ihnen weniger beeinflussen und beginnt, sich eher mal zu widersetzen oder sich zu entziehen. Viele Jugendliche ziehen sich wie Sabine in ihren eigenen Bereich und in eine eigene Welt zurück. Sie hören z. B. gern lautstarke Musik oder verbringen ihre Zeit lieber mit Gleichaltrigen in ihrer Gruppe als mit ihren Eltern (Abb. 1). Dort fühlen sie sich besser verstanden und angenommen. Sie haben Gelegenheit, über ihre Probleme zu sprechen. Eltern und Lehrer werden kritischer von ihnen gesehen. Vielen Jugendlichen fällt in dieser Zeit das Lernen schwer, so daß an ihrem eigenen Verhalten und ihren Leistungen Kritik geübt wird. Sie reagieren darauf sehr empfindlich und können Kritik an ihrem Aussehen oder Verhalten schlecht vertragen. Sie wollen auch nicht mehr wie Kinder behandelt werden. Sie sträuben sich z. B. mehr und mehr gegen die Zärtlichkeit und gutgemeinte Fürsorge ihrer Eltern. Leicht rutscht ihnen schon mal ein patziges Wort über die Lippen. Flegeljahre nennen die Erwachsenen diese schwierige Zeit. Es ist die Zeit der **Pubertät.** So bezeichnet man die Reifezeit, in der aus einem Kind ein junger Erwachsener wird. Nach einer gewissen Zeit wird ein Jugendlicher dann wieder ausgeglichener, zugänglicher und selbstsicherer, das kann manchmal Jahre dauern.

Die körperliche Reifung setzt heute drei bis vier Jahre früher ein als noch vor 100 Jahren. Die geistig-seelische Reife wird dagegen auch heute noch erst mit etwa 18 Jahren erreicht.

Die Pubertät beginnt bei Mädchen frühestens im 9. Lebensjahr, meist fängt sie zwischen dem 11. und 12. Lebensjahr an. Bei Jungen setzt die Pubertät erst ein bis zwei Jahre später ein. Die Pubertät ist eine Zeit des Umbruchs, die große seelische und körperliche Veränderungen hervorbringt.

Viele Jugendliche zeigen in dieser Zeit auffallende Schwankungen ihrer Stimmungen und Gefühle. Mal sind sie schlecht gelaunt, mal übertrieben albern und fröhlich. Mal sind sie tieftraurig, mal sprühen sie vor Glück. Mal sind sie lustlos und gelangweilt, mal sind ihre Begeisterung und ihr Tatendrang kaum zu bremsen. Manche ziehen sich zeitweise in eine Traumwelt zurück. Ihre geheimsten Gedanken und Gefühle vertrauen sie oft nur ihrem wohlgehüteten Tagebuch an. Manche können sich in dieser Zeit selbst nicht mehr verstehen.

Die Jugendlichen beobachten aufmerksam alle Veränderungen, die sich an ihrem Körper vollziehen. Bei allen setzt früher oder später ein starkes Längenwachstum ein, begleitet von deutlicher Gewichtszunahme. Bei Mädchen werden die Hüften breiter, und das Unterhautfettgewebe nimmt zu. Manche Mädchen finden sich dann zu dick und sind mit ihrer Figur unzufrieden.

Während der Pubertät bilden sich die **Geschlechtsmerkmale** aus, die den Erwachsenen auszeichnen. Bei Mädchen fangen die **Achselhaare** und **Schamhaare** an zu wachsen. **Brust** und Brustwarzen werden größer. Zwei Jahre nach Beginn der Brustentwicklung erleben Mädchen die erste **Menstruation**. Dabei tritt blutige Flüssigkeit aus der Scheide aus. Die Menstruation dauert in den meisten Fällen drei bis fünf Tage, bei jungen Mädchen auch länger. Bei erwachsenen Frauen wiederholt sich die Menstruation regelmäßig jeden Monat. Daher nennt man sie auch Regel oder Periode. Bei jungen Mädchen können die Abstände zwischen den Menstruationen sehr viel länger sein. Zwischen den Menstruationen sondert die Scheide bei sehr vielen Frauen ständig eine weißlich-klare Flüssigkeit ab, den Weißfluß. Bei den meisten Mädchen dauert es nach der ersten Regelblutung noch ein paar Monate, bis die **Geschlechtsreife** eintritt. Dann wird jeden Monat eine **Eizelle** reif. Wenn eine reife Eizelle befruchtet wird, kann ein Mädchen schwanger werden. Geschlechtsreife bedeutet also **Fortpflanzungsfähigkeit,** die Fähigkeit, ein Kind zu bekommen.

Bei Jungen bilden sich während der Pubertät, zwischen dem 12. und 16. Lebensjahr, die Geschlechtsmerkmale des erwachsenen Mannes aus: Die Jungen bekommen breitere Schultern, die Muskulatur wird kräftiger, und der Kehlkopf wächst. Gleichzeitig werden auch die Stimmbänder länger, so daß es schließlich zum **Stimmbruch** kommt: Der Junge verliert seine helle Stimme und hat dann eine tiefere Männerstimme. In dieser Zeit wächst auch die **Schambehaarung.** Ebenso beginnen Haare in den Achseln, auf dem Körper und ein Bart zu wachsen. Auch die **Geschlechtsorgane** werden zum Wachstum angeregt. In den Hoden werden Spermazellen reif. Kennzeichen der Geschlechtsreife des Jungen ist der **Samenerguß**. Er erfolgt unwillkürlich während des Schlafes oder nach Reizung des Gliedes. Dabei wird das Glied steif.

In der Pubertät ändert sich auch das Verhalten der Mädchen und Jungen. Das Interesse am anderen Geschlecht erwacht. Man neckt sich und beobachtet sich gegenseitig, redet übereinander. Allmählich bilden sich auch Gruppen von Jungen und Mädchen, in denen man sich besser kennenlernt und näherkommt. Bald entstehen dann auch erste Freundschaften.

Aufgabe

① Welche Veränderungen erleben Jungen und Mädchen während der Pubertät?

Während der Pubertät tritt die Geschlechtsreife ein. Die Körpergestalt verändert sich. In den Geschlechtsorganen des Mädchens werden reife Eizellen, in denen des Jungen Spermazellen gebildet. Bei Mädchen setzt die Regelblutung ein. Jungen können einen Samenerguß bekommen.

13.2 Vom Flirten und Verliebtsein

1 Verliebt

2 Aller Anfang ist schwer

Barfuß im Regen tanzen wir zu zwei'n
und wir tanzen und tanzen und tanzen.
Süß ist der Kuß, ein Hauch von Sonnenschein,
und wir küssen und küssen und küssen.

Barfuß im Regen, naß bis auf die Haut,
doch wir lachen nur beide darüber.
...

Leute geh'n vorbei, die dreh'n sich alle um,
und wir singen und singen und singen.
Barfuß im Regen, glücklich wie noch nie
und wir tanzen und tanzen und tanzen.
Wir vergessen die Welt,
vor Liebe bei Sonnenschein und Regen.
...

Barfuß im Regen.

Viele Menschen, die wir wenig kennen, sind uns gleichgültig. Andere gefallen uns nicht, sie wirken unsympathisch auf uns. Manche erregen unsere besondere Aufmerksamkeit. Der erste Eindruck ist oft entscheidend, ob wir uns von einem Menschen abwenden oder ob wir uns ihm zuwenden.

Wenn uns ein anderer Mensch sympathisch ist, lächeln wir ihn an. Vielleicht sprechen wir ihn auch an. Es kann sich ein Flirt entwickeln. Ein solches Verhalten bietet Gelegenheit auszuprobieren, wie man selbst auf den anderen Menschen wirkt.

Wenn man stets an seine Freundin oder seinen Freund denken muß und man unbedingt möchte, daß das eigene Gefühl von ihm oder ihr erwidert wird, hat man sich verliebt (Abb. 1). Zunächst ist man schüchtern und hat Angst, mit seiner Liebe zurückgestoßen zu werden (Abb. 2). Dafür ist das Glücksgefühl um so größer, wenn man erlebt, daß die eigene Liebe erwidert wird. Gemeinsame Unternehmungen werden dann zu herrlichen Erlebnissen. Das ganze Leben scheint wundervoll zu sein, das Leben sehen wir mit anderen Augen. Auch Enttäuschungen kann man leichter ertragen, wenn nur der geliebte Freund oder die Freundin zu einem hält. Erst mit der Zeit stellt man fest, daß auch der Freund oder die Freundin ein Mensch mit Fehlern und Schwächen ist. Die Liebe zu einem Partner kann nur Bestand haben, wenn alle Probleme offen angesprochen und nicht bloß überspielt werden. Dabei ist wichtig, daß man bei Meinungsverschiedenheiten gemeinsam nach einer Lösung sucht, die beide annehmen können. Besonders wichtig ist es, sich über seine eigenen Gefühle klarzuwerden und diese ehrlich auszudrücken, damit der geliebte Mensch einen überhaupt verstehen kann. Wenn zwei Menschen so miteinander umgehen, kann ihre Liebe Bestand haben und sich eine echte Partnerschaft entwickeln.

Aufgabe

① Lies dir den Text des Schlagers „Barfuß im Regen" aufmerksam durch (◁). Schreibe heraus, wie der Schlagertexter das Gefühl des Verliebtseins beschreibt.

Wenn man verliebt ist, scheint sich alles nur um den Freund oder die Freundin zu drehen. Streitigkeiten und Meinungsverschiedenheiten treten auch bei Verliebten auf und können nur partnerschaftlich gelöst werden.

13.3 Partnerschaft, Ehe und Familie

Beispiel für einen Fragebogen „Ehe früher und heute":

1. Wie habt ihr euch kennengelernt?

2. Wußtet ihr gleich, daß ihr euch liebt, oder dauerte es eine Zeit, bis ihr das gemerkt habt?

3. Wie lange kanntet ihr euch, als ihr geheiratet habt?

4. Wie haben sich eure Vorstellungen von der Ehe nach der Hochzeit geändert?

5. ...

Aufgabe

① Stelle mit deinen Klassenkameraden einen Fragebogen zum Thema „Ehe früher und heute" zusammen. Interviewe deine Großeltern, Eltern, frischverheiratete Freunde oder Bekannte.
Vergleiche die Meinungen der Generationen miteinander. Schreibe gleichgebliebene und veränderte Einstellungen auf.

Die Mehrheit aller Bürger der Bundesrepublik Deutschland heiratet irgendwann einmal in ihrem Leben. Viele Jugendliche möchten später in einer Ehe zeitlebens mit einem Partner zusammenleben und eine Familie gründen. Der Wunsch eines Menschen nach einem geliebten Partner, mit dem man gemeinsam Freud und Leid teilen kann, ist sehr ausgeprägt. Dazu gehört auch der Wunsch, seinem vertrauten Gegenüber körperlich nah zu sein. Eine dauerhafte Bindung wird durch Zärtlichkeiten, sexuelle Partnerschaft und Treue verstärkt.

Eine Ehe wird auf Dauer nur dann bestehen, wenn die Partner alle Angelegenheiten, die sie beide betreffen, auch gemeinsam besprechen und entscheiden. Das bedeutet zum Beispiel, gemeinsam zu entscheiden, wie das Geld verwaltet wird oder wie die Hausarbeit verteilt wird (Abb. 1). Da viele Menschen sich über Probleme des Alltags streiten und sich nicht einigen können, leidet ihre Beziehung. Viele Paare trennen sich wieder.

Aufgaben

② Betrachte Abb. 1. Überlege, wie in dieser Familie die Hausarbeit verteilt ist. Diskutiere mit deinen Mitschülern, welche sinnvollen Möglichkeiten es zur Arbeitsteilung im Haushalt gibt.

③ Sammle aus verschiedenen Zeitungen Heiratsanzeigen. Stelle gemeinsam mit deinen Klassenkameraden in einer Liste zusammen, welche Vorstellungen heiratswillige Männer und Frauen von ihrem Wunschpartner und von der Ehe haben.

Liebe zwischen zwei Menschen sollte die Grundlage für eine Ehe sein.
Die Unterschiedlichkeit der Wünsche, Bedürfnisse und Erwartungen der Partner führt manchmal zu Spannungen.
Diese lassen sich am besten in einem offenen Gespräch beseitigen.

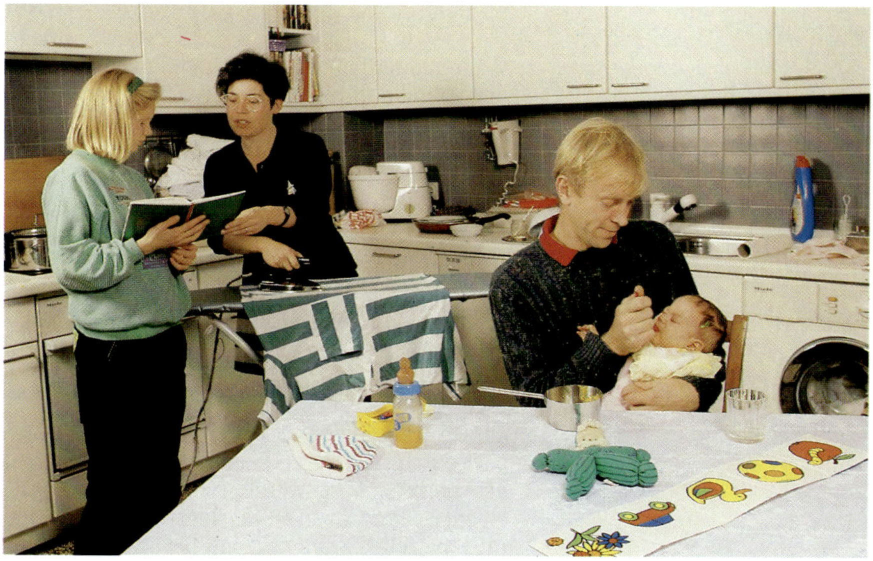

1 In einer Familie müssen viele Aufgaben erledigt werden

13.4 Männliche Geschlechtsorgane

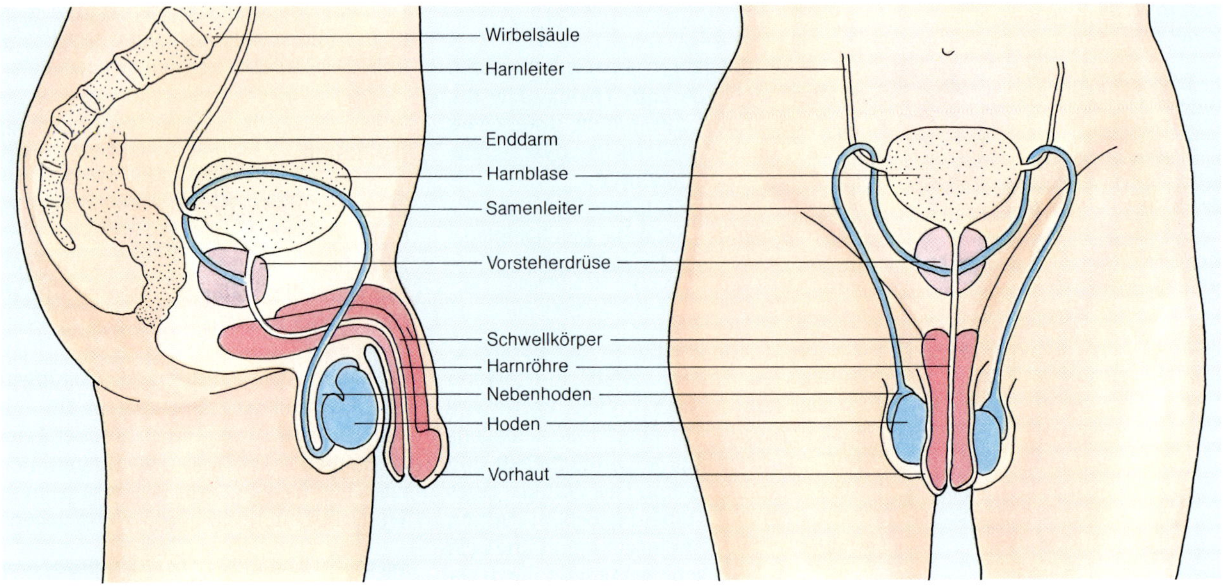

1 Schemazeichnung der männlichen Geschlechtsorgane

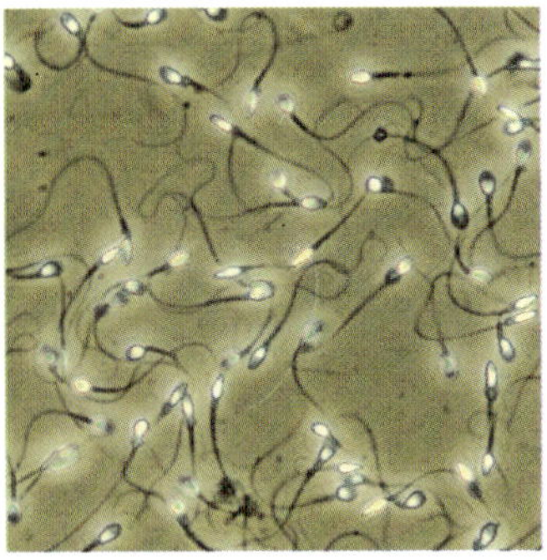

2 Spermazellen

Wenn sich die Vorhaut nicht zurückschieben läßt, sollte man einen Arzt aufsuchen.

In der Pubertät werden die Geschlechtsorgane größer (Abb. 1). Der vordere Teil des **Gliedes** (Penis) heißt **Eichel.** Sie wird von einer **Vorhaut** verdeckt, die sich zurückziehen läßt, so daß die Eichel freiliegt. Das Glied dient zunächst nur zum Wasserlassen. Doch auch schon bei kleinen Jungen kann sich das Glied vergrößern, fest werden und aufrichten, wenn sich die **Schwellkörper** im Glied prall mit Blut füllen. Dieser Zustand kann z. B. im Schlaf durch den Druck der vollen Harnblase eintreten oder durch Berührungen ausgelöst werden.

Während der Pubertät beginnen die **Hoden** ständig eine sehr große Zahl von männlichen **Geschlechtszellen (Spermazellen)** zu bilden (Abb. 1, 2). Sie werden in den **Nebenhoden** gespeichert. Schließlich kommt es zum ersten **Samenerguß:** Die Spermazellen gelangen zusammen mit Flüssigkeit aus verschiedenen Drüsen, z. B. aus der **Vorsteherdrüse,** durch den **Samenleiter** in die **Harnröhre.** An der Spitze der Eichel tritt diese Flüssigkeit zusammen mit den Spermazellen aus. Der Samenerguß kann unwillkürlich während des Schlafens eintreten oder durch sehr starke Reizung des Gliedes herbeigeführt werden. Er ist von einem starken Lustgefühl, dem **Orgasmus,** begleitet. So nennt man bei beiden Geschlechtern den Höhepunkt der geschlechtlichen Erregung. In einem Tropfen Samenflüssigkeit findet man unter dem Mikroskop Millionen von Spermazellen. Eine Spermazelle besitzt einen verdickten Kopf und ein langes Schwanzstück, mit dem sie schlängelnde Bewegungen ausführt.

Die Geschlechtsorgane sollten mindestens einmal täglich gewaschen werden, dabei muß man die Vorhaut zurückstreifen. Es können sich sonst fettartige Absonderungen von Drüsen darunter festsetzen, die sich zersetzen. Unangenehmer Geruch oder gar schmerzhafte Entzündungen können sonst die Folge sein (◁).

Aufgaben

① Beschreibe anhand der Abb. 1 den Bau der männlichen Geschlechtsorgane.

② Beschreibe mit Abb. 1 den Weg der Spermazellen von den Hoden bis zum Ausstoßen aus der Harnröhre.

Nach Beginn der Pubertät werden in den Hoden ständig Spermazellen gebildet. Sie werden zusammen mit Drüsenflüssigkeit beim Samenerguß ausgestoßen.

13.5 Weibliche Geschlechtsorgane

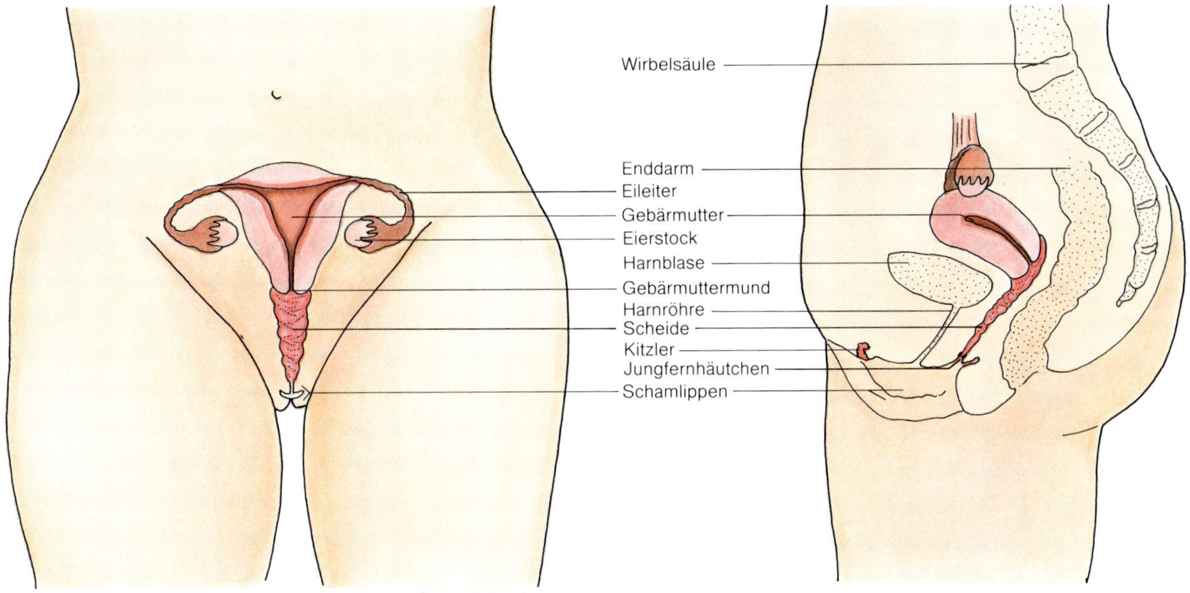

1 Schemazeichnung der weiblichen Geschlechtsorgane

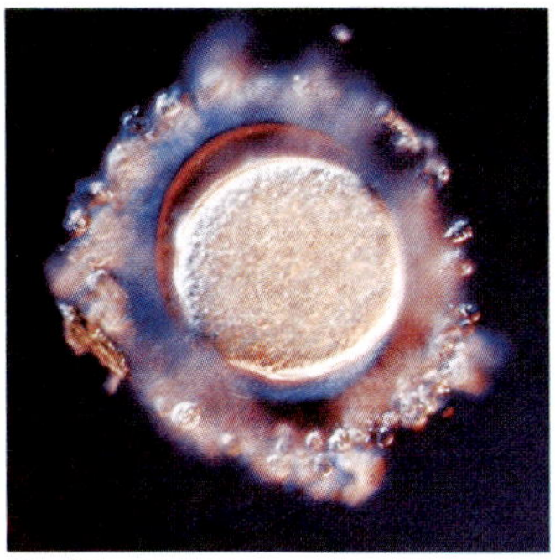

2 Eizelle

Zu den weiblichen Geschlechtsmerkmalen gehören ein breites Becken, der Busen, die Achsel- und Schambehaarung und die weiblichen Geschlechtsorgane (Abb. 1). Zwei größere, an der Außenseite behaarte **Schamlippen,** die sich in der Mitte berühren, umschließen zwei kleinere unbehaarte Schamlippen. Diese und auch die **Scheide** sind von einer gut durchbluteten Haut bedeckt. Die Schamlippen umschließen den Scheideneingang und den vorn liegenden **Kitzler**. Am Scheideneingang befindet sich auch das **Jungfernhäutchen.**

Im Unterleib liegt, geschützt von den Beckenknochen, die etwa 10 cm lange, birnenförmige **Gebärmutter.** Sie ist ein kräftiger Muskel, der mit dem **Gebärmuttermund** ein bißchen in die Scheide hineinragt. Der Gebärmuttermund hat eine stecknadelkopfgroße Öffnung. Innen ist die Gebärmutter mit einer gut durchbluteten Schleimhaut ausgekleidet. Links und rechts mündet je ein **Eileiter** in die Gebärmutter. Es sind dünne schlauchartige Verbindungen zwischen der Gebärmutter und den beiden **Eierstöcken.**

In den etwa pflaumengroßen Eierstöcken sind schon bei der Geburt eines Mädchens ungefähr 400 000 unreife **Eizellen** vorhanden. Mit dem Eintreten der Geschlechtsreife reift ungefähr alle vier Wochen eine Eizelle heran. Wenn eine Frau 45–55 Jahre alt ist, reifen keine Eizellen mehr heran. Eine Frau kann dann keine Kinder mehr bekommen. Die Eizelle ist die größte Zelle des menschlichen Körpers (Abb. 2). Man könnte sie mit bloßem Auge gerade noch erkennen. Die Eizelle ist von einer Hülle umgeben.

Die äußeren Geschlechtsorgane sollte man morgens und abends mit Wasser reinigen. Dazu benutzt man einen Waschlappen, der nur für diesen Zweck verwendet wird. Unterhosen sollten täglich gewechselt werden.

Aufgaben

① Beschreibe den Weg der Eizelle vom Eierstock in die Gebärmutter (Abb. 1).

② Beschreibe die Unterschiede zwischen Eizelle und Spermazelle.

Zu den Geschlechtsorganen der Frau gehören die Schamlippen, der Kitzler, die Eierstöcke, die Eileiter, die Gebärmutter und die Scheide. Nach der Geschlechtsreife reift ungefähr alle vier Wochen ein Ei in einem der beiden Eierstöcke heran.

13.6 Menstruation und weiblicher Zyklus

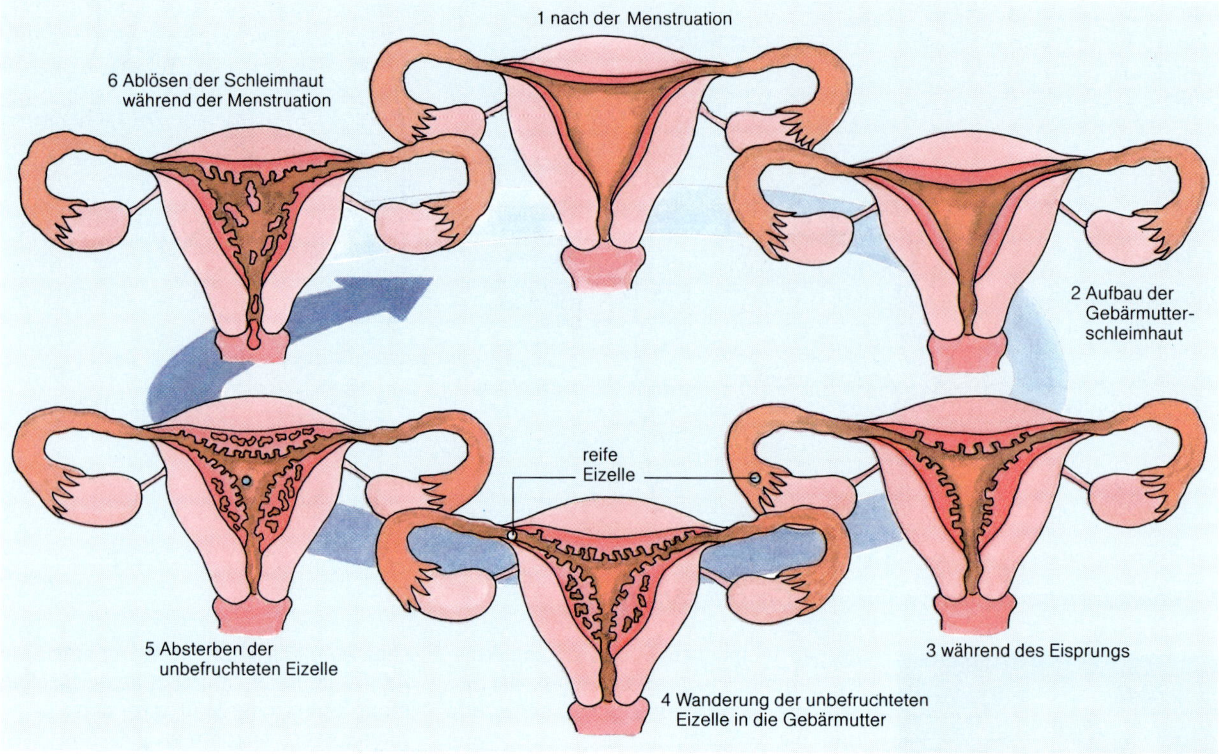

1 Weiblicher Zyklus und Menstruation

Tampons sollen nur gewechselt werden, wenn sie vollgesogen sind. Sonst ist das Einführen eines neuen Tampons erschwert.

Bei der Menstruation verliert die Frau 60–90 ml Blut. Das entspricht etwa dem Inhalt einer halben Kaffeetasse.

„Endlich ist es soweit!“ Claudia läuft in die Küche zu ihrer Mutter. „Wovon sprichst du eigentlich?“ „Ich habe zum erstenmal meine Tage bekommen.“ Die Mutter freut sich auch. Sie hat Claudia schon lange auf die erste Regelblutung vorbereitet. „Und wie fühlst du dich dabei?“ will ihre Mutter wissen. „Also, zuerst war ich doch sehr erschrocken, als ich den Blutfleck in meiner Wäsche entdeckte. Aber dann begriff ich plötzlich, was mit mir los ist. Dann habe ich gleich eine der Binden eingelegt. Ein bißchen komisch ist es schon beim ersten Mal.“

Nach Beginn der Pubertät erleben alle Mädchen ihre erste **Menstruation.** Sie dauert ein paar Tage und wiederholt sich etwa alle 28 Tage. Ursache der Menstruation ist der Abbau und die Ablösung der stark durchbluteten Gebärmutterschleimhaut. Nach der Menstruation wird eine neue Schleimhaut gebildet, die allmählich immer dicker wird. Sie wird dann bei der nächsten Menstruation abgelöst (Abb. 1).

Bei der Menstruation werden Blut und Schleimhautreste aus der Gebärmutter abgegeben. Die austretende Flüssigkeit wird mit saugfähigen **Binden** aufgenommen, die in die Unterhose geklebt werden, oder auch durch **Tampons,** die in die Scheide eingeführt werden (Abb. 2). Binden und Tampons müssen natürlich je nach Stärke der Blutung mehrmals täglich gewechselt werden (◁). Junge Mädchen können von der ersten Regel an Tampons verwenden.

In den beiden Eierstöcken eines Mädchens sind seit der Geburt viele Tausend kleine Eizellen vorhanden. Von der Pubertät an reifen nach und nach einige dieser Eizellen heran. Eine reife Zelle ist etwa so groß wie die Spitze eines Haares. Das Auftreten der ersten Regelblutung ist das Zeichen dafür, daß ein Mädchen jetzt schwanger werden kann.

Während des Zyklus reift eine Eizelle in einem der beiden Eierstöcke in einem **Eibläschen** heran. Bei einem Zyklus von 28 Tagen platzt ein Eibläschen etwa am 13. oder 14. Tag. Man nennt diesen Vorgang Eibläschensprung oder kurz: **Eisprung.** Die Eizelle gelangt mit etwas

Eine Eizelle kann sich nicht allein fortbewegen. Die Innenwände des Eileiters sind mit Flimmerhärchen ausgekleidet, die sich immer in der Richtung zur Gebärmutter hin bewegen.

Durch Klimawechsel und seelische Belastungen kann die Regelblutung ein paar Tage früher oder später als zum erwarteten Zeitpunkt eintreten.

Flüssigkeit in den Trichter des Eileiters und wandert dann in den Eileiter. Dort stirbt sie nach wenigen Stunden ab, wenn sie nicht befruchtet wird.

Etwa zur gleichen Zeit, in der im Eierstock eine Eizelle reift, bereitet sich die Schleimhaut der Gebärmutter darauf vor, eine reife, befruchtete Eizelle aufzunehmen. Die Schleimhaut füllt sich mit Blut und wird dadurch viel dicker und lagert Nährstoffe auf Vorrat ein. Wird die Eizelle nicht befruchtet, war diese Vorbereitung umsonst: Die Schleimhaut zerfällt und löst sich von der Gebärmutter ab. Dabei tritt etwas Blut aus der Gebärmutter aus. Blut und Schleimhautreste fließen dann bei der Regelblutung aus der Gebärmutter heraus.

Zwischen dem 45. und 55. Lebensjahr kommt eine Frau in die **Wechseljahre:** Der Zyklus wird dann unregelmäßig und hört schließlich ganz auf. Es werden nur noch in unregelmäßigen Abständen Eizellen reif, später gar nicht mehr. Eine Frau kann dann keine Kinder mehr bekommen.

Die Menstruation ist ein ganz natürliches Ereignis und keine Krankheit. Man braucht in dieser Zeit nicht anders zu leben als sonst. Mädchen können während der Menstruation Sport treiben. Sie können auch schwimmen gehen, wenn sie Tampons benutzen. Um auch in Zukunft auf das Auftreten der Blutung vorbereitet zu sein, sollte ein Mädchen von Anfang an einen **Menstruationskalender** führen und die Tage der Blutung darin ankreuzen (Abb. 2). Die Zeit vom ersten Tag der Blutung bis zum Tag vor der nächsten Monatsblutung nennt man einen **Zyklus.** Der Zyklus muß sich zu Beginn erst einspielen. Er dauert im Durchschnitt 28 Tage. Er kann aber auch ein paar Tage kürzer oder länger sein (◁).

Aufgaben

① Beschreibe die Vorgänge und Veränderungen vom ersten bis zum letzten Tag des weiblichen Zyklus anhand von Abb. 1.

② Ermittle mit Hilfe des Kalenders (Abb. 2) die durchschnittliche Dauer dieses Zyklus und den Zeitpunkt, wann die nächste Regelblutung wahrscheinlich eintreten wird!

Während der Pubertät erleben Mädchen ihre erste Menstruation. Diese wiederholt sich etwa alle 28 Tage. Ursache der Menstruation ist die Ablösung der Gebärmutterschleimhaut. In der Mitte des Zyklus findet der Eisprung statt. Nach den Wechseljahren zwischen dem 45.–55. Lebensjahr haben Frauen keinen Eisprung und keine Menstruation mehr.

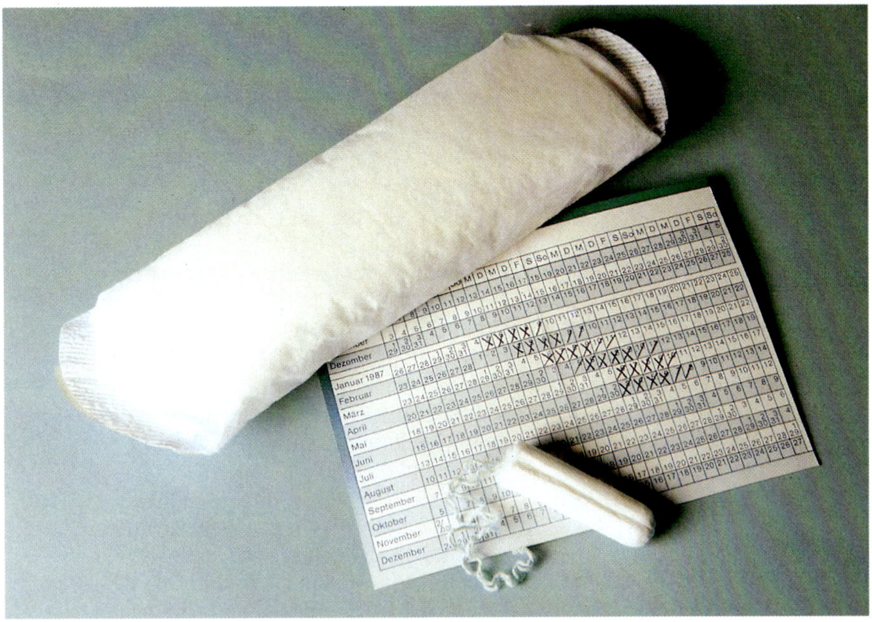

2 *Menstruationskalender, Tampons und Binde*

13.7 Schwangerschaftsverhütung

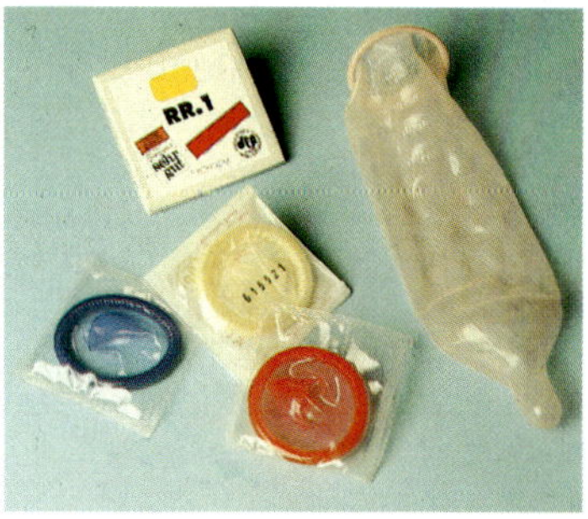

1 Kondome

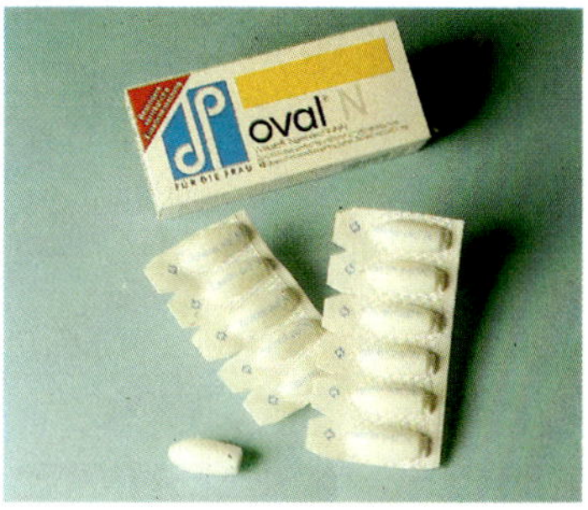

2 Schaumzäpfchen

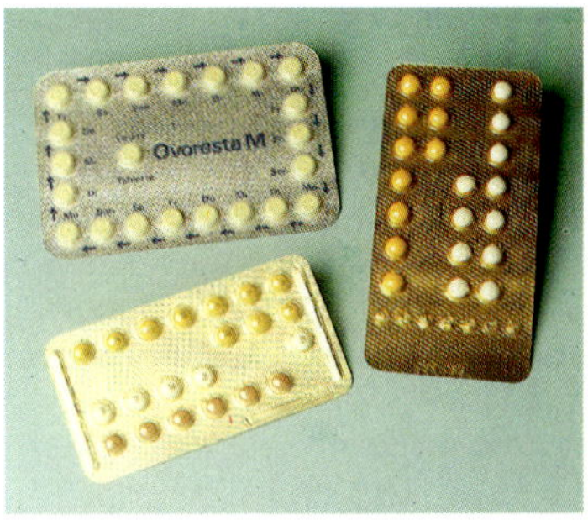

3 Pillenpackungen

Zwei Partner, die sich längere Zeit kennen, sich lieben und vertrauen, haben oft das Bedürfnis, sich auch sexuell sehr nahe zu sein. Da ein Geschlechtsverkehr zu einer Schwangerschaft führen kann, ergibt sich daraus eine besondere Verantwortung für die Partner. Heute ist es möglich, durch die Anwendung von Verhütungsmitteln eine Schwangerschaft zu vermeiden. Aus moralischen oder religiösen Gründen werden Verhütungsmittel jedoch von einem Teil der Bevölkerung abgelehnt.

Das **Kondom,** auch „Präservativ", „Pariser" oder einfach „Gummi" genannt, ist das einzige Schwangerschaftsverhütungsmittel, das der Mann anwenden kann (Abb. 1). Es ist eine dünne Gummihülle, die vor dem Geschlechtsverkehr über das versteifte Glied abgerollt wird. Nach dem Geschlechtsverkehr muß das Kondom noch vor der Erschlaffung des Gliedes aus der Scheide gezogen werden. Dabei muß es unbedingt festgehalten werden, damit es nicht abgleitet und Spermazellen in die Scheide gelangen. Kondome sind preiswert und gesundheitlich unbedenklich. Man erhält sie in Apotheken, Drogerien und den Körperpflegeabteilungen von Supermärkten und Warenhäusern. Außerdem schützen Kondome weitgehend vor einer Ansteckung mit sexuell übertragbaren Erkrankungen, wie z. B. AIDS.

Die Anwendung eines Kondoms sollte mit der gleichzeitigen Anwendung eines **chemischen Mittels** kombiniert werden; dazu gehören z. B. Schaum-Zäpfchen, die in die Scheide eingeführt werden und Spermazellen abtöten (Abb. 2). Chemische Mittel werden etwa zehn Minuten vor der geschlechtlichen Vereinigung tief in die Scheide eingeführt. Sie töten die Spermazellen ab oder machen sie unbeweglich. Chemische Mittel allein sind sehr unsicher, auch wenn die Werbung es anders darstellt. Deshalb sollte bei der Verwendung chemischer Mittel der Mann zusätzlich ein Kondom verwenden. Man kann chemische Mittel in Drogerien und Apotheken kaufen.

Das sicherste schwangerschaftsverhütende Mittel ist die **Pille** (Abb. 3). Sie ist ein rezeptpflichtiges Medikament. Die Pille enthält künstlich hergestellte weibliche Geschlechtshormone. Sie verhindern, daß eine Eizelle heranreifen kann. Heute gibt es viele verschiedene Pillensorten, die sich in ihrer Zusammensetzung und Anwendung etwas unterscheiden. Nur der Arzt kann beurteilen, welche davon für eine Frau geeignet ist. Jeder Pillenpackung liegt eine Beschreibung für die Anwendung bei, die genau beachtet werden muß. Die Pille ist wegen ihrer Wirksamkeit weit verbreitet. Sie hat, wie jedes Medikament, Nebenwirkungen. Diese sind auf der Packungsbeilage angegeben.

Es gibt viele verschiedene Methoden der Schwangerschaftsverhütung. Sie sind unterschiedlich sicher. Schwangerschaftsverhütung ist eine gemeinsame Angelegenheit beider Partner.

13.8 Schwangerschaft und Geburt

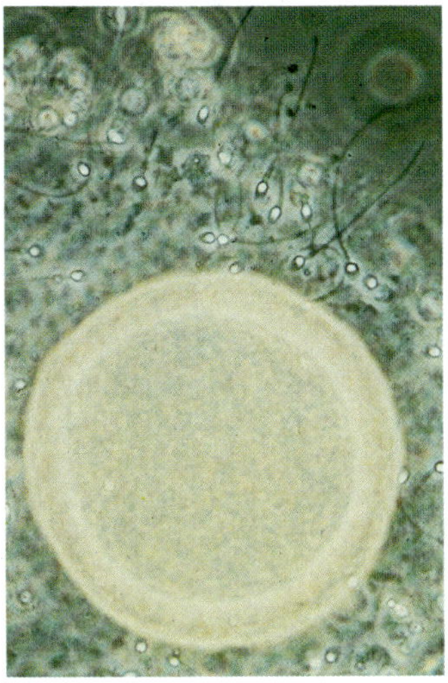

1 Eizelle und Spermazellen

Wie kommt es zu einer Schwangerschaft? Ein Mann und eine Frau, die sich lieben, sind gern zusammen, fühlen sich zueinander hingezogen und sind auf vielfältige Weise zärtlich zueinander. Das Bedürfnis nach Zuwendung, Liebe und Zärtlichkeit und das sexuelle Bedürfnis wecken den Wunsch, „miteinander zu schlafen". Mit diesen Worten beschreibt man den **Geschlechtsverkehr,** die geschlechtliche Vereinigung von Mann und Frau. Dabei führt der Mann sein Glied in die Scheide der Frau ein. Durch Bewegung des Gliedes in der Scheide steigert sich bei beiden die sexuelle Erregung bis zu einem Höhepunkt. Er wird Orgasmus genannt. Dabei werden vom Mann bis zu einer halben Milliarde Spermazellen in die Scheide abgegeben. Sie schwimmen durch schlängelnde Bewegungen ihrer Schwanzfäden in die Gebärmutter. Einige gelangen bis in den Eileiter zur Eizelle (Abb. 1,2). Die Spermazelle, die als erste zur Eizelle gelangt, dringt in die Eizelle ein. Diese Vereinigung von Eizelle und Spermazelle heißt **Befruchtung**.

Nach der Befruchtung teilt sich die Eizelle (Abb. 2). So entstehen zuerst zwei Zellen, dann vier, und nach und nach durch weitere Zellteilungen sehr viele immer kleinere Zellen. Sie bilden zusammen ein Bläschen aus Zellen, das **Keimbläschen**. Etwa sechs Tage nach der Befruchtung ist das Keimbläschen langsam bis in die Gebärmutter transportiert worden.

Dort verwächst das Keimbläschen mit der Gebärmutterschleimhaut und wird so geschützt und mit Nährstoffen versorgt. Die Wandzellen des Keimbläschens vermehren sich schnell und bilden allmählich eine dicke, schwammartige Schicht, die **Plazenta**. Sie enthält zahlreiche Blutgefäße. Im Inneren des Keimbläschens bildet sich der **Embryo**.

Mit dem Blut der Mutter gelangen Nährstoffe und Sauerstoff zur Plazenta. Sie werden von dem heranwachsenden Embryo aufgenommen. Aber auch Alkohol, Nikotin oder Medikamente werden mit dem Blut zur Planzenta transportiert und

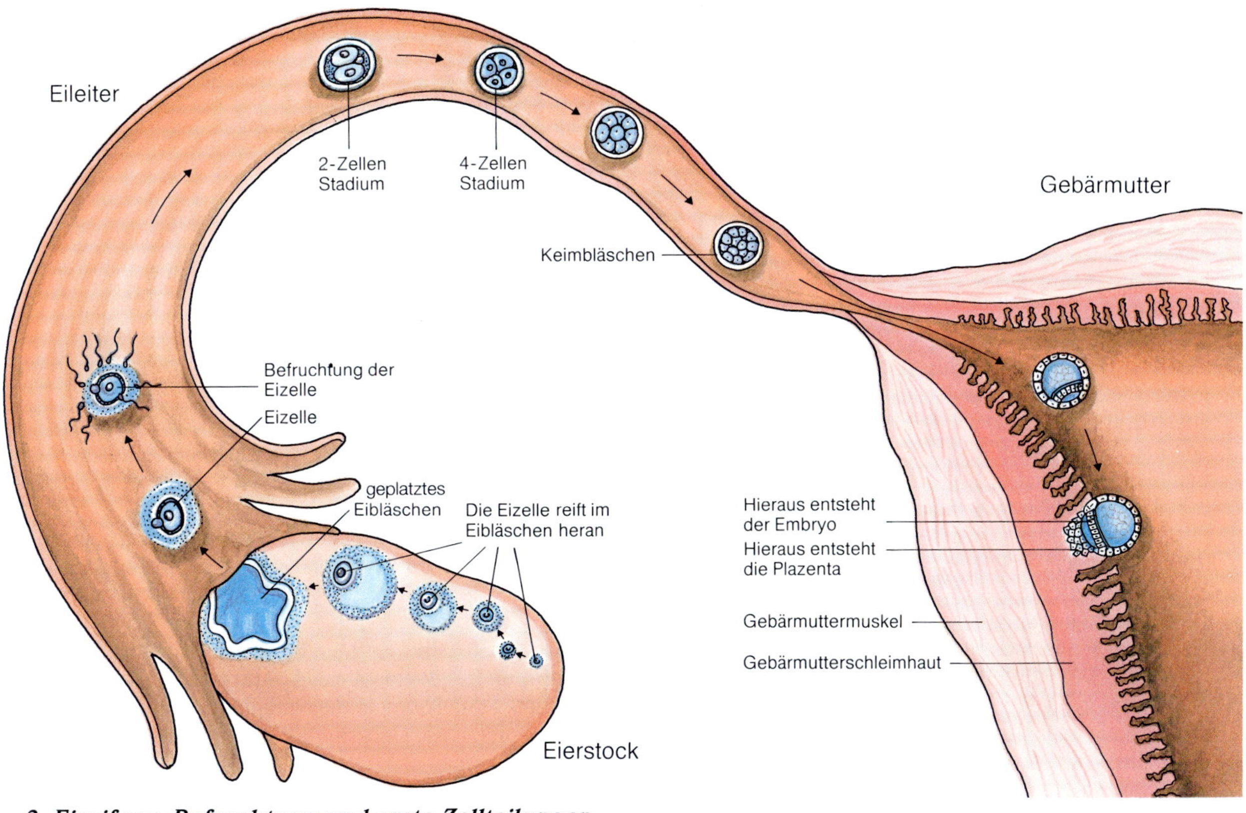

2 Eireifung, Befruchtung und erste Zellteilungen

3 Embryo im 2./3. Monat

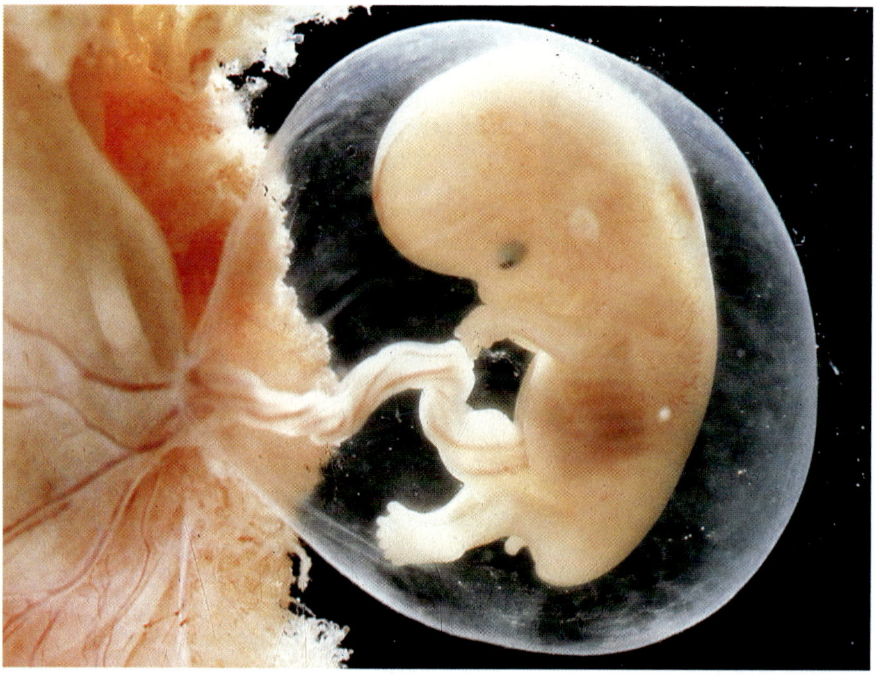

Protokoll der Geburt

21.15 Uhr: Frau Baum kommt in der Station an. Die Hebamme überwacht den Herzschlag des Kindes. „Alles in Ordnung, Frau Baum!"
23.20 Uhr: Immer neue Wehen. Frau Baum ruht sich in den Pausen aus, sammelt neue Kräfte. Herr Baum kühlt mit einem nassen Handtuch ihr verschwitztes Gesicht ab.
3.12 Uhr: Die Preßwehen haben eingesetzt. „Kräftig pressen, Frau Baum!" fordert die Hebamme auf. In der Scheidenöffnung wird der Kopf des Kindes sichtbar.
3.20 Uhr: Der Kopf des Kindes ist heraus. Die Hebamme hat ihn vorsichtig gefaßt, zieht den Körper langsam heraus, trocknet das Baby schnell ab, legt es Frau Baum auf den Bauch. „Es ist ein Mädchen!" Frau Baum blinzelt, ist noch benommen. Christina soll ihre Tochter heißen.
3.21 Uhr: Mund und Nase des Babys werden sofort vom Schleim befreit, damit es gut atmen kann. Christina fängt sofort an zu schreien.
3.30 Uhr: Durch die Nabelschnur fließt kein Blut mehr. Die Hebamme klemmt sie mit einer Plastikklemme am Nabel des Kindes ab und schneidet sie dann durch.
3.40 Uhr: Der Mutterkuchen mit der daran hängenden Nabelschnur, Nachgeburt genannt, löst sich und kommt durch die Scheide heraus.
3.43 Uhr: Der Arzt untersucht das Baby ganz genau: Den Kopf, den Gaumen, Finger und Zehen, das Rückgrat und das Hüftgelenk – alles ist in Ordnung! Die Hautfarbe ist rosig, und Christina atmet gleichmäßig.
4.00 Uhr: Christina wird gebadet und angezogen. Herr Baum hilft der Hebamme dabei.
4.20 Uhr: Frau Baum wird gewaschen, bekommt heißen Tee. Ihr Baby wird in eine Decke gewickelt und zu ihr gelegt. Frau Baum ist sehr müde, aber auch noch aufgeregt von der Geburt.
5.20 bis 7.30 Uhr: Herr und Frau Baum bewundern Christina und sind sehr glücklich. Arzt und Hebamme untersuchen Frau Baum in regelmäßigen Abständen, ob Nachblutungen der Gebärmutter eingetreten sind. Es ist alles in Ordnung.

gelangen in den Blutkreislauf des Embryos. Deswegen ist es für eine schwangere Frau wichtig, auf Alkohol und Zigaretten zu verzichten. Fünf Zigaretten, die eine Schwangere raucht, erhöhen die Säuglingssterblichkeit bereits erheblich. Kinder von Raucherinnen sind häufig bei der Geburt untergewichtig. Bei einer Erkrankung der Mutter muß ein Arzt entscheiden, ob ein Medikament eingenommen werden muß. Auf keinen Fall darf eine Schwangere ohne ärztlichen Rat Medikamente zu sich nehmen.

Auch manche Krankheitserreger, die sich im Blut der Mutter befinden, können durch die Plazenta in den Embryo gelangen. Dann kann der Embryo erkranken und in seiner Entwicklung geschädigt werden. Ein besonders gefährlicher Krankheitserreger für einen Embryo ist das Rötelnvirus. Wenn eine Frau während der Schwangerschaft an Röteln erkrankt, kann dies beim Embryo Blindheit, Taubheit, Herzfehler, geistige Behinderungen oder sogar den Tod verursachen. Durch eine Rötelnschutzimpfung kann man verhindern, daß man an Röteln erkrankt. Die Rötelnschutzimpfung sollte schon im Mädchenalter erfolgen.

Jedes dreihundertste Kind, welches in der Bundesrepublik Deutschland geboren wird, ist durch Alkoholkonsum der Mutter geschädigt.

Nach zweieinhalb Monaten Schwangerschaft sind alle für den Menschen erforderlichen Organe ausgebildet. Der Embryo heißt jetzt **Fetus**. Er ist etwa sechs Zentimeter groß und wiegt zehn Gramm. Embryo und Fetus sind von einer dünnen Haut umgeben. Dies ist die Fruchtblase. Der Fetus schwebt im Fruchtwasser, das die gesamte Fruchtblase ausfüllt. So ist er vor Stößen und Erschütterungen weitgehend geschützt (Abb. 3). Als Verbindung zwischen Fetus und Plazenta hat sich die Nabelschnur gebildet.

Aus der befruchteten Eizelle wächst im Laufe von neun Monaten ein ungefähr drei Kilogramm schweres und etwa 50 cm langes Kind heran. Dieses Wachstum ist mit einer starken Vergrößerung der Gebärmutter verbunden. Durch regelmäßige Voruntersuchungen kann ein Arzt prüfen, ob die Schwangerschaft und die Entwicklung des Kindes normal verlaufen. Im letzten Drittel der Schwangerschaft sollte sich eine Frau durch Schwangerschaftsgymnastik und besondere Atemübungen auf die Geburt vorbereiten.

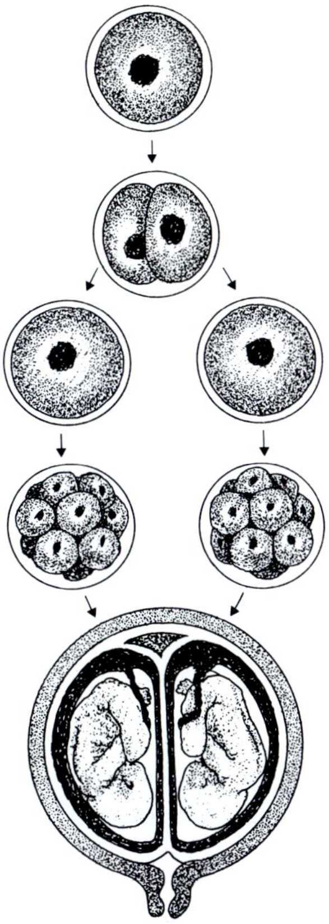

4 Entstehung eineiiger Zwillinge

Manchmal kommt es vor, daß gleichzeitig zwei Eizellen reifen und auch beide befruchtet werden. Dann entwickeln sich aus beiden befruchteten Eizellen Kinder, es entstehen dann **zweieiige Zwillinge.** Gelegentlich entstehen Zwillinge aus einer einzigen Eizelle: Die befruchtete Eizelle teilt sich, die beiden durch Teilung entstehenden Tochterzellen trennen sich und entwickeln sich selbständig weiter. So entstehen **eineiige Zwillinge** (Abb. 4). Sie sehen sich sehr ähnlich und haben immer das gleiche Geschlecht.

Aufgaben

① Beschreibe mit Hilfe der Abb. 2 die Entstehung eines Menschen von der Befruchtung bis zur Einnistung des Keimbläschens.

② Wieso kann eine Rötelnerkrankung der Schwangeren den Embryo schädigen? Wie kann die Frau sich vor einer Rötelnerkrankung schützen?

③ Abb. 3 zeigt einen Embryo etwa im dritten Entwicklungsmonat. Welche Organe und Gliedmaßen kann man erkennen? Welche Teile sind noch nicht vollständig ausgebildet?

④ Erläutere mit Hilfe von Abb. 4 die Entstehung von eineiigen Zwillingen. Erstelle eine ähnliche Zeichnung für die Entstehung von zweieiigen Zwillingen.

Die befruchtete Eizelle entwickelt sich durch zahlreiche Zellteilungen zum Keimbläschen. Es verwächst mit der Schleimhaut der Gebärmutter. So entsteht eine Schwangerschaft. Der Embryo bzw. Fetus wird durch die Plazenta und die Nabelschnur versorgt. Eineiige Zwillinge entstehen durch eine Trennung einer befruchteten Eizelle und haben das gleiche Geschlecht. Zweieiige Zwillinge entstehen aus zwei Eizellen.

13.9 Die Entwicklung vom Säugling zum Kleinkind

1 Das Neugeborene kann am Seil hängen

Ein Säugling kann bereits nach der Geburt eine ganze Menge, ohne daß er es lernen muß. Dazu gehört zum Beispiel das Saugen, Schlucken und Greifen. Wenn man einem Säugling einen Finger an die Lippen hält, so fängt er sofort an, am Finger zu saugen. Berührt man die Handinnenfläche eines Säuglings, greift er mit der Hand zu. Ein Neugeborenes hält sogar so fest, daß es sich an einem gespannten Seil festhalten kann (Abb. 1). Vermutlich stammt dieses Verhalten noch aus der Zeit unserer tierischen Vorfahren. Durch das feste Zugreifen konnte sich ein Baby am behaarten Körper der Mutter festhalten.

Auch wenn ein Säugling noch nicht reden kann, verrät seine Mimik, z. B. sein Lächeln oder Weinen, oft sehr genau, was er möchte. Durch das Lächeln knüpft ein Säugling erste Kontakte zu seiner Umwelt. Dabei unterscheidet er zunächst noch nicht zwischen Eltern und fremden Personen. Im zweiten und dritten Lebensmonat kann noch jedes menschliche Gesicht ein Lächeln auslösen, wenn es im Blickfeld des Säuglings erscheint. Sogar bewegte Punktmuster werden angelächelt. Erst vom vierten Monat an unterscheidet ein Säugling deutlich zwischen Mutter, Vater und anderen Personen. Er hat gelernt, die Gesichter zu erkennen. Später werden fremde Gesichter oft abgelehnt, man sagt dann, das Kind „fremdelt". Das ist auch ein Zeichen dafür, daß es seine Bezugspersonen kennengelernt hat. Das Kind kann jetzt zwischen verschiedenen Menschen, seinen Betreuern und den „Fremden" unterscheiden. Im Alter von acht Monaten neigt es dazu, vor fremden Menschen Angst zu haben.

Das Dasein eines Säuglings erfordert von Eltern und Geschwistern eine große Umstellung. Das Baby muß regelmäßig gefüttert, gewickelt und gebadet werden. Am besten teilen sich Vater und Mutter die Aufgabe der Säuglingspflege. Nur wenn sich auch der Vater von Anfang an um den Säugling kümmert, bekommt er ebenfalls ein inniges Verhältnis zu seinem Kind.

Die beste Nahrung für das Baby ist die Muttermilch. Der Säugling erhält mit der Muttermilch alle erforderlichen Nährstoffe in der richtigen Menge und mit der richtigen Temperatur. Außerdem enthält die Muttermilch Abwehrstoffe, die das

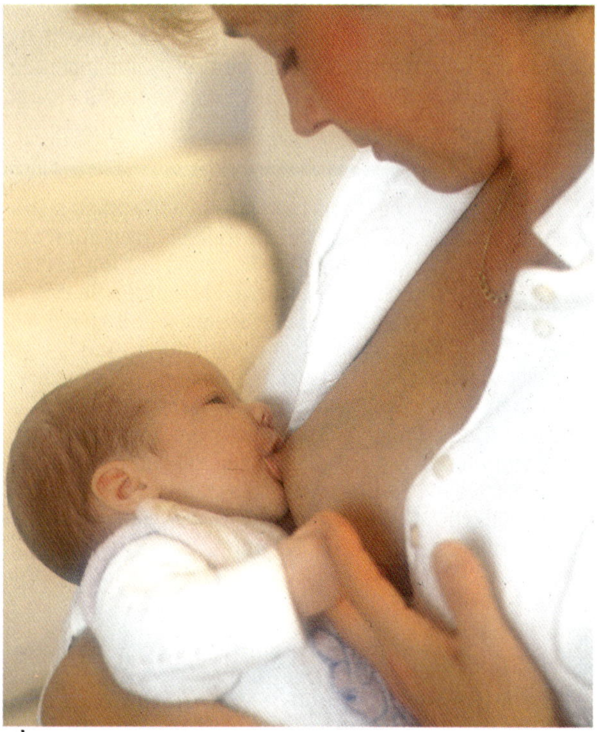

2 Mutter stillt ihr Baby

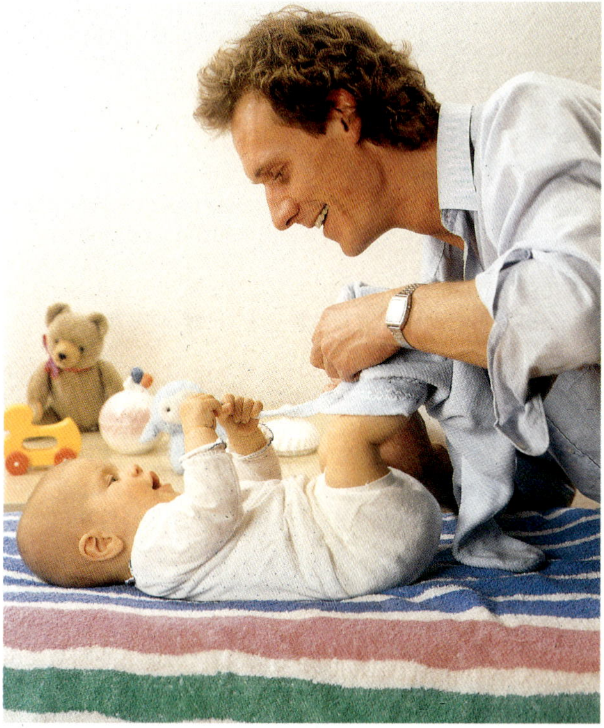

3 Vater wickelt den Säugling

Baby vor vielen Krankheiten schützen. Nicht nur die richtige Ernährung und Körperpflege sind wichtig. Ein Baby braucht auch viel liebevolle Zuwendung. Wenn die Erwachsenen dem Baby das Gefühl der Geborgenheit geben, wird es später im Leben Selbstvertrauen und Selbstsicherheit entwickeln. Hautkontakt, Wärme und Zärtlichkeit sind in den beiden ersten Lebensjahren wichtig für die Entwicklung eines Menschen.

In den ersten Lebensmonaten macht ein Säugling eine sehr schnelle Entwicklung durch, so schnell, wie nie wieder in seinem Leben. Gut läßt sich diese Entwicklung an der Haltung und Fortbewegung des Säuglings beobachten (Abb. 4). Nach einem Monat kann ein Baby seinen Kopf heben, wenn es auf dem Bauch liegt. Nach zwei Monaten kann es den Oberkörper aufrichten. Im sechsten Monat gelingt es ihm, sich auf den Rücken zu drehen und mit den Füßen zu spielen. Im Alter von acht Monaten kann es ohne fremde Hilfe sitzen. Das Baby beginnt jetzt auch, sich an Möbeln zum Stehen hochzuziehen. Mit zehn Monaten kann es durchs Zimmer krabbeln. In einem Alter von etwas über einem Jahr können die meisten Kinder allein laufen. Doch dauert es noch bis etwa zum 3. Lebensjahr, bis Kinder z. B. eine Treppe im Wechselschritt hinaufgehen oder Dreirad fahren können. Noch ein Jahr länger dauert es, bis Kinder auf einem Bein hüpfen können.

Aufgaben

① Die Abb. 2 und 3 zeigen Beispiele für Ernährung und Körperpflege des Säuglings. Beschreibe, was außerdem für die Entwicklung eines Säuglings wichtig ist. Begründe, warum es wichtig ist.

② Beschreibe die körperliche Entwicklung eines Kindes bis zum Alter von drei Jahren. Fertige dazu eine Tabelle nach folgendem Muster an:

Monat	körperliche Entwicklung
1 Monat	Heben des Kopfes
2 Monate	......

Außer der richtigen Ernährung und Körperpflege sind für die Entwicklung eines Säuglings viel Zuwendung und Zärtlichkeit von beiden Eltern wichtig. Die Entwicklung eines Menschen verläuft im ersten Lebensjahr besonders schnell.

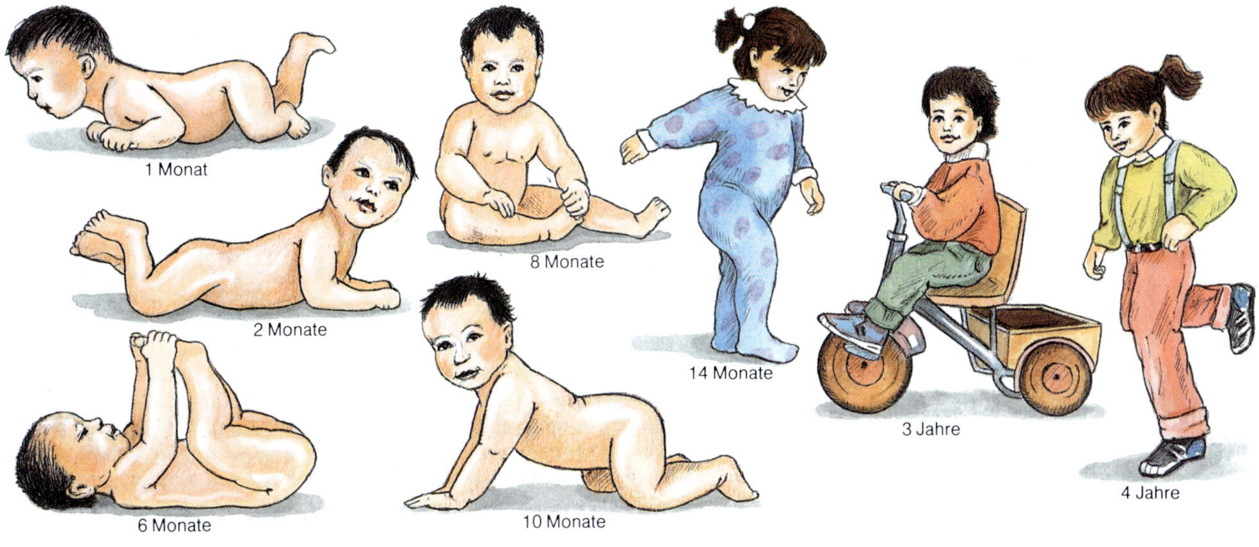

4 Körperliche Entwicklung des Kleinkindes

14 Säugetiere

14.1 Der Hund als Begleiter des Menschen

1 Hasso, ein Sennenhund, droht

Endlich sind Ferien. Ute und Frank haben mit ihren Eltern eine Ferienwohnung auf einem Bauernhof gemietet. Als die Familie mit dem Auto auf den Hof des Bauern Gerdes fährt, empfängt sie lautes Hundegebell. Hasso, der Wachhund, zerrt an seiner Leine. Normalerweise läuft Hasso im Hof frei umher, seinen Schlafplatz hat er in der Scheune. Heute hat Bauer Gerdes ihn jedoch auf dem Hof angebunden. Die neuen Gäste sollen nicht von ihm erschreckt werden. Hasso knurrt Frank und Utes Vater drohend an (Abb. 1). Deutlich können die Kinder Hassos dolchartige Eckzähne sehen. Mit diesen könnte Hasso durchaus ein Beutetier ergreifen und töten.

aufmerksam

ängstlich-drohend

ängstlich

Hunde haben im Ober- und Unterkiefer je sechs kleine, scharfe Schneidezähne (Abb. 2). Ihnen folgt jeweils rechts und links ein dolchartiger, spitzer Eckzahn, der wesentlich größer ist als alle anderen Zähne des Hundes. Die vorderen Backenzähne weisen spitze Höcker und scharfe Kanten auf, die hinteren Backenzähne haben eine breite Kaufläche. Die dolchartigen Eckzähne können ein Beutetier gut festhalten, töten und zerreißen. Mit den vorderen Backenzähnen zerschneidet der Hund dann das Fleisch. Der Hund hat ein **Fleischfressergebiß.**

Der Hund ist in der Lage, ausdauernd und schnell zu laufen. Er tritt dabei nicht wie der Mensch mit der ganzen Fußsohle auf, sondern nur mit den Zehen (Abb 2). Solche Tiere heißen **Zehengänger**. Dicke, verhornte Ballen an den Zehen sorgen dafür, daß der Hund sich beim Laufen nicht verletzt. Mit langen, nicht einziehbaren Krallen kann der Hund sich auch in abschüssigem, unwegsamem Gelände halten.

Sein ausgezeichnetes Gehör hilft ihm beim Aufspüren der Beute. Es macht ihn auch zum aufmerksamen Wachhund, der Geräusche wesentlich früher hört als der Mensch. Seine Augen sehen nicht so gut wie die des Menschen. Farben kann er z. B. nur als unterschiedliche Grautöne erkennen. Sein Geruchssinn ist dagegen ausgezeichnet: Nach Stunden kann er noch riechen, wo ein Tier entlanggelaufen ist. Der Mensch macht sich diese Eigenschaften des Hundes zunutze, um ihn als Spürhund beim Zoll, als Jagdhund, als Such- und Lawinenhund einzusetzen.

Die Wachsamkeit, der gute Geruchssinn und viele andere Eigenschaften des Hundes haben ihn schon vor Tausenden von Jahren zum treuen Begleiter des Menschen gemacht. Ursprünglich stammen alle Hunde – von der riesigen Dogge bis zum winzigen Yorkshire-Terrier – vom Wolf ab.

Wölfe haben lange, schlanke Beine (Abb. 3). Sie sind schnelle und ausdauernde Läufer. Sie hetzen ihre Beutetiere, bis diese total erschöpft sind. Wölfe sind **Hetzjäger**. Sie haben aufrecht stehende Ohren, mit denen sie noch die leisesten Geräusche hören und eine Nase, mit der sie noch geringste Duftspuren wahrnehmen können. Wölfe leben und jagen in einer Gruppe von Tieren, einem **Rudel**. Sie gehorchen dem stärksten und erfahrensten Tier. Viele Verhaltensweisen der Wölfe kann man auch bei Hunden beobachten. Hunde sehen im Menschen den starken und erfahrenen Anführer und ordnen sich ihm unter. Ihre Körperhaltung und ihr Gesichtsausdruck stimmen weitgehend mit denen des Wolfes überein. Ebenso wie die Wölfe verscharren auch die Hunde vielfach ihre Knochen. Andere Verhaltensweisen, wie z. B. das Bellen,

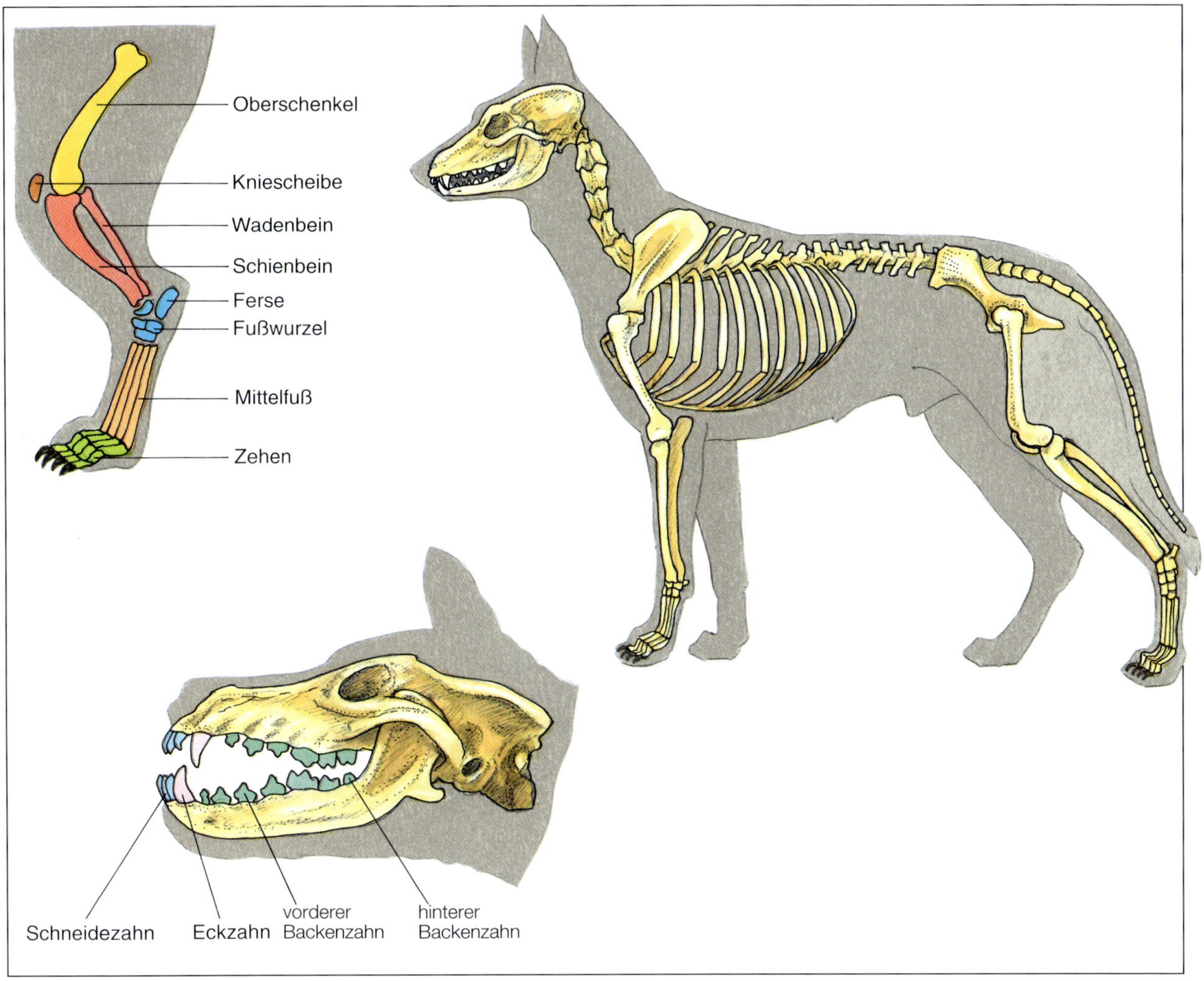

2 Skelett des Hundes

3 Wölfe

In den Monaten Juli und August werden im Tierheim einer Großstadt monatlich etwa 80 ausgesetzte Hunde und Katzen mehr abgegeben als in den übrigen Monaten.

Biotip

Viele Tierheime sind dankbar für Hilfe beim Füttern, Säubern oder Spazierenführen der Tiere. In vielen Tierheimen können Patenschaften zwischen einem Kind und einem Tier vermittelt werden. Manchmal darf dann das Tier übers Wochenende bei einer Familie bleiben.

findet man nur beim Hund. Für einen Hund ist das Haus, der Garten und die nähere Umgebung, in der er aufwächst, seine vertraute Umgebung, sein **Revier**. Die Grenzen seines Reviers markiert der Rüde, so nennt man den männlichen Hund, mit einem Duftstoff aus seinem Harn.

Viele Kinder möchten gern einen Hund haben. Doch bevor man sich einen Hund anschafft, sollte man sich genau überlegen, welche Pflichten und welche Verantwortung man damit übernimmt. Ein Hund ist kein Spielzeug, das man nach Belieben hervorholen und wieder wegstellen kann. Man muß sich täglich um ihn kümmern: ihn füttern, bürsten und ihn ausführen. Besonders große Hunde brauchen viel Auslauf, den sie in der Stadt oft nicht haben können. Viel Ärger gibt es auch in Städten, wenn Hunde überall ihre Kothaufen hinsetzen. Besonders auf Fußwegen oder in der Nähe von Kinderspielplätzen ist das nicht erwünscht. Man muß auch bedenken, wo der Hund in den Ferien bleiben soll. Auf viele Reisen kann man ihn nicht mitnehmen. Dann braucht man gute Freunde, die der Hund kennt und die bereit sind, ihn zu betreuen. Auch Tierpensionen oder Tierheime nehmen Hunde gegen Bezahlung während der Ferienzeit in Pflege. Während der Ferienzeiten sind die Tierheime oft überfüllt von halbverhungerten und verwahrlosten Tieren, die von ihren Besitzern ausgesetzt und irgendwo gefunden wurden.

Dies alles muß man sich überlegen, bevor man einen Hund kauft. Denn jeder übernimmt mit dem Kauf eines Hundes eine große Verantwortung.

Aufgaben

① Beobachte einen Hund in verschiedenen Situationen! Beschreibe sein Verhalten, seinen Gesichtsausdruck, die Stellung seiner Ohren und seines Schwanzes:
- Er wird gelobt
- Mit ihm wird geschimpft
- Ein Fremder kommt ins Haus
- Gute Bekannte kommen.

② Wann darfst du einen Hund, den du gut kennst, streicheln? Begründe deine Antworten:
Wenn er frißt?
Wenn er mit dem Schwanz wedelt?
Wenn er den Schwanz steil aufrichtet?
Wenn er die Nase kraust und die Ohren nach hinten legt?

③ Nenne Eigenschaften, die Hunde und Wölfe gemeinsam haben. In welchen Eigenschaften unterscheiden sie sich?

Gemeinsamkeiten Hund–Wolf	Unterschiede Hund–Wolf
.....	.....

④ Schreibe alle Hunderassen heraus, die in diesem Kapitel genannt werden. Beschreibe das Aussehen der Hunde! Welche ihrer Fähigkeiten werden vom Menschen besonders geschätzt?
Nenne noch drei weitere Hunderassen und beschreibe die Tiere. Wozu verwendet der Mensch sie? Besorge dir Bilder von Tieren der jeweiligen Rassen.

⑤ Zeige Möglichkeiten auf, bei denen Hunde dem Menschen helfen können!

⑥ Vergleiche das Gebiß des Hundes mit dem des Menschen (Abb. 2 und Abb. 2, S. 106). Nenne Gemeinsamkeiten und Unterschiede.

⑦ Deine Freundin wünscht sich einen Hund zu Weihnachten. Was sollte sie deiner Meinung nach vor dem Kauf des Hundes alles bedenken?

Der Hund stammt vom Wolf ab.
Hunde haben wie ihre Vorfahren, die Wölfe, ein gutes Gehör, einen guten Geruchssinn und ähnlichen Körperbau.
Der Mensch verwendet Hunde für unterschiedliche Aufgaben.

4 Vorstehhund

5 Dogge

6 Windhunde beim Rennen

7 Yorkshire-Terrier

8 Schlittenhunde

14.2 Auf dem Bauernhof gibt es viele Katzen

1 Katze trägt ihr Junges

Ute beobachtet vor dem Scheunentor eine braunweiße Katze, die aus einem Schälchen Milch leckt. Bauer Gerdes bemerkt Utes Blick. „Das ist unsere Mieze. Sie hat gerade wieder Junge. Vier sind es diesmal. Sie sind drei Wochen alt und liegen im Heu in der Scheune. Willst Du sie mal sehen?". Sobald die Katze bemerkt, daß der Bauer mit Ute zu ihren Jungen geht, verläßt sie die Milchschale und läuft zu den Kleinen. Bauer Gerdes nimmt ein Junges in die Hand. Das Kleine hat die Augen schon geöffnet. „Katzen werden blind geboren", erklärt Herr Gerdes. „Sie sind zunächst völlig hilflos und werden von der Mutter gesäugt. Erst nach etwa einer Woche öffnen sie die Augen." Der Bauer legt das kleine Kätzchen vorsichtig abseits vom Nest ins Heu: „Beobachte einmal, was Mieze nun mit dem Kleinen macht!"

Ute sieht gebannt zu, wie die Katze das Kleine mit ihrer Schnauze im Nackenfell packt und zu den Geschwistern zurückträgt (Abb. 1). Im Nest leckt die Katze das Kleine gründlich ab.

Zwei- bis dreimal im Jahr ist die Paarungszeit der Katzen. Die Kater sind während dieser Zeit sehr angriffslustige Rivalen. Eine paarungsbereite Katze rollt sich häufig seitlich auf dem Boden hin und her: Man sagt auch: Sie ist rollig. Oft hört man nachts ihr Geschrei, das wie Babygeschrei klingt. Nach der Paarung kümmert sich der Kater nicht mehr um die Katze und den kommenden Nachwuchs.

Nach einer Tragzeit von etwa zwei Monaten werden zwei bis sechs junge Katzen geboren. Sie haben die Augen geschlos-

2 Katze im Sprung

Zu den Nesthockern gehören unter anderem auch Hunde, Kaninchen und Wellensittiche.

Von einer nicht kastrierten Katze sind nach fünf Jahren 729, nach zehn Jahren schon 177147 Nachkommen zu erwarten, wenn man pro Tier nur einen Wurf pro Jahr mit je drei Jungen rechnet.

sen und können noch nicht laufen und sich selbständig ernähren. Solche Jungtiere werden als **Nesthocker** bezeichnet. Das Muttertier leckt die Jungen nach der Geburt trocken. Die Kleinen suchen sofort mit pendelnden Kopfbewegungen das Gesäuge der Mutter. In der zweiten Woche öffnen sich die Augen. Die jungen Katzen spielen viel. Sie üben dabei das Anschleichen und Ergreifen einer Beute oder auch die spielerische Auseinandersetzung mit einem Rivalen. Nach acht bis zehn Wochen benötigen die Jungtiere keine Muttermilch mehr. Sie können jetzt von der Mutter getrennt werden. Jeder Katzenhalter hat die Pflicht, sich um eine gute Unterbringung der Jungen zu kümmern. Ein verantwortungsbewußter Katzenhalter, der nicht will, daß seine Katze Junge bekommt, läßt die junge Katze beim Tierarzt kastrieren.

langen, dolchartigen Eckzähnen tötet die Katze ihre Beute. Die scharfen Höcker der Backenzähne zerschneiden das Fleisch. Die Katze hat ein **Fleischfressergebiß** (Abb. 3, 4). Meist jagt sie in der Dämmerung. Sie ist **nachtaktiv**. Die meisten ihrer Beutetiere, überwiegend Mäuse, können dann nur noch schlecht sehen. Die Pupillen einer Katze weiten sich in der Dämmerung so, daß möglichst viel Licht ins Auge fällt (Abb. 5). Bei grellem Licht schließen sich die Pupillen zu schmalen Spalten. So wird eine Katze nicht geblendet (Abb. 6). Auch der Gehörsinn ist bei der Katze gut entwickelt. Sie kann sogar noch das Fiepen einer Maus in ihrem Erdgang hören. Dann verharrt die Katze oft lange regungslos vor dem Mauseloch.

3 Katze beim Gähnen

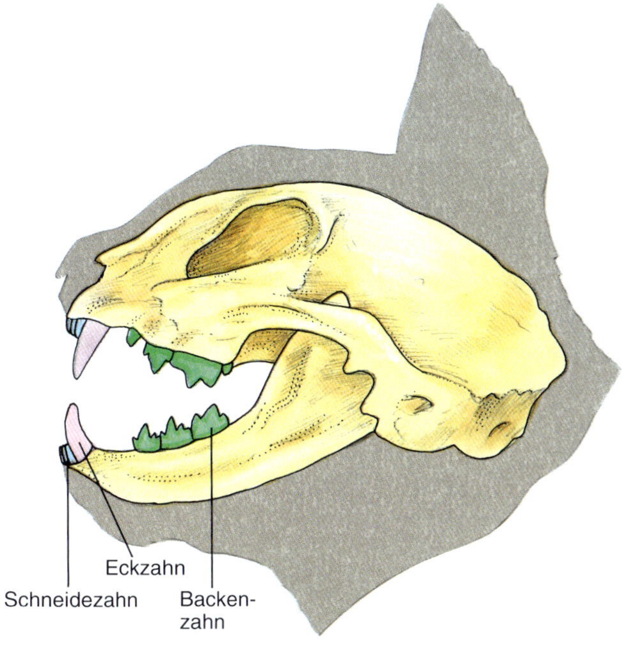

4 Schädel und Gebiß einer Katze

Auf dem Hof von Bauer Gerdes leben einige Katzen, meist Junge von Mieze. Eines Abends beobachten Ute und Frank eine Katze auf der Wiese hinter dem Bauernhof. Die Katze schleicht sich lautlos an etwas heran, sie hat vermutlich eine Maus bemerkt. Regungslos duckt sie sich im Gras. Plötzlich stößt sie sich mit den Hinterpfoten vom Boden ab und springt (Abb. 2). Beim Springen streckt die Katze die Krallen blitzschnell aus. Die beiden Vorderpfoten mit den scharfen Krallen ergreifen die Beute gleichzeitig. Mit ihren

5 Katzenaugen im Dunkeln

6 Katzenaugen im Hellen

Aufgaben

① Betrachte die Pupillen einer Katze im Dunkeln und bei Tageslicht (Abb. 5, 6). Beschreibe den Unterschied und erkläre ihn. Gibt es ähnliches beim Menschen?

② Vergleiche die Verhaltensweisen und Lebensgewohnheiten einer Katze in einer Großstadtwohnung mit denen einer Katze auf dem Bauernhof. Halte deine Überlegungen in einer Tabelle fest:

	Großstadtkatze	Landkatze
Art der Nahrung		
Jagdrevier		
Wieviel Bewegung hat die Katze täglich		
Möglichkeiten zum Krallenschärfen		
Möglichkeiten zum Kotabsetzen		

③ Betrachte das Gebiß der Katze. Welche Aufgabe haben die Eckzähne und Backenzähne bei der Ernährung?

④ Beobachte eine Katze beim Fressen. Beschreibe die Haltung des Kopfes bei der Zerkleinerung eines Fleischbrockens und versuche, für die Kopfhaltung eine Erklärung zu finden.

⑤ Katzen können ihre Krallen ausstrecken und einziehen. Erkläre mit Hilfe der Abb. 7, wie dies geschieht.

Katzen jagen überwiegend Mäuse. Mit den scharfen Krallen können sie die Beute ergreifen und festhalten und dann mit den Eckzähnen töten. Die Katzenjungen haben nach der Geburt die Augen geschlossen und können noch nicht laufen. Sie sind Nesthocker.

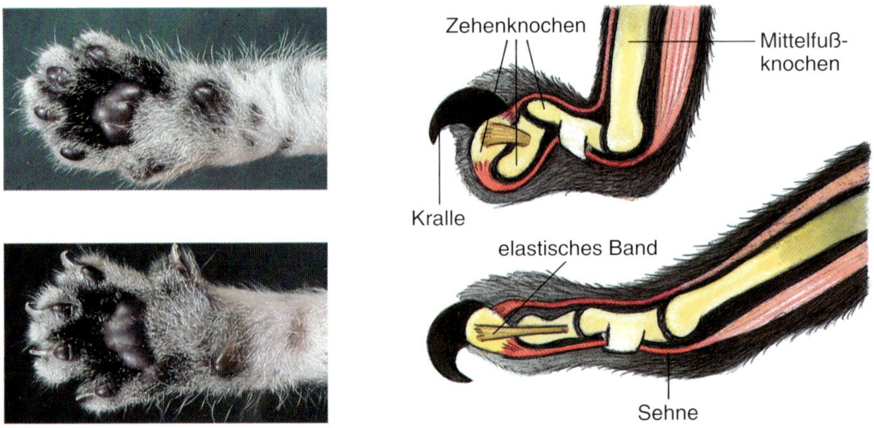

7 Katzenpfoten mit eingezogenen und ausgestreckten Krallen

14.3 Kennübung: Einheimische Raubtiere

Europäischer Dachs

Lebensraum:	Wälder, Buschdickicht, z. B. Sauerland
Lebensweise:	Nacht- und dämmerungsaktiv, unterirdische Wohnhöhlen mit zahlreichen verzweigten Röhren
Länge:	Kopf-Rumpf-Länge 75 cm, Schwanzlänge 17 cm
Gewicht:	11 kg
Nahrung:	Früchte, Samen, Pilze, Regenwürmer, Schnecken, kleine Wirbeltiere
Besonderheit:	Häufig, aber selten zu sehen. Winterruhe

Europäische Wildkatze

Lebensraum:	Gebirgswälder. Wieder angesiedelt in Eifel, Harz und Hunsrück
Lebensweise:	Jagt tagsüber während der wärmsten Zeit
Länge:	Kopf-Rumpf-Länge 60 cm, Schwanzlänge 30 cm
Gewicht:	5 kg
Nahrung:	Mäuse, Vögel, junge Hasen und Kaninchen
Besonderheit:	Einzelgänger, kurzer Schwanz

Stein- oder Hausmarder

Lebensraum:	Steinbrüche, Parks, Gärten, in Dörfern und Städten in Ställen, Scheunen und auf Dachböden
Lebensweise:	Nachtaktiv
Länge:	Kopf-Rumpf-Länge 50 cm, Schwanzlänge 30 cm
Gewicht:	1 kg
Nahrung:	Mäuse, Ratten, Geflügel, Kaninchen
Besonderheit:	Wärmeliebend, übernachten gern auf Dachböden in Siedlungen, manchmal auch auf warmen Automotoren

Mauswiesel

Lebensraum:	Wald, Ackerland, Parklandschaft
Lebensweise:	Dämmerungs- und nachtaktiv
Länge:	Kopf-Rumpf-Länge 20 cm, Schwanzlänge 5 cm
Gewicht:	0,1 kg
Nahrung:	Mäuse
Besonderheit:	Im Norden und im Hochgebirge lebende Mauswiesel haben im Winter ein weißes Fell

14.4 Tiere kann man ordnen

1 Rotfuchs

2 Großohr-Kitfuchs

Ute und ihr Bruder Frank stehen im Zoo vor dem Haus für kleine Raubtiere. Hier sind auch verschiedene Füchse getrennt in größeren Gehegen untergebracht. Am Gitter eines Geheges lesen die Kinder das Schild: Rotfuchs. Darunter steht eine lateinische Bezeichnung: Vulpes vulpes. Der Name Rotfuchs bezeichnet eine Fuchsart (Abb. 1). Die Tiere einer **Art** ähneln einander sehr stark. Sie haben den gleichen Körperbau, zeigen das gleiche Verhalten und können sich untereinander vermehren.

Im Nachbargehege ist der Großohr-Kitfuchs untergebracht. Seine lateinische Bezeichnung lautet Vulpes macrotis. Fast wie bei Menschen, bei denen der Familienname die verwandtschaftlichen Beziehungen erkennen läßt, wird auch bei den Füchsen die verwandtschaftliche Beziehung mit dem gemeinsamen lateinischen Namen „Vulpes" angedeutet. Die Arten Großohr-Kitfuchs und Rotfuchs sind also miteinander verwandt.

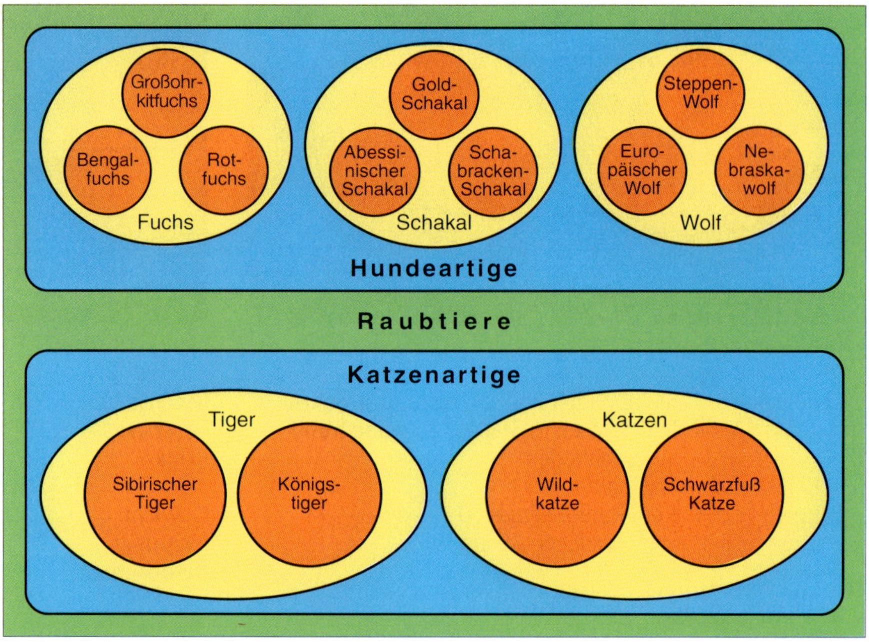

3 Tiere kann man ordnen

Solche verwandten Arten faßt man zu **Gattungen** zusammen. Zur Gattung Fuchs gehören außer dem Rotfuchs und dem Großohr-Kitfuchs weitere Fuchsarten, z. B. der Bengalfuchs. Die Übersicht in Abbildung 3 zeigt, daß die Gattung Fuchs verwandtschaftliche Beziehung zu der Gattung Wolf hat. Die Ähnlichkeit zwischen der Gattung Fuchs und der Gattung Wolf ist jedoch wesentlich kleiner als die Übereinstimmung bei den Fuchsarten untereinander. Eine Ähnlichkeit der Gattungen Fuchs und Wolf ist im Körperbau erkennbar. Er gleicht dem des Hundes. Deshalb gehören die Gattungen Fuchs und Wolf zur **Familie** der **Hundeartigen**. Man faßt die Familien der Hundeartigen, Katzenartigen, Bärenartigen und weitere ähnliche Familien zusammen: Sie bilden miteinander die **Ordnung** der **Raubtiere** (Abb. 3, 4). Weitere Ordnungen bilden die Paarhufer, Unpaarhufer und Nagetiere. Paarhufer (z. B. Schweine) und Nagetiere (z. B. Ratten) sehen sich nicht sehr ähnlich. Doch sie haben ein wichtiges Merkmal gemeinsam: Sie säugen ihre Jungtiere. Sie gehören deshalb zur **Klasse** der **Säugetiere**. Weitere Tierklassen sind die Fische, die Amphibien, die Reptilien und die Vögel. Sie alle haben nur noch ein gemeinsames Merkmal in ihrem Körperbau: die Wirbelsäule. Deshalb faßt man sie zum **Stamm** der **Wirbeltiere** zusammen.

4 Übersicht: Klasse der Säugetiere

Alle Tierarten kann man einer Gattung, Familie, Ordnung, Klasse und einem Stamm zuordnen. Art, Gattung, Familie, Ordnung, Klasse und Stamm nennt man **systematische Gruppen**.

Aufgaben

① Ordne mit Hilfe des Textes und der Abbildungen den Bengalfuchs seinen systematischen Gruppen zu.
Fertige dazu eine Aufstellung an:
Art – Bengalfuchs
Gattung – ...

② Ordne die Art Wildkatze mit Hilfe der Abb. 3 und 4 ihren systematischen Gruppen zu.

③ Übertrage die Abb. 3 in dein Heft. Trage die Begriffe: Ordnung, Familie, Gattung, Art in die Zeichnung ein. Welche Farbe wurde jeweils für die Kennzeichnung einer Art, einer Gattung, einer Familie verwendet?

④ Die Hauskatze gehört ebenso wie der Tiger zur Familie der Katzenartigen. Besorge dir in der Bücherei Literatur über den Tiger. Beschreibe mit Hilfe der Literatur und deines Biologiebuches Ähnlichkeiten und Unterschiede dieser beiden Gattungen in der Familie der Katzenartigen.

Alle Tierarten können nach Merkmalen in systematische Gruppen geordnet werden. Tiere, die einander im Körperbau und im Verhalten sehr stark ähneln und sich untereinander vermehren, gehören zur gleichen Art. Weitere systematische Gruppen sind Gattung, Familie, Ordnung, Klasse und Stamm.

14.5 Im Kuhstall

1 Fütterung der Kühe

Ute und Frank möchten auch etwas von den Kühen auf einem Bauernhof erfahren. Bauer Gerdes zeigt den Kindern seinen Kuhstall. Stolz führt er sie zu seinem jüngsten Kälbchen. Das Kälbchen wurde in der vergangenen Nacht geboren. „Da hättet ihr dabei sein müssen", erzählt der Bauer den Kindern. „Die vergangene Nacht war ganz schön aufregend. Mona hat zum erstenmal gekalbt. Wir ahnten schon, daß es nicht so leicht sein würde. Vorsichtshalber haben wir den Tierarzt gerufen. Es war eine sehr lange Geburt. Wir sind nun froh, daß alles so gut verlaufen ist." Das Kälbchen wurde sofort nach der Geburt von seiner Mutter getrennt. Es steht in einer kleinen Box mit Stroh und läßt sich streicheln. Zu den Fütterungszeiten erhält es Milch mit Kraftfutter. Nach einigen Wochen, wenn es Grünfutter fressen darf, wird es zu den anderen Milchkühen im Stall gestellt.

Eine gute Milchkuh gibt etwa 4000 bis 5000 Liter Milch im Jahr.

Die Milchkühe stehen im Stall in einer langen Reihe nebeneinander (Abb. 1). Dreimal am Tag bekommen sie Gras oder Heu, außerdem eine Kraftfuttermischung. Die Tiere stehen im Stall auf Spaltensteinen, zwischen denen der Kot hindurchfällt, so ist der Stall leichter zu säubern. Zweimal am Tag werden die Kühe gemolken.

Rinder treten nur mit zwei Zehenspitzen auf. Diese beiden Zehen sind jedoch sehr kräftig entwickelt, ihre äußeren Enden von Horn überzogen. Man nennt sie Hufe. Da jeweils zwei Zehen zu Hufen umgewandelt sind, ordnet man das Rind auch zu den **Paarhufern** (Abb. 2).

Ute und Frank haben sich die Haltung von Milchkühen ganz anders vorgestellt. Sie haben gelesen, daß die Kühe im Sommer tagsüber auf der Weide bleiben und morgens und abends im Stall gemolken werden. Bauer Gerdes erklärt den Kindern dazu: „Die Kühe im Stall bekommen hochwertigeres Futter als die auf der Weide und geben daher mehr Milch. In unserer Gegend halten nur wenige Bauern ihre Milchkühe auf der Weide. Was ihr draußen seht, sind meistens Bullenkälber. Sie bleiben während des ganzen Sommers auf der Weide. Nach etwa einem Jahr sind Bullen schlachtreif."

Ute und Frank möchten nun auch die Bullenkälber auf der Weide sehen. Ute sieht, wie ein Kalb mit einer langen, rauhen Zunge mehrere lange Grashalme umfaßt und sie mit einem kurzen Ruck abreißt und herunterschlingt. Bauer Gerdes geht zu einem Tier und hält ihm eine Hand voll Gras entgegen. „Versucht doch einmal, in das Maul des Tieres zu schauen! Achtet

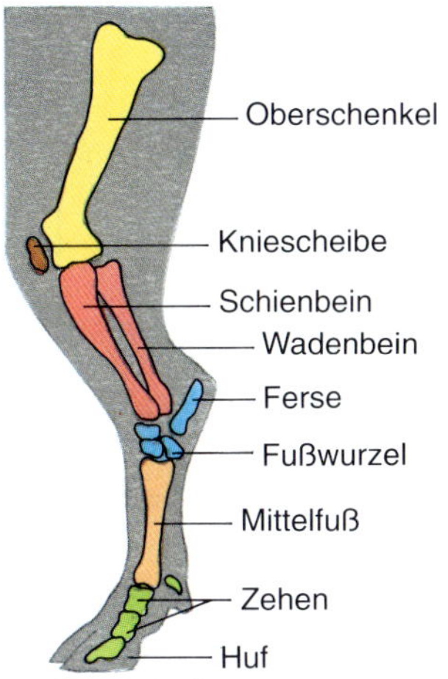

2 Beinskelett

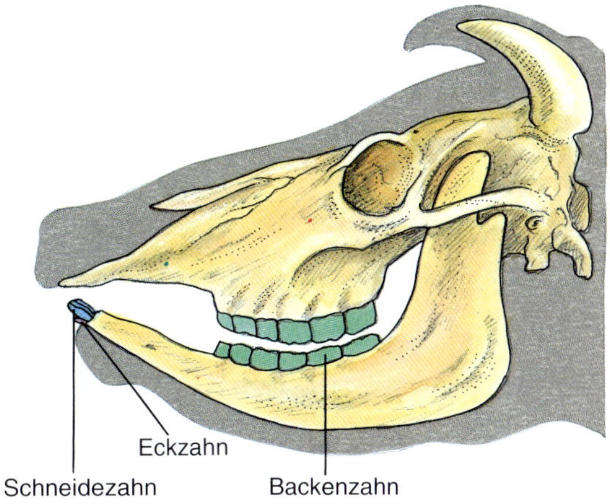

3 Schädel und Gebiß des Rindes

auch einmal darauf, wie geschickt das Kalb mit seiner langen, rauhen Zunge das Gras aus meiner Hand nimmt." Das Kalb frißt dem Bauern so schnell das Gras aus der Hand, daß die Kinder nur die kräftigen Schneidezähne im Unterkiefer kurz sehen können.

Rinder haben breite Backenzähne mit einer rauhen Kaufläche. Im Oberkiefer haben sie keine Schneide- oder Eckzähne (Abb. 3). Rinder sind **Pflanzenfresser** und haben ein typisches **Pflanzenfressergebiß**.

Auch Rehe, Hirsche und Schafe sind Wiederkäuer.

Rinder schlucken das Gras zunächst unzerkaut hinunter. Das Gras gelangt dann in den ersten Teil des großen Magens, den **Pansen** (Abb. 4). Später legen die Rinder sich nieder und würgen die Nahrung wieder hoch. Sie kauen jetzt das im Pansen erwärmte und angefeuchtete Gras gründlich mit ihren Backenzähnen durch (Abb. 4). Danach wird der gut zerkaute Nahrungsbrei nochmals heruntergeschluckt. Er gelangt dann in die nächsten beiden Abschnitte des Magens, wo er weiter verdaut wird. Das Rind ist ein **Wiederkäuer** (◁).

4 Die Kuh ist ein Wiederkäuer

	Schweine-fleisch	Rind-fleisch
1950	18	11
1960	30	16
1970	39	21
1980	53	22
1990	60	20

Pro-Kopf-Verbrauch in kg pro Jahr in der BR Deutschland

Aufgaben

① Vergleiche Abb. 3 mit Abb. 4, S. 167. Worin unterscheiden sich ein Fleischfressergebiß und ein Pflanzenfressergebiß?

② In Abb. 4 ist ein grasendes und ein wiederkäuendes Rind gezeichnet. Wohin gelangt die Nahrung beim Grasen? Welche Veränderung erfährt sie beim Wiederkäuen? In welchen Abschnitt des Körpers gelangt sie nach dem Wiederkäuen?

③ Der Landwirt spricht von Rindern, Kälbern, Färsen, Kühen, Bullen, Stieren und Ochsen. Schau in deinem BIO-Buch und in einem Lexikon nach, was diese Namen bedeuten und schreibe es auf.

④ Betrachte Abb. 5. Mit Hilfe dieser Abbildung kannst du erklären, worin der Nutzen des Rindes für den Menschen besteht.

⑤ Die Haltung von Milchkühen hat sich bei uns in den letzten Jahrzehnten stark verändert. Informiere dich, wie Kühe früher gehalten wurden. Vergleiche dies mit der Haltung der Kühe heute.

Biotip

Kaufe die Milch möglichst in Pfandflaschen ein und nicht in Papptüten. Du hilfst dadurch mit, daß weniger Müll anfällt. Außerdem entstehen bei Pfandflaschen geringere Kosten für die Herstellung der Verpackung. Es werden Rohstoffe und Energie gespart.

⑥ In der Randspalte ist angegeben, wieviel Kilogramm Rind- und Schweinefleisch wir pro Jahr essen. Stelle den Verbrauch in einem Diagramm dar. Beschreibe die Entwicklung des Fleischverbrauchs.

Rinder sind vielseitig verwendete Nutztiere. Milchkühe werden oft in großen Ställen gehalten und kommen nicht mehr auf die Weide. Rinder sind Wiederkäuer.

5 Die Kuh ist ein vielseitiges Nutztier

14.6 Pferde als Reit- und Zugtiere

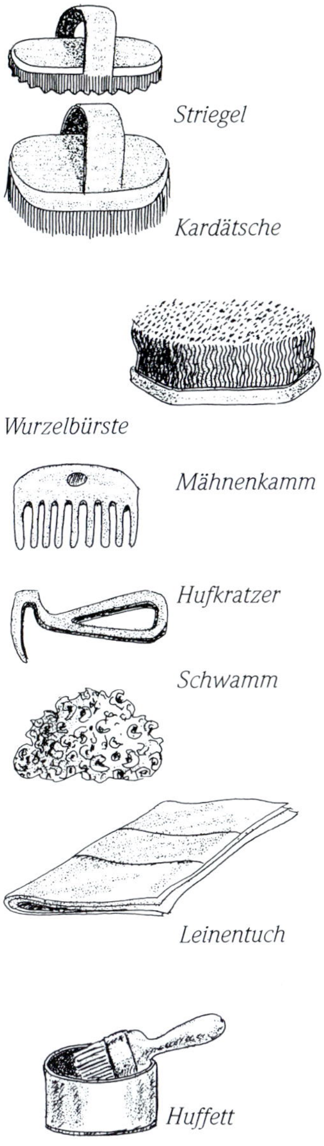

Pflegezubehör des Pferdes

1 Ute und Frank mit ihrem Pferd

Seit einigen Jahren hält Bauer Gerdes für seine Feriengäste Pferde. In diesem Jahr ist sogar noch ein Fohlen hinzugekommen, das schon kurze Zeit nach der Geburt mit dem Muttertier auf die Weide darf. Wie die Rinder zählen auch die Pferde zu den Nestflüchtern. Den Kindern macht es viel Spaß, die Tiere zu pflegen, zu füttern und mit ihnen auszureiten. Auch Ute kommt schon am frühen Morgen zu den Pferdeboxen. Sie möchte gern einmal eine gute Reiterin werden. Am liebsten würde sie sich den ganzen Tag mit den Pferden beschäftigen. Morgens bürstet und striegelt sie die Tiere und säubert die Hufe. Sie gibt ihnen frisches Trinkwasser, Heu und dazu als Kraftfutter Hafer. Im Laufe des Tages weiden die Tiere auf der Wiese das Gras ab. Abends bekommen sie im Stall dann noch Möhren oder Rüben mit Hafer und Stroh.

Pferde sind **Pflanzenfresser.** Sie beißen das Gras mit den Schneidezähnen ab. Kürzeres Gras zupfen sie mit den beweglichen Oberlippen ab. Dann zermahlen sie die Nahrung zwischen ihren Backenzähnen (Abb. 2). Die Backenzähne haben

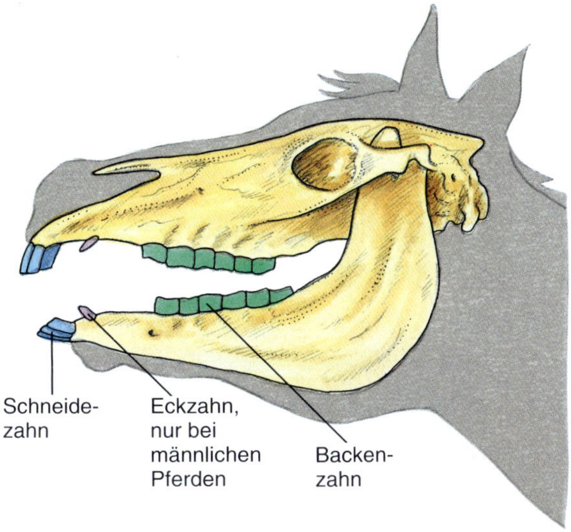

2 Schädel und Gebiß des Pferdes

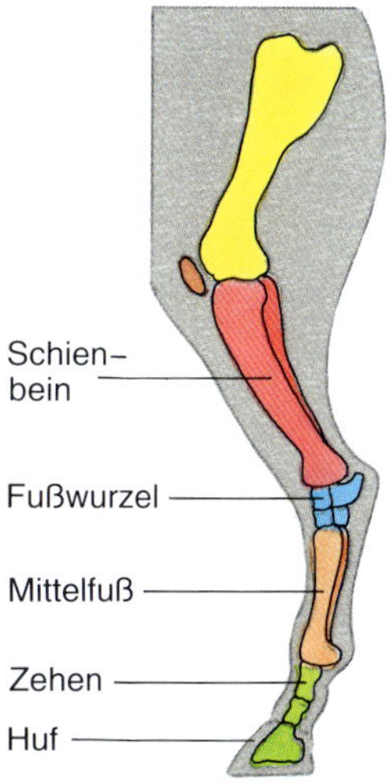

3 Beinskelett

Die Geschwindigkeit eines Pferdes beträgt im Trab etwa 15 Kilometer in der Stunde, im Galopp 25 bis 35 Kilometer pro Stunde. Ein Rennpferd kann im Galopp für kurze Zeit eine Geschwindigkeit von 60 Kilometern in der Stunde erreichen.

breite Kauflächen mit rauhen Falten. Die Falten nutzen sich im Laufe der Jahre immer mehr ab. Der Fachmann kann das Alter eines Pferdes daran erkennen, wie die Zähne abgenutzt sind. Die Eckzähne sind bei den Pferden sehr klein. Pferde haben ein **Pflanzenfressergebiß**.

Pferde können über kurze Strecken sehr schnell laufen. Sie treten nur mit einem Zehen auf. Dieser Zeh ist sehr stark entwickelt und ist am äußeren Ende von einem Huf überzogen (Abb. 3). Die anderen Zehen sind sehr klein und kaum zu erkennen. Alle Tierarten, die wie die Pferde nur mit einem Zeh auftreten, zählt man zu den **Unpaarhufern**.

Heute werden besonders schnelle, temperamentvolle Pferde als Reit- und Turnierpferde gezüchtet. Man nennt sie **Warmblutpferde**. Dieser Name bedeutet nicht etwa, daß die Tiere eine höhere Körpertemperatur als andere Pferde hätten. Der Begriff „Warmblutpferde" soll ausdrücken, daß diese Tiere temperamentvoller und schneller als andere sind. Ihr Körper ist langgestreckt, schmal und schlank. Ihre Beine sind länger als die anderer Pferde.

Die langsamen, grobknochigen **Kaltblutpferde** eignen sich gut zum Verrichten von schweren Arbeiten (Abb. 4). Sie werden z. B. in der Forstwirtschaft eingesetzt. Sie richten bei ihrer Arbeit dort weit weniger Schäden an als ein großer Traktor. Früher wurden Kaltblutpferde in der Landwirtschaft benötigt. Sie mußten Wagen und Pflüge ziehen.

Aufgaben

① Beschreibe das Gebiß des Pferdes (Abb. 2). Vergleiche mit dem Gebiß des Rindes Abb. 3, S. 173. Beschreibe die Unterschiede und Gemeinsamkeiten.

② Pferdekoppeln sind im allgemeinen kürzer abgegrast als die Weiden der Rinder. Gib hierfür eine Erklärung.

Pferde sind Pflanzenfresser.
Die Backenzähne haben breite Kauflächen. Man unterscheidet zwischen Warmblutpferden, die als Reit- und Rennpferde gehalten werden, und den Kaltblutpferden, die schwere körperliche Arbeit verrichten können.

4 Kaltblutpferde bei der Arbeit

14.7 Kennübung: Huftiere

Rothirsch

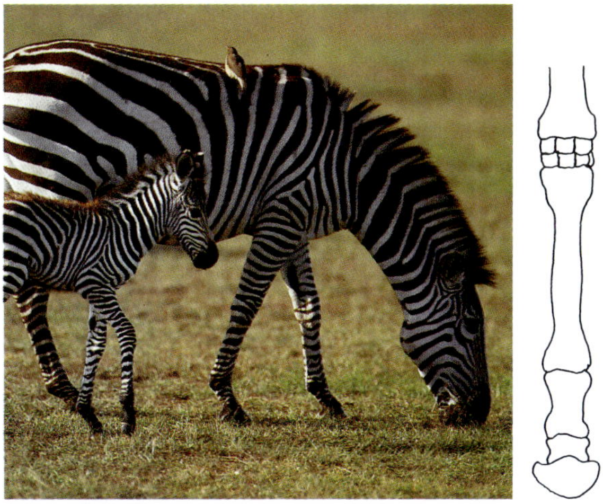
Steppenzebra

Hausesel

Flußpferd

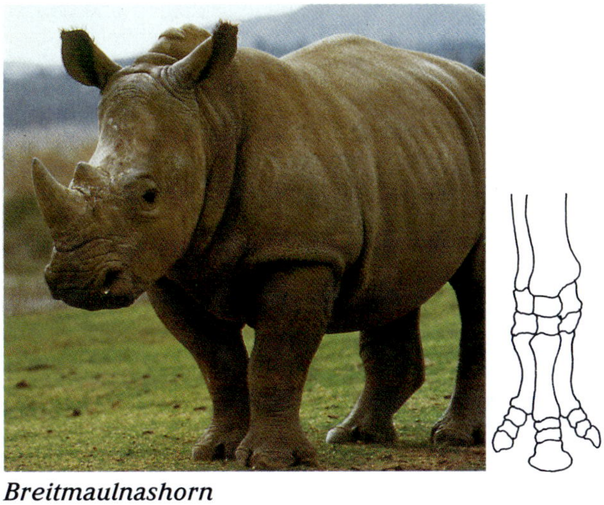
Breitmaulnashorn

Reh mit Rehbock

14.8 Im Schweinestall

1 Ute und Frank im Schweinestall

Die Haut des Schweins wird für die Herstellung von robustem Leder verwendet. Aus seinen Borsten macht man Bürsten und Pinsel.

Ute und Frank dürfen dem Bauern beim Füttern der Schweine zusehen. In jeder Box drängen sich die Schweine laut quiekend an den Futtertrog (Abb. 1). Der Bauer schüttet einen grauen Futterbrei in jeden Trog. Gierig und schmatzend verschlingen die Tiere das feinzermahlene Futter. Der Bauer erzählt Ute und Frank: „Eigentlich fressen Schweine alles: Gras, Kartoffeln, Rüben, altes Brot und sogar Fleischreste. Schweine sind **Allesfresser**. Damit die Tiere jedoch schneller wachsen, bekommen sie eine Kraftfuttermischung." Bauer Gerdes kauft die Jungschweine im Alter von etwa sechs Wochen bei einem Nachbarn, der Schweine züchtet. Dieser Bauer hat mehrere Sauen, die pro Jahr ein- bis zweimal acht bis dreizehn Ferkel werfen.

Meist werden Schweine zu Hunderten in riesigen Stallungen gehalten. Diese Art der Haltung wird **Intensivhaltung** genannt. Dadurch werden die Kosten gesenkt und das Fleisch kann billig produziert werden. Jeweils sechs bis zehn Tiere stehen dichtgedrängt in einer kleinen Box. Sie haben wenig Bewegung, bekommen viel Futter und nehmen so schnell an Gewicht zu. Damit die Schweine bei der wenigen Bewegung und bei dem vielen Fressen nicht krank werden, bekommen sie häufig Medikamente. Nach viereinhalb Monaten erreicht ein Schwein dann bereits ein Gewicht von 100 kg und kann geschlachtet werden. Läßt man die Tiere dagegen frei herumlaufen, so sind sie erst nach zehn Monaten schlachtreif.

2 Schwein auf der Weide

Bauer Gerdes hält nicht viel von einer solchen Schweinehaltung. Er füttert seine Schweine zwar auch mit Kraftfutter, läßt ihnen aber im Sommer viel Bewegung auf der Weide (Abb. 2). Hier wühlen sie mit ihren rüsselartigen, kräftigen Schnauzen im Boden. Sie fressen dabei alles Eßbare: Larven, Käfer, Würmer, Gras und Wurzeln. Bei dieser Art der Haltung sind die Schweine weniger anfällig für Krankheiten als bei der Intensivhaltung. Sie benötigen selten Medikamente, ihr Fleisch ist frei von unnatürlichen Zusätzen und damit für den Menschen gesünder. Die Käufer von Bauer Gerdes Schweinefleisch

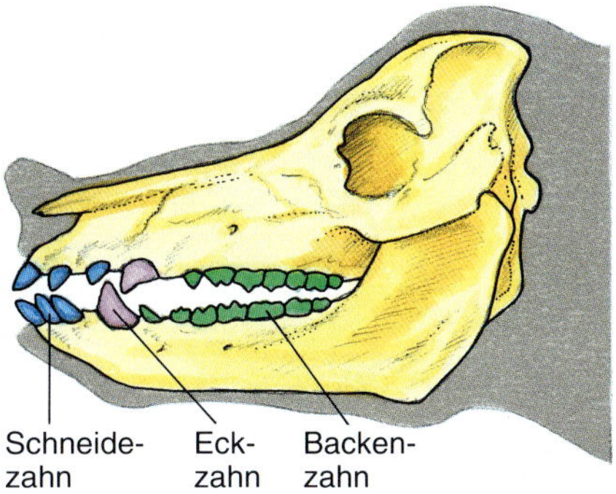

3 Schädel und Gebiß des Schweins

wissen das zu schätzen: Sie zahlen ein wenig mehr für die bessere Qualität.

Unsere Hausschweine haben vieles gemeinsam mit ihren Vorfahren, den Wildschweinen (Abb. 4). Wildschweine leben heute noch frei in größeren Wäldern. Sie halten sich gern im Schutz des Dickichts auf und kommen nur zur Nahrungssuche auf die Felder. Ähnlich wie die Hausschweine von Bauer Gerdes durchwühlen sie mit ihrer rüsselförmigen Nase und den nach oben gebogenen Eckzähnen den Boden nach Nahrung. Im Gegensatz zum Hausschwein schlingen sie ihre Nahrung nicht so gierig herunter. Außerdem fressen sie nicht so große Mengen wie die Hausschweine. Wild- und Hausschwein haben ein Allesfressergebiß mit spitzen Schneidezähnen. Die dolchartigen Eckzähne sind beim Wildschwein jedoch stärker entwickelt als beim Hausschwein. Die vorderen vier Backenzähne sind scharfkantig. Sie eignen sich besonders zum Abschneiden der Nahrung. Die drei hinteren Backenzähne sind dagegen stumpf. Sie werden vor allem zum Zerreiben pflanzlicher Nahrung benötigt (Abb. 3).

Wildschweine suhlen sich genauso gern im Schlamm wie die Schweine von Bauer Gerdes. Die Schlammkruste auf dem Körper verschafft den Tieren im Sommer Abkühlung und Schutz vor Insektenstichen. Zum Schutz vor der Kälte haben Wildschweine einen wärmenden Haarpelz.

Aufgaben

① Betrachte das Gebiß des Schweins (Abb. 3). Begründe, warum das Gebiß sowohl für die Aufnahme pflanzlicher als auch tierischer Nahrung geeignet ist.

② Übertrage die folgende Tabelle in dein Heft und fülle sie aus:

Aussehen und Aufgabe von:	Fleischfresser	Allesfresser	Pflanzenfresser
Schneidezähne			
Eckzähne			
Backenzähne			

③ Vergleiche Verhalten und Körperbau von Wildschwein und Hausschwein.

	Wildschwein	Hausschwein
Haarkleid		
Körperbau		
Kopfform		
Verhalten beim Fressen		

Das Schwein ist für uns der wichtigste Fleischlieferant. Das Schwein ist ein Allesfresser. Seine Vorfahren sind die Wildschweine.

4 Wildschwein mit Jungen

15 Säugetiere sind an ihre Umwelt angepaßt

15.1 Wildkaninchen im Stadtpark

Kaninchenkopf

1 Wildkaninchen

Wildkaninchen entfernen sich niemals mehr als 200 m von ihrem Erdbau.

Ein Kessel mißt etwa 50 cm im Durchmesser. Die Gänge können bei einem Bau 50 m lang sein.

Man fand heraus, daß sechs Kaninchen in einem Jahr so viel Gras fressen wie ein Schaf!

Herr Kleinert führt seinen Schäferhund Alex aus. Plötzlich bellt Alex! Dann rennt er über den Rasen des Stadtparks und verfolgt ein Kaninchen. Doch schon nach einer halben Minute ist die wilde Verfolgung zu Ende. Alex steht winselnd vor dem Eingang eines Kaninchenbaus. Die Röhre des Eingangs ist nur 15 cm weit, doch Alex ist erheblich größer! Er kann nun das Kaninchen nicht weiter verfolgen. Es ist durch die enge **Fallröhre** in seinem **Erdbau** verschwunden (Abb. 2). Fallröhren führen auf kürzestem Weg in den Kaninchenbau. Bei Gefahr läßt sich ein Kaninchen schnell durch die Fallröhre in den Bau fallen.

Ein Kaninchenbau besteht aus vielen Röhren (Abb. 2). Im Inneren des Baus befindet sich der **Kessel.** Darin schlafen die Kaninchen am Tage. Manche Röhren sind sehr weit verzweigt und enden wie eine Sackgasse. Wenn z. B. ein Wiesel ein Kaninchen bis in den Bau verfolgt, kann das Wiesel sich in dem verzweigten Bau verirren und selten ein Kaninchen fangen. Oft legen Kaninchen Gemeinschaftsbaue an, die durch Röhren miteinander verbunden sind. Darin leben viele Kaninchen.

In einem Stadtpark haben Wildkaninchen kaum Feinde. Kaninchen können Hunden und Katzen leicht entkommen. Kaninchen vermehren sich sehr stark. Ein Kaninchenweibchen bringt von März bis August bis zu fünfmal Junge zur Welt. Die auf einmal geborenen Jungen bezeichnet man als **Satz.** Ein Kaninchen kann in einem Satz drei bis sieben Junge bekommen. Die Jungen des ersten Satzes werden noch im gleichen Jahr geschlechtsreif und können dann ebenfalls Junge bekommen. Kaninchen werden nackt geboren, die Augen sind noch geschlossen. Die hilflosen Jungen bleiben etwa drei Wochen in der **Satzröhre.** Die Satzröhre wird vom Kaninchenweibchen zugescharrt. In ihr sind die Jungen gut vor Feinden geschützt. Die Satzröhre wird nur dann geöffnet, wenn das Weibchen darin die Jungen säugt.

Durch die wenigen Feinde und die große Zahl der Nachkommen hat die Anzahl der Kaninchen in vielen Städten zugenommen. Kaninchen sind **Kulturfolger**. So bezeichnet man Tiere, die bevorzugt in der vom Menschen gestalteten Landschaft leben. Kaninchen richten erhebliche Schäden an. In Gärten beißen sie Blütenknospen ab oder fressen junge Gemüsepflanzen. In Parks nagen sie mit Hilfe ihrer scharfen Zähne an Gräsern, Baumrinden und anderen Pflanzen (◁). Die Schneidezähne der Oberkiefer und Unterkiefer sind besonders auffällig. Sie sind nach innen gebogen und besonders lang und spitz. Man nennt diese Zähne **Nagezähne.**

2 Bau und Wegnetz einer Kaninchengruppe

Aufgaben

① Zähle die Ursachen auf, weshalb die Zahl der Kaninchen sich bei uns vergrößert hat. Nimm zur Beantwortung der Frage den Buchtext zu Hilfe.

② Abb. 2 zeigt den Lebensraum einer Kaninchengruppe in der Umgebung ihres Baus. Notiere, welche Aufgaben die verschiedenen Röhren und Wege erfüllen. Lies zur Beantwortung der Aufgabe auch den Buchtext genau durch.

Wildkaninchen leben gemeinsam in ihren weitverzweigten Bauen oft in der Nähe menschlicher Siedlungen. Sie sind Kulturfolger. Kaninchen vermehren sich schnell. Durch das Abfressen von Pflanzen richten sie in Gärten und Parks Schäden an.

Biotip

Gegen Wildkaninchen im Garten kann man sich schützen. Man baut dazu einen kleinen Zaun aus Drahtgitter um die Beete. Der Zaun sollte mindestens 50 cm hoch sein. Zu niedrige Zäune werden übersprungen. Die kleinen Drahtzäune sollten im Frühjahr um die Beete gestellt werden, denn die jetzt keimenden Pflanzen werden von Wildkaninchen als Nahrung bevorzugt. Ende Mai kann man die Drahtgitter wieder entfernen. Nun finden Kaninchen auch außerhalb des Gartens genug Nahrung.

Feldhase

Wildkaninchen

15.2 Sterben Feldhasen aus?

1 Feldhasen zur Paarungszeit

Feldhasen leben von 60 verschiedenen Pflanzen.

Geduckt sitzen Feldhasen am Rand einer Wiese. Die Ohren sind eng an den Körper angelegt. Ein Hund läuft direkt auf die Hasen zu. Schon lange vorher haben die Hasen den Hund gehört und gerochen. Doch kurz bevor der Hund die Hasen erreicht, springen sie auf und rennen davon (Abb. 1). Die Hasen werden vom Hund verfolgt. Bis auf wenige Meter nähert er sich einem Hasen. Doch dann schlägt der Hase einen Haken, er ändert plötzlich seine Richtung. Der Hund saust am Hasen vorbei! Noch zweimal nimmt der Hund die Verfolgung auf. Doch vergebens. Immer, wenn er sich dem Hasen genähert hat, schlägt der Hase wieder einen Haken. Schließlich ist der Hund erschöpft, er gibt auf.

Tagsüber liegt ein Feldhase in einer Bodenmulde, die er mit seinen Pfoten gegraben hat. Diese Bodenmulde nennt man **Sasse.** Feldhasen legen Sassen an geschützten Stellen von Feldrändern oder Feldhecken an. In der Sasse verbringt der Feldhase den Tag. Die graubraune Fellfarbe des Feldhasen ist kaum von der Umgebung zu unterscheiden und macht ihn fast unsichtbar. Er hat eine **Tarnfärbung.** Durch die Tarnfärbung ist der Feldhase an ein Leben auf dem Boden angepaßt.

Dreimal im Jahr bringt das Hasenweibchen zwei bis fünf Junge in einer Sasse zur Welt. Neugeborene Feldhasen sind gut entwickelt. Sie haben ein graubraunes Fell. Es schützt gegen die Kälte, aber nicht gegen Nässe. Die Augen sind bereits geöffnet. Schon vier Tage nach der Geburt können Hasenjunge bei Gefahr schnell davonlaufen. Feldhasen sind **Nestflüchter.**

Feldhasen halten sich zur Nahrungssuche in der Dämmerung gern im dichten Bewuchs der Wegränder oder Feldhecken auf. Hier finden sie verschiedene Pflanzen und Früchte als Nahrung, z. B. Kleeblätter, verschiedene Gräser und Löwenzahn. Gelegentlich fressen Feldhasen auch Pilze, Eicheln, Bucheckern, Kohlblätter oder Beeren. Feldhasen lieben abwechslungsreiche Nahrung. Felder ohne Büsche und Kräuter meiden sie, denn hier finden sie nicht genug Nahrung (◁).

In den letzten Jahren sind Feldhasen seltener geworden. Sie finden auf den Feldern immer weniger Wildkräuter. Weil der Autoverkehr zugenommen hat, werden immer mehr Hasen überfahren. Durch die Beseitigung von Hecken und Sträuchern finden Feldhasen weniger Schutz vor Feinden. Feldhasen sind **Kulturflüchter.** Sie meiden die vom Menschen veränderte und geschädigte Landschaft.

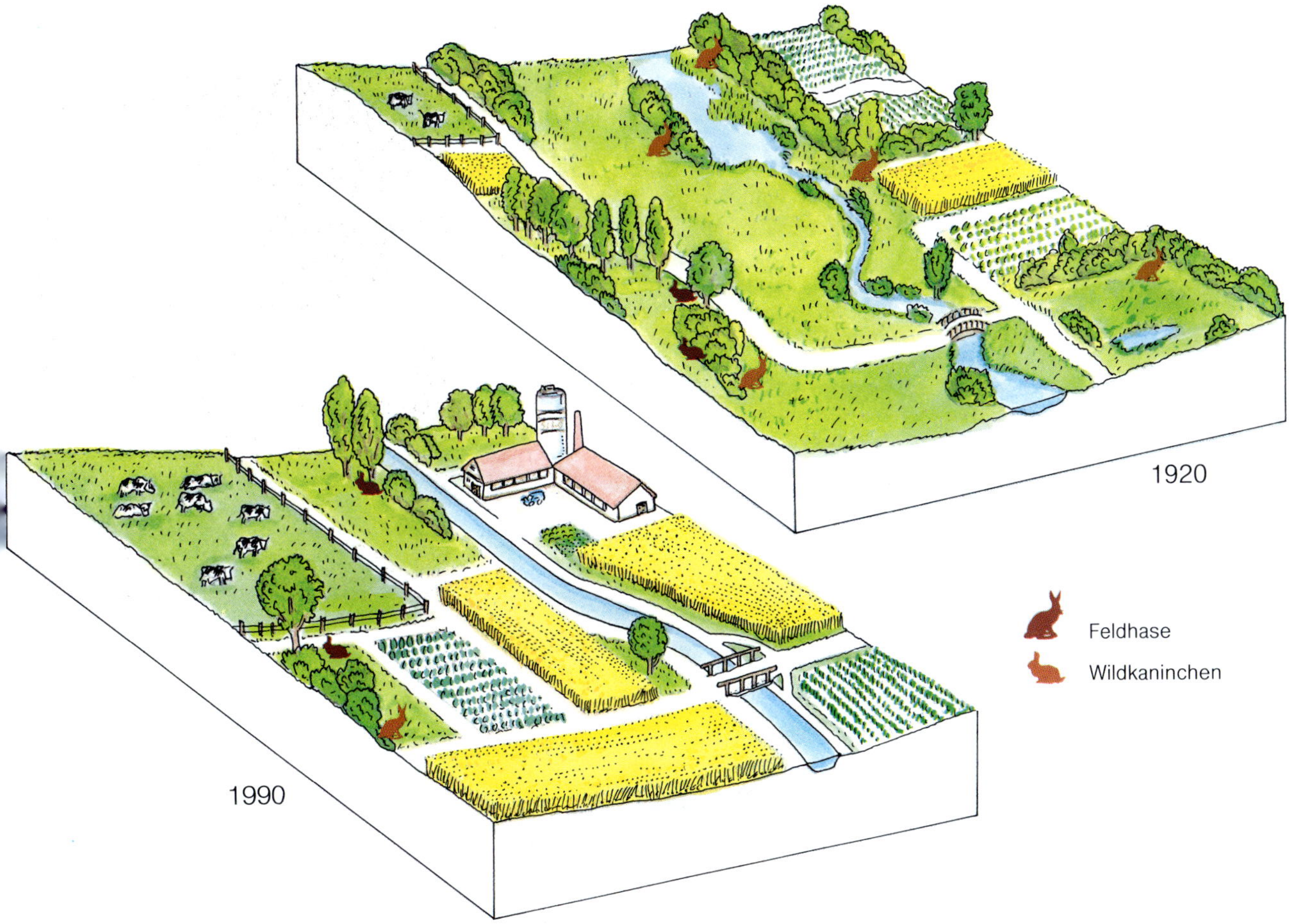

2 Sassen von Feldhasen und Baue von Wildkaninchen um 1920 und 1990

Aufgaben

① Vergleiche Feldhase und Wildkaninchen. Welche Unterschiede weisen Feldhase und Wildkaninchen auf? Notiere sie in Form einer Tabelle, die folgendes Aussehen haben kann:

	Feldhase	Wildkaninchen
Ohren	lang	...
...	...	...

② Die Anzahl der Hasen wurden in einem bestimmten Gebiet 1920 und 1990 gezählt. Die Ergebnisse sind in Abb. 2 dargestellt. Zähle die Anzahl der Tiere. Erkläre ihre Verteilung in den jeweiligen Gebieten. Gib Gründe an, die zum Rückgang der Hasen führen.

③ Gib an, wo sich Feldhasen tagsüber und während der Dämmerung aufhalten. Gib Gründe an, die die unterschiedlichen Aufenthaltsorte tags und in der Dämmerung erklären.

④ Im Gegensatz zum Wildkaninchen nimmt die Anzahl der Feldhasen nach einem nassen und kalten Frühjahr und Sommer meistens ab. Wie ist das zu erklären? Lies zur Beantwortung der Frage die Texte über Wildkaninchen und Feldhase noch einmal durch.

Feldhasen sind an ein Leben auf dem Boden angepaßt. Sie haben eine Tarnfärbung, können schnell laufen und sind Nestflüchter. Durch die Beseitigung vieler Kräuter an Feldern und Wegen wird den Feldhasen Nahrung und Lebensraum genommen.

15.3 Eichhörnchen, Artisten der Baumkronen

Fichtenzapfen

Kiefernzapfen

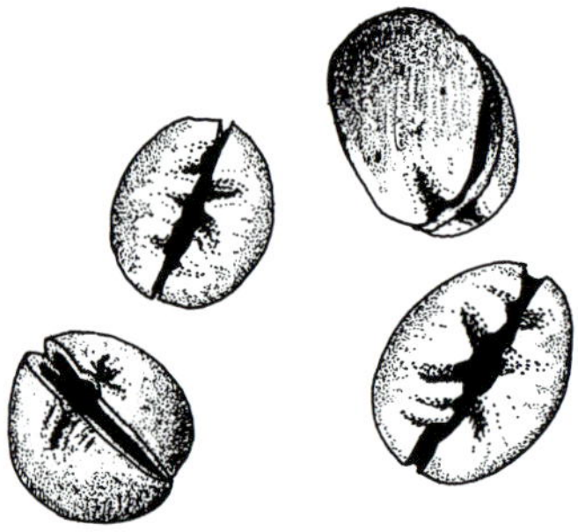

Haselnüsse

Fraßspuren vom Eichhörnchen

Eichhörnchen bauen schon im Februar mehrere Kobel (Abb. 2). In einem der Kobel bringt das Weibchen meist vier bis fünf Junge zur Welt. Hier werden die Jungen gesäugt und aufgezogen. Die Jungen sind zunächst unbehaart. Erst nach drei Wochen haben sie einen dichten, kurzhaarigen Pelz. Im Alter von 30 Tagen öffnen sich die Augen der Jungtiere. Manchmal beunruhigen und bedrohen Baummarder die Jungen. Dann werden sie vom Weibchen in einen anderen Kobel gebracht.

Wenn die Jungen etwa sechs Wochen alt sind, klettern sie ab und zu aus dem Kobel und erkunden die Umwelt. Bei Ausflügen bleiben sie aber stets in der Nähe des Kobels. Durch Rufe verständigen sie sich und verlieren so nie den Kontakt untereinander. Die Jungen lernen, mit Hilfe ihrer langen Nagezähne Nüsse, Eicheln, Zapfen und andere Früchte zu öffnen. Das dauert anfangs noch einige Minuten lang. Nach einigen Wochen können die jungen Eichhörnchen die harte Schale einer Nuß in etwa einer Minute aufknacken.

Während des Sommers wirft ein Eichhörnchen-Weibchen oft zum zweiten Mal Junge. Die jungen Eichhörnchen des ersten Wurfs lernen nun immer sicherer zu klettern. In vier oder fünf Meter weiten Sätzen springen sie von Baum zu Baum. Manche Tiere beherrschen sogar Saltosprünge. Beim Sprung dient ihnen der buschige Schwanz als Steuer. Eichhörnchen können mit ihren langen Krallen gut auf Zweigen und Ästen laufen.

Im Herbst legen Eichhörnchen im Boden Vorräte von Nüssen und anderen Früchten an. Während des Winters vergessen sie aber oft ihre Vorräte. Auf diese Weise tragen Eichhörnchen zur Verbreitung von Samen bei. Wenn es schneit oder sehr kalt ist, schlafen Eichhörnchen manchmal viele Tage im Kobel. Eichhörnchen halten **Winterruhe**.Hat sich das Wetter gebessert, dann suchen sie wieder nach Nahrung.

1 Eichhörnchen

Aufgaben

① Welche Merkmale weisen darauf hin, daß ein Eichhörnchen gut klettern und springen kann? Nimm die Abbildungen und den Buchtext zu Hilfe.

② Auf dieser Seite sind Fraßspuren von Eichhörnchen abgebildet. Wie sehen die benagten Früchte aus? Erkläre, wie die Fraßspuren entstehen. Suche im Wald nach Früchten, die von Eichhörnchen benagt wurden.

③ Die Abb. 1 zeigt das Leben von Eichhörnchen während eines Jahres. Fertige mit Hilfe dieser Abbildung und des Textes eine Aufstellung an, die folgendes Aussehen hat:
Januar: Eichhörnchen schlafen. Sie graben im Schnee nach Nahrung.

Eichhörnchen können geschickt in Bäumen klettern und springen. Eichhörnchen bauen Kobel und ziehen darin Junge auf. Wenn die Jungen etwa zwei Monate alt sind, werden sie selbständig und haben gelernt, Nüsse aufzuknacken.

2 Das Eichhörnchen-Jahr

15.4 Fledermäuse – fliegende Säugetiere

Eine warme, windstille Sommernacht. Anne sitzt mit ihren Eltern auf dem Balkon. Die Straßenlaterne leuchtet hell. Schmetterlinge, Käfer und Mücken umschwirren das Licht. Plötzlich sieht Anne, wie ein vogelgroßer Schatten auf die Straßenlaterne zufliegt und dann wieder schnell verschwindet. Eine Fledermaus! Sie jagt nach Insekten.

Fledermäuse fliegen mit Hilfe ihrer großen Flughäute (Abb. 1, 2). Zwischen den langen Fingerknochen und den Beinen sind die Häute wie ein Regenschirm gespannt. Flughäute befinden sich auch zwischen dem Schwanz und den Beinen. Die Flughäute sind durchblutet und nicht mit Fell bedeckt wie der übrige Körper der Fledermäuse. Auch auf dem Boden können Fledermäuse noch recht geschickt umherlaufen. Dazu benutzen sie ihre Hinterbeine und die Armknochen. Die Flughäute sind dann zusammengefaltet.

Das Sehvermögen von Fledermäusen ist schlecht. Mit Hilfe ihrer Augen können sie nur Hell und Dunkel unterscheiden. Trotzdem können Fledermäuse in stockdunkler Nacht Insekten aufspüren und Hindernisse wie Zweige oder Drähte umfliegen. Um herauszufinden, wie sich Fledermäuse während des Fluges orientieren, spannte man in einem Käfig Drähte, die nur 0,4 Millimeter dick waren. Die Drähte wurden im Abstand von etwa 10 bis 15 Zentimetern kreuz und quer gespannt. Die Fledermäuse konnten umherfliegen, ohne die Drähte zu berühren (Tab. 1). Wenn man den Tieren jedoch Maul oder Ohren verband, stießen sie häufiger an die Fäden. Fledermäuse stoßen während des Fluges sehr hohe Töne aus, die wir nicht hören. Man bezeichnet diese Laute als **Ultraschall.** Die Töne breiten sich sehr schnell in der Luft aus. Wenn sie auf ein Objekt, zum Beispiel ein Insekt, treffen, wird das Echo zurückgeworfen. Fledermäuse nehmen mit Hilfe ihrer Ohren das Echo auf. So können Fledermäuse fast alle Gegenstände im Dunkeln orten.

Auch das Geruchsvermögen der Fledermäuse ist sehr gut ausgeprägt. Sie können sogar während des Fluges im Boden oder auf Blättern lebende Käfer riechen und finden. Fledermäuse nehmen auch wahr, wenn Maikäfer aus der Puppe schlüpfen und an die Bodenoberfläche gelangen. Dann warten die Fledermäuse am Boden auf die Käfer und fressen sie sofort.

Tagsüber schlafen Fledermäuse in ruhigen Dachböden, Baum- oder Felshöhlen. Mit Hilfe der scharfen Krallen halten sie sich am Holz oder Fels fest und hängen kopfunter (Abb. 3).

Fledermäuse sind Säugetiere. Im Frühsommer bringen die Weibchen nur ein Junges zur Welt, das mehrere Wochen gesäugt wird. Während des Winters verkrie-

1 Fledermaus im Flug

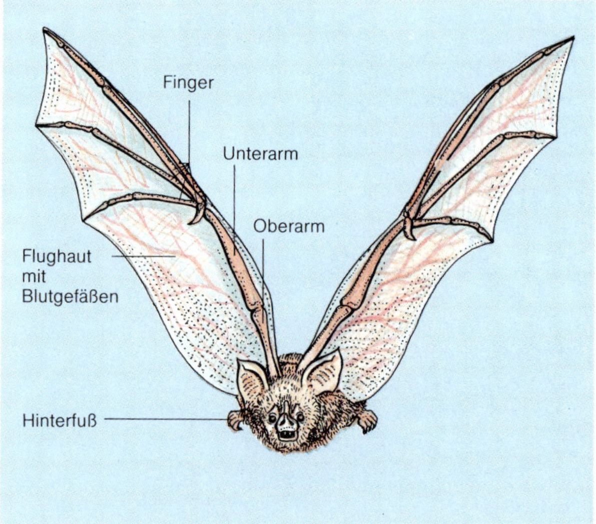

2 Bau der Fledermaus

Behandlung der Fledermäuse Die Fledermäuse flogen jeweils 100mal:	Ohne Behandlung (Kontrolliere)	Augen zugeklebt	Ohren verstopft	Maul zugebunden
Anzahl von Flügen ohne Berühren eines Drahtes	70	71	35	35

Tab. 1: Flugversuche mit Fledermäusen in einem Drahtlabyrinth

chen sich Fledermäuse in Häusern oder Felshöhlen. Dort halten sie **Winterschlaf**. Die Körpertemperatur kann bis nahe null Grad Celsius absinken. Das Herz schlägt nur wenige Male in der Minute. Während der Überwinterung darf man Fledermäuse auf keinen Fall stören. Störungen verursachen Gewichtsverlust, sogar Abmagerung und den Tod der Tiere.

Fledermäuse sind in ihrem Bestand sehr gefährdet: Besonders, wenn es während des Sommers nachts kalt und regnerisch ist, finden die Weibchen nicht genügend Insekten und sind unterernährt. Ihre Jungen erhalten dann zu wenig Muttermilch und sterben.

- Die Nahrung der Fledermäuse wird immer knapper, weil wichtige Lebensräume der Insekten vernichtet werden. Besonders Hecken, alte Baumbestände oder Feuchtgebiete werden zerstört, obwohl sie Lebensraum für viele Insekten und Fledermäuse sind.
- Häufig werden alte Gebäude abgerissen. Die neuen Häuser haben aber keine Einfluglöcher in die Dachböden. Alte Bäume mit natürlichen Höhlen bleiben nur selten erhalten.
- Fledermäuse werden vergiftet, wenn sie vergiftete Insekten fressen. Insekten nehmen Gifte auf, wenn Pflanzen- oder Insektenbekämpfungsmittel in Landwirtschaft oder Gartenbau eingesetzt werden. Auch Dachbalken, die mit giftigen Holzschutzmitteln behandelt sind, vergiften Fledermäuse.
- Bei Störungen reagieren Fledermäuse sehr empfindlich, geben schnell ihr Versteck auf und finden oft keine geeigneten Unterkünfte.
- Besonders in kalten Nächten fliegen entlang der warmen Teerstraßen viele Insekten. Auf der Jagd nach diesen Insekten werden die Fledermäuse häufig von Autos überfahren.
- Es kommt leider immer noch vor, daß Fledermäuse aus Angst oder Aberglauben aus Dachböden vertrieben oder getötet werden.

3 Fledermaus-Kolonie

Aufgaben

① Nenne einige Unterschiede zwischen einer Fledermaus und einem Vogel. Benutze dazu auch die Abb. 1, 2 sowie Abb. 1 auf S. 203 und Abb. 1, S. 205. Ziehe zur Bearbeitung der Aufgabe auch den Text in diesen Abschnitten heran.

② Beschreibe und erkläre Versuche und Ergebnisse zur Orientierung der Fledermäuse in Tabelle 1.

③ Stelle stichwortartig zusammen, wodurch Fledermäuse in ihrem Bestand gefährdet sind.

Fledermäuse fliegen mit Hilfe ihrer großen Flughäute und jagen in der Dunkelheit nach Insekten. Während des Fluges stoßen Fledermäuse Ultraschall-Laute aus, die wir nicht hören können. Das Echo dient der Ortung von Gegenständen und Insekten. Fledermäuse sind bei uns in ihrem Bestand gefährdet.

15.5 Der Maulwurf im Garten

1 Maulwurf in der Erde

Ein ausgewachsener Maulwurf frißt täglich etwa 120 g Nahrung. Das entspricht ungefähr 30 Regenwürmern.

Ein Maulwurf braucht täglich mehr Nahrung, als er selbst wiegt (Abb. 1). Jeden Tag frißt er viele Regenwürmer. Gelegentlich ernährt er sich auch von Schnecken, Käferlarven oder jungen Mäusen, die er im Boden findet. Die Nahrung zerkleinert der Maulwurf mit seinen 44 kleinen, spitzen Zähnchen (Abb. 4).

Sommer wie Winter laufen Maulwürfe in ihren Gängen in der Erde umher. Ein Maulwurf hat wenig Feinde. Wer soll ihn schon in der Erde fangen? Im Boden suchen sie nach Tieren, die in die Gänge gefallen sind. Die Maulwurfsgänge sind sehr lang und miteinander verbunden. Im Mittelpunkt der Gänge liegt der **Nestkessel** (Abb. 3). Dort schläft der Maulwurf, hier werden auch die Jungen aufgezogen. Die **Jagdgänge,** in denen der Maulwurf seine Nahrung sucht, können mehrere hundert Meter lang sein. Sie reichen weit in Wiesen, Felder oder Gärten hinein. Wenn Maulwürfe Gänge graben, schieben sie die Erde an die Oberfläche. So entstehen die **Maulwurfshügel.**

Der Maulwurf kann sich mit Hilfe seines **Geruchssinnes** sehr gut in den dunklen Gängen zurechtfinden und Nahrung aufspüren. Er kann kaum sehen, nur Hell und Dunkel unterscheiden. Seine Augen sind klein wie ein Stecknadelkopf und vom Fell verdeckt (Abb. 2). Maulwürfe können auch gut hören und jede Erschütterung auf und in der Erde wahrnehmen. Deshalb ist es schwer, einen Maulwurf beim Aufwerfen der Hügel zu beobachten.

Der Körper des Maulwurfs ist so dicht behaart, daß weder Wasser noch Erde bis zur Haut vordringen können. Er hat an den Vorderbeinen breite Handflächen, die **Grabhände** (Abb. 2, 4). Die Finger der Grabhände sind durch Häute miteinander verbunden, so daß beim Graben keine Erde zwischen ihnen hindurchgleitet. So

2 Maulwurf von vorn

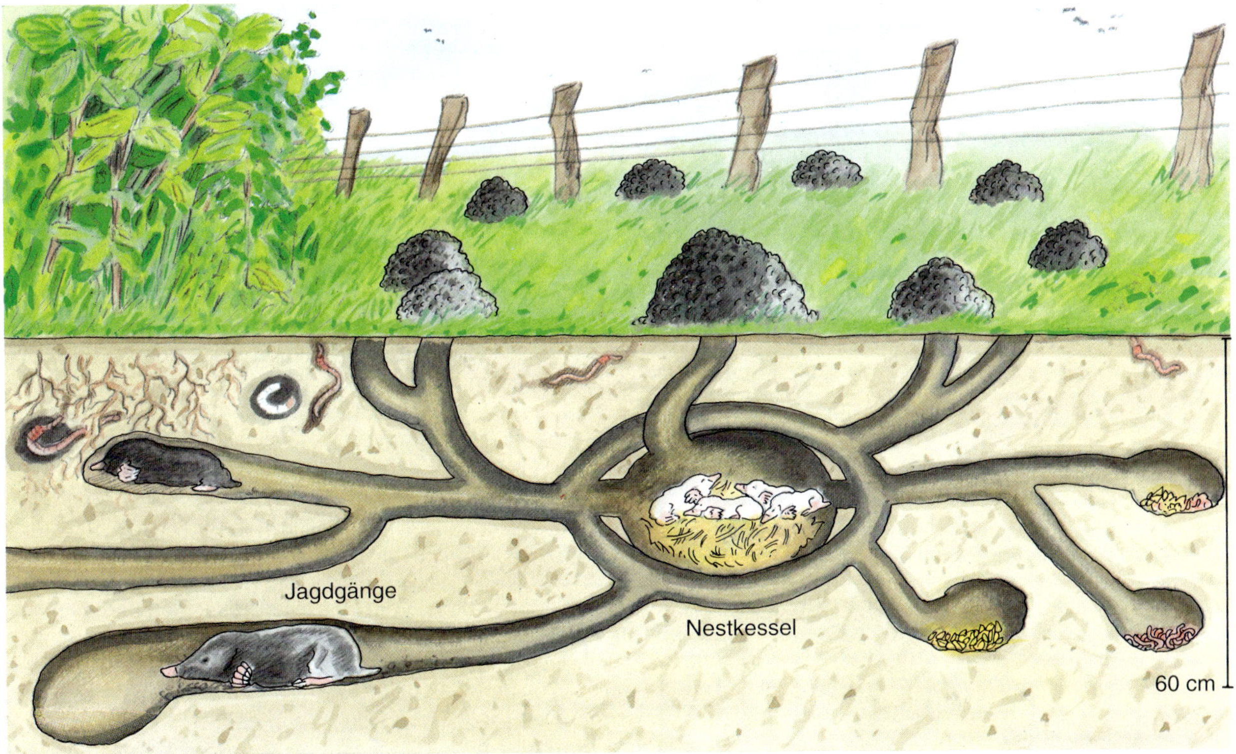

3 Bau eines Maulwurfs

kann sich ein Maulwurf sehr schnell im Erdboden vorangraben. Auch die Körperform des Maulwurfs ist an ein Leben im Erdboden angepaßt. Mit seinem spitzen Kopf schiebt er Erde beiseite. Mit seinem länglichen Körper kann er schnell in den Gängen entlanglaufen.

Aufgaben

① Vergleiche Kaninchenbau (Abb. 2, S. 181) und Maulwurfsbau (Abb. 3). Eine Tabelle kann helfen, die Ergebnisse übersichtlich darzustellen. Sie kann folgendes Aussehen haben:

	Kaninchen	Maulwurf
Fallröhre	vorhanden	...
...	...	...

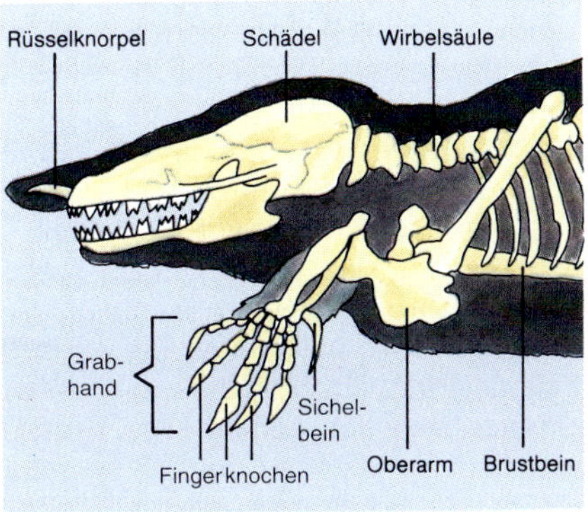

4 Skelett vom Kopf und der Grabhand eines Maulwurfs

② Erkläre, weshalb es selten gelingt, einen Maulwurf im Terrarium zu halten.

③ Suche auf einer Wiese nach Maulwurfshügeln. Miß die Entfernungen zwischen den Maulwurfshügeln aus. Notiere die Entfernungen.

④ Nenne Merkmale, durch die ein Maulwurf an ein Leben im Boden angepaßt ist.

Maulwürfe sind durch längliche Körperform, breite Grabhände und dichtes Fell an das Leben im Boden angepaßt. Maulwürfe graben in der Erde einen Bau mit langen Gängen, in denen sie nach Nahrung suchen. Mit Hilfe ihres guten Gehörs und ihres guten Geruchssinns können sie ihre Beute im Boden aufspüren.

15.6 Wale

Blauwal

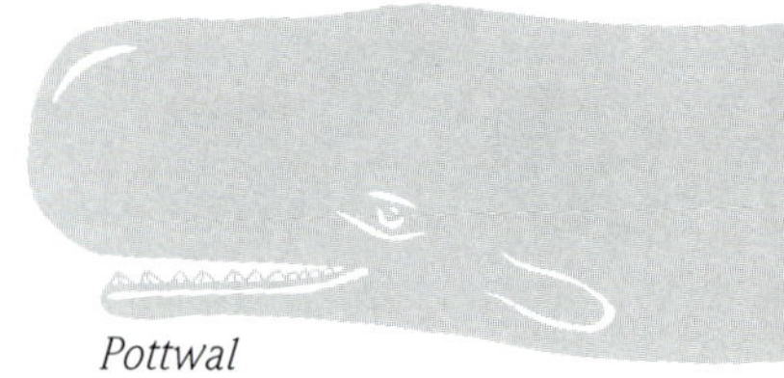

Pottwal

Kleiner Tümmler

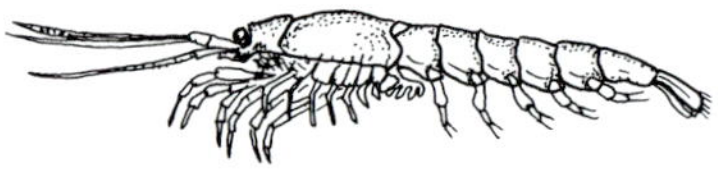

Krill-Krebs, 5 cm lang

Der Blauwal ist das längste und schwerste Tier, das gegenwärtig auf der Erde lebt. Er kann bis zu 33 Meter lang werden und bis 150 Tonnen wiegen. Ein Blauwal ist in der Mitte am breitesten, hinten wird er allmählich schmal. Ein Hals, Arme und Beine fehlen. Man sagt, der Blauwal hat eine **Stromlinienform**. Diese Körperform ist zur schnellen Fortbewegung im Wasser besonders günstig. Die Haut ist glatt und hat keine Schuppen. Wale sind Säugetiere. Sie atmen mit Hilfe von Lungen.

Blauwale müssen jeden Tag riesige Mengen an Nahrung fressen. Die Nahrung besteht vorwiegend aus kleinen Meereskrebsen, dem Krill. Man schätzt, daß der Magen eines Blauwals bis zu fünf Millionen Krillkrebse aufnehmen kann. Blauwale haben im Maul sehr viele Hornplatten, die wie die Borsten einer Bürste hintereinander aufgereiht sind. Man nennt diese Hornplatten **Barten**. Wenn ein Blauwal sein Maul öffnet, nimmt er mit dem Krill viel Wasser auf. Beim Schließen des Mauls wird das aufgenommene Wasser zwischen den Barten wieder herausgepreßt. Der Krill bleibt an den Barten hängen und wird verschluckt.

Die riesigen Pottwale haben keine Barten, sondern Zähne. Damit können sie große Meerestiere, wie zum Beispiel Tiefseekraken, fangen und verschlingen. Auch Delphine sind Wale mit Zähnen. Sie sind nur wenige Meter lang. In der Nordsee lebt der Kleine Tümmler. Er ist der kleinste Wal.

Vor etwa 200 Jahren konnte man in der Nordsee noch andere große Wale sehen. Zu dieser Zeit wurden die Wale besonders wegen ihres Specks von Segelschiffen gejagt. Noch heute werden Wale von schnellen Schiffen verfolgt und abgeschossen. Seit den sechziger Jahren sind die Walbestände aber so sehr geschrumpft, daß man sich endlich entschloß, manche Wale nicht mehr zu jagen. Es scheint, daß die vielen weltweiten Proteste und die der Umweltverbände, z. B. von Greenpeace, geholfen haben. Dennoch können manche Walarten, wie z. B. Zwergwale, immer noch abgeschossen werden. In Japan wird auf das Essen von Walfleisch nicht verzichtet. Auch Länder wie Norwegen oder Island drängen immer wieder, den Walfang aufnehmen zu können. Es ist zu hoffen, daß alle Länder den Fang dieser Meerestiere endlich für immer einstellen werden.

Kleinen Walen wie zum Beispiel Delphinen drohen andere Gefahren. Viele gelangen in Hochseetreibnetze von Fischereischiffen. Solche Netze reichen 20 Meter in die Tiefe und sind bis zu 60 km lang. Sie werden für den Thunfischfang ausgebracht. Aber Delphine und auch Schildkröten verfangen sich in den Netzmaschen, können nicht mehr zum Atmen auftauchen und ersticken. Es ist zu hoffen, daß der Fischfang mit großen, kilometerlangen Netzen verboten wird. Besonders japanische Fischer treiben Delphine auch oft in enge Meeresbuchten und töten sie. Die Fischer meinen, daß Delphine ihnen die Fische wegfressen. Hoffentlich führen die vielen Proteste dazu, daß das Töten von Delphinen endlich aufhört.

Aufgaben

① Wale sind vielen Gefahren ausgesetzt, ihre Bestände nahezu ausgerottet. Nenne die Gründe, indem du die Texte über die Wale liest und Stichpunkte herausschreibst.

② Es gibt viele Aufrufe und Aktionen zum Schutz von Walen. Informiere dich darüber z. B. bei Umweltschutzorganisationen.

③ Lies den Text über das Leben der Pottwal-Kuh durch. Notiere einige Besonderheiten und Daten der Pottwale, z. B. Ernährung, Tauchtiefe, Tauchdauer, Gruppenleben oder Feinden.

④ Nenne andere Säugetiere, die an ein Leben im Wasser angepaßt sind. Gib an, mit Hilfe welcher Merkmale sie an ein Leben im Wasser angepaßt sind.

Wale sind Säugetiere, die in Körperbau und Lebensweise an ein Leben im Wasser angepaßt sind. Blauwale ernähren sich von kleinen Krebsen, dem Krill. Der Walbestand ist sehr bedroht.

Ein Jahr im Leben einer Pottwal-Kuh

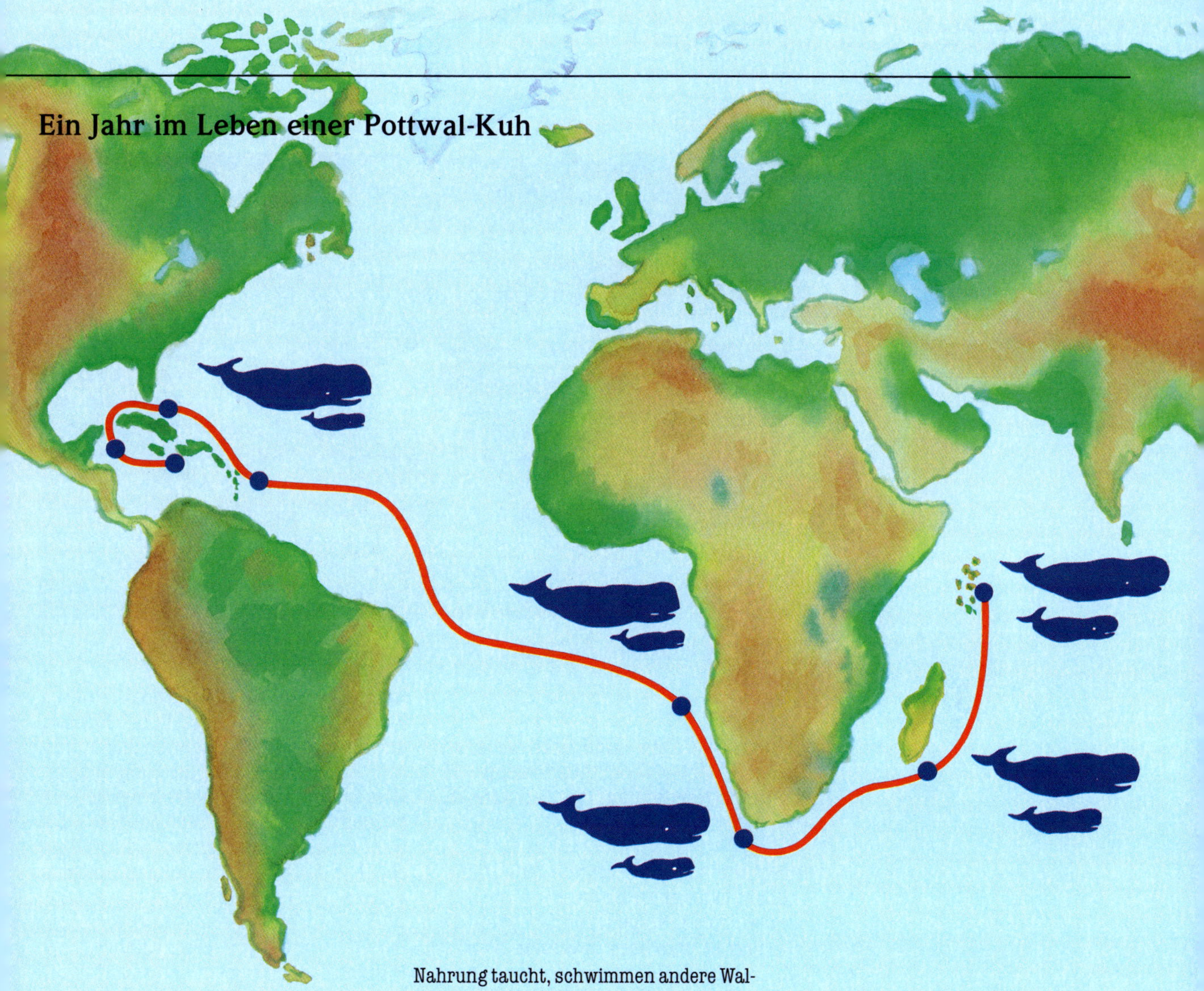

30. Juli Eine Pottwal-Kuh taucht zusammen mit einer Gruppe von 30 Pottwal-Kühen vor Haiti nach Nahrung. In 900 Metern Tiefe erbeutet sie eine Riesenkrake von 12 Metern Länge. Nach langem Kampf wird die Krake mit den Zähnen gepackt und verschlungen. Nach etwa einer Stunde taucht die Pottwal-Kuh wieder auf und schnappt nach Luft.

10. September Die Pottwal-Kuh bringt nach 15 Monaten Tragzeit vor der Küste Mexikos ein Kalb zur Welt. Zum Zeitpunkt der Geburt ist es vier Meter lang und wiegt etwas mehr als eine Tonne. Das Kalb bleibt stets an der Wasseroberfläche und in der Nähe der Kuh, die es säugt. Immer dann, wenn die Pottwal-Kuh nach Nahrung taucht, schwimmen andere Walkühe zu dem Jungen und geben ihm Schutz.

21. September Ein schrecklicher Hurrican türmt sich vor Kuba auf. Manche Wellen sind 17 Meter hoch. Das Kalb kann im aufgewühlten Wasser kaum noch Luft holen.

28. Oktober Bei Barbados hören Walkuh und Walkalb in der Ferne die Töne einer Gruppe von Orca-Walen. Fünf Orcas greifen die Pottwale an, werden aber in die Flucht geschlagen.

18. Dezember Die Wal-Gruppe wird vor Angola von einem japanischen Walfangschiff entdeckt. Doch Pottwale sind heute international geschützt und werden nicht mehr abgeschossen. Das Schiff dreht ab.

2. Februar Walkuh und Walkalb gelangen vor Kapstadt in eine große Ölfläche. Ein Tanker hat hier seine Tanks gereinigt und dabei Altöl in das Meer abgelassen. Das Öl verklebt die Atemlöcher der Wale. Erst nach vielen Tagen löst sich das restliche Öl vom Atemloch.

8. März Bei Madagaskar stoßen drei Pottwal-Bullen zur Walgruppe. Bei einem Kampf um die Führung der Weibchen-Gruppe wird ein 71 Jahre alter Pottwal-Bulle verletzt.

13. Mai Walkuh und Kalb gelangen in einen großen Thunfisch-Schwarm vor den Seychellen. Es gibt Nahrung im Überfluß. Das Kalb frißt zum erstenmal Fische.

23. Juni Das Pottwal-Kalb ist nun sieben Meter lang und fünf Tonnen schwer. Es wird aber immer noch gesäugt und noch mindestens drei Jahre beim Muttertier bleiben.

16 Fortpflanzung bei Vögeln

16.1 Beobachtungen auf dem Hühnerhof

1 Hühner im freien Auslauf

Aufgabe

① Betrachte Abb. 1 und beschreibe, an welchen äußerlichen Merkmalen du Hahn und Henne unterscheiden kannst.

Manchmal hat man heute wieder Gelegenheit, Hühner zu beobachten, die sich draußen frei bewegen können (Abb. 1). Nur nachts und bei schlechtem Wetter halten sich die Hühner in einem angrenzenden Stall auf. Dort sind auch mit Stroh ausgepolsterte Holzkisten aufgestellt, in die die Hennen die Eier legen.

Die Hühner sind fast den ganzen Tag damit beschäftigt, im Boden nach Würmern, Käfern, Samen und frischen Pflanzenteilen zu scharren. Zusätzlich werden sie mit Körnern, Kraftfutter und zerkleinerten Muschelschalen gefüttert. Dadurch legen die Hennen mehr und regelmäßiger Eier.

An warmen, trockenen Tagen kann man beobachten, wie die Hühner staubbaden. Sie setzen sich dazu in lockere Erde, sträuben ihr Gefieder und öffnen ihre Flügel. Dann werfen sie durch kräftiges Scharren die Erde hoch, so daß sie ihnen über den Rücken durch das Gefieder rieselt. Danach schütteln sich die Hühner kräftig und ordnen ihre Federn. Durch das Staubbaden hält das Huhn das Gefieder trocken und locker und befreit es von Schmutz und Parasiten.

Hühner leben in einer **Rangordnung**. Beim Füttern kann man z. B. beobachten, daß die ranghöheren Hennen zuerst fressen. Erst dann dürfen die rangniederen Hennen ans Futter. Im Stall nehmen die ranghöheren Hennen und der Hahn die hochgelegenen, sichersten Schlafplätze ein. Die rangniederen Hennen schlafen auf den untersten Stangen.

Ein Hahn hat den obersten Rang in der Hühnerschar. Er ist kräftiger gebaut als die Hennen und besitzt einen größeren Kamm und größere Kehllappen. Über der Hinterzehe hat er einen hornüberzogenen Knochenvorsprung, den Sporn. Bei manchen Rassen unterscheidet er sich auch durch ein bunteres Gefieder und längere sichelförmig gebogene Schwanzfedern von den Hennen. Der Hahn warnt die Hennen vor Feinden und verteidigt sie gegen Angreifer. Auf einen ergiebigen Futterplatz macht er durch lautes Schreien aufmerksam. Dann führt er mit seinem Futterlockruf „tuck, tuck, tuck" die Hennen zum Futterplatz. Mit lautem „Kikeriki" hält er die Hennen zusammen und verkündet: „Dies ist mein Revier, wer hier eindringt, bekommt es mit mir zu tun."
Vor der Paarung zeigt der Hahn ein auffälliges Verhalten: Er scharrt mit den Füßen, tritt zurück und pickt unter Lockrufen auf den Boden. So lockt er eine paarungsbereite Henne mit vorhandenem oder vorgetäuschtem Futter an (Abb. 2). Wenn sich ihm eine Henne nähert, um-

2 Balz des Hahnes

kreist er sie mit steifen Schritten, gesenktem Kopf und einem abgespreizten Flügel (Abb. 2). Diese Verhaltensweisen gehören zur Balz des Hahnes. Unter der **Balz** versteht man besondere Verhaltensweisen von Geschlechtspartnern, die der Paarung vorausgehen. Wenn sich die Henne duckt und ihre Flügel ausbreitet, steigt der Hahn auf ihren Rücken und hält sich mit dem Schnabel in ihrem Nackengefieder fest. Dann erfolgt die **Paarung** (Abb. 3). Dabei überträgt der Hahn Spermaflüssigkeit in den Eileiter der Henne. Die Eier, die die Henne danach legt, sind befruchtet. Aus ihnen können sich Küken entwickeln.

Aufgaben

② Warum werden die Hühner mit zerkleinerten Muschelschalen gefüttert?

③ Nenne Tiere, die Hühner im freien Auslauf bedrohen können.

④ Beschreibe Verhaltensweisen von Hühnern, die sich draußen frei bewegen können.

⑤ Erkläre, woran man die Rangordnung der Hühner erkennen kann.

⑥ Beschreibe mit Hilfe von Abb. 2 und 3 die Balz und Paarung bei Hühnern.

⑦ Versuche, die Balz des Hahnes mit einem Partner nachzuspielen.

Im freien Auslauf zeigen Hühner viele typische Verhaltensweisen.
Dazu gehören: das Leben in einer Rangordnung, das Picken und Scharren bei der Nahrungsaufnahme, das Staubbaden, das Eierlegen in Nestern sowie die Balz und die Paarung.

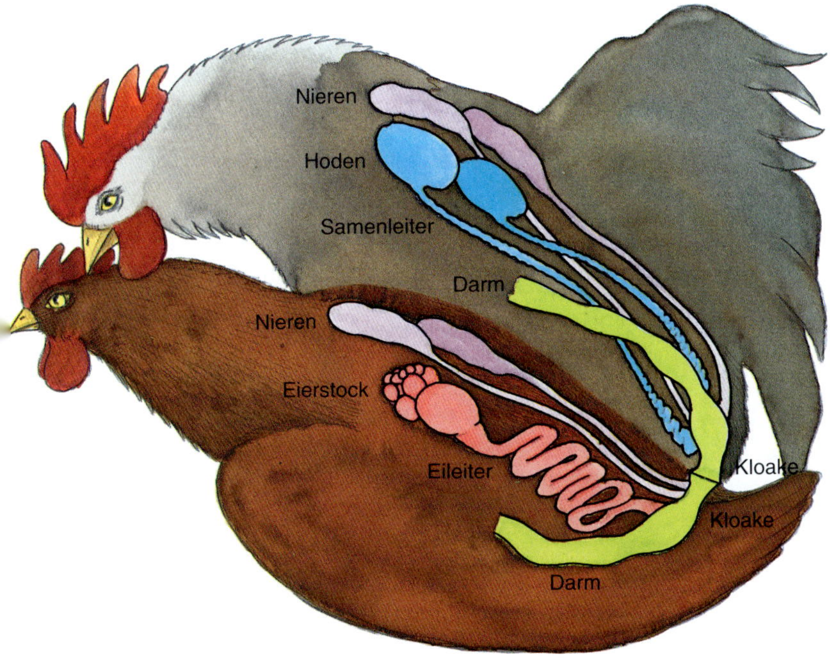

3 Paarung von Hahn und Henne

16.2 Aufbau und Bildung des Hühnereies

Versuch **Untersuchung eines Hühnereies**

Material:
1 Hühnerei
1 Lupe
1 Teelöffel
1 Pinzette mit abgerundeten Spitzen
1 Petrischale

– Betrachte die Kalkschale des Eies mit der Lupe. Beschreibe deine Beobachtungen.

– Halte das Ei vorsichtig fest. Klopfe mit der Unterseite des Löffels leicht auf eine Längsseite des Eies, so daß die Kalkschale eingedrückt wird. Die unter der Kalkschale befindliche Haut soll dabei nicht beschädigt werden. Hebe mit der Pinzette kleine Stücke der Kalkschale ab. Betrachte die darunterliegende Haut mit der Lupe.

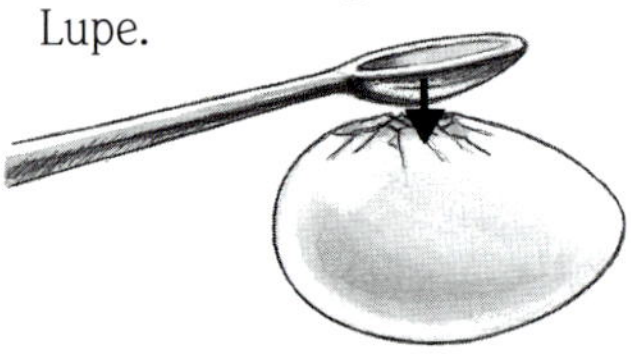

– Entferne mit der Pinzette die Haut. Was kannst du im Innern des Eies erkennen?

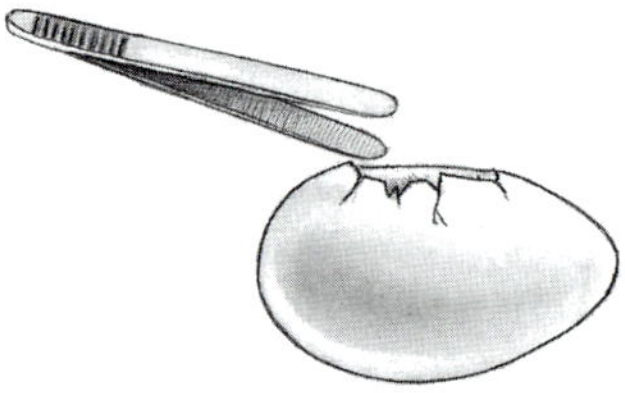

– Vergrößere die Öffnung weiter. Lasse dabei etwas Eiklar in die Petrischale abfließen. Fertige von deinen Beobachtungen eine Zeichnung zum Aufbau des Hühnereies an.

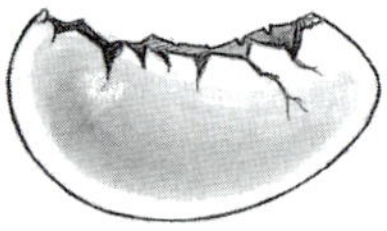

– Drehe das Ei ein wenig um seine Längsachse hin und her. Achte dabei besonders auf die Dotterkugel. Beschreibe, was du beobachtest. Versuche dann auch, mit dem Zeigefinger die Dotterkugel ein wenig zu drehen. Achte auf die Bereiche zwischen den beiden Polen des Eies und dem Dotter. Ergänze deine Zeichnung.

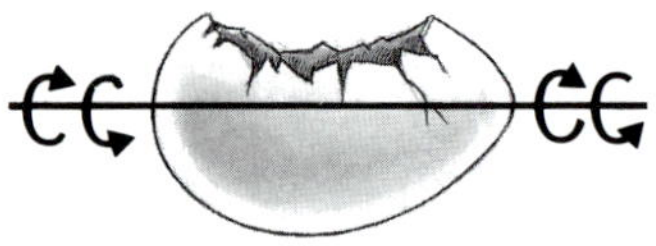

– Schütte den Inhalt des Eies in die Petrischale. Ziehe mit der Pinzette an den gedrehten Schnüren. Was passiert dabei mit der Dotterkugel?

– Stich mit der Pinzette in die Dotterkugel. Erkläre deine Beobachtung. Beschreibe die Unterschiede von Eiklar und Dotter.

– Betrachte die Innenseite der leeren Eischale. Ergänze deine Zeichnung hinsichtlich deiner Beobachtungen.

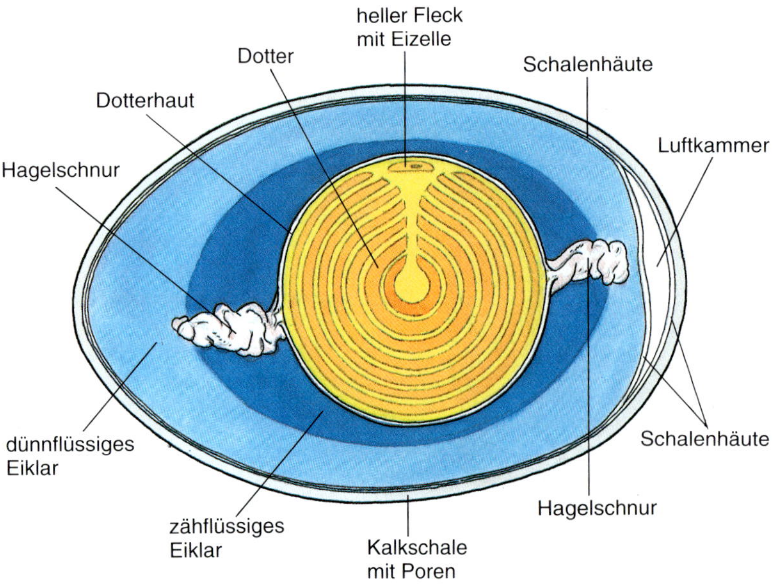

1 Aufbau des Hühnereies

Die äußere Schicht des Eies ist eine feste, aber luftdurchlässige Kalkschale. Mit der Lupe kann man darin zahlreiche Poren erkennen. Wenn man ein Ei am oberen und unteren Pol zwischen Daumen und Zeigefinger hält und gleichmäßig drückt, zerbricht es nicht. Die Schale ist so konstruiert, daß sie einem Druck von mehreren Zentnern standhält, wenn er gleichmäßig einwirkt. Unter der Kalkschale befinden sich die Schalenhäute. Sie verhindern, daß das Ei durch Verdunstung zuviel Wasser verliert. Zwischen ihnen ist am stumpfen Ende des Eies die Luftkammer ausgebildet. Über diese und die Poren der Eischale wird der Embryo bei der Entwicklung mit Sauerstoff versorgt. In der Eimitte, umgeben vom Eiklar, liegt der Dotter. Er wird von der Dotterhaut begrenzt. Auf dem Dotter ist ein heller Fleck zu erkennen. Darin befindet sich die Eizelle. Durch die Befruchtung entsteht daraus die Keimscheibe. Aus der Keimscheibe entwickelt sich der Embryo. Eiklar und Dotter enthalten die Nährstoffe für den Embryo. Die Hagelschnüre halten den

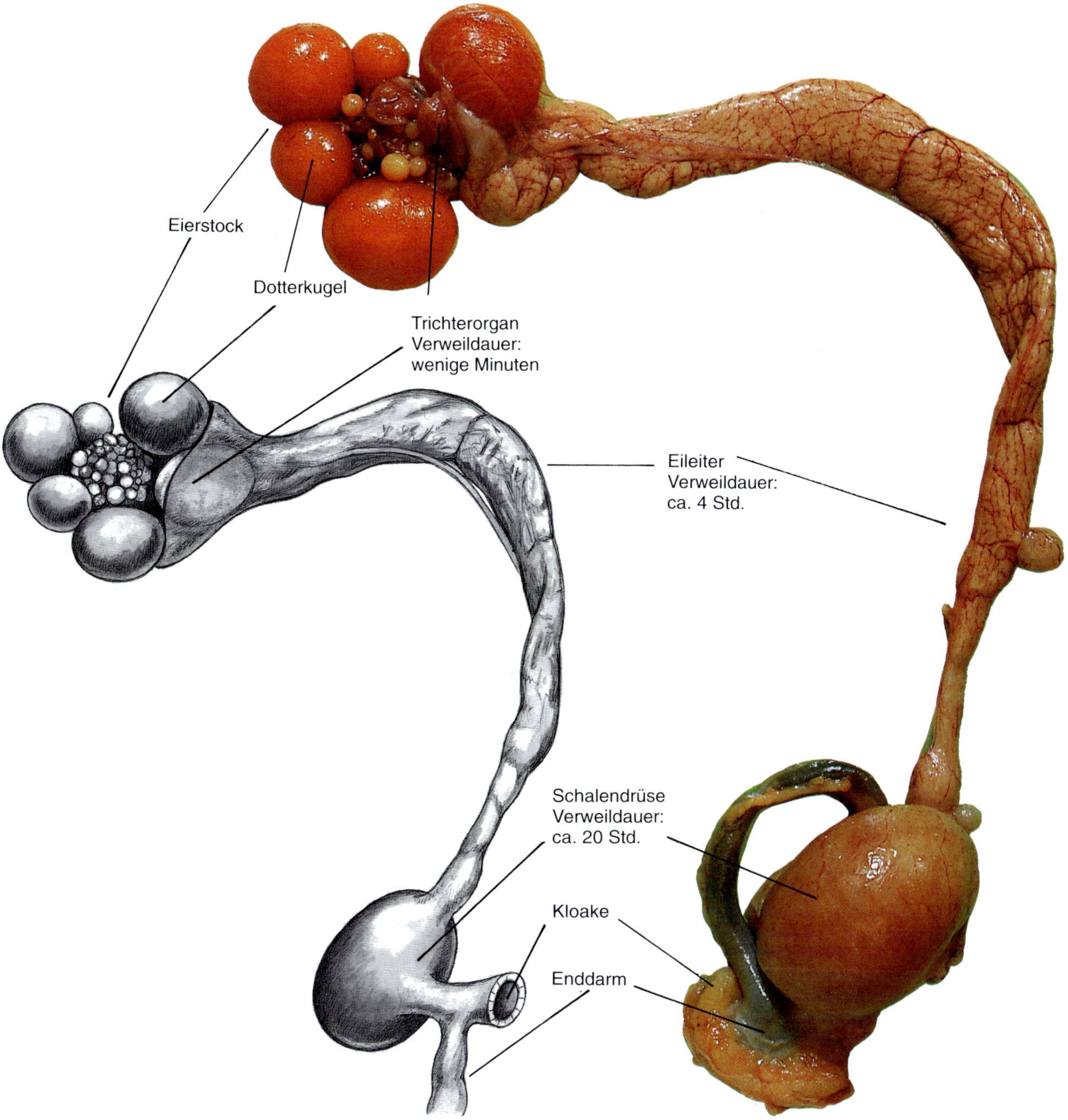

2 Bildung eines Hühnereies

Dotter in der Eimitte und drehen ihn so, daß die Keimscheibe stets oben liegt. So bleibt die Keimscheibe der Wärme zugewandt, die von der brütenden Henne ausgeht.

Die Bildung eines Hühnereies beginnt im Eierstock der Henne (Abb. 2). Hier reift die Eizelle heran. Sie ist so winzig, daß man sie gerade noch mit bloßem Auge wahrnehmen kann. Noch im Eierstock wird sie mit Dotter angereichert und etwas vergrößert. Auf dem Weg durch den Eileiter werden zuerst Dotterschichten an die Eizelle angelagert. Der vollständige Dotter wird dann mit verschiedenen Lagen von Eiklar umgeben. Danach werden die Schalenhäute gebildet. Am Ende des Eileiters, in der Schalendrüse, wird das Ei mit einer kalkhaltigen Paste umhüllt. Diese erstarrt dann zur Kalkschale, und das Ei wird durch die Kloake ausgeschieden. Das so gebildete Ei ist nicht befruchtet.

Aufgaben

① Gib in einer Tabelle die Aufgaben der einzelnen Bestandteile eines Eies an.

Bestandteil	Aufgabe
Kalkschale	Schutz vor Druck
Dotter	....

② Beschreibe anhand der Abb. 2 und mit Hilfe des Textes die Bildung eines Hühnereies.

③ Bei der Lagerung von Eiern soll man folgende Empfehlungen beachten:
- kühl lagern bei 8 bis 10 °C
- nicht mit stark riechenden Stoffen, z. B. Zwiebeln oder Seife zusammenlagern
- nicht länger als 3 bis 4 Wochen lagern.

Begründe diese Empfehlungen.

④ Hühnereier werden vor der Verpakkung durchleuchtet und in die drei Güteklassen A, B und C sortiert. Dafür werden folgende Merkmale überprüft: Höhe der Luftkammer, Aussehen und Beschaffenheit von Eiklar und Dotter, Sauberkeit und Beschaffenheit der Schale sowie Geruch. Eier der Güteklasse A, deren Luftkammer beim Durchleuchten weniger als 4 mm hoch ist, dürfen mit der Bezeichnung „Extra“ verkauft werden.
Die Eier werden zusätzlich in sieben Gewichtsklassen mit einer Abstufung von jeweils fünf Gramm sortiert. Eier der Gewichtsklasse 1 wiegen 70 Gramm und mehr; Eier der Klasse 7 wiegen unter 45 Gramm. Die erste Ziffer der Kenn-Nr. gibt das Verpackungsland an (z. B.: 2 = Deutschland). Bei Eiern aus Deutschland folgt nach der 2 die Zahl für das Bundesland (z. B.: 08 = Nordrhein-Westfalen). Die anschließenden Ziffern beziehen sich auf den Verpackungsbetrieb.
Auf jeder Eierpackung müssen: Güteklasse, Gewichtsklasse, Anzahl der Eier, Name, Anschrift und Kenn-Nr. des Verpackungsbetriebes vermerkt sein. Nach der Hühnereiverordnung vom Mai 1993 muß zudem auf der Packung das Mindesthaltbarkeitsdatum der Eier stehen. Ermittle aus einer Eierpackung aus eurem Haushalt diese Angaben. Welche Informationen kann man der Verpackung noch entnehmen?

Ein Hühnerei besteht aus: Kalkschale, Schalenhäuten, Luftkammer, Eiklar, Dotter und Eizelle. Das Hühnerei wird im Eierstock und im Eileiter des Huhns gebildet.

Eier und Eierprodukte sind Lebensmittel, die besonders häufig mit Salmonellen infiziert sind. Salmonellen sind stäbchenförmige Bakterien die schwere Magen-Darm-Infektionen verursachen. Salmonellen werden durch zehn minütiges Erhitzen der Speisen auf 80°C abgetötet.

Biotip

Wie frisch ist das Ei?

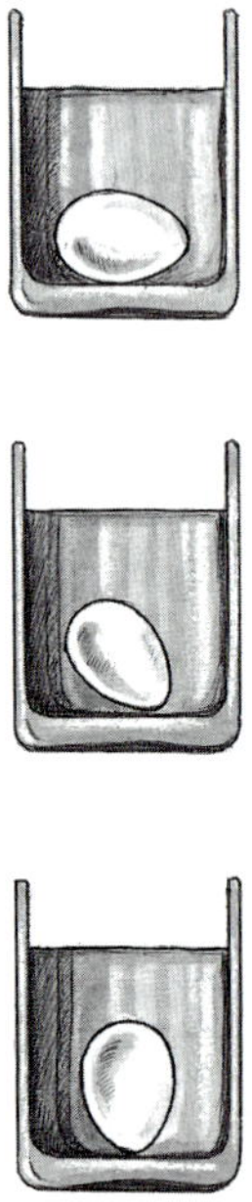

Aus dem Inhalt eines Eies verdunstet ständig Wasser. So nimmt das Volumen von Dotter und Eiklar langsam ab, und die Luftkammer wird größer. An ihrer Größe kann das Alter eines Eies abgeschätzt werden.
Mit einem einfachen Test kannst du die Frische eines Eies kontrollieren. Dazu mußt du das Ei in ein Glas Wasser geben.
Bei einem ganz frischen Ei ist die Luftkammer noch so klein, daß das Ei waagerecht am Boden des Glases liegt. Bei einem Ei, das ca. eine Woche alt ist, hat sich die Luftkammer soweit vergrößert, daß das stumpfe Ende im Wasser leicht angehoben wird. Nach drei Wochen Lagerung steht das Ei fast senkrecht im Wasser.
Am besten schmecken Eier, wenn sie ca. eine Woche alt sind. Je frischer Eier sind, um so besser kann man daraus Eischnee schlagen oder damit backen.

16.3 Ein Küken entsteht

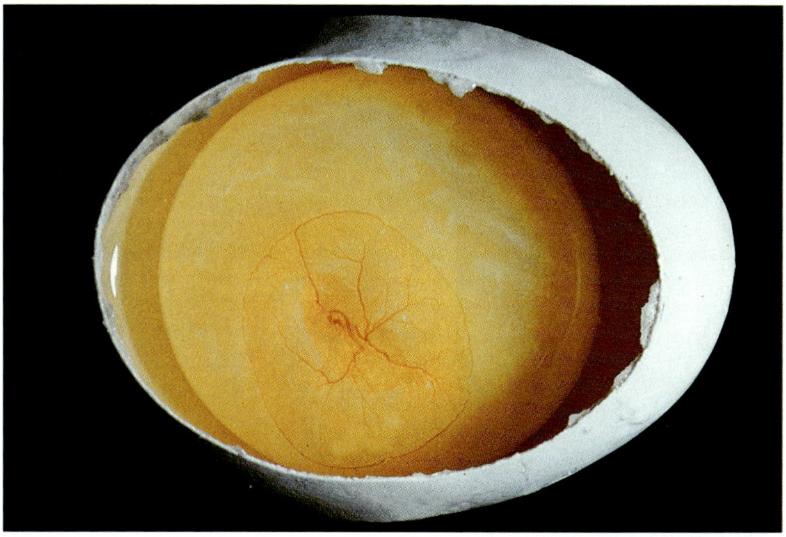

1 Befruchtetes Ei nach 2–3 Bruttagen

2 Brütende Henne

Nur nach der Paarung können befruchtete Eier entstehen. Die in der Spermaflüssigkeit vorhandenen Spermazellen bewegen sich den Eileiter hinauf. Über eine Woche lang bleiben sie im Trichterorgan befruchtungsfähig (Abb. 2, S. 195). Treffen sie auf eine Eizelle, so dringen sie darin ein. Die Kerne einer Ei- und einer Spermazelle verschmelzen miteinander. Damit ist die Eizelle befruchtet. Unmittelbar danach beginnt sie sich zu teilen. So entsteht auf dem Dotter eine flache Keimscheibe. Bei einem frisch gelegten, befruchteten Ei ist sie deutlich auf dem Dotter zu erkennen. In der Brutwärme entwickelt sich aus der Keimscheibe das Küken (Abb. 1). Bereits nach drei bis vier Bruttagen lassen sich auf der Dotteroberfläche Blutäderchen erkennen. Mit dem Blut werden dem Embryo die Nährstoffe aus dem Dotter zugeführt. Das Herz des Embryos schlägt bereits.

Am vierten Tag sieht man neben dem stark verzweigten Blutgefäßsystem schon eine deutliche Gliederung des Embryos. Der Kopf mit dem Auge hebt sich gut ab von einem länglichen Teil, in dem die Wirbelsäule erkennbar ist (Abb. 3). Am achten Tag hat der Kopf fast seine endgültige Größe erreicht (Abb. 4). Er erscheint sehr groß im Vergleich zum Körper. Die Augen und der Schnabel sind schon fast fertig entwickelt. An den Füßen sind Zehen zu erkennen. Auch die Anlagen der inneren Organe wie Herz, Gehirn und Lunge sind zu diesem Zeitpunkt schon abgeschlossen. Nach 20 Tagen ist das Küken vollständig entwickelt. Dotter und Eiklar sind fast aufgebraucht. Das Küken hat kaum noch Platz im Ei, obwohl Kopf und Beine eng an den Körper gepreßt sind (Abb. 5). Das Küken hat die Schalenhaut zur Luftkammer mit dem Schnabel durchstoßen und atmet bereits mit den Lungen. Es piepst schon und hört auch die Lockrufe der brütenden Henne. Deshalb können die Küken nach dem Schlüpfen die Henne an deren Lauten erkennen.

An der Spitze des Schnabels befindet sich ein kleiner Höcker, der Eizahn (Abb. 5). Damit ritzt und pickt das Küken die Kalkschale von innen ringförmig auf. Mit den kräftigen Füßen und dem Nacken stemmt es sich gegen die Kalkschale. Dabei dreht und wendet es sich, bis es ihm gelingt, die Kalkschale in zwei Teile zu sprengen (Abb. 6). Über sechs Stunden dauert das Aufbrechen der Schale. Zunächst ist das

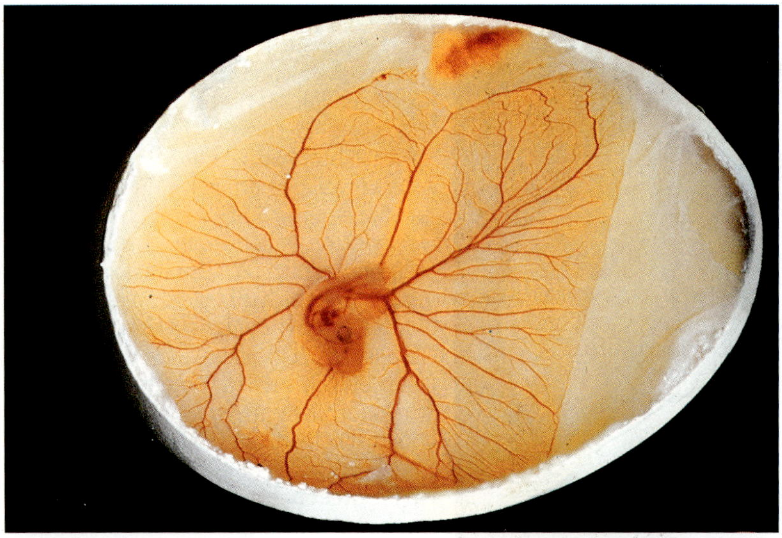

3 *Entwicklungsstand des Embryos nach vier Bruttagen*

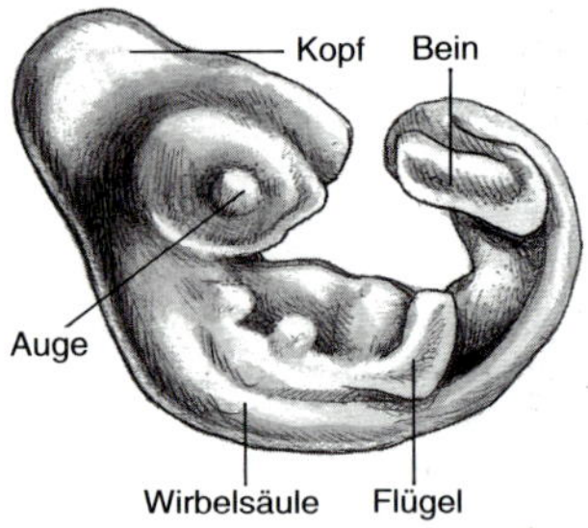

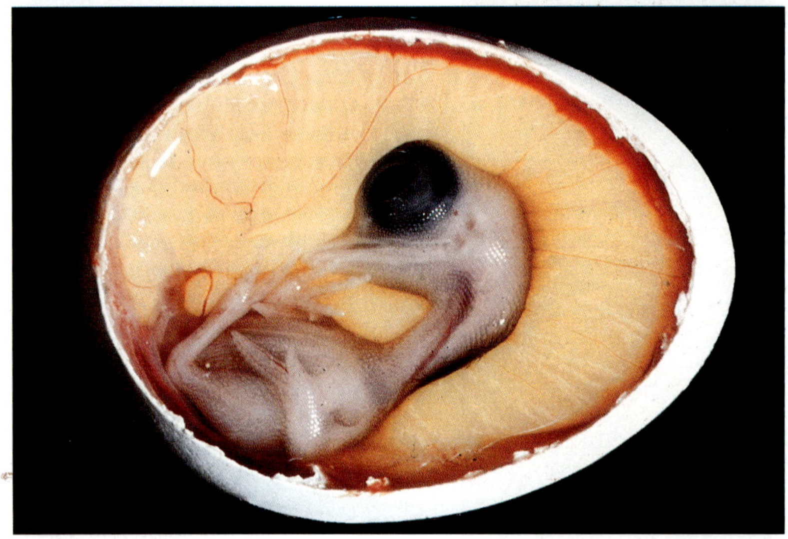

4 *Entwicklungsstand des Embryos nach acht Bruttagen*

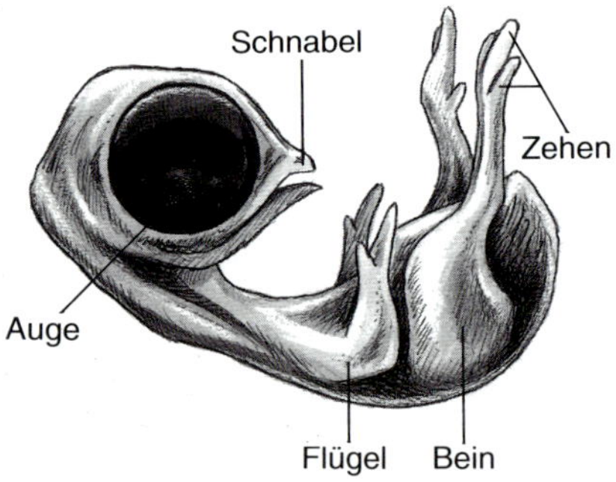

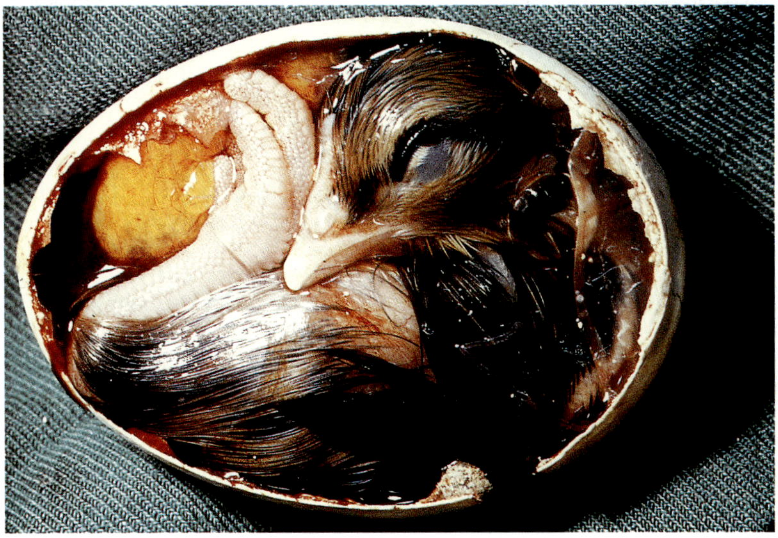

5 *Entwicklungsstand des Kükens nach 20 Bruttagen*

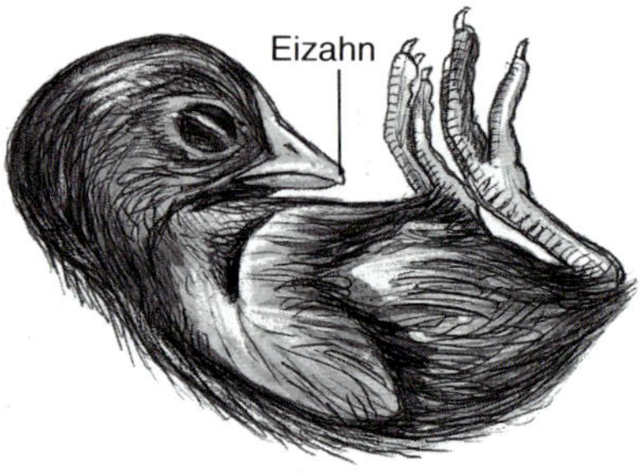

Küken noch völlig erschöpft. Die feinen Daunenfedern stecken zusammengefaltet in haardünnen Hüllen. Diese sind nach dem Schlüpfen noch völlig verklebt (Abb. 6). Beim Trocknen zerfallen die Hüllen, die Daunen können sich entfalten. Dann sieht das Küken rund und flaumig aus.

Die Küken haben kräftige Beine und können sofort nach dem Schlüpfen stehen und laufen. Schon nach wenigen Stunden suchen sie nach Nahrung. Jungtiere, die nach der Geburt oder dem Schlüpfen bereits so selbständig sind, nennt man **Nestflüchter**. Die Küken picken zuerst wahllos nach allem, was klein, rund und glänzend ist, oder wie ein Wurm aussieht. So picken sie in den ersten Tagen auch nach den Zehen anderer Küken. Die Küken halten sich zuerst immer in der Kopfnähe der Glucke auf und picken dorthin, wohin auch die Henne pickt. Durch Vorpicken und durch Laute zeigt diese genießbares Futter an. So lernen die Küken schnell, was sie fressen können.

Aufgaben

① Beschreibe, wie ein Ei befruchtet wird.

② Vergleiche den Entwicklungsstand des Kükens am 8. und 20. Bruttag (Abb. 4 und 5). Beschreibe die Unterschiede in einigen Sätzen.

③ Beschreibe anhand der Abb. 6 und mit Hilfe des Textes das Schlüpfen von Küken. Welche Stadien des Schlüpfens sind auf dem Foto zu erkennen?

④ Erkläre, warum frisch geschlüpfte Küken naß aussehen.

⑤ Stelle die Unterschiede zwischen Nesthocker und Nestflüchter in einer Tabelle zusammen.

⑥ Nenne je drei Beispiele von Nesthockern und Nestflüchtern.

Nach der Paarung können die Spermazellen die Eizellen der Henne befruchten. Aus der befruchteten Eizelle entsteht zuerst die Keimscheibe und später der Embryo. Nach 20 Bruttagen ist das Küken voll entwickelt und schlüpft aus dem Ei. Hühner sind Nestflüchter.

Nesthocker werden mit geschlossenen Augen und Ohren geboren und sind noch nicht zur selbständigen Fortbewegung und Nahrungssuche fähig.

6 Küken beim Schlüpfen

16.4 Intensivhaltung von Hühnern

1 Käfighaltung von Hühnern

2 Bodenhaltung von Hühnern

In der Bundesrepublik Deutschland verbraucht jeder Mensch im Durchschnitt 290 Eier pro Jahr.

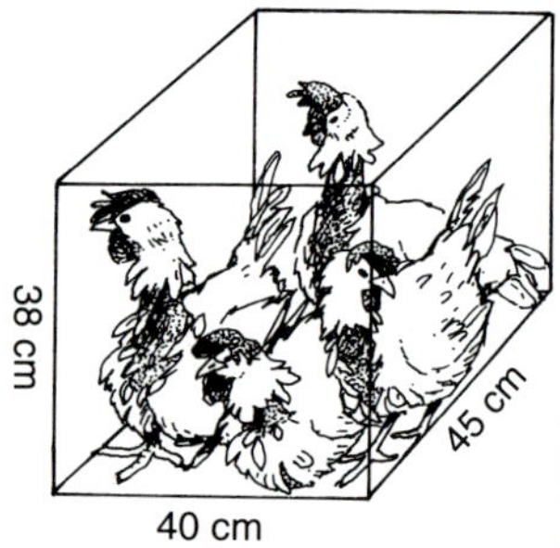

Normalkäfig für vier Hennen
Käfigmaße:
45 cm x 40 cm = 1800 cm^2.
Das sind pro Henne 450 cm^2.

Um Eier möglichst billig zu produzieren, hält man heute Tausende von Hühnern in großen Ställen. Bei dieser Massentierhaltung unterscheidet man zwischen Käfig- und Bodenhaltung.

Bei der **Käfighaltung** werden drei bis sechs Hühner in einem Drahtkäfig gehalten (Abb. 1). Da die Käfige nebeneinander und in mehreren Etagen übereinander gestapelt werden, kann man so ca. 40 Hennen auf einem Quadratmeter Grundfläche halten. Die Käfige stehen in klimatisierten und fensterlosen Ställen, in denen bis zu 16 Stunden am Tag das Licht brennt. Dadurch werden die Hennen länger wach gehalten, so daß sie wesentlich mehr fressen, als Tiere die im natürlichen Tag-Nacht-Rhythmus leben. Dadurch wird die Legeleistung der Hennen von der Jahreszeit unabhängig. Unter natürlichen Bedingungen legen Hennen in den Herbst- und Wintermonaten nicht jeden Tag ein Ei. Ein Käfig für vier Hennen besitzt eine Fläche von 40 x 45 cm^2. Die vier Hennen haben darin nicht einmal soviel Fläche zur Verfügung, wie ihre Körper nebeneinander einnehmen. Sie können sich so kaum bewegen und selbst das Strecken der Beine oder Schlagen mit den Flügeln ist ihnen nur beschränkt möglich. Käfighühner legen ihre Eier nicht in Nester. Oft ruft die vergebliche Suche nach einem Legeplatz große Unruhe im Käfig hervor. Hühner nehmen beim Eierlegen im Nest eine typische Legehaltung ein. Im Käfig dagegen werden die Eier oft einfach fallengelassen. Auch das Futter wird nicht artgerecht aufgenommen, denn normalerweise gehört das Scharren und Picken zum Fressen dazu. Oft versuchen Hennen in Käfighaltung in die Futterrinnen zu steigen, um darin zu scharren oder im Staub zu baden. Die Käfigböden bestehen aus schräg angeordneten Drahtgittern, durch die der Kot hindurchfällt. Die Eier rollen nach vorn und werden von einem Fließband abtransportiert. Ein anderes Fließband versorgt die Tiere mit Futter. Auch die Wasserversorgung erfolgt automatisch. Bei der Käfighaltung kann eine Arbeitskraft 15 000 Hennen versorgen. Die Legeleistung der Hennen läßt nach ca. 14 Monaten nach. Dann werden sie geschlachtet und kommen als Suppenhühner in den Handel.

Wenn Hühner auf zu engem Raum zusammenleben und sich nicht artgerecht

In der Schweiz und in Schweden ist die Käfighaltung von Hühnern bereits verboten. Das Europäische Parlament hat sich dafür ausgesprochen, die Käfighaltung innerhalb von 10 Jahren schrittweise abzubauen.

verhalten können, werden sie leicht angriffslustig, hacken sich gegenseitig Wunden und picken sich und den Artgenossen die Federn aus. Krankheiten und Parasiten breiten sich bei dieser Massenhaltung schnell aus. Deshalb werden dem Futter häufig vorbeugende Medikamente zugesetzt.

Bei der **Bodenhaltung** leben ca. 1000 bis 5000 Hennen in riesigen Ställen (Abb. 2). Die Tiere können sich frei bewegen, auf dem Boden scharren und picken, ihre Flügel lüften, staubbaden und artgerecht auf den Stangen ruhen. Nach draußen haben sie keinen Auslauf. Sieben bis acht Hühner werden so auf einem Quadratmeter Boden gehalten. Bei einer so großen Anzahl von Hennen kann sich keine Rangordnung ausbilden, bei der sich die Tiere an individuellen Merkmalen erkennen. Als vorbeugende Maßnahme gegen das Federpicken und Hacken ist es üblich, den Küken in der 8. bis 12. Woche die scharfen Schnäbel zu kürzen. Durch die Stallfenster fällt Tageslicht in den Stall. In der Stallmitte befindet sich eine mit Draht überspannte Kotgrube. An den dunkel gehaltenen Stallseiten sind die Legenester angeordnet. Auch bei der Bodenhaltung erfolgt die Versorgung automatisch. 5000 Hennen können von einer Arbeitskraft versorgt werden.

Wenn die Hennen sich erschrecken, flüchten sie in eine Stallecke und drängen dabei übereinander. Dabei können die unten liegenden Tiere leicht erdrückt werden. Um zu vermeiden, daß sich Hühner in der Bodenhaltung gegenseitig Wunden hacken, wird empfohlen, die Stallböden so zu unterteilen, daß ungefähr 100 Tiere eine Gruppe bilden. Untersuchungen haben gezeigt, daß Hühner noch bis zu 100 Artgenossen unterscheiden können und dann weniger aggressiv miteinander umgehen. Im Bereich einer jeden Gruppe müssen dann Futtertröge, Tränken, Legenester und Sitzstangen vorhanden sein.

Die Verordnung zum Schutz von Legehennen bei Käfighaltung schreibt vor, daß für jede Henne mindestens 450 cm² Fläche zur Verfügung stehen muß. Das entspricht der Fläche des auf dieser Doppelseite gezeichneten Käfigdrahtes.

Aufgaben

① Übertrage die folgende Tabelle in dein Heft und kreuze darin an, welche Verhaltensweisen Hühnern bei den verschiedenen Haltungen möglich sind.

Verhaltensweise	Bodenhaltung	Käfighaltung	freier Auslauf
Rangordnung			
Nestbau			
Eiablage in Nestern			
Ruhen auf Stangen			
Scharren und Picken			
Schlagen mit den Flügeln			
Staubbaden			

② Bildet in eurer Klasse drei Parteien.
Partei A: Befürworter der Käfighaltung
Partei B: Befürworter der Bodenhaltung
Partei C: Befürworter der freien Auslaufhaltung.
Stellt die Argumente für die betreffende Hühnerhaltung zusammen. Diskutiert dann als Befürworter der jeweiligen Hühnerhaltung miteinander.

③ Hühner brauchen bei Bodenhaltung mehr Futter, als wenn sie in Käfigen gehalten werden. Begründe dies.

④ Wie beurteilst du die Verordnung zum Schutz von Legehennen bei Käfighaltung, die in der Randspalte abgedruckt ist?

⑤ Informiere dich im Geschäft, wie teuer Eier der gleichen Güte- und Gewichtsklasse aus Boden-, Käfig- und freier Auslaufhaltung sind.

Bei der Käfighaltung können sich Hühner nicht mehr artgerecht verhalten. Dagegen können sie bei der Bodenhaltung noch viele typische Verhaltensweisen durchführen. In der Massentierhaltung können sich leicht Krankheiten und Parasiten ausbreiten.

17 Bau und Flug der Vögel

17.1 Fliegen – aber wie?

Bereits am 31. Mai 1811 versuchte der Schneidermeister Albrecht Ludwig Berblinger, die Donau fliegend zu überqueren. Der „fliegende Schneider" fiel ins Wasser und wurde klitschnaß.

Am 15. Juni 1986 fand in Ulm ein Wettbewerb statt. Als Siegprämie waren 50 000 DM zu gewinnen. Die Aufgabe: Überquerung der Donau mit einem selbst gebauten Fluggerät ohne Motor. Die Donau ist bei Ulm etwa 70 m breit. Die Hobbyflieger mußten von einer geneigten Rampe Anlauf nehmen und starten (Abb. 1). Von den 43 Teilnehmern schaffte nur einer die Aufgabe. Der neunzehnjährige HOLGER ROCHELT überquerte den Fluß mit einem Fluggerät seines Vaters in sieben Sekunden.

Menschen können auch ganz anders fliegen als HOLGER bei seinem 70-Meter-Flug. Raketen transportieren Astronauten in ihren Raumschiffen in Umlaufbahnen mehrere hundert Kilometer über der Erde. Mit einem modernen Düsenjet kann man in wenigen Stunden von Hannover nach Sydney in Australien fliegen. Ein Heißluftballon treibt langsam mit dem Winde, mit großen Tragflächen kann man als Drachenflieger über der Landschaft segeln.

1 Flug über die Donau

2 Flugversuch eines Menschen nach einer alten Erzählung

Aufgaben

① So wie es in Abbildung 2 dargestellt ist, kann ein Mensch nicht fliegen. Schreibe mögliche Ursachen dafür auf.

② Das Fluggerät des Siegers im Wettbewerb von Ulm hatte folgende Maße: Gesamtfläche: 21 m^2, Spannweite: 9 m, Gesamtmasse: 22 kg, Geschwindigkeit: 35 bis 40 km pro Stunde.

Schreibe mögliche Ursachen dafür auf, warum es HOLGER ROCHELT gelang, die Donau zu überqueren.

③ Vergleiche den Flug einer Rauchschwalbe (Abb. 3) mit dem Flug von HOLGER ROCHELT über die Donau. Beachte dabei Wendigkeit, Start- und Landebahn, Entfernungen und Geschwindigkeit.

3 Rauchschwalbe

17.2 Federn – ein Merkmal der Vögel

1 Kohlmeise, Bau der Schwungfedern

Vögel haben ein Merkmal, das sie von allen anderen Tieren unterscheidet. Das sind ihre **Federn.** An einer großen Feder, zum Beispiel einer **Schwungfeder** vom Flügel, läßt sich der Aufbau einer Feder gut untersuchen (Abb. 1). In der Mitte der Feder befindet sich der hohle **Federschaft.** Rechts und links davon zweigen **Federäste** ab. Von jedem Federast gehen **Bogenstrahlen** und **Hakenstrahlen** ab. Die Hakenstrahlen eines Federastes greifen über die Bogenstrahlen des folgenden Federastes. So bilden sie eine Art Reißverschluß. Wenn die Schwungfedern nach einem längeren Flug oder wegen heftiger Windböen zerzaust wurden, schüttelt

2 Schwungfeder, Deckfeder und Daunenfeder vom Uhu

3 Amsel bei –20 °C, 0 °C und +30 °C

Mit den Daunenfedern von Gänsen und Enten werden Federbetten gefüllt.

Bevor es Bleistift, Kugelschreiber und Füllfederhalter gab, haben die Menschen mit Feder und Tinte geschrieben.

sich der Vogel, oder er streicht mit seinem Schnabel über die zerzausten Federn. Dadurch rasten die Hakenstrahlen in die Bogenstrahlen ein. Die Feder bildet dann wieder eine geschlossene Fläche.

Ähnlich den Schwungfedern sind die langen Federn des Schwanzes gebaut. Indem ein Vogel während des Fluges seinen Schwanz seitwärts, aufwärts oder abwärts bewegt, kann er die Flugrichtung ändern. Er kann dadurch Kurven fliegen, aufsteigen oder abwärts fliegen.

Kürzer und weicher als Schwungfedern sind die **Deckfedern** (Abb. 2). Sie bedekken den Körper eines Vogels und Teile seiner Flügel. Die Deckfedern liegen wie Dachziegel übereinander.

Unter den Deckfedern besitzen Vögel weiche, wärmende **Daunenfedern** (Abb. 2). Die Daunenfedern schließen viel Luft ein. Sie bilden so am Körper eines Vogels einen Luftmantel. Da Luft sehr schlecht Wärme vom Körper nach außen leitet, schützt der Luftmantel der Daunenfedern vor großem Wärmeverlust. Viele Vögel können ihre Deckfedern ein wenig sträuben und so den Luftmantel der Daunenfedern vergrößern. Deshalb plustert sich ein Vogel bei kaltem Wetter auf. Dadurch gibt der Körper weniger Wärme ab. Umgekehrt wird Wärme leichter abgegeben, wenn bei warmem Wetter die Federn glatt anliegen und der Luftmantel der Daunenfedern klein ist (Abb. 3).

Manche Vögel haben ein besonders buntes Gefieder, wie zum Beispiel Stockenten. Die Färbung des Gefieders spielt beim Erkennen der Vögel untereinander eine Rolle. Vögel, deren Gefieder man mit künstlichen Farben bemalt hatte, wurden oft von ihren Artgenossen anders behandelt als zuvor. Manchmal wurden die gefärbten Vögel sogar bekämpft.

Aufgaben

① Sammle Federn und ordne sie in Schwungfedern, Deckfedern und Daunenfedern. Klebe die Federn mit Klebestreifen in dein Heft. Wenn du Federn in der Hand hattest, mußt du dir die Hände waschen. Die Federn könnten Krankheitserreger enthalten.

② Trenne bei einer Schwungfeder mit einem Finger benachbarte Federäste voneinander. Füge dann die getrennten Federäste wieder zusammen. Beschreibe, was dabei geschieht. Untersuche den Vorgang mit der Lupe.

③ In der Abb. 3 ist eine Amsel bei verschiedenen Temperaturen dargestellt: –20 °C, 0 °C, +30 °C. Ordne jedem Foto eine der Temperaturen zu. Begründe deine Zuordnung.

④ Besorge dir eine große Schwungfeder. Schneide die Spitze schräg ab und schneide einen kleinen Schlitz in Längsrichtung des Schaftes. Tauche die Spitze in Tinte und versuche, mit der Feder zu schreiben.

Ein Merkmal der Vögel sind Federn. Dazu gehören Schwungfedern, Deckfedern und Daunenfedern. Die Federn eines Vogels dienen zum Fliegen und bilden einen Kälteschutz. Die Färbung des Gefieders spielt eine Rolle beim Erkennen von Artgenossen.

17.3 Vögel – leicht gebaut

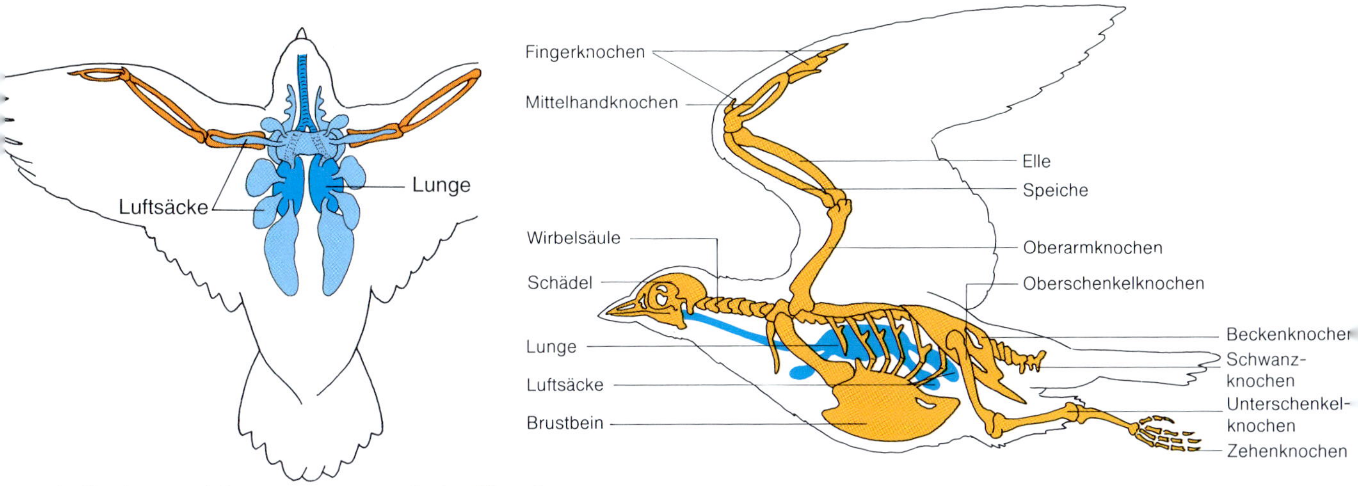

1 Skelett und Atmungsorgane beim Vogel

Vögel fliegen bei starkem Sturm und bei Windstille, sie fliegen in großen Höhen und dicht am Boden, sie führen blitzschnelle Wendungen durch und fliegen als Zugvögel riesige Strecken ohne Unterbrechung. Wenn wir einen Vogel, z. B. eine Taube, betrachten, so stellen wir fest, daß der Körper stromlinienförmig ist. Federn bedecken den ganzen Körper außer den Fußknochen und dem Schnabel. Durch ihre dachziegelartige Anordnung glätten die Federn den Körper so, daß der Luft wenig Widerstand geboten wird.

Wenn du zum ersten Mal einen Vogel in der Hand hältst, bist du vielleicht überrascht darüber, wie leicht er ist. Dabei hat ein Vogel wie die übrigen Wirbeltiere auch Knochen, Muskeln, Eingeweide und andere Organe. Eine geringere Masse erleichtert das Fliegen. Ein leichter Körper kann mit weniger Kraft in die Luft gehoben werden als ein schwerer Körper von gleicher Größe. Die geringe Masse eines Vogels erklärt sich durch den sehr leicht gebauten Körper.

2 Aufgeschnittene Oberschenkelknochen von Gans und Hase

Jeder Vogelflügel hat innen ein Knochenskelett. Dieses ähnelt unseren Arm- und Fingerknochen. Die Anordnung der Knochen und ihre Anzahl stimmen weitgehend überein. Dementsprechend wird das Skelett des Flügels ebenfalls in Oberarm, Unterarm und Hand gegliedert (Abb. 1). Die Knochen sind leicht und hart gebaut. Viele Knochen eines Vogels sind hohl und luftgefüllt (Abb. 2). Ein Fregattvogel mit zwei Kilogramm Masse und einer Flügelspannweite von zwei Metern hat ein Skelett, das nur 100 Gramm wiegt.

Der Körper eines Vogels wird von vielen **Luftsäcken** durchzogen. Luftsäcke gehen von den Lungen aus und ziehen bis tief in einige Knochen und zwischen Muskeln und die Organe des Rumpfes (Abb. 1). In die Luftsäcke kann ein Vogel viel Luft und den darin enthaltenen Sauerstoff aufnehmen. Dadurch wird die Leistungsfähigkeit der Vögel gesteigert. Einige Zugvögel können noch in 7000 Meter Höhe fliegen; dort ist die Luft sauerstoffärmer als am Boden. Ein Mensch müßte in dieser Höhe eine Sauerstoffmaske haben, um zu überleben.

Die Federn sind sehr leicht. Alle Federn einer etwa 350 Gramm schweren Taube wiegen nur wenige Gramm. Federn sind aus Horn aufgebaut. Dies ist ein leichtes, aber festes Material. Das Gefieder eines Vogels wird regelmäßig mit Fett aus der **Bürzeldrüse** eingefettet. Dadurch werden die Federn wasserabweisend. Das Gefieder kann sich bei Regen nicht mit Wasser vollsaugen und deshalb auch nicht schwerer werden.

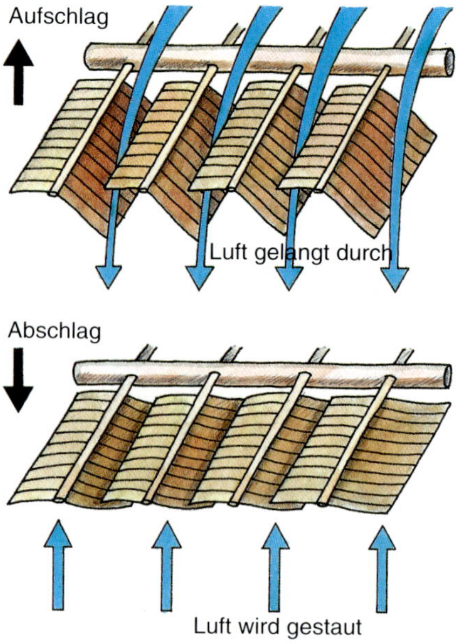

3 Auf- und Abschlag des Flügels

Vögel haben eine starre Wirbelsäule. Die Brust- und Lendenwirbel sind miteinander verwachsen. Mit diesem starren Körper können Vögel zwar schlecht laufen, behalten aber im Flug immer die richtige Körperhaltung. Die kräftigsten und größten Muskeln sind die großen Brustmuskeln zwischen Brustbein und Armknochen. Sie dienen zur Bewegung der Flügel. Wenn sie sich zusammenziehen, schlagen die Flügel mit einer kleinen Drehung nach vorn unten. Gegenspieler sind die kleinen Brustmuskeln. Sie heben die Flügel. Beim Abschlag drücken die gestreckten Flügel die Luft kräftig nach unten und hinten (Abb. 3). Dadurch bewegt

Versuch Modellversuch zum Auftrieb

Halte einen Bogen Papier, wie in der Abbildung angegeben. Blase zunächst gegen den nach unten hängenden Teil, dann über das Papier hinweg.

Übertrage die Versuchsergebnisse auf einen Vogelflügel. Beschreibe, auf welche Weise ein Vogelflügel angehoben wird.

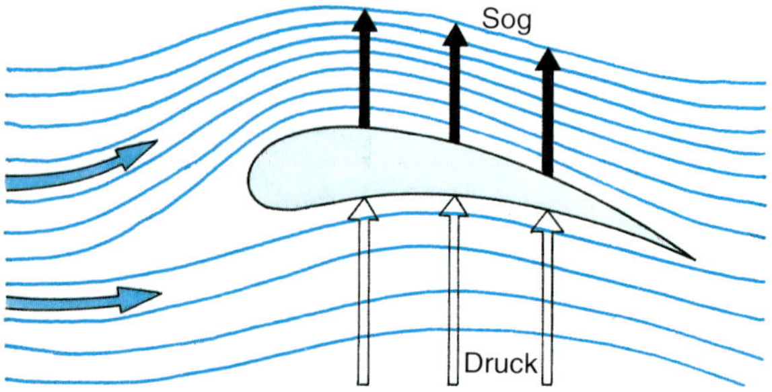

Versuch Modellversuch zum Strömungswiderstand

Mit unterschiedlichen Wachsformen gleicher Masse kann man ein Wettschwimmen veranstalten, um herauszufinden, welche Form am leichtesten durch das Wasser gleitet. Forme dazu aus Knetwachs die abgebildeten Figuren. Am Zugende jeder Form wird ein Metallhaken befestigt, an dem ein Nylonfaden verknotet wird. Alle Nylonfäden müssen gleichlang sein. Am freien Ende jeden Fadens wird jeweils ein Gewicht gleicher Masse befestigt.
Als Rennstrecke dienen zwei wasserdichte, langgestreckte Blumenkästen, die mit Wasser gefüllt werden. Mit Klebeband wird die Startlinie und die Ziellinie auf der Oberkante des Kastens markiert. Am Beckenende befestigt man mit Stativmaterial einen glatten Stab. Über den Stab wird der Faden mit dem Zuggewicht gelegt. Beide Blumenkästen werden so nebeneinander angeordnet, daß Start- und Ziellinie parallel zueinander liegen.
Beim Wettschwimmen werden immer zwei Wachsformen zur gleichen Zeit gestartet. Dazu wird zunächst die Startposition überprüft, beide Metallhaken müssen sich direkt hinter der Startlinie befinden, das Zuggewicht muß den Nylonfaden straffen. Dann wird gleichzeitig losgelassen. Stelle Vermutungen auf, welche Wachsform am schnellsten durchs Wasser gleitet. Überprüfe deine Vermutungen durch den Versuch. Welche Wachsform bietet den geringsten Strömungswiderstand? Welche Wachsform ähnelt am ehesten der Körperform eines Vogels?

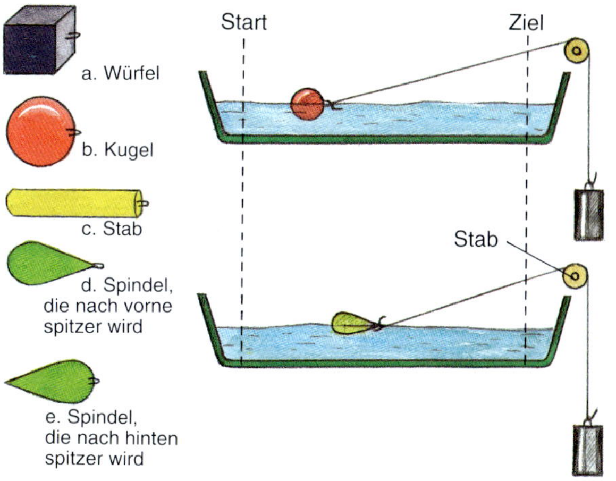

sich der Vogel nach oben und vorn. Dabei bilden die eng aneinanderliegenden Federn eine geschlossene Fläche, mit der sich der Vogel abdrückt. Beim Aufschlag werden die Flügel etwas gebeugt und gedreht. Dabei stehen die Federn so, daß die Luft weitgehend ungehindert zwischen ihnen durchströmen kann (Abb. 3).

Alle Vogelflügel sind nach oben gewölbt. Ein Modellversuch zeigt, wie sich diese Form des Flügels in der strömenden Luft auswirkt. Wenn man gegen die Unterseite eines gewölbten Papiers bläst, so staut sich vor dem herabhängenden Teil der Unterseite die Luft. Dadurch wird das Papier hochgedrückt. Es wird durch den nach oben gerichteten **Druck** angehoben. Bläst man über das Papier hinweg, so entsteht an seiner Oberseite ein **Sog**. Das Papier hebt sich dabei ebenfalls. Diese Versuchsergebnisse kann man auf den Vogelflügel übertragen. Unter dem Flügel staut sich die Luft, und es entsteht ein Druck. An der Oberseite wird beim Fliegen ein Sog erzeugt. Beide Kräfte ergeben zusammen den **Auftrieb**. Er wirkt der Anziehungskraft der Erde, der Schwerkraft, entgegen. Der Auftrieb ist die Kraft, die beim Fliegen entsteht. Ein in der Luft fliegender Vogel überwindet mit dem Auftrieb die Schwerkraft.

Art	Körperlänge (Kopf–Schwanz)	Masse
Wildkaninchen	46 cm	1800 g
Igel	28 cm	700 g
Graugans	98 cm	3100 g
Kohlmeise	14 cm	18 g
Dohle	33 cm	225 g
Stockente	60 cm	1200 g
Gartengrasmücke	15 cm	13 g
Wintergoldhähnchen	9,5 cm	5 g
Feldhase	67 cm	4000 g
Amsel	25 cm	100 g
Mäusebussard	50 cm	950 g
Rabenkrähe	48 cm	550 g
Feldspitzmaus	10 cm	10 g
Feldmaus	15 cm	30 g
Maulwurf	16 cm	90 g

Tab. 1: Körperlänge und Masse von Säugetieren und Vögeln

Aufgaben

① Stelle zusammen, welche Merkmale der Vögel dazu führen, daß Vögel sehr wenig wiegen.

② Betrachte Abb. 2. Welche Unterschiede beim Bau der Knochen erkennst du?

③ In der Tabelle 1 sind die Namen verschiedener Tiere, ihre durchschnittlichen Körperlänge und ihre Masse aufgeschrieben. Fertige eine Tabelle an, in der die Vögel nach ihrer Körperlänge geordnet sind und eine weitere Tabelle, in der die Säugetiere nach ihrer Körperlänge geordnet sind. Vergleiche die Masse von Vögeln und Säugetieren, die ungefähr die gleiche Körperlänge haben. Notiere das Ergebnis des Vergleichs in dein Heft.

Vögel haben leichte Federn, luftgefüllte Knochen und Luftsäcke. Der leicht gebaute Körper und die kräftigen Flugmuskeln sind für das Fliegen eine wichtige Voraussetzung. Beim Fliegen entsteht Auftrieb, der der Schwerkraft entgegen wirkt.

17.4 Flugformen

1 Ruderflug der Bartmeise

Ruderflug (Abb. 1): Der Ruderflug ist die häufigste Form des Fliegens der Vögel mit eigener Muskelkraft. Dabei werden die Flügel auf und ab bewegt. Man sagt, der Vogel „rudert“ mit den Flügeln. Beim Abschlag drücken die gestreckten Flügel die Luft kräftig nach unten und hinten. Dadurch bewegt sich der Vogel nach oben und vorn. Dabei bilden die eng aneinanderliegenden Federn eine geschlossene Fläche, mit der sich der Vogel abdrückt. Beim Aufschlag werden die Flügel etwas gebeugt und so gedreht, daß ihre Vorderkante die Luft „durchschneidet“. Dabei stehen die einzelnen Federn so, daß die Luft weitgehend ungehindert zwischen ihnen durchströmen kann. Auf diese Weise wird verhindert, daß sich der Vogel beim Heben der Flügel wieder um die gleiche Strecke zurückbewegt..

Gleitflug (Abb. 3): Beim Gleitflug fliegt ein Vogel ohne Flügelbewegungen mit ausgebreiteten Flügeln in der Luft. Die Flügel wirken als Tragfläche. Allerdings sorgt die Masse des Vogels dafür, daß er langsam zur Erde gleiten würde, wenn er nicht zwischendurch mit den Flügeln schlagen würde. Gleitflug zeigen unter anderem Albatrosse, Möwen, manche Falken und Schwalben.

Segelflug (Abb. 4): Manche Vögel können ohne Flügelbewegungen in der Luft hochsteigen. Bei diesem Segelflug nutzen die Vögel aufsteigende warme Luftströmungen aus. Segelflug zeigen Bussarde, Milane, Störche, Geier, manche Rabenvögel.

Schwirrflug (Abb. 2): Beim Schwirrflug werden die Flügel sehr schnell vorwärts und rückwärts bewegt. Die Flügelspitzen beschreiben dabei eine liegende Acht. Dabei stehen die Tiere ortsfest in der Luft. Schwirrflug kommt bei Kolibris vor.

2 Schwirrflug

3 Gleitflug

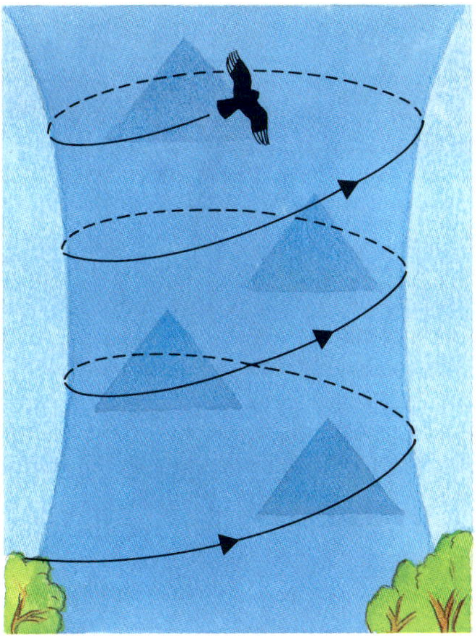

4 Segelflug im warmen Aufwind

Aufgaben

① Beschreibe den Unterschied zwischen Gleitflug und Segelflug.

② Nenne für jeden der nachfolgend genannten Vögel die Flugformen, die man bei ihnen am häufigsten beobachten kann: Amsel, Mehlschwalbe, Mäusebussard, Turmfalke, Haussperling, Stockente, Schwan, Kolibri, Mauersegler.

③ Beobachte (mit dem Fernglas) Vögel beim Flug. Beschreibe die Form des Fluges.

Versuch: Einen Papierflieger bauen und seinen Flug beobachten

Fertige aus gleichem DIN A5-, DIN A4- und DIN A3-Papier gleichartig gebaute Papierflieger an. Laß die einzelnen Flieger an einem windstillen Tag von einem erhöhten Ort (z. B. Fenster im 1. Geschoß) aus fliegen. Versuche dabei, jedem der Flieger gleichen Schwung zu geben. Miß die Flugdauer. Erkläre die Unterschiede. Wie verändert sich das Flugverhalten, wenn du die Papierflieger mit Büroklammern belastest?

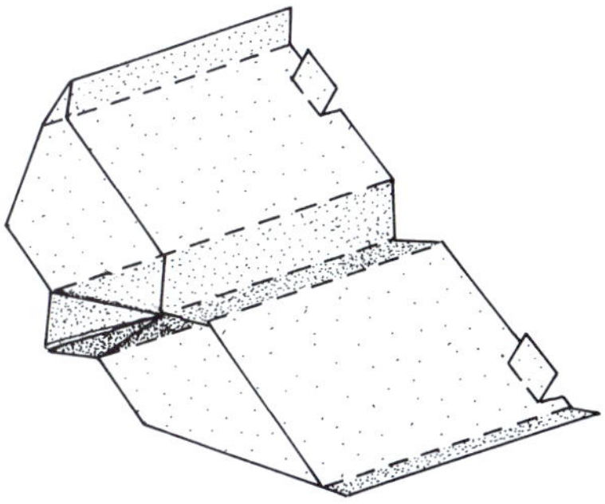

18 Vögel sind an ihre Umwelt angepaßt

18.1 Wasservögel

1 Stockente mit Jungen

2 Haubentaucher mit Jungen

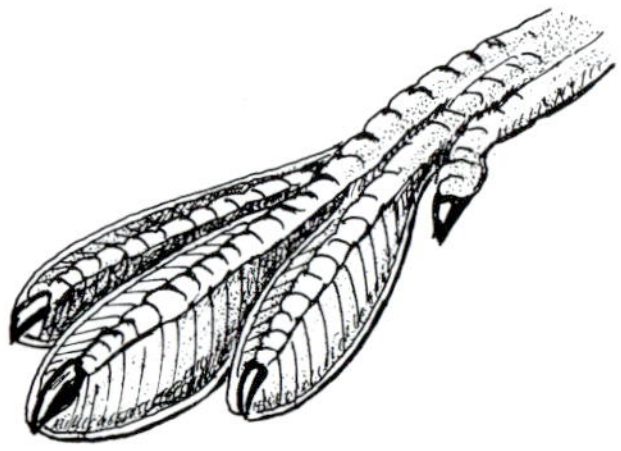

Fuß des Haubentauchers

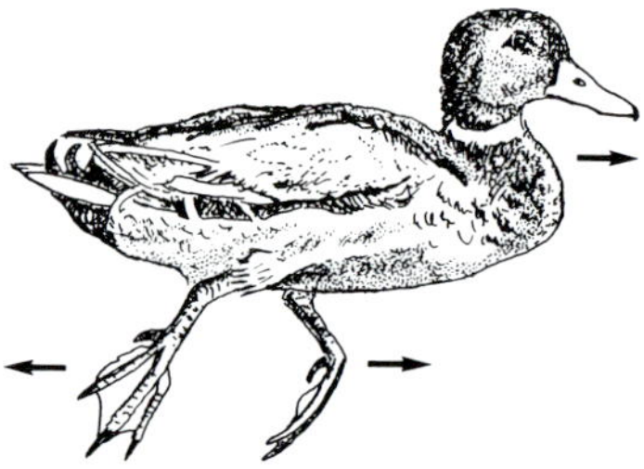

Bein- und Fußbewegungen der Stockente beim Vorwärtsschwimmen

Aufgabe

① Bei einem Ausflug zu einem Teich oder See kannst du verschiedene Vögel auf dem Wasser beobachten. Beschreibe auffallende Merkmale, aber auch Verhaltensweisen, wie beispielsweise Eintauchen des Kopfes, vollständiges Untertauchen oder Schwimmen in Gruppen. Erstelle nach folgendem Muster eine Tabelle, in die du deine Beobachtungen einträgst:

Vogel	Merkmal	Verhalten
.....	.....	.....

Auf einem See ist die große Zahl der Stockenten besonders auffällig (Abb. 1). Seltener sieht man einen Haubentaucher (Abb. 2). Beide Arten sind an ein Leben im Wasser angepaßt: Sie bewegen sich im Wasser geschickt und ausdauernd, suchen ihre Nahrung im Wasser und ziehen dort ihre Jungen auf. Man bezeichnet sie daher als **Wasservögel**.

Stockenten besitzen an ihren Füßen jeweils drei Zehen, die nach vorne gerichtet sind. Zwischen diesen sind Schwimmhäute gespannt. Mit gespreizten Zehen und gespannten Schwimmhäuten stoßen die Füße das Wasser nach hinten. Wenn die Füße nach vorn gezogen werden, sind Schwimmhäute und Zehen aneinandergefaltet und bieten dem Wasser wenig Widerstand. Haubentaucher besitzen Hautlappen an den Zehen (◁). Füße mit Schwimmhäuten oder Hautlappen werden als **Schwimmfüße** bezeichnet.

Manchmal kann man Stockenten am Ufer dabei beobachten, wie sie mehrmals mit dem Schnabel über ihr Gefieder streichen. Mit diesen Bewegungen fetten sie ihre Federn ein. Sie besitzen oberhalb des Schwanzes eine große **Bürzeldrüse**, in der Fett gebildet wird. Dieses Fett nehmen sie mit dem Schnabel ab und verteilen es auf den Federn. Dadurch entsteht eine wasserabstoßende Fetthülle. Das Wasser kann beim Schwimmen nicht bis auf die Haut gelangen. Da sich zwischen den Federn Luftpolster befinden, ist es den Wasservögeln möglich, sich ohne Anstrengung oder Schwimmbewegung auf der Wasseroberfläche zu halten.

Stockenten suchen ihre Nahrung im flachen Wasser. Sie stellen sich durch rudernde Beinbewegungen auf den Kopf und suchen den Boden nach Futter ab. Man sagt, sie **gründeln**. Bei der Nahrungssuche nehmen sie mit dem Schnabel gleichzeitig Wasser, Schlamm und

3 Stockente am Nest

4 Haubentaucher am Nest

Seihschnabel der Stockente

Nahrung auf. Die Nahrung besteht aus Pflanzenteilen, aus Larven und Puppen von Insekten. Mit Hilfe von Hornleisten an den Schnabelrändern wird die Nahrung beim Abfließen des Wassers herausgefiltert. Einen solchen Schnabel nennt man **Seihschnabel**. Der Schnabel von Haubentauchern ist lang und spitz. Sie ernähren sich überwiegend von kleinen Fischen, die sie im Wasser erjagen. Dabei tauchen sie bis vier Meter tief.

Während Haubentaucher nur selten das Wasser verlassen, halten sich Stockenten zum Schlafen und Brüten an Land auf. Die weibliche Ente baut ihr Nest meist in Ufernähe, unter Büschen oder im hohen Gras (Abb. 3). Sie übernimmt die Brutpflege allein. Durch das schwarzbraun gefleckte Gefieder hebt sich das Weibchen beim Brüten kaum von der Umgebung ab. Es ist gut getarnt. Die sieben bis elf Küken schlüpfen nahezu gleichzeitig. Sie haben dann bereits Federn, können sehen und verlassen kurze Zeit später das Nest. Wegen dieser Eigenschaften bezeichnet man die Küken als **Nestflüchter**. Zur Nahrungssuche führt eine Stockente ihre Jungen ins Wasser. Die Küken schwimmen wie Korken auf dem Wasser, da sie Luftpolster zwischen den Federn besitzen.

Männchen und Weibchen der Haubentaucher bauen gemeinsam im flachen Wasser ein Nest aus Wasserpflanzen. Es liegt meistens versteckt zwischen Schilf oder überhängendem Gebüsch (Abb. 4). Das Nest schwimmt auf dem Wasser. Beide Eltern sind an der Brutpflege beteiligt. Die Küken schlüpfen in größeren Abständen voneinander. Sie können vom ersten Tag an schwimmen und tauchen. Trotzdem lassen sie sich oft von einem der beiden Eltern auf dem Rücken tragen (Abb. 2).

Aufgaben

② Liste für Stockente und Haubentaucher auf, durch welche Merkmale sie an ein Leben im Wasser angepaßt sind.

Wasservögel sind an ein Leben im Wasser angepaßt. Sie besitzen Schwimmfüße und eine große Bürzeldrüse. Stockenten suchen ihre Nahrung im Wasser, schlafen und brüten an Land. Haubentaucher halten sich fast ausschließlich im Wasser auf. Die Jungen von Stockente und Haubentaucher sind Nestflüchter.

18.2 Der Waldkauz – ein nächtlicher Jäger

1 Waldkauz im Anflug auf eine Maus

Zielsicher stürzt sich der Waldkauz auf seine Beute herab (Abb. 1). Seine großen Augen sind auf die Maus gerichtet, seine Füße nach vorn ausgestreckt. Die kräftigen Zehen mit den langen, gebogenen Krallen sind abgespreizt und bereit, zuzupacken. Die Flügel sind weit ausgebreitet, der Flug wird bereits abgebremst. Im nächsten Augenblick wird der Waldkauz die Maus in seinen Krallen halten und töten.

Die Beutejagd eines Waldkauzes findet in der Dämmerung oder nachts statt. Der Anflug an ein Beutetier geschieht völlig lautlos. Diese Fähigkeit beruht darauf, daß die äußeren Schwungfedern am Rand der Flügel ausgefranst sind. Man hat festgestellt, daß dadurch die Fluggeräusche vermieden werden. Die Beute wird mit den spitzen Krallen ergriffen und getötet. Man nennt die Füße der Waldkäuze auch **Greiffüße**. Beim Transport halten die Waldkäuze ihre Beute mit ihrem Schnabel fest. Der Schnabel ist kräftig und wie ein Haken gebogen. Er wird daher auch als **Hakenschnabel** bezeichnet. Ein Waldkauz verschlingt seine Beute, ohne sie vorher zu zerkleinern. Die unverdaulichen Reste, die Haare, Knochen und Federn werden wieder hervorgewürgt. Man sagt **Gewölle** dazu (Abb. 2). Wenn man viele Gewölle untersucht, kann man aus deren Zusammensetzung feststellen, von welchen Tieren sich Waldkäuze ernähren (Abb. 3). Dies sind vor allem Mäuse und andere kleine Säugetiere, gelegentlich auch kleine Vögel.

Waldkäuze können sehr gut hören und sowohl tags, als auch in der Dämmerung und nachts sehr gut sehen. Ihre großen Augen sind nach vorn gerichtet und können im Kopf nicht bewegt werden. Wenn Waldkäuze in eine andere Richtung sehen wollen, müssen sie daher den Kopf drehen. Im Gegensatz zum Menschen können sie ihren Kopf fast vollständig nach hinten drehen. Mit dem Kopfdrehen wird gleichzeitig das Richtungshören verbessert.

2 Gewölle vom Waldkauz

3 Gewölle, geöffnet

4 Junge Waldkäuze

Die Fortpflanzungszeit der Waldkäuze beginnt bereits Ende Januar. Dann ist nachts sowohl der wie „huu-hu-uuuu“ klingende Gesang des Männchens, als auch der laute und schrille „kuit“-Ruf des Weibchens zu hören. Zum Brüten suchen sich Waldkäuze in Laub- oder Mischwäldern größere Baumhöhlen. Sie brüten aber auch in Kirchtürmen oder auf Dachböden. Nach einer Brutzeit von etwa vier Wochen schlüpfen die zwei bis fünf Jungen. Sie sind nackt und haben die Augen noch geschlossen. Waldkäuze sind **Nesthocker**. Nach etwa vier Wochen verlassen die Jungvögel ihre Bruthöhle. Sie sind dann noch nicht flugfähig, sitzen am Boden oder in Bäumen (Abb. 4). Diese jungen Waldkäuze sind aber nicht von den Eltern verlassen, sondern halten durch Bettelrufe Kontakt zu ihnen. Sie können auch bereits gut klettern und suchen sich selbst bald ein geschütztes Versteck. Mit sieben Wochen können die Jungen fliegen. Auch dann werden sie noch von den Eltern mit Futter versorgt.

Aufgaben

① Siehe dir die Abb. 1 genau an und versuche, dazu eine Geschichte zum Beutefang des Waldkauzes zu schreiben.

② Fasse mit Hilfe des Textes zusammen, durch welche Merkmale der Waldkauz an den Beutefang angepaßt ist.

③ Vergleiche Merkmale von Stockente und Waldkauz. Schreibe das Ergebnis in Form einer Tabelle auf:

Stockente	Waldkauz
Seihschnabel	Hakenschnabel
……	……

Waldkäuze ernähren sich von kleinen Säugetieren und Vögeln, die sie in der Dämmerung und nachts erjagen. Junge Waldkäuze sind Nesthocker. Sie verlassen ihr Nest, bevor sie fliegen können.

18.3 Buntspechte und Kleiber sind Kletterkünstler

1 Buntspecht füttert Junge

2 Buntspecht beim Fressen, Zungenspitze vergrößert

Im Frühling sind in den Wäldern und Parks manchmal Laute zu hören, die wie schnelles Trommeln klingen. Dies ist ein sicheres Zeichen für die Anwesenheit eines Spechtes. Am häufigsten kommen bei uns Buntspechte vor. Beim Trommeln setzt sich ein Buntspechtmännchen an einen hohlen Stamm oder an einen trockenen Ast und schlägt bis zu 16mal hintereinander mit schnellen Schnabelhieben auf das Holz. Ein solcher Trommelwirbel dauert nur etwa eine halbe Sekunde. Hierdurch zeigt der Specht anderen Spechtmännchen sein Revier an und lockt gleichzeitig Weibchen an.

Buntspechte können am Stamm sehr geschickt klettern (Abb. 1). Geht es hinunter, bewegen sie sich rückwärts den Stamm entlang. Ein Buntspecht stellt jeweils zwei Zehen seiner Füße nach vorn und zwei nach hinten. Die Krallen sind gekrümmt und spitz. Sie greifen in die Rinde des Stammes. Die Füße eines Buntspechtes nennt man **Kletterfüße**. Sie werden immer beide gleichzeitig gesetzt. Aus diesem Grund entsteht eine hüpfende Bewegung. Ein Buntspecht stützt sich am Stamm mit seinem Schwanz ab. Die Schwanzfedern haben einen kräftigen Schaft und sind deshalb sehr steif. Sie liegen zu mehreren übereinander. Buntspechte haben einen **Stützschwanz** (Abb. 1).

Buntspechte suchen unter der Baumrinde vor allem nach Käfern und deren Larven. Hierzu hacken sie die Rinde mit wuchtigen Schnabelhieben auf. Der Schnabel eines Buntspechtes läuft vorn spitz zu und ist besonders fest und stabil. Seine Zunge ist lang und an den Rändern mit Widerhaken versehen (Abb. 2). Buntspechte bohren sie in die Gänge, in denen die Insekten leben. Die Nahrung bleibt an den Widerhaken hängen, wenn die Zunge zurückgezogen wird. Im Herbst und vor allem im Winter ernähren sich Buntspechte überwiegend von Früchten und von den fettreichen Samen der Fichten, Kiefern, Buchen und Haselsträucher. Fichtenzapfen klemmen sie in einen Baumspalt, entfernen die Schuppen mit ihrem Schnabel und fressen die Samen.

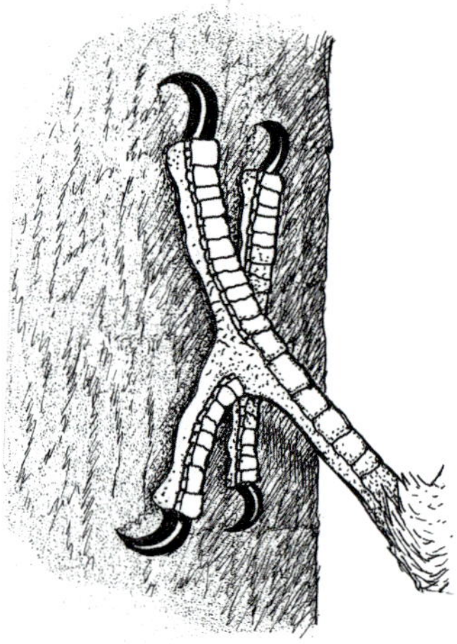

Fuß des Buntspechtes

3 Kleiber füttert Junge

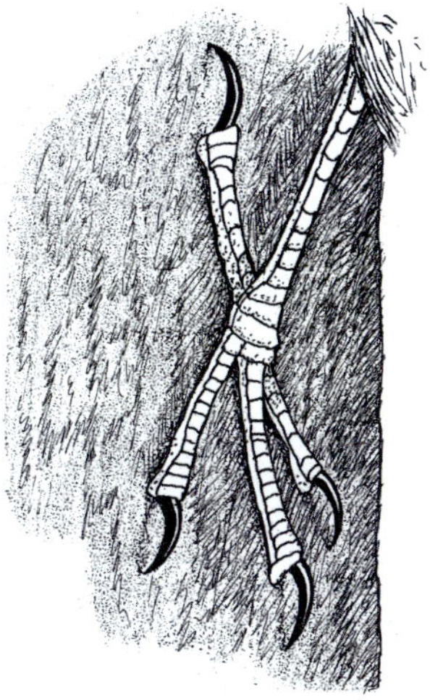

Fuß des Kleibers

Buntspechte sind **Höhlenbrüter**. Sie brauchen einen alten Baum in ihrem Revier, dessen Stamm groß genug ist, um darin eine Bruthöhle anzulegen. Beide Partner schlagen mit kräftigen Schnabelhieben an einer meist schadhaften Stelle des Stammes Holzstücke heraus. Je nach Festigkeit des Holzes dauert der Bau der Bruthöhle zwei bis drei Wochen. Nach einer Brutdauer von zehn bis zwölf Tagen schlüpfen die Jungen. Sie sind Nesthocker. Vier Wochen später verlassen sie die Bruthöhle. Dann wird ein Teil der jungen Vögel vom Weibchen, ein Teil vom Männchen geführt. In dieser Zeit suchen sie alle noch die Bruthöhle zum Schlafen auf. Die verlassenen Höhlen der Buntspechte werden später von anderen Tieren, wie Star, Fledermaus und Insekten genutzt.

Kleiber sind wie Buntspechte Kletterkünstler. Sie bewegen sich mit Hilfe ihrer kräftigen Füße an Baumstämmen, Mauern und Felsen entlang. Klettert ein Kleiber aufwärts, greift er mit einem Fuß nach oben, hält sich mit dem anderen aber unten weiter fest. Dabei stützt er sich nicht mit seinem kurzen Schwanz ab. Wenn er einen Stamm oder eine Mauer hinunterklettert, kann er sich im Gegensatz zu einem Buntspecht kopfabwärts bewegen (Abb. 3).

Während des Kletterns suchen Kleiber mit ihrem spitzen Schnabel in Ritzen und Spalten nach Insekten. Gelegentlich sammeln sie ihre Beute von Blättern und vom Boden ab. Im Winter fressen sie auch verschiedene Samen, wie Bucheckern und Haselnüsse.

Kleiber sind ebenfalls Höhlenbrüter. Sie bauen ihre Bruthöhle jedoch nicht selbst, sondern übernehmen diese beispielsweise von einem Buntspecht. Das Weibchen bringt mit dem Schnabel feuchte, lehmige Erde heran. Damit wird das Einflugloch soweit zugeklebt, daß nur eine körpergroße Öffnung übrigbleibt. Das Weibchen bebrütet bis zu acht Eier. Nach etwa drei Wochen schlüpfen die Jungen. Sie sind Nesthocker. Sie werden von beiden Eltern, auch noch nach dem Verlassen der Bruthöhle, gefüttert.

Aufgaben

① Beschreibe mit Hilfe des Textes, durch welche Merkmale Buntspechte an ihren Lebensraum angepaßt sind.

② Beschreibe, wie Kleiber an ihren Lebensraum angepaßt sind.

③ Vergleiche Buntspechte und Kleiber in ihrer Fortbewegung am Stamm, in ihrer Nahrungssuche und in ihrer Eigenschaft als Höhlenbrüter.

④ Welche Folgen könnte es für die Kleiber haben, wenn in einem Gebiet die Anzahl der Buntspechte abnimmt?

Buntspechte und Kleiber bewegen sich mit Hilfe ihrer Kletterfüße am Stamm. Sie ernähren sich im Sommer hauptsächlich von Insekten, im Winter überwiegend von verschiedenen Samen. Sie sind Höhlenbrüter.

18.4 Jahresvögel, Zugvögel und Wintergäste

1 Jahresvögel, Zugvögel und Wintergäste

Im Winter ist das Nahrungsangebot für die Vögel knapp. Insekten überwintern als Eier oder Puppen in Ritzen, Fugen und Spalten von Baumrinden, Mauern und Dachbalken und sind für Vögel schwer zu erreichen. Manche Insektenfresser unter den Vögeln, wie zum Beispiel die Kohlmeisen, stellen ihre Ernährung im Winter um. Sie fressen dann Samen und Beeren. Die meisten Vögel ernähren sich bei uns im Winter von Samen und Früchten. Wenn der Schnee Boden, Büsche und Bäume zudeckt, sind auch diese Nahrungsquellen für die Vögel schwer zugänglich. Höchstens 16 Stunden kommt ein kleiner Vogel im Winter ohne Nahrung aus. Im Januar dauern aber die Nächte fast 15 Stunden. Nur neun Stunden lang ist es hell! Wenn z. B. eine Kohlmeise während der neun Stunden Tageslicht nicht genug Futter findet, dann sinkt ihre Körpertemperatur während der Nacht so stark ab, daß sie erfriert.

Auch für die fleischfressenden Vögel ist die Nahrung, wenn sie vorwiegend aus Mäusen besteht, unter einer geschlossenen Schneedecke schwer erreichbar. In besonders kalten, langen und schneereichen Wintern finden Schleiereulen oder Mäusebussarde nicht genug Nahrung. Schleiereulen fliegen dann in die Nähe menschlicher Siedlungen. Hier jagen sie Mäuse, die vielleicht in der Nähe von Scheunen oder Gärten umherlaufen.

Etwa zwei Drittel der bei uns brütenden Vögel überwintert in wärmeren Gegenden mit reicherem Nahrungsangebot. Diese **Zugvögel** verlassen jeden Herbst ihr Brutgebiet und kehren im Frühling zurück. **Jahresvögel** können wir das ganze Jahr über beobachten. Vögel, die wir nur im Winter bei uns finden, sind Zugvögel aus dem Norden Europas, die hier überwintern. Sie werden als **Wintergäste** bezeichnet. Wintergäste sind zum Beispiel Bergfinken und Seidenschwänze.

Biotip

Winterhilfen für Jahresvögel und Wintergäste

1. Vielleicht betreust du im Garten deiner Eltern oder im Schulgarten ein eigenes Beet. Bevorzuge solche Blütenpflanzen, Sträucher und Bäume, die den Vögeln auch im Winter Nahrung bieten. Die Vögel können sich im Winter von den Früchten und Samen von Sonnenblumen, Heckenrosen und Ebereschen ernähren.

2. Du kannst auch eine Futterglocke bauen und im Winter die Vögel füttern. Das Futter sollte aus verschiedenen Körnern, Haferflocken, Rosinen, Hagebutten und Vogelbeeren bestehen.

3. In besonders schneereichen Wintern kannst du Mäusebussarden und Eulen helfen, indem du den Schnee vom Erdboden wegfegst und Körner ausstreust. Mäuse werden angelockt und können von den Mäusebussarden und Eulen gefangen werden.

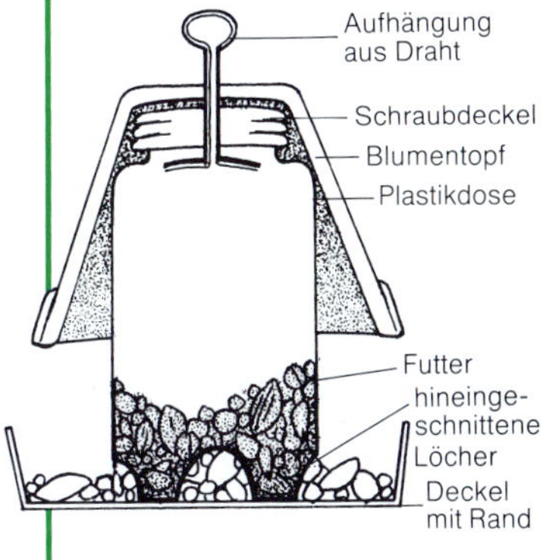

Selbstgebaute Futterglocke

Aufgabe

① Fertige eine dreispaltige Tabelle an. Die Überschriften der drei Spalten lauten: Jahresvögel, Zugvögel und Wintergäste. Ordne die Vögel der Abb. 1 jeweils einer dieser Gruppen zu.

Im Winter finden die Vögel bei uns kaum Insekten. Wenn Schnee liegt, sind Samen, Beeren und Mäuse kaum erreichbar. Den Jahresvögeln und Wintergästen können wir durch Fütterung helfen. Die Zugvögel überwintern in wärmeren Gegenden mit reicherem Nahrungsangebot.

18.5 Der Zug der Weißstörche – einmal Afrika und zurück

Bisher wurden in Deutschland 19 Weißstörche mit afrikanischen Pfeilen gefunden.

Viele Jahrhunderte lang waren die Menschen davon überzeugt, daß Schwalben im Schlamm von Seen überwintern. Vom Kuckuck glaubten sie sogar, daß er sich im Herbst in einen Sperber verwandelt und im Frühling wieder zurück in einen Kuckuck. 1822 erhielten Vogelforscher den ersten Hinweis auf den Aufenthaltsort von Weißstörchen im Winter. In der Nähe von Berlin wurde ein Storch mit einem Pfeil im Flügel gefunden (Abb. 1). Nachforschungen ergaben, daß dieser Pfeil mit solchen Pfeilen übereinstimmte, die die Menschen in Afrika zur Jagd benutzen. Genauere Erkenntnisse über den Zug der Weißstörche erhielt man aber erst durch die Beringung dieser Vögel.

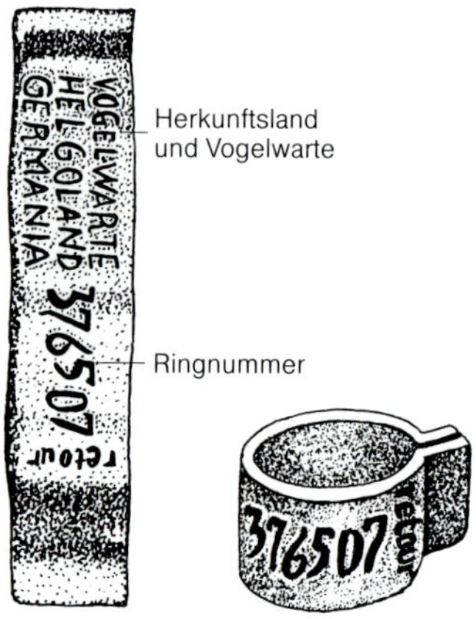

Vogelring

In den Ring sind der Name der Vogelwarte, der Name des Herkunftlandes und eine Nummer eingestanzt. Der Schriftzug „retour" bedeutet „zurück". Hierdurch werden die Finder toter Vögel aufgefordert, den Ring umgehend an die Vogelwarte zurückzuschicken. Man zeichnet alle Orte, an denen Ringe von Weißstörchen gefunden wurden, in Landkarten ein. Auf diese Weise wurden zwei Wege, auf denen Weißstörche nach Afrika ziehen, entdeckt. Ein Zugweg führt von Mitteleuropa über Spanien und Gibraltar nach Afrika. Ein weiterer Zugweg führt über den Bosporus und die Türkei nach Afrika (Abb. 3). Welchen Zugweg die Störche nehmen, hängt davon ab, wo sie aus dem Ei geschlüpft sind. Störche, die westlich einer Linie geschlüpft sind, die mitten durch Europa geht, fliegen über Gibraltar nach Afrika. Störche, die östlich dieser Linie geschlüpft sind, fliegen über den Bosporus.

Erst vor ein paar Jahren fanden Vogelforscher heraus, daß die Beringung die Störche in Gefahr bringt. Störche bekoten an besonders heißen Tagen in Afrika ihre Beine als Schutz gegen die Hitze. Zwischen Ring und Bein werden die Ausscheidungen sehr hart, und das Bein schwillt an. Da Weißstörche schreitend Insekten, Frösche, Eidechsen, Fische und Mäuse jagen, kann der gehbehinderte Vogel nun nicht mehr genügend Nahrung fangen und verhungert. Deshalb werden Weißstörche heute nicht mehr beringt.

In der Bundesrepublik hat die Zahl der brütenden Weißstorchpaare sehr stark abgenommen. 1934 brüteten noch 4407 Paare. 1984 waren es noch 649 Paare. Durch die Trockenlegung von Feuchtgebieten wird der Lebensraum der Weißstörche zerstört. Die Verwendung von

1 Weißstorch mit Pfeil

2 Nest mit Weißstörchen

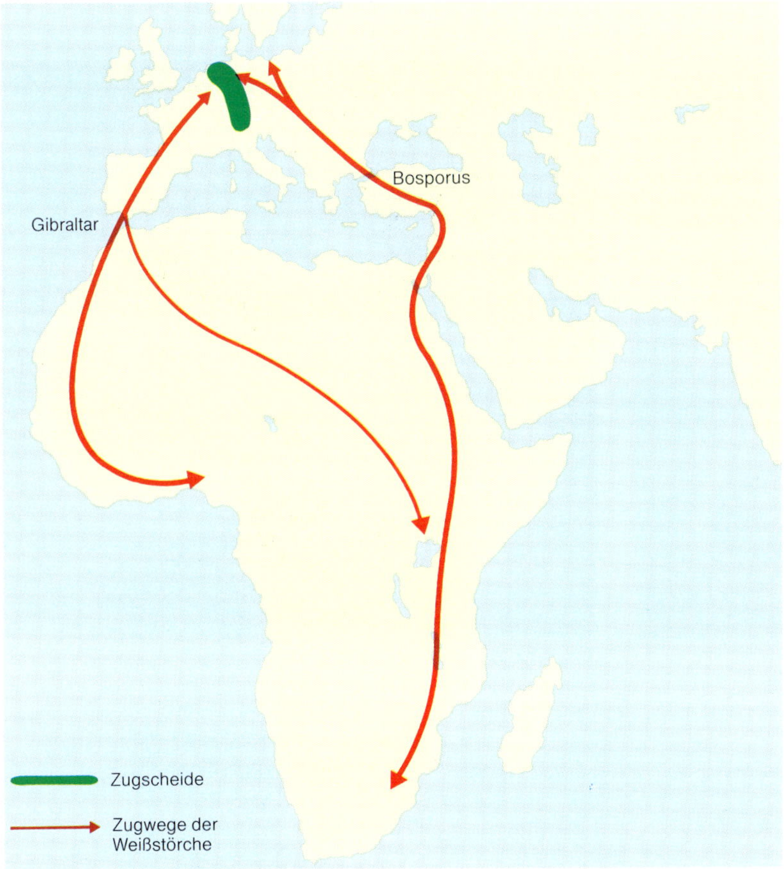

3 Zugwege der Weißstörche

Giften zur Schädlingsbekämpfung in Europa und in Afrika vernichtet ihre Beutetiere. An Hochspannungsleitungen kommen viele Vögel um. Der Weißstorch ist vom Aussterben bedroht.

Obwohl die Weißstörche im August bei uns noch genügend Nahrung finden und das Wetter in der Regel noch warm ist, fliegen sie in den Süden. Wahrscheinlich tritt zu bestimmten Zeiten eine innere Bereitschaft zum Abflug auf. Möglicherweise ist die abnehmende Tageslänge für die Weißstörche das Startzeichen zum Wegzug. Zusammenstöße von Vögeln mit Flugzeugen führen nicht selten zu erheblichen Beschädigungen oder sogar zum Absturz des Flugzeugs. Für die Flugsicherungsdienste ist es deshalb wichtig zu wissen, wann mit ziehenden Vögeln zu rechnen ist. Weißstörche, die den südöstlichen Weg ziehen, fliegen im August von Deutschland fort. Im September überfliegen diese Weißstörche den Bosporus. Im November kommen sie in Südafrika an. Schon im Januar fliegen sie von dort wieder ab und erreichen das Nest vom Vorjahr Ende März, Anfang April. Auf ihrem Flug fliegen die Weißstörche pro Tag durchschnittlich 150 km.

Häufig ziehen die Jungstörche vor ihren Eltern in die afrikanischen Überwinterungsgebiete. Die Kenntnis der Richtung, in der sie vom Nest abfliegen müssen, ist ihnen angeboren. Bei stürmischem Wetter werden immer wieder Störche von ihrem Weg abgetrieben. Wie können diese verirrten Vögel ihren Standort bestimmen? Wie finden sie die richtige Richtung wieder? Über die Orientierung der Weißstörche weiß man wenig. Man vermutet, daß sie sich nach dem Stand der Sonne und/oder nach dem Magnetfeld der Erde orientieren können. Zugerfahrene Weißstörche richten sich nach Gebirgsketten und Flußtälern. Von einigen Vögeln, die nachts ziehen, nimmt man an, daß sie sich nach den Sternen orientieren können.

Aufgaben

① Ein Weißstorch aus dem Hamburger Raum zieht über den Bosporus bis in die Nähe von Johannisburg in Südafrika. Miß auf der Atlaskarte die Flugstrecke aus, die der Weißstorch zurücklegt. Wieviel Kilometer fliegt der Storch jedes Jahr auf seinem Hin- und Rückflug?

② Seit die Weißstörche nicht mehr beringt werden, sind Ringfunde von diesen Vögeln sehr selten geworden. Einer der letzten Weißstorchringe, der an die Vogelwarte Helgoland zurückgeschickt wurde, kam aus Wagadugu. Informiere dich mit Hilfe deines Atlas darüber, wo Wagadugu liegt. Stelle anhand der Abb. 3 fest, auf welchem der bekannten Zugwege der Weißstörche dieser Fundort liegt. Entscheide dann, ob der in Wagadugu tot aufgefundene Weißstorch östlich oder westlich der Zugscheide, die mitten durch Europa führt, aus dem Ei geschlüpft ist.

Durch Wiederfunde beringter Vögel können deren Zugwege erforscht werden. Weißstörche fliegen über Gibraltar oder den Bosporus nach Afrika. Die Kenntnis der Zugrichtung ist den Weißstörchen angeboren.

18.6 Kennübungen: Vögel

Bläßhuhn

Kennzeichen: weiße Stirn, weißer Schnabel
Lebensraum: Gewässer mit starkem Pflanzenbewuchs, Parks; Jahresvogel
Fortpflanzung: Nest im Schilf oder auf offenem Wasser, Nestflüchter
Nahrung: Pflanzenteile, Würmer, Schnecken, Insekten

Teichhuhn

Kennzeichen: rote Stirn, roter Schnabel mit gelber Spitze
Lebensraum: Gewässer mit starkem Pflanzenbewuchs, Wiesen in Gewässernähe; Jahresvogel
Fortpflanzung: Nest im sumpfigen Ufergebüsch, Nestflüchter
Nahrung: Pflanzenteile, Würmer, Schnecken

Reiherente

Kennzeichen: schwarz-brauner Federschopf
Lebensraum: stehende, möglichst tiefe Gewässer, Jahresvogel
Fortpflanzung: Nest im Ufergebüsch, Nestflüchter
Nahrung: Schnecken, Fischlaich, Froschlaich, Insekten

Mauersegler

Kennzeichen: schmale, gebogene Flügel; kurzer, gegabelter Schwanz; weißer Kehlfleck
Lebensraum: Dörfer, Städte; Zugvogel
Fortpflanzung: Nest in einer Höhle an Gebäuden
Nahrung: Insekten

Gartenbaumläufer

Kennzeichen:	dünner, gebogener Schnabel; Stützschwanz; Gefieder braun gestrichelt
Lebensraum:	Laubwälder, Parks, Gärten; Jahresvogel
Fortpflanzung:	Nestmulde im Spalt von Stämmen, hinter abgeplatzter Rinde, in Holzstößen
Nahrung:	kleine Insekten, Spinnen

Türkentaube

Kennzeichen:	schmales, schwarzes Nackenband
Lebensraum:	Parks, Gärten; Jahresvogel
Fortpflanzung:	Nest in Büschen oder Bäumen
Nahrung:	Samen, Beeren

Bachstelze

Kennzeichen:	schwarz-weißes Gefieder; langer, stark wippender Schwanz
Lebensraum:	Felder, Wiesen, oft in Gewässernähe; Teilzieher
Fortpflanzung:	Nest in Spalten
Nahrung:	Regenwürmer, Insekten

Amsel

Kennzeichen:	♂ schwarzes Gefieder, gelber Schnabel; ♀ braunes Gefieder, brauner Schnabel
Lebensraum:	Wälder, Parks, Gärten; Jahresvogel
Fortpflanzung:	Nest in Büschen oder Bäumen
Nahrung:	Regenwürmer, Samen, Beeren

18.7 Städte – ein Lebensraum für Vögel?

1 Hausrotschwanz nistet im Gebälk eines Hauses

„Für den Rotschwanz ist vor allem, dem Namen gemäß, der rotbraune Schwanz bezeichnend. Ansonsten ist er schwärzlich gefärbt, auf den Flügeln weiß gefleckt. Er ist in Mittel- und Südeuropa, in Kleinasien und Persien verbreitet. Als ein Gebirgskind und Felsenbewohner brütet er in Felsspalten. Er nährt sich von Spinnen und kleinen Insekten, frißt aber auch Beeren ...“
nach: Volks-Brehm, 1937

Hausrotschwänze haben sich in den letzten hundert Jahren bis ins nördliche Deutschland verbreitet. Erstaunlich ist, daß diese Felsenbrüter, die ursprünglich nur in den Gebirgen verbreitet waren, jetzt auch in den Städten leben. Ab Anfang März kann man Hausrotschwänze bei uns beobachten, wenn sie von einem Hausdach sitzen und singen. Gebäude mit ihren Vorsprüngen und Mauernischen ersetzen ihnen Felsspalten und werden als Nistmöglichkeiten genutzt (Abb. 1). In den Mauerritzen mit den darin lebenden Insekten und Spinnen finden sie ihre Nahrung. Hausrotschwänze haben also ihren ursprünglichen Lebensraum erweitert und nutzen nun auch die für sie günstigen Lebensbedingungen in der Nähe des Menschen.

Auch Amseln leben erst seit etwa 90 Jahren in unserer unmittelbaren Umgebung. Ursprünglich sind sie Waldvögel. Sie haben in der Nähe des Menschen günstige Lebensbedingungen vorgefunden. Zum einen bieten Parkanlagen und Gärten mit ihren Rasenflächen und den darin lebenden Würmern ausreichend Nahrung. Zum anderen haben Amseln in der Nähe menschlicher Siedlungen weniger Feinde, da beispielsweise Habichte ihren Lebensraum nicht entsprechend erweitert haben.

Es gibt wenige Vogelarten, denen es wie den Hausrotschwänzen und den Amseln gelungen ist, sich dem Menschen so anzupassen. Man bezeichnet sie als **Kulturfolger**.

„Fliegender Edelstein“ wird der Eisvogel genannt. Mit seinem stahlblauen Rücken und der orangefarbenen Unterseite ist er ein auffälliger und farbenprächtiger Vogel. Minutenlang sitzt er beim Beutefang auf

Biotip

Du kannst die Lebensbedingungen für verschiedene Vogelarten verbessern, indem du am Haus oder im Garten einen Nistkasten anbringst. Dabei solltest du folgendes beachten:

1. Der Kasten darf der Sonne nicht ständig ausgesetzt sein, da sonst die Jungvögel ersticken oder verdursten.

2. Die günstigste Höhe zum Aufhängen des Kastens ist etwa 1,80 Meter.

3. Das Einflugloch soll in Südostrichtung zeigen.

4. Im Herbst muß das alte Nistmaterial entfernt werden, weil in den alten Nestern viele Parasiten überwintern.

2 Eisvogel

einem Ast oder Pfahl am Ufer eines sauberen Baches, der mit Büschen bewachsen ist. Von dort stürzt er sich auf einen vorbeischwimmenden Stichling oder einen anderen kleinen Fisch. Die Beute wird auf einem Zweig totgeschlagen und vollständig verschlungen. Gräten und Schuppen der Fische werden wieder ausgewürgt. Eisvögel bauen ihr Nest in einer steilen Uferwand. Mit ihrem langen, kräftigen Schnabel hacken sie zunächst ein Loch in die Uferwand. Von dieser Stelle aus legen sie einen bis zu einem Meter langen Tunnel an, der in einem Brutraum endet. Wenn Bäche und Flüsse im Winter zugefroren sind, finden Eisvögel keine Nahrung mehr. Manche verhungern in einem strengen Winter. Umfangreiche Begradigungen unserer Bäche und Flüsse tragen dazu bei, daß die für den Nestbau notwendigen Steilwände selten geworden sind.

Der Bestand der Eisvögel ist bei uns in den letzten Jahren immer weiter zurückgegangen.

So wundert es nicht, daß Eisvögel in der Bundesrepublik Deutschland als stark gefährdet gelten. Das gleiche trifft für zahlreiche andere Vogelarten zu, deren Lebensräume durch Eingriffe des Menschen verändert wurden und die in den stark veränderten Lebensraum nicht leben können. Um den Bestand der Eisvögel nicht noch weiter zu verringern, müssen Ufer mit steilen Wänden geschaffen werden und Bäche mit klarem Wasser erhalten bleiben.

Aufgaben

① Fasse zusammen, durch welche Einflüsse Eisvögel in ihrem Bestand bedroht sind. Übernimm dafür die folgende Skizze in dein Heft und beschrifte die Pfeile.

Bedrohung durch:

↓

→ Eisvogel ← verschmutzte Bäche

↑

② Suche dir aus Abb. 3 eine Vogelart heraus, die in ihrem Bestand gefährdet ist. Schlage in einem Buch nach, wodurch diese Art gefährdet ist.

③ Vergleiche die Lebensweise von Hausrotschwanz und Eisvogel. Welche Bedeutung hat die Bebauung ihres Lebensraumes für sie?

Einige Vogelarten haben sich an einen neuen Lebensraum in der Nähe des Menschen angepaßt. Sie werden als Kulturfolger bezeichnet. Die meisten Vogelarten unserer Umgebung gehen in ihrem Bestand immer weiter zurück, da ihr Lebensraum durch die Eingriffe des Menschen zerstört wird.

3 Viele Vogelarten sind gefährdet

Der Bestand verschiedener Vogelarten wurde über mehrere Jahre kontrolliert. Man kam zu dem Ergebnis, daß von den etwa 200 in Nordrhein-Westfalen vorkommenden Vogelarten 43 Prozent mehr oder weniger stark gefährdet oder bereits ausgestorben sind. Um welche Arten es sich handelt, ist in der „Roten Liste“ von Nordrhein-Westfalen aufgeführt.

Ausgestorben (19 Arten)
z. B. Wanderfalke, Schwarzstorch

Vom Aussterben bedroht (17 Arten)
z. B. Weißstorch, Uhu

Gefährdet (47 Arten)
z. B. Schleiereule, Haubentaucher

Nicht gefährdet (117 Arten)
z. B. Mäusebussard, Saatkrähe

19 Fische

19.1 Anpassung an ein Leben im Wasser

1 Spiegelkarpfen

2 Bachforellen

Karpfen lebten ursprünglich nur in China. Sie wurden etwa vom 13. Jahrhundert an in Europa als Speisefische in Teiche und Seen eingesetzt. Ein Karpfen kann bis zu 40 Jahre alt und einen Meter lang werden.

Heute werden Karpfen gezüchtet, die nur wenige Schuppen auf der Haut tragen. Lederkarpfen haben keine Schuppen, Spiegelkarpfen haben nur wenige, große Schuppen auf der Haut.

Wer kennt ihn nicht, den Weihnachtskarpfen (Abb. 1)? Karpfen werden gern zu festlichen Gelegenheiten gegessen. Es sind Speisefische, die auf der ganzen Welt verbreitet sind. Man kann sie in warmen und flachen Teichen halten. Hier ernähren sie sich von Wasserschnecken und Wasserinsekten.

Wie alle Fische haben Karpfen **Flossen** (Abb. 3). Sie dienen zur Fortbewegung und Steuerung im Wasser. Die breite Schwanzflosse wird nach links und rechts abwechselnd zur Seite bewegt. Sie dient vor allem zum Vorwärtsschnellen und zur seitlichen Steuerung. Brust- und Bauchflossenpaare werden zum langsamen Vorwärtsschwimmen oder zum Aufwärts- und Abwärtsschwimmen benutzt. Rücken- und Afterflosse tragen dazu bei, daß der Fisch beim Schwimmen nicht kippt und seine Lage behält.

Die Fischhaut ist mit Schuppen bedeckt, die von einer Schleimschicht überzogen sind. Die glitschige Schleimschicht ermöglicht, daß der Fisch leicht durch das Wasser gleitet. Die Körperform der Fische ist stromlinienförmig. Ein stromlinienförmiger Körper bietet weniger Widerstand als z. B. ein eckiger Körper.

Fische haben an beiden Seiten ein **Seitenlinienorgan**. Man erkennt es als feinen Strich, der vom Kiemendeckel bis zum Schwanz verläuft. Das Seitenlinienorgan enthält Sinnesorgane, die Strömungen, Hindernisse oder andere Tiere im Wasser wahrnehmen.

Karpfen haben eine längliche **Schwimmblase**. Sie liegt unterhalb der Wirbelsäule und ist mit Gas gefüllt. Wenn ein Fisch zur Wasseroberfläche schwimmt, vergrößert sich die Schwimmblase. Wenn er dagegen in größerer Wassertiefe schwimmt, ist die Schwimmblase kleiner. In der Schwimmblase ist ein Gas. Der Fisch kann die Gasmenge und damit die Größe der Schwimmblase beeinflussen. Die Schwimmblase ermöglicht ihm, im Wasser zu schweben.

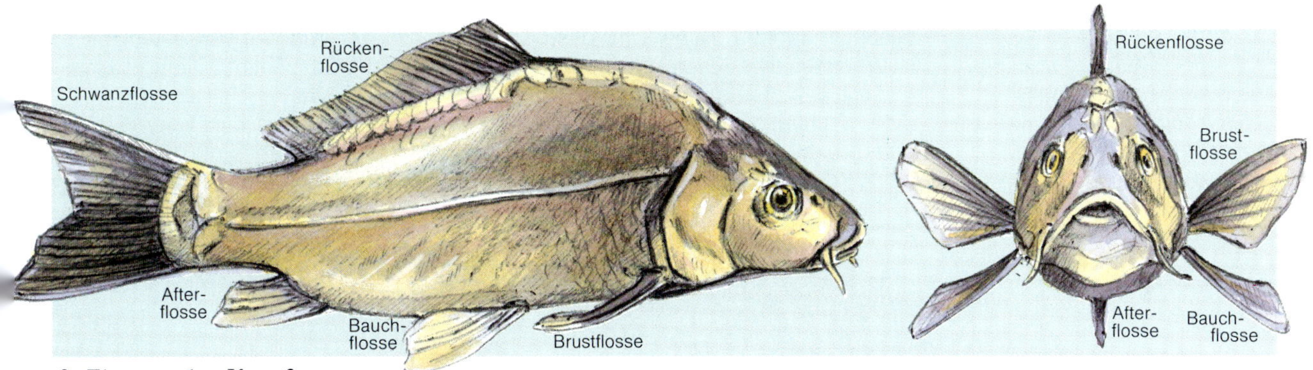

3 Flossen des Karpfens

Versuch

Bau eines Schwimmblasen-Modells.
Du benötigst zwei kleine Drahtsiebe, ein Wasserbassin, einen Schlauch und einen Luftballon.
Ziehe den Luftballon über das eine Ende des Schlauches. Befestige nun die beiden Siebe, so wie in der Zeichnung angegeben, um den Luftballon. Lege die Siebe mit dem Luftballon in das Wasserbecken.
Blase langsam Luft in den Schlauch, so daß sich der Ballon mit Luft füllt. Lasse dann die Luft ab. Notiere deine Beobachtungen und deute sie. Gib an, welchen Teilen des Fisches Luftballon und Siebe entsprechen.

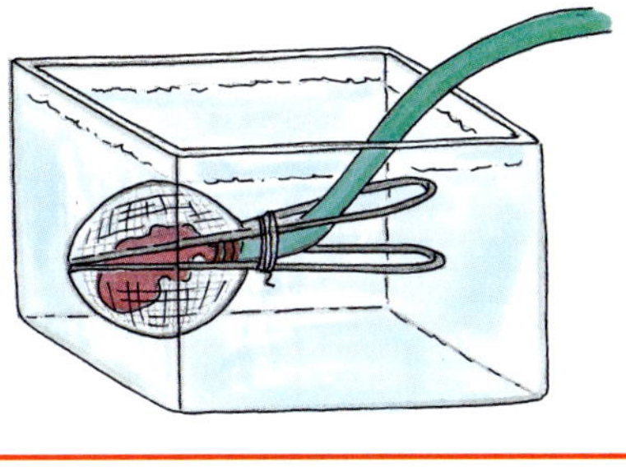

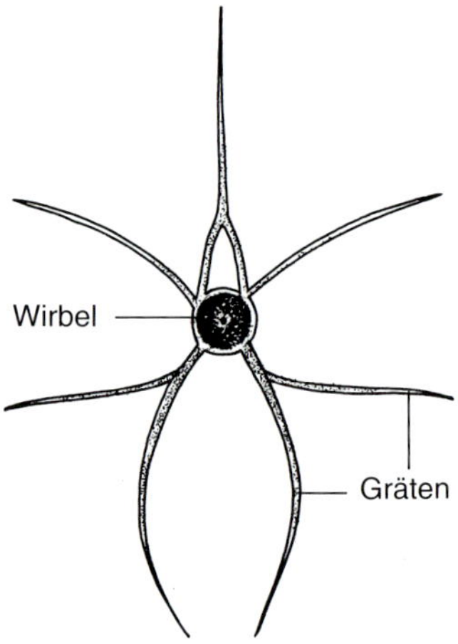

Die Wirbelsäule der Fische verläuft vom Kopf bis Schwanz. An ihr sitzen lange Rippen, die man Gräten nennt.

Aufgaben

① In Abb. 1 ist ein Spiegelkarpfen, in Abb. 2 sind Bachforellen abgebildet. Vergleiche die beiden Fische, indem du Gemeinsamkeiten und Unterschiede herausarbeitest. Eine Tabelle kann dir dabei helfen. Sie kann z. B. so aussehen:

	Karpfen	Bachforelle
Körperform		
Rückenflosse		
...		

② Wir wollen beobachten, wie ein Goldfisch schwimmt. Setze ihn in ein großes mit Wasser gefülltes Glasbassin oder Aquarium. Beobachte den Fisch beim Schwimmen, Stillstehen, Aufsteigen zur Oberfläche oder beim Wenden. Achte auf die Stellung und Tätigkeit der verschiedenen Flossen. Notiere deine Beobachtungen.
Verhalte dich bei deinen Beobachtungen ruhig, so daß der Fisch nicht unnötig gestört wird.

③ Wir untersuchen einen Hering. Dafür benötigst du eine flache Schale, ein Küchenmesser, eine Schere und eine Pinzette. Lege den Fisch in die Schale:
Betaste und reibe die Schuppenflächen in unterschiedlichen Richtungen. Was bemerkst du? Beschreibe und erkläre es.
Öffne das Maul des Fisches. Was kannst du sehen? Schreibe auf, was du beobachtest.
Vergleiche zunächst die Körperform und Flossen des Fisches mit Abb. 3. Schreibe die Unterschiede auf!
Öffne die Bauchhöhle des Fisches mit Hilfe einer Schere. Schneide an der in Abb. 4 eingezeichneten rosafarbenen Linie entlang. Achte beim Aufschneiden des Fisches darauf, daß du nicht zu tief in den Fischkörper schneidest und die inneren Organe nicht beschädigst.
Vergleiche die Lage der Organe mit Abb. 4, die die wichtigsten Organe in der Bauchhöhle eines Fisches zeigt.
Entnimm dem präparierten Fisch vorsichtig die Organe. Lege sie auf ein weißes Blatt Papier und notiere jeweils unter dem Organ seinen Namen.

Fische benutzen zur Vorwärtsbewegung ihre Flossen. Stromlinienform und eine Schleimschicht auf den Schuppen ermöglichen eine Vorwärtsbewegung ohne viel Kraftaufwand. Die Schwimmblase ermöglicht den Fischen ein Schweben in unterschiedlicher Wassertiefe.

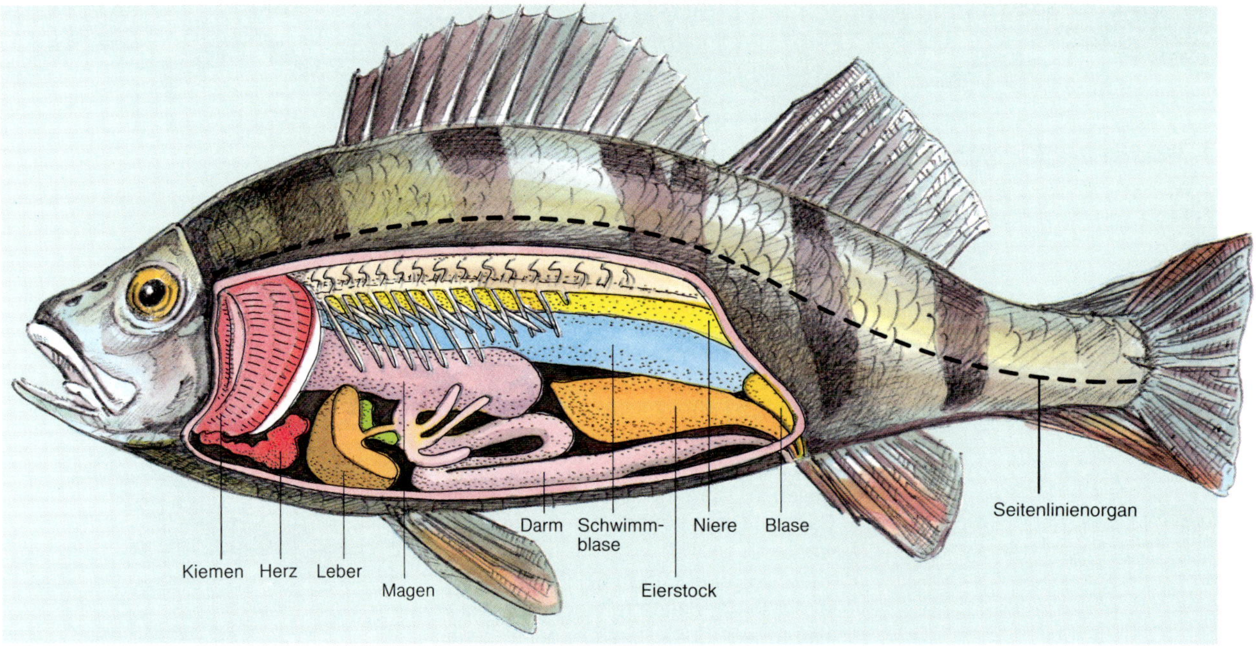

4 Organe beim Barsch

19.2 Brutpflege beim Stichling

1 Stichlinge an ihrem Nest

Im Frühjahr wandern die etwa sieben Zentimeter langen Stichlinge in großen Schwärmen. Sie suchen flache, wärmere Wasserbereiche auf. Dort nimmt jedes Männchen einen mit Pflanzen bewachsenen Bereich in Besitz. Es ist sein **Revier**. In dieser Zeit verfärbt sich das Männchen. Die Seiten werden grün, der Bauch rot. Die Färbung ist ein Signal für benachbarte Stichlingsmännchen, das Revier zu meiden. Wenn dennoch ein Männchen in das Revier eines anderen Männchens schwimmt, wird es vom Revierbesitzer vertrieben.

In seinem Revier gräbt das Männchen am Boden eine Mulde und baut ein Nest. Baumaterial für das röhrenförmige Nest sind Algen und andere Pflanzen, die mit einer klebrigen Ausscheidung verkittet werden. Wenn jetzt ein Weibchen in das Revier gelangt, schwimmt das Männchen mit Zickzack-Bewegungen vor dem Weibchen hin und her. Diese Bewegungen gehören zur **Balz**. Damit wird das Weibchen zum Nest gelockt. Gelingt das, dann schlüpft das Weibchen in das Nest und legt etwa 100 bis 200 Eier ab (Abb. 1). Das Männchen schlüpft anschließend in das Nest und besamt die Eier. Das Weibchen wird dann aus dem Revier vertrieben. Das Männchen pflegt die Brut. Es fächelt mit den Brustflossen frisches Wasser in das Nest. So erhalten die in den Eiern heranwachsenden Stichlinge immer sauerstoffreiches Wasser. Aus den Eiern schlüpfen nach etwa 8–10 Tagen Fischlarven, die am Bauch einen Dottersack haben. Im Dottersack befindet sich eiweißreiche Nahrung. Fischlarven unterscheiden sich in ihrem Aussehen stark von den erwachsenen Tieren. Die heranwachsenden Fischlarven ernähren sich vom Dottersack, der sich allmählich zurückbildet. Die jungen Stichlinge ähneln nun den erwachsenen Tieren.

Ei, 1,5 mm

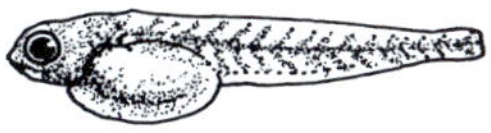

Fischlarve, 3 mm

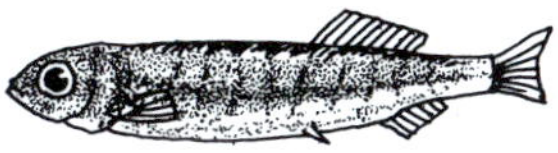

junger Stichling, 1,5 cm

Erwachsener Fisch, 7 cm

Entwicklung des Stichlings

Aufgaben

① Beschreibe Nestbau und Brutpflege beim Stichling. Als Hilfe können dir die Abbildungen und der Text dienen.

② Beschreibe die Entwicklung des Stichlings vom befruchteten Ei bis zum erwachsenen Fisch, wie sie in der Randspalte dargestellt ist.

Stichlingsmännchen haben ein Revier, in dem sie ein Nest bauen. In ihm werden die Eier abgelegt und vom Männchen besamt. Das Männchen betreibt Brutpflege.

19.3 Wie Fische atmen

Fische brauchen Sauerstoff zum Leben. Er ist zusammen mit der Luft im Wasser gelöst. Dieser Sauerstoff wird mit Hilfe der Kiemen aus dem Wasser aufgenommen. Sie liegen unter dem Kiemendeckel in einer Kiemenhöhle. In jeder Kiemenhöhle sitzen vier knöcherne Kiemenbögen, an der viele kleine Kiemenblättchen dicht übereinander sitzen (Abb. 1). Mit Hilfe dieser Kiemenblättchen wird Sauerstoff aus dem Wasser aufgenommen, der dann ins Blut gelangt. Das in den Kiemen mit Sauerstoff angereicherte Blut fließt anschließend durch Blutgefäße in alle übrigen Teile des Körpers (Abb. 2). So werden alle inneren Organe, wie zum Beispiel Darm oder Niere, durchblutet. Die verschiedenen Organe entnehmen dem Blut Sauerstoff. Sie geben Kohlenstoffdioxid in die Blutgefäße ab. Das mit Kohlenstoffdioxid angereicherte Blut fließt auf der Bauchseite des Fisches nach vorn und gelangt so zum Herzen. Von dort aus wird es in die Kiemen gepumpt. Das Kohlenstoffdioxid wird durch die Wände der Kiemenblättchen in das Wasser abgegeben. Dafür wird wieder Sauerstoff aufgenommen und der Kreislauf beginnt von vorn.

An der Innenseite von jedem Kiemenbogen befinden sich fein verzweigte Kiemenreusen (Abb. 1). Mit Hilfe der Kiemenreusen werden feste Teilchen im Wasser vor den Kiemen zurückgehalten.

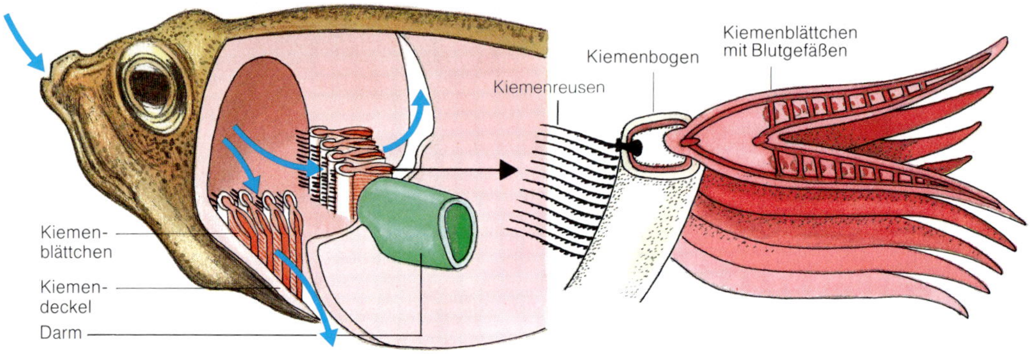

1 Bau der Fischkiemen

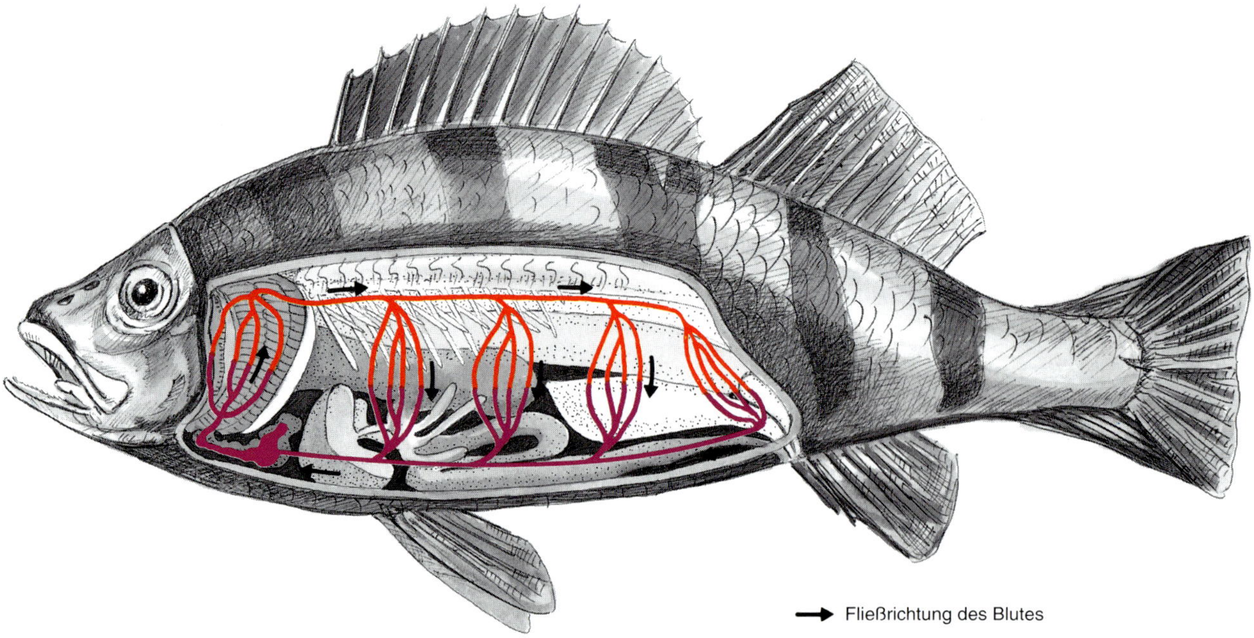

2 Blutkreislauf beim Fisch, stark schematisch

Aufgaben

① Beschreibe den Blutkreislauf bei einem Fisch. Vergleiche ihn mit dem Blutkreislauf des Menschen. Zur Bearbeitung der Aufgabe hilft dir der Text und die Abb. 1, S. 127.

② Aale können etwa 12 Kilometer pro Stunde schnell schwimmen, Makrelen bis zu 35 Kilometer pro Stunde. Die Oberfläche der Kiemen ist bei Makrelen sehr viel größer als beim Aal. Welcher Zusammenhang könnte bestehen?

Durch die Kiemen nehmen Fische Sauerstoff aus dem Wasser in ihr Blut auf. Gleichzeitig wird Kohlenstoffdioxid an das Wasser abgegeben. Fische haben einen Blutkreislauf mit einem Herzen auf der Bauchseite.

Biotip

Durch die Verschmutzung der Gewässer werden immer wieder Fische und deren Nahrung abgetötet. Du kannst helfen, daß Gewässer sauberer werden. Halte dich an folgende Regeln:
– Die meisten Waschmittel schädigen Gewässer. Benutze stets so wenig Waschmittel wie möglich.
– Reste von Lacken, Farben, Ölen oder Medikamenten gehören zum Sondermüll und dürfen nie in Böden und Gewässer gelangen.
– Benutze keine Gifte und Düngemittel im Garten. Die Stoffe können in Gewässer gelangen und Tiere und Pflanzen schädigen.
– Benutze Recycling-Produkte mit dem Umweltengel. Die Herstellung dieser Produkte ist meistens mit wenig Abwasserbelastung verbunden.

Versuche

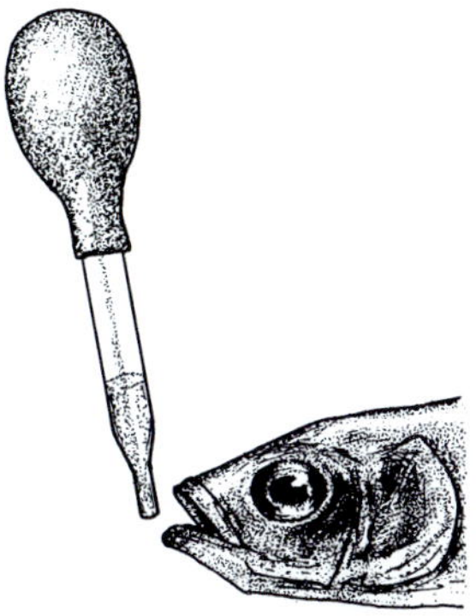

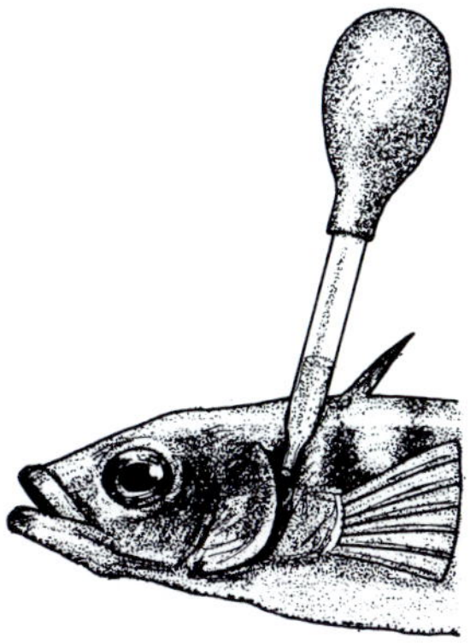

1. Atmung und Atemwege bei einem Fisch
– Du brauchst dazu eine Pipette, etwas Tinte und einen größeren Fisch, der in ein Glasgefäß gebracht wurde. Das Glasgefäß sollte mindestens zehn Liter Wasser enthalten. Überlege zunächst, wie sich mit Hilfe der mit Tinte gefüllten Pipette nachweisen läßt, welchen Weg das Atemwasser im Fisch nimmt.
– Halte die mit Tinte gefüllte Pipette vorsichtig vor das Maul des Fisches. Drücke etwas Tinte in das Wasser. Was kannst du beobachten?
– Halte bei einem weiteren Versuch eine Pipette mit etwas Tinte vorsichtig hinter den Kiemendeckel. Drücke etwas Tinte in das Wasser.
– Beschreibe, was bei beiden Versuchen zu beobachten ist. Deute die Versuchsergebnisse. Nach dem Versuch sollte das Aquariumwasser erneuert werden.

2. Atemgeschwindigkeit beim Fisch
– Im Wasser sind bei verschiedenen Temperaturen jeweils unterschiedliche Mengen Sauerstoff gelöst. Du kannst den Sauerstoffgehalt des Wassers zum Beispiel der folgenden Tabelle entnehmen:

Wassertemperatur	Sauerstoffgehalt pro Liter Wasser
30 Grad C	7,5 mg
20 Grad C	8,8 mg
10 Grad C	10,9 mg

Setze einen größeren Aquarienfisch (z. B. einen Goldfisch) in ein Aquarium mit 15 °C warmem Wasser. Zähle eine Minute lang, wie oft der Fisch in dieser Zeit sein Maul öffnet. Lasse einen Mitschüler gleichzeitig zählen, wie oft der Fisch in dieser Zeit den Kiemendeckel bewegt. Führe den gleichen Versuch bei 25 °C warmem Wasser durch. Notiere die Werte. Erkläre die Versuchsergebnisse.

3. Untersuchung eines Fischkopfes
Besorge dir einen Fischkopf vom Fischhändler. Schneide mit einer Schere den Kiemendeckel ab. Benenne die Teile unter dem Kiemendeckel, die du jetzt sehen kannst. Nimm Abb. 1 zu Hilfe.
Fasse mit dem Finger hinter die Kiemenbögen. Was fühlst du?
Schneide einen einzelnen Kiemenbogen heraus. Zeichne und beschrifte ihn.

19.4 Wir richten ein Aquarium ein

1 Gewaschener Sand und Steine sind eingefüllt

2 Mit den Fingern wird ein Pflanzloch gebohrt

3 Eine Untertasse und eine Zeitung schützen Pflanzen und Sand beim Wassereinfüllen

1 Ein Aquarium wird eingerichtet

Frank möchte in seinem Zimmer Fische halten. Zum Geburtstag darf er sich ein Aquarium aussuchen. Für den Anfang wählt er ein kleineres Becken mit etwa 30 l Inhalt. Zu Hause stellt er das Aquarium so auf, daß er die Fische gut beobachten kann. Sonneneinstrahlung und Heizungswärme soll er nach Möglichkeit vermeiden, hatte ihm der Händler geraten. Nun richtet er sein Aquarium ein. Auf den Boden schüttet er eine Lage gewaschenen Sand, so daß eine von hinten nach vorn abfallende Grundfläche entsteht (Abb. 1). Die Sandschicht ist etwa 4 cm dick. Einige gut gewaschene, größere Steine bieten den Fischen Versteckmöglichkeiten.

Nun geht es an die Bepflanzung. Mit dem Finger bohrt Frank Löcher in den Sand und steckt die Wurzeln der Wasserpflanzen hinein. Die großen Pflanzen kommen

2 Fertig eingerichtetes Aquarium

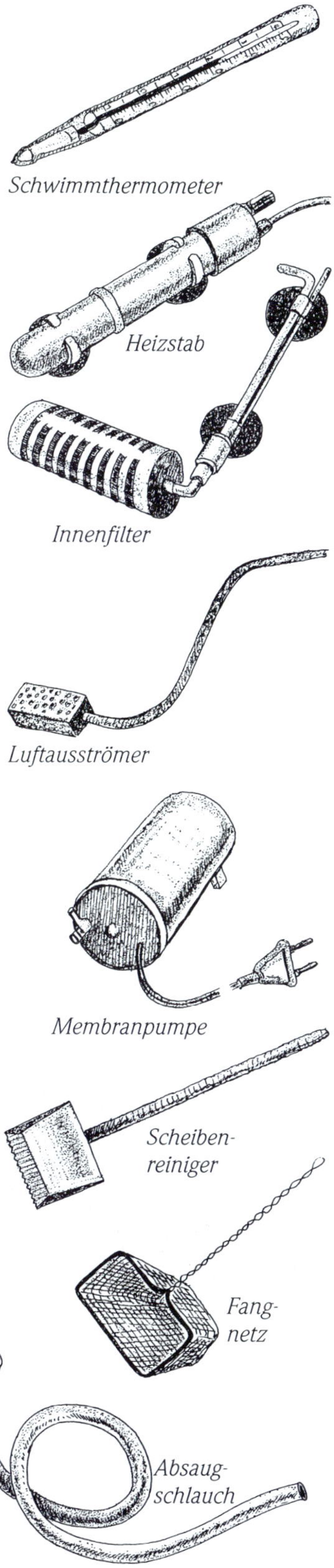

Die wichtigsten Zusatz- und Pflegegeräte für das Aquarium

3 Aquarium mit Guppys

ganz nach hinten, in die Mitte setzt er etwas weniger dicht die kleinen Pflanzen, der Vordergrund bleibt frei. Unmittelbar nach dem Bepflanzen wird das Wasser eingefüllt. Damit die wohlgestaltete Bodenlandschaft nicht beschädigt wird, legt Frank eine Untertasse auf den Boden des Aquariums und breitet darüber eine Zeitung aus. Nun füllt er das Wasser vorsichtig mit einem Schlauch oder Eimer ein. Jetzt heißt es für Frank, ein bis zwei Wochen Geduld haben. Zwar wird die Belüftung des Aquariums schon eingeschaltet, die Fische will er aber erst einsetzen, wenn der Chlorgehalt im Wasser etwas abgeklungen ist. Die Fische kauft Frank in einer Zoohandlung. Der Verkäufer empfiehlt ihm Guppys. Diese Fische sind leicht zu halten und deshalb für Anfänger geeignet.

Vor dem Einsetzen der Fische kontrolliert er die Wassertemperatur. Bei 20 bis 25 °C fühlen sich die Guppys wohl (Abb. 2, 3). Jeden Tag bekommen sie einmal Futter und zwar soviel, wie sie in zwei Minuten auffressen können. Zuviel Futter verunreinigt nur das Wasser. An den Scheiben bilden sich dann Algen, die mit dem Scheibenreiniger ständig entfernt werden müssen. Veralgte Scheiben sehen nicht schön aus. Bei guter Pflege kann man vielleicht schon in ein bis zwei Monaten junge, winzige Fische beobachten. Guppys gebären ihre Jungen lebend. Sie legen keine Eier wie die meisten Fische.

Pflegeplan auf einen Blick

Vorgang	täglich	wöchentlich	alle 3 bis 4 Wochen	bei Bedarf
Temperaturkontrolle	×			
Gesundheitskontrolle – Fische	×			
Funktionskontrolle – Geräte	×			
Fütterung der Fische	×			
Gesundheitskontrolle – Pflanzen		×		
Entfernung abgestorbener Pflanzenblätter		×		
Wasserwechsel			×	
Bodengrundreinigung			×	
Scheibenreinigung – innen				×
Scheibenreinigung – außen				×
Filterreinigung			×	

19.5 Kennübung: Süßwasserfische

Hecht
Der langgestreckte Fisch hat weit hinten sitzende Rücken- und Afterflossen. Er kann bis zu einem Meter lang werden. Das spitze Maul ist mit Zähnen besetzt. Hechte leben in Seen und Flüssen. Sie lauern zwischen Wasserpflanzen und jagen dort überwiegend Fische und Frösche.

Brachsen
Es ist ein hochrückiger, breiter Fisch mit großen, spitzen Flossen. Die etwa 35 cm langen Brachsen leben überwiegend im langsam fließenden Unterlauf der Flüsse. Im Schlamm suchen sie nach Würmern, kleinen Krebsen, Insekten, Schnecken und Muscheln.

Schleie
Die Schleie ist ein kräftiger, breiter Fisch mit kurzen Flossen. Sie wird ungefähr 25 cm groß und bevorzugt warme, langsam fließende Flüsse, Seen und Teiche. Zwischen Pflanzen und am Schlammgrund ernähren sie sich von Insekten, kleinen Muscheln und Schnecken.

Rotfeder
Der hochrückige, etwa 20 cm lange Fisch hat rote oder rotbraune Flossen. Rotfedern bewohnen Teiche, Seen und langsam fließende Flüsse. Dort suchen sie zwischen Wasserpflanzen nach Wasserinsekten, Asseln oder kleinen Krebsen. Die Rotfeder wird oft mit dem Rotauge verwechselt, bei dem die Afterflosse aber abgerundet ist.

Moderlieschen
Es ist ein kleiner, etwa sechs Zentimeter langer Fisch mit blauem Längsstreifen auf dem Rücken. Moderlieschen leben überwiegend in Gräben und Teichen. Sie fressen Wasserflöhe und andere kleine Wassertiere.

Bitterling
Kleiner, etwa sechs Zentimeter langer und hochrückiger Fisch. Die Schuppen schillern bläulich und rötlich. Bitterlinge leben am Grund der Teiche und Seen. Dort suchen sie nach kleinen Würmern, Insekten oder Krebsen. Die Weibchen der Bitterlinge legen mit Hilfe einer Legeröhre Eier in Teichmuscheln. Hier sind die Eier vor Feinden geschützt.

Flußbarsch
Der etwa 20 cm lange Flußbarsch hat eine zweigeteilte Rückenflosse. Die vordere hat spitze Stachelstrahlen. Flußbarsche bewohnen klare Gewässer mit kiesigem Grund. Erwachsene Barsche fressen kleinere Fische. Der Flußbarsch ist ein wichtiger Speisefisch.

Aufgaben

① Lies die Steckbriefe noch einmal genau durch. Stelle in einer Tabelle zusammen, welche der Süßwasserfische in Teichen und Seen, welche von ihnen in Fließgewässern leben.

② Raubfische haben andere Fische als Nahrung. Friedfische leben überwiegend von Pflanzen.
– Gib an, welche der Süßwasserfische Raubfische und welche von ihnen Friedfische sind.
– Anhand welcher Körpermerkmale könnte man Raubfische im Gegensatz zu Friedfischen erkennen? Notiere es.

19.6 Der Flußaal wandert 16 000 Kilometer!

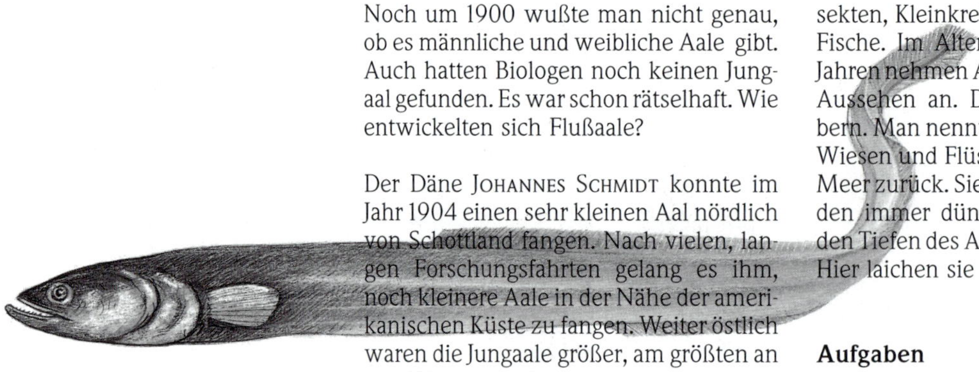

Flußaal

Noch um 1900 wußte man nicht genau, ob es männliche und weibliche Aale gibt. Auch hatten Biologen noch keinen Jungaal gefunden. Es war schon rätselhaft. Wie entwickelten sich Flußaale?

Der Däne JOHANNES SCHMIDT konnte im Jahr 1904 einen sehr kleinen Aal nördlich von Schottland fangen. Nach vielen, langen Forschungsfahrten gelang es ihm, noch kleinere Aale in der Nähe der amerikanischen Küste zu fangen. Weiter östlich waren die Jungaale größer, am größten an der Westküste Europas. Den Laich der Aale fand er aber nicht.

Heute weiß man, daß Flußaale in einer Tiefe von etwa 300 Metern in der von uns etwa 8000 km entfernten Sargasso-See östlich von Florida laichen (Abb. 1). Aus den befruchteten Eiern schlüpfen winzige, nur wenige Millimeter große, durchsichtige und flache Larven. Sie gelangen mit dem Golfstrom im Atlantik nach Europa. Diese Wanderung dauert zwei bis drei Jahre. Die Aale wachsen dabei bis zu einer Länge von sechs Zentimetern heran. Die kleinen, nun länglichen und farblosen Aale nennt man Glasaale. Sie wandern in die Flüsse Europas ein. Sie fressen viel und nehmen eine gelbliche Färbung an. Diese Gelbaale verlassen auf der Wanderung sogar die Flüsse. Häufig schlängeln sie sich nachts wie eine Schlange im nassen Gras voran, bis sie neue Gewässer erreicht haben. Hier fressen sie Wasserinsekten, Kleinkrebse, Würmer oder kleine Fische. Im Alter von sechs oder sieben Jahren nehmen Aale abermals ein anderes Aussehen an. Der Bauch wird grau-silbern. Man nennt sie jetzt Blankaale. Über Wiesen und Flüsse wandern die Aale ins Meer zurück. Sie fressen nicht mehr, werden immer dünner und schwimmen in den Tiefen des Atlantiks zur Sargasso-See. Hier laichen sie und sterben dann.

Aufgaben

① Gib in Form einer Tabelle an, wie Aale sich vom Schlüpfen bis zur Rückwanderung verändern. Du kannst dazu eine Tabelle erstellen:

Alter	Aussehen
nach dem Schlüpfen, ...	wenige Millimeter, ...
......	

② Der äußere Körperbau der Aale unterscheidet sich deutlich von dem vieler anderer Fische, z. B. dem Karpfen. Gib die Unterschiede an.

Flußaale laichen in der Sargasso-See. Die kleinen Aale werden mit dem Golfstrom nach Europa getrieben und wandern in Flüsse und Seen. Als geschlechtsreife Aale wandern sie wieder zur Sargasso-See zurück.

1 Aalwanderung

19.7 Fische in der Tiefsee

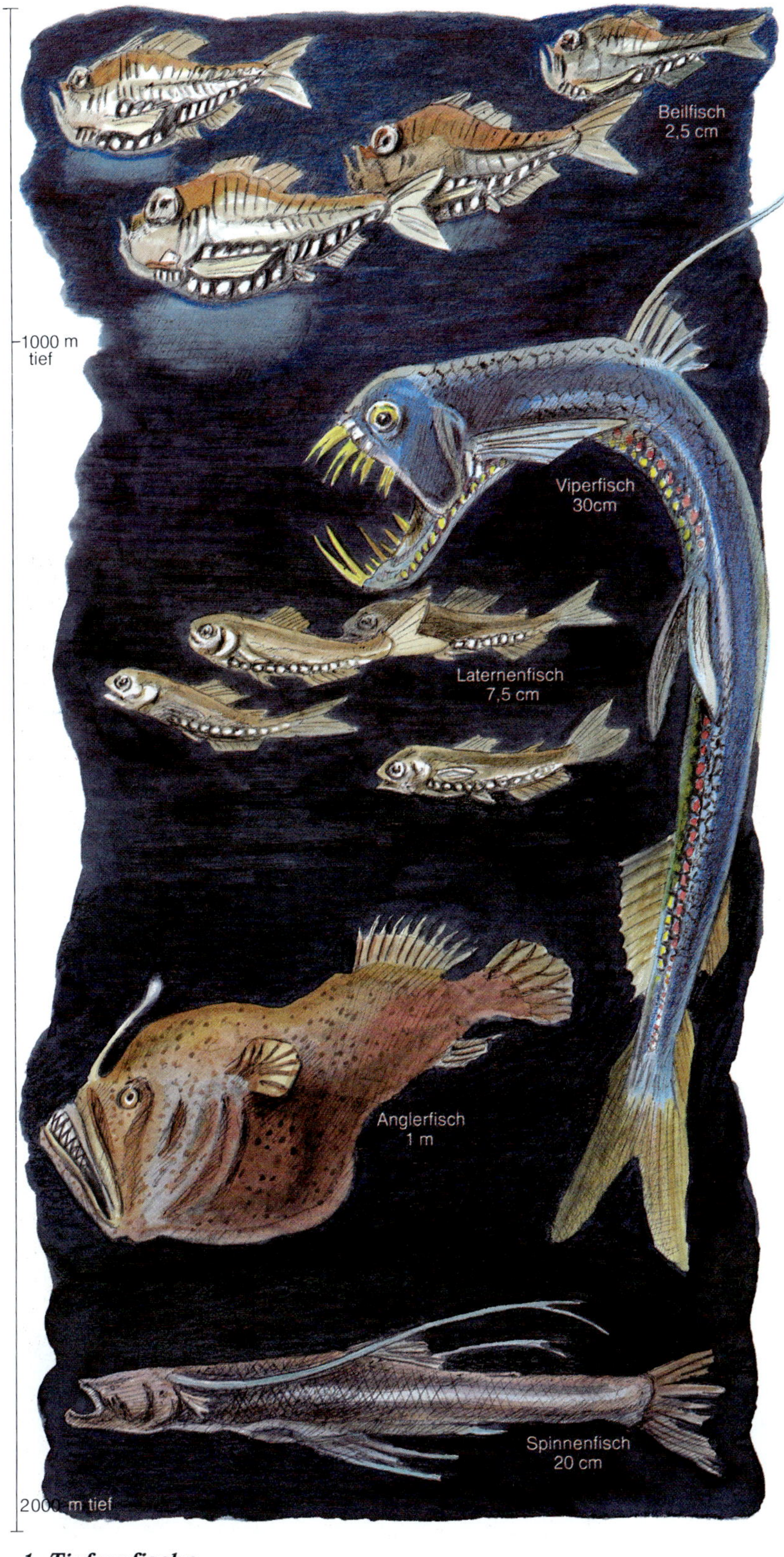

1 Tiefseefische

1953 baute der Schweizer Forscher PICCARD das Tiefseeboot „Trieste". Er konnte mit der Tauchkugel der „Trieste" in eine Meerestiefe von 10 900 m vordringen. Hier war es stockdunkel. Aber mit Hilfe großer Scheinwerfer konnte PICCARD Schnecken, Muscheln und vereinzelt auch Fische entdecken, die zuvor kein Mensch gesehen hatte!
Als PICCARD die Scheinwerfer löschte, beobachtete er, daß sich die Fische trotz der Finsternis untereinander verständigen und Nahrung finden können. Viele Fische leuchten, so daß sie ihre Artgenossen anlocken und im Schwarm leben können (Abb. 1). Der Beilfisch sendet mit Hilfe vieler kleiner **Leuchtorgane** Signale aus. So findet er seine Artgenossen. Er hat auch große Augen, die weit aus dem Kopf hervorragen. Mit Hilfe dieser Augen kann der Beilfisch auch sehr schwache Lichtsignale wahrnehmen.
Manche Tiefseefische locken mit ihren Leuchtorganen andere Tiere an und fressen sie dann auf. Der Anglerfisch hat vor seinem Maul ein solches Leuchtorgan. Wenn ein Fisch davon angelockt wird, dann ist er rettungslos verloren. Das riesige Maul des Anglerfisches öffnet sich und verschlingt ihn blitzschnell.

Aufgaben

① Tiefseefische haben verschiedene Leuchtmuster. Beschreibe die Muster mit Hilfe von Abb. 1. Welche Aufgaben könnten die Leuchtorgane mit ihren Mustern haben?

② Betrachte Abb. 1 und gib an, durch welche Merkmale die Fische an ein Leben in der Tiefsee angepaßt sind. Notiere das Ergebnis in Form einer Tabelle:

Fischart	Anpassung
Beilfisch	große Augen, ...

Tiefseefische zeigen Anpassungen an das Leben in der Dunkelheit. Sie haben oft große Augen. Leuchtorgane dienen dem Zusammenhalt des Schwarms oder dem Anlocken der Beute.

19.8 Nahrung aus dem Meer

Die Schleppnetzleinen sind bis zu 600 Meter lang. Es gibt heute Sender, die am Schleppnetz befestigt sind und dem Kapitän melden, wann das Netz mit Fischen gefüllt ist.

11. März 1987. Das Fangschiff „Hannover“ läuft mit 60 Mann Besatzung in Cuxhaven aus. Das Fangschiff hat eine Menge Proviant. Die Besatzung kann 80 Tage auf See bleiben. So kann die „Hannover“ bis nach Grönland fahren und dort fischen. Am 13. März fährt das Schiff vor Schottland. Dann läßt der Kapitän die Maschinen langsamer laufen, das Schiff verringert seine Geschwindigkeit. Eine große Seilwinde wird bewegt und das **Schleppnetz** ins Wasser gelassen. Dann nimmt das Fangschiff wieder langsam Fahrt auf, und das Schleppnetz wird hinter dem Schiff hergezogen. Nach zwei Stunden ist es soweit: Während das Schiff noch langsame Fahrt macht, wird die Seilwinde wieder in Betrieb gesetzt. Sie zieht das Schleppnetz langsam an das Schiff heran. Jetzt taucht das Schleppnetz aus dem Wasser auf. „Das sieht gut aus“, sagt ein Matrose. Er hat recht: Etwa 600 Kilogramm Fische zappeln im Netz.

Das Netz wird eingezogen und das Netzende geöffnet. Fische vieler Arten sind heute gefangen worden, darunter Dorsch, Seelachs und Seeteufel (Abb. 1, 2, 3). Es sind auch einige Heringe darunter (Abb. 4). Ein Förderband transportiert die Fische zu den Verarbeitungsmaschinen. Sie zerteilen die Fische in Filetstücke. Die Filets werden sofort tiefgefroren. Sie werden später an Land gewürzt und verpackt. Abfälle wie Köpfe, Flossen oder Gräten werden an Land zu **Fischmehl** verarbeitet. Das Fischmehl wird z. B. Schweinefutter und Hühnerfutter beigemischt (Abb. 5).

1 Dorsch

2 Seelachs

3 Seeteufel

4 Hering

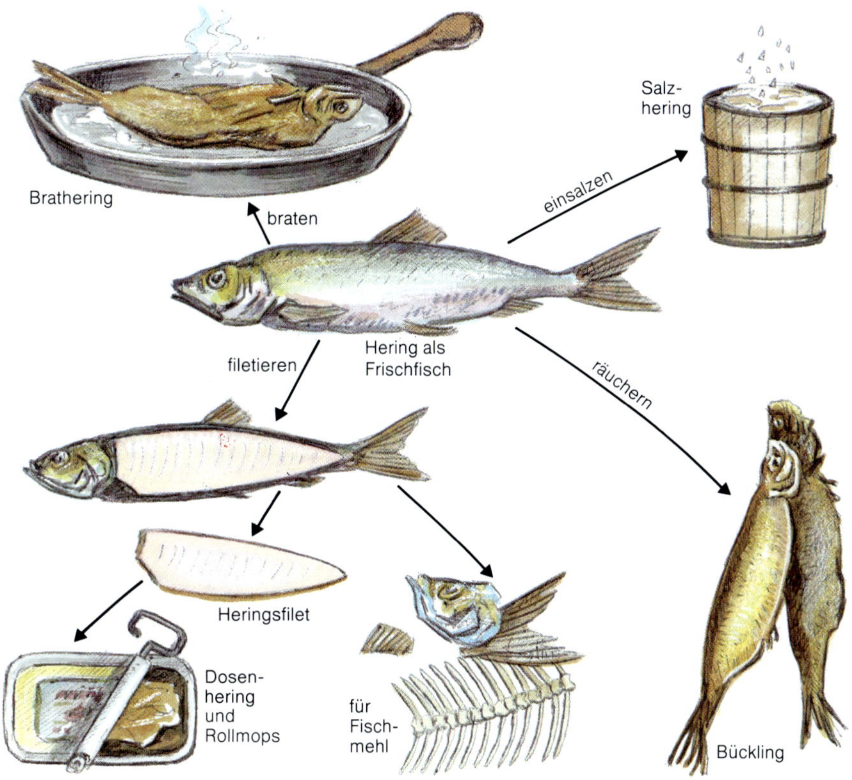

5 Heringsverarbeitung

Moderne Fangmethoden an Bord der Schiffe machen es möglich, Fischschwärme zielsicher und genau aufzuspüren. Besonders Schwarmfische wie Heringe können auf diese Weise geortet und gefangen werden.

Zu einem Heringsschwarm können mehrere hunderttausend Tiere gehören. Im Herbst oder Frühjahr schwimmen die erwachsenen Weibchen in flachere Meeresgebiete und laichen dort. Der Laich wird von den Männchen besamt, indem sie Spermazellen ins Wasser abgeben. Nach etwa zwei Wochen schlüpfen die jungen Heringe aus den befruchteten Eiern. Die jungen Fische gelangen mit der Strömung in das nahrungsreiche Wattenmeer. Wenn sie einige Zentimeter groß sind, wandern sie aus dem Wattenmeer in tiefere Zonen der Nordsee.

Durch die modernen, technisch perfekten Fangmethoden besteht die Gefahr, daß zu viele Fische gefangen werden und nicht mehr genügend junge Fische nachwachsen können. Durch eine solche Überfischung hatte z. B. der Heringsbestand vorübergehend erheblich abgenommen (Abb. 6). Damit die Bestände wieder zunehmen konnten, wird jedes Jahr festgelegt, wie viele Fische gefangen werden dürfen.

1969–1970:	1 100 000 t
1971–1972:	1 000 000 t
1973–1974:	755 000 t
1975–1976:	500 000 t
1977–1978:	40 000 t
1979–1980:	80 000 t
1981–1982:	350 000 t
1983–1984:	635 000 t
1985–1986:	1 065 000 t
1987–1988:	1 300 000 t
1989–1990:	1 100 000 t

6 Entwicklung des Heringsfangs in der Nordsee

Aufgaben

① Die Abb. 6 zeigt die Entwicklung des Heringsfangs in der Nordsee. Zeichne mit Hilfe der Zahlenangaben ein Säulendiagramm. Beschreibe die Entwicklung der Fischbestände und gib Gründe dafür an.

② Ein Heringsweibchen legt etwa 30 000 Eier ab. Dagegen legt ein Stichlingsweibchen nur etwa 150 Eier. Wie läßt sich die unterschiedliche Eizahl erklären? Lies zur Bearbeitung der Aufgabe noch einmal auf der Seite 227 nach.

Zum Fang von Meeresfischen werden häufig Schleppnetze benutzt. Die gefangenen Fische verarbeitet man gleich auf dem Fangschiff. Für viele Jungfische ist das Wattenmeer ein wichtiger Lebensraum. Durch verbesserte Fangmethoden besteht die Gefahr der Überfischung.

20 Amphibien

20.1 Ein Tümpel am Waldrand

1 Frühjahrsnachmittag am Tümpel

Landschaftswarte arbeiten ehrenamtlich. Sie sollen die zuständigen Behörden über nachteilige Veränderungen in der Landschaft benachrichtigen und darauf hinwirken, daß Schäden von Natur und Landschaft abgewendet werden.

Schülerinnen und Schüler der „Käthe-Kollwitz-Schule" führen ein Projekt über Amphibien durch, und eine Gruppe will ein Laichgewässer erkunden. Man beschließt, sich mit dem Landschaftswart, Herrn Loos, zu treffen. Es ist der 13. März. Die Lufttemperatur beträgt an diesem Spätnachmittag noch 15 °C. Die Weiden blühen und werden von vielen Bienen besucht. Frieda, Silke und Martin sind mit Herrn Loos auf dem Weg zum Tümpel am Waldrand (Abb. 1). Am Boden des kahlen Laubwaldes blühen die weißen Buschwindröschen.

Von einer Stelle am Nordrand des Tümpels dringt wiederholt ein gedämpftes „Quorr, Quorr, Quorr" herüber. Herr Loos strahlt: „Da rufen Grasfrosch-Männchen." Beim vorsichtigen Anschleichen hören sie plötzlich ein vielstimmiges „Rrr, Rrr", das auf- und abschwillt. Herr Loos flüstert: „Jetzt singen die Männchen im Chor." Durch eine Lücke im Schilf sehen die Schüler ein Männchen, das bei geschlossenem Maul seine weiß-graue Kehlhaut aufbläht und laut ruft (Abb. 2). Es fällt auf, daß die Männchen im Konzert untereinander Abstand wahren. Silke zählt an der Uferzone des Tümpels drei Pärchen, die sich umklammert halten, sechs rufende Männchen und ein großes, stummes Grasfrosch-Weibchen. Dieses schwimmt auf das am lautesten rufende Männchen zu. Das Männchen springt auf den Rükken des Weibchens und umklammert es mit seinen Vorderbeinen. Das große Grasfrosch-Weibchen schwimmt mit dem Männchen im Huckepack davon. Immer wieder versuchen andere Grasfrosch-Männchen, sich an das Pärchen anzuklammern.

Martin entdeckt an einer anderen Stelle im flachen Wasser vier gallertartige Klumpen mit schwarzen Punkten (Abb. 3). Herr Loos erklärt: „Das sind die Laichballen eines Grasfrosches. Wenn ein Weibchen mit dem umklammernden Männchen laichbereit ist, stößt es bis zu 3000 Eier in das Wasser aus (Abb. 4). Die austretenden Eier und der dünne, weiche Bauch des Weibchens sind dann ein Signal für das Männchen, eine milchige Flüssigkeit abzugeben. Sie enthält die mikroskopisch kleinen Spermazellen, welche die Eizellen befruchten. Da dieser Ablauf außerhalb des Froschkörpers stattfindet, spricht man von **äußerer Befruchtung**. Die Froschpaare trennen sich nach dem Ablaichen und überlassen die weitere Entwicklung der Eier sich selbst. Jedes befruchtete Ei ist von einer Gallerthülle umgeben. Die Gallerthüllen aller Eier sind miteinander

2 Rufendes Grasfrosch-Männchen

4 Laichende Grasfrösche

3 Laich vom Grasfrosch

verklebt und bilden so den Laichballen" (Abb. 3).

Da die Dämerung hereinbricht, begibt sich die Gruppe auf den Rückweg. Plötzlich ertönt der Ruf von Herrn Loos: „Vorsicht!" Kurz vor Silkes Fuß sitzt in den feuchten Blättern ein erdfarbenes Froschlurch-Pärchen. „Das sind ja Grasfrösche", meint Frieda. „Die wollen wir uns einmal genauer ansehen!" Herr Loos hebt das Pärchen behutsam hoch, und die Schüler erkennen, daß die Haut der Tiere dicht mit warzenartigen Erhebungen überzogen ist. Herr Loos erklärt: „Das sind keine Grasfrösche. Hier seht ihr ein Pärchen der Erdkröte. Die Weibchen tragen die kleineren Männchen auf dem Rücken, wenn sie zum Laichgewässer wandern. Ich möchte euch noch zeigen, woran ihr das Männchen erkennen könnt." Er drückt der oberen Kröte vorsichtig auf beide Flankenseiten. Es ertönt sofort ein heiseres „Orrt, Orrt".

Aufgaben

① Ermittle aus dem Text, welche Aufgaben die Rufe der Grasfrosch-Männchen haben.

② Beschreibe das Verhalten von Männchen und Weibchen bei der Fortpflanzung.

③ Befrage ältere Mitmenschen darüber, was sie über die Verbreitung von Fröschen an deinem Heimatort wissen. Was war damals anders als heute?

④ Der nachfolgende Text enthält Angaben zur Fortpflanzung von Bergmolch und Geburtshelferkröte:
Das Bergmolchmännchen setzt nach einer ausgedehnten Balz ein Spermapaket ab, das von dem Weibchen mit der Kloake aufgenommen wird. Das Weibchen legt an abgeknickten Blättern von Wasserpflanzen bis zu 300 Eier einzeln ab.
Die Geburtshelferkröten laichen an Land. Das Männchen wickelt sich die Laichschnüre mit 20–80 Eiern um die Hinterbeine und trägt sie mit sich herum. Es sucht erst dann das Wasser auf, wenn die Kaulquappen schlüpfreif sind.
Vergleiche die Fortpflanzung von Grasfrosch, Bergmolch und Geburtshelferkröte. Stelle Vermutungen über die unterschiedliche Anzahl der Eier bei den drei Arten an.

Die Fortpflanzung der Grasfrösche findet im Wasser statt. Es handelt sich um eine äußere Befruchtung. Die befruchteten Eier der Grasfrösche bilden große Laichballen.

20.2 Die Entwicklung vom Laich zum Grasfrosch

In einem Laichballen gelangt an jedes Ei genügend Sonnenlicht. Dieses erwärmt die auf der Oberfläche dunklen Eier. Außerdem bündeln die Gallerthüllen die Sonnenstrahlen wie eine Brennlinse, so daß in einem Laichballen bis zu 10 °C höhere Temperaturen als in der Umgebung gemessen werden können.

Die befruchteten Eier teilen sich mehrmals hintereinander. So entstehen aus der befruchteten Eizelle 2, 4, 8, 16, 32 usw. Zellen (Abb. 1). Nach jedem Teilungsschritt sind die Zellen kleiner, da sie bei den Teilungen nicht wachsen. Schließlich ist nach 24 Stunden eine kleine Kugel mit etwa 6000 Zellen entstanden. Im Inneren dieser Kugel befindet sich ein Hohlraum. Dieses Entwicklungsstadium heißt **Blasenkeim** (Abb. 2). Weitere Teilungen und Veränderungen führen zu einer Längsstreckung des Keims. Es bildet sich auf der Rückenseite eine Furche, aus der später die Wirbelsäule hervorgeht (Abb. 3). In der weiteren Entwicklung des Keimes sind Kopf und Rumpf zu erkennen (Abb. 4). Je nach Außentemperatur vergehen vom Ablaichen bis zum Schlüpfen der Kaulquappen eine bis drei Wochen.

Nach dem Schlüpfen setzen sich die sechs Millimeter langen Kaulquappen mit Hilfe von zwei Haftdrüsen, die sich an der Bauchseite befinden, an den leeren Eihüllen fest (Abb. 5). An jeder Kopfseite bilden sich zwei stark durchblutete, bäumchenartige Außenkiemen. Nur durch Wasseraufnahme verlängern sich die Kaulquappen auf neun Millimeter. Am vierten Tag nach dem Schlüpfen sind die Augenanlagen sichtbar. Der Ruderschwanz ist inzwischen kräftig genug, so daß die Larven schwimmen können (Abb. 6). Etwa eine Woche nach dem Schlüpfen verändern die Kiemen ihre Gestalt. Sie werden vom Kopf her von einem Hautlappen überwachsen. So entsteht ein innerer Kiemenraum, der nur eine kleine Öffnung nach außen auf der linken Körperseite besitzt. Mit kleinen Hornzähnen weidet die Kaulquappe Algen ab, die auf Wasserpflanzen oder Steinen wachsen. In ihrem langen aufgerollten Darm wird die pflanzliche Nahrung verdaut. Bei acht Wochen alten Kaulquappen sind die Hinterbeine voll entwickelt (Abb. 7). Die Kaulquappe mißt jetzt 3,5 cm.

Ab der elften Woche bilden sich weitere Organe um: Der Darm verkürzt sich, die

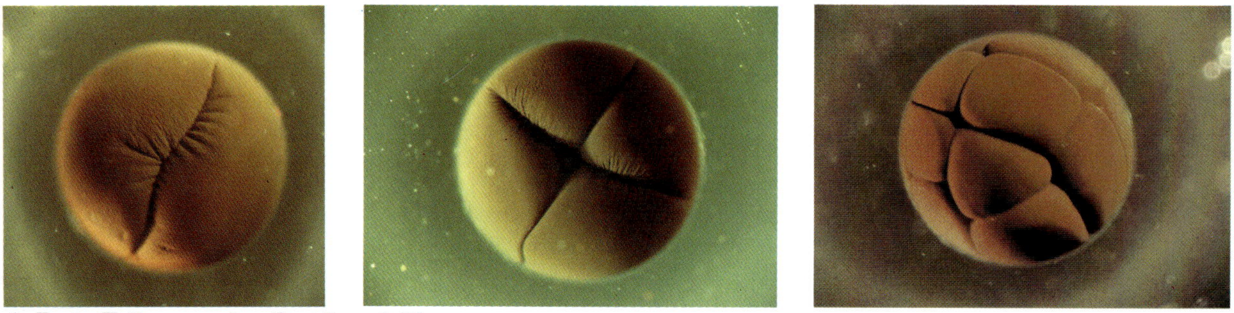

1 Erste Teilungen des Grasfrosch-Eies

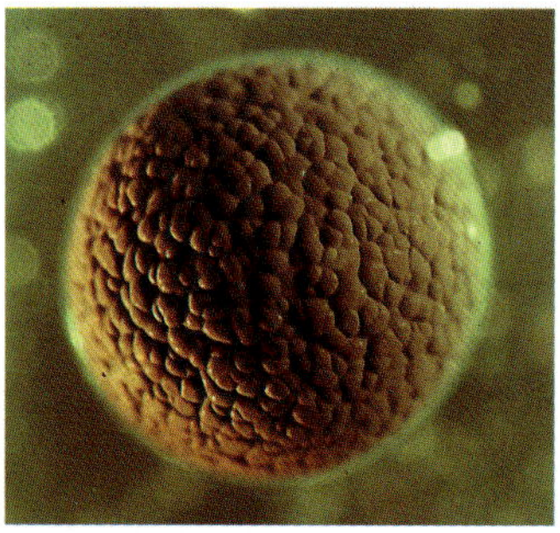

2 Blasenkeim

3 Bildung der Wirbelsäule

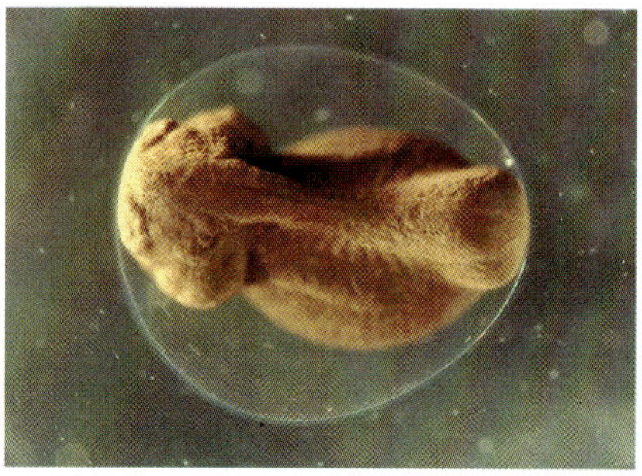

4 Kopf und Rumpf sind zu erkennen

5 Schlüpfende Kaulquappen

6 Kaulquappe mit Außenkiemen

7 Kaulquappe mit Hinterbeinen

8 Kaulquappe mit Vorder- und Hinterbeinen

Lunge bildet sich allmählich aus und ersetzt die Kiemen. Als erstes tritt das linke Vorderbein aus der Kiemenöffnung hervor. Mit dem Durchbruch des rechten Vorderbeines erreicht die Kaulquappe die Maximallänge von 4,5 cm (Abb. 8). Wenige Tage später wird der Ruderschwanz zurückgebildet. Der junge Frosch verläßt das Wasser mit ca. 1,5 cm Länge und lebt an Land weiter. Damit ist der Gestaltwandel von der Kaulquappe zum Grasfrosch abgeschlossen. Diesen Vorgang nennt man **Metamorphose**.

Biotip

Frösche sind eine vom Aussterben bedrohte Tiergruppe. Nimm deshalb keinen Laich, keine Kaulquappen oder Frösche aus einem Gewässer. Kaufe auch keinen Laich aus einer Zoohandlung und setzte die sich daraus entwickelnden Kaulquappen oder Frösche nicht im Freien aus, denn es sind meistens keine einheimischen Arten. Diese Tiere können unsere Frösche verdrängen.

Aufgaben

① Beschreibe die Entwicklung des Grasfrosches von der befruchteten Eizelle bis zur Kaulquappe.

② Stelle eine Tabelle zur Entwicklung des Grasfrosches mit folgenden Spalten zusammen: Aussehen, Zeit nach dem Schlüpfen, Längenangabe, Atmung, Ernährung und Entwicklung der Gliedmaßen.

Grasfrösche entwickeln sich im Wasser. Aus den Eiern schlüpfen Kaulquappen. Aus diesen entwickeln sich die Grasfrösche. Diesen Gestaltwandel bezeichnet man als Metamorphose.

20.3 Amphibien – Leben zwischen Wasser und Land

1 Grasfrosch – Körperbau und Bewegung

Amphibien sind Wirbeltiere, die sowohl im Süßwasser als auch an Land leben können. Man unterteilt Amphibien in **Schwanzlurche** (Molche, Salamander) und **Froschlurche** (Unken, Kröten, Frösche).

Aufgrund ihrer Lebensweise kann man bei Amphibien Anpassungen an das Leben im Wasser und Anpassungen an das Leben an Land beobachten: Schwanzlurche bewegen sich mit ihren vier Beinen und ihrem langen Körper schlängelnd fort. Damit sind sie im Wasser schnell und wendig, an Land jedoch relativ langsam (Abb. 2). Die Frösche können sich durch ihr gutes Sprungvermögen an Land schnell fortbewegen. Ihre Hinterbeine sind zu kräftigen Sprungbeinen ausgebildet.

Die Amphibien haben eine dünne, häufig mit Schleim bedeckte Haut. Diese schützt die Tiere nicht vor Austrocknung. So kommen Amphibien vorwiegend in feuchten Lebensräumen vor.

In ihrer Entwicklung sind Amphibien auf das Leben im Wasser angewiesen. Sie legen ihre Eier im Wasser ab. Die Amphibienlarven benötigen das Wasser als Lebensraum, in dem ihre Entwicklung zum erwachsenen Tier vor sich geht. Bei wenigen Amphibienarten, z. B. beim Alpensalamander, findet die Entwicklung vom Ei bis zum erwachsenen Tier im Körper des Weibchens statt.

Amphibienlarven atmen wie Fische mit Kiemen. Die erwachsenen Amphibien atmen mit Lungen. Die Lungenoberfläche ist kaum durch Einfaltungen vergrößert (Abb. 3). Die Lungenatmung wird noch durch Hautatmung unterstützt. Die Haut der Amphibien ist stark durchblutet, feucht und dünn. So kann aus der Luft Sauerstoff in die Blutgefäße gelangen. Außerdem können viele Amphibien noch durch die sogenannte Mundhöhlenatmung Sauerstoff aufnehmen. Die Schleimhaut der Mundhöhle ist gut durchblutet und so in der Lage, Sauerstoff aufzunehmen und Kohlenstoffdioxid abzugeben.

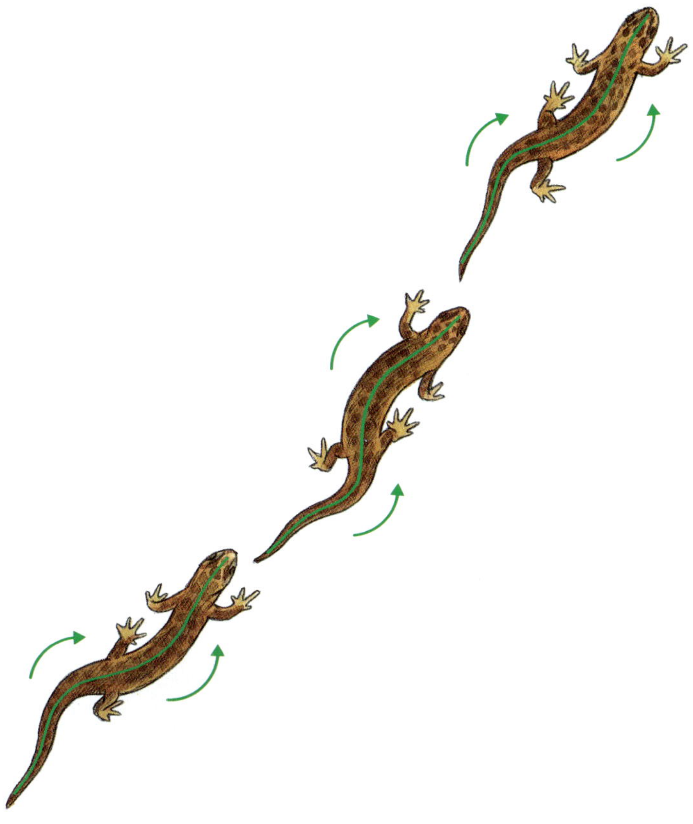

2 Bewegungsablauf beim Molch

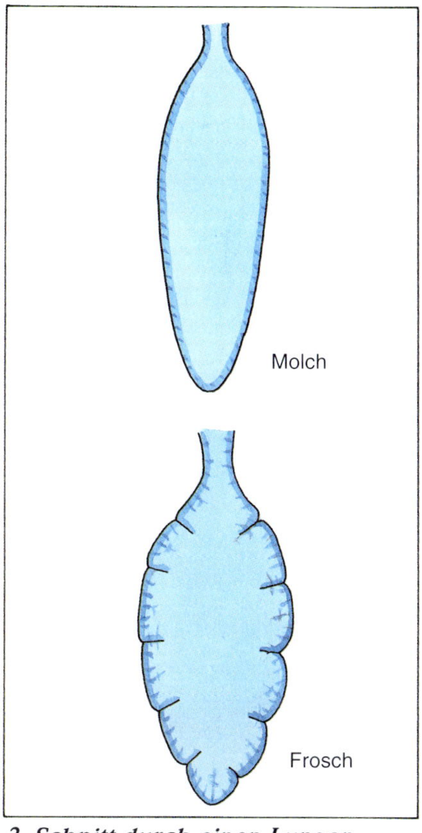

3 Schnitt durch einen Lungenflügel bei Molch und Frosch

Aufgaben

① Stelle mit Hilfe des Textes Merkmale der Amphibien zusammen, die für wasserlebende Amphibien typisch sind. Welche Merkmale sind für landlebende Amphibien typisch?

Merkmale, die für wasserlebende Amphibien typisch sind	Merkmale, die für landlebende Amphibien typisch sind
Kiemenatmung bei Larven	Lungenatmung bei den erwachsenen Tieren

② Abb. 4 zeigt die Anteile von Haut-, Mundhöhlen- und Lungenatmung bei verschiedenen Amphibien. Welche Unterschiede sind zu erkennen? In welcher Beziehung steht die Atmung zur Lebensweise?

③ Vergleiche den Bau der Lunge beim Molch, Frosch und Menschen (Abb. 1, S. 118). Welche Unterschiede stellst du fest?

	Hautatmung	Mundhöhlenatmung	Lungenatmung
Erkröte	28 %	1 %	71 %
Laubfrosch	24 %	1 %	75 %
Feuersalamander	42 %	1 %	57 %
Kammolch	74 %	3 %	23 %

4 Anteile von Hautatmung, Mundhöhlenatmung und Lungenatmung bei Amphibien

Amphibien leben sowohl im Wasser als auch an Land. Die Fortbewegung ist bei Schwanzlurchen schlängelnd, während die Frösche mit den Hinterbeinen springen können. Die Eier werden im Wasser abgelegt. Die Larven atmen mit Kiemen und der Haut. Die erwachsenen Tiere atmen mit der Haut, der Mundhöhle und den Lungen.

Versuch **Herstellung eines Froschmodells**

Du benötigst für den Versuch:

1 Original-Abdruck aus z. B. Reliefgußmasse
1 Packung Formenmilch auf Naturkautschukbasis
1 dicken Malpinsel
1 Backofen oder Trockenschrank
1 Aufnahmegerät (Glas oder Dose) für den Gummiabdruck
1 Packung weiße Reliefgußmasse
1 Anrührgerät
1 Rührstab
1 Küchenwaage
1 Wasserfarbenmalkasten

- Stelle den Original-Abdruck auf eine saugfähige Pappe und streiche ihn bis auf die Standfläche mit der Formenmilch ein.
- Setze das behandelte Original in den Backofen, stelle ihn jetzt auf 50 °C und trockne 5 Minuten.
- Wiederhole den Anstrich mit der Formenmilch und die anschließende Trocknung ca. zwölfmal. Du erhälst eine gelbliche Gummiform über dem Original-Abdruck.
- Löse die Gummiform vom Originalabdruck und lege sie mit dem Kopf nach unten in das Aufnahmegefäß.
- Rühre ca. 250 g Reliefgußmasse klumpenfrei in ungefähr 80 bis 90 g Wasser ein und gieße sie zügig in den Hohlraum der Gummiform.
- Löse nach etwa einer halben Stunde den erkalteten Froschabdruck aus der Gummiform.
- Lasse das erhaltene Froschmodell ausdampfen (ca. 20 Minuten) und male es an.

20.4 Kennübung: Amphibien

Laubfrosch

Ruf:	Ende Mai bis Juni, „äh, äh, äh, äh (schnell, laut)
Kennzeichen:	Zehen und Finger mit runden Haftscheiben, klettert auf Bäume
Laich:	2 bis 5 Laichballen, mit ca. 3 cm Durchmesser

Erdkröte

Ruf:	im März „orrt, orrt“ (mittelhoch, leise)
Kennzeichen:	trockene, warzige Haut; Körper plump, ♀ bis 15 cm
Laich:	Doppelschnur bis 5 m Länge, um Pflanzen geschlungen

Bergmolch

Kennzeichen:	Oberseite grauschwärzlich, ♂ zur Paarungszeit mit orangeroter Bauchseite
Laich:	Eier einzeln unter abgeknickten Blättern von Wasserpflanzen, bis 300

Feuersalamander

Kennzeichen:	schwarz mit gelben Flecken, Muster wechselt von Tier zu Tier
Fortpflanzung:	lebendgebärend, 40 bis 70 Larven werden im Frühjahr in klaren Bächen geboren

20.5 Die Wanderungen der Gradfrösche

1 Wanderung der Grasfrösche im Verlauf eines Jahres

Es ist noch unklar, wie die Amphibien zu den Laichgewässern und Sommerquartieren finden.

Hohe Luftfeuchtigkeit, warme Niederschläge und Dämmerung lösen bei Temperaturen von über 6 °C im zeitigen Frühjahr die Wanderung der Grasfrösche aus (Abb. 1). Bei dieser Frühjahrswanderung treffen die Grasfrosch-Männchen vor den Weibchen Anfang März am Laichgewässer ein. Beide Partner müssen noch die Laichstimmung aufbauen, die durch zuwandernde Frösche und das Rufen der Männchen gefördert wird. Sonnige Märznachmittage führen dann zum Ablaichen.

Nach der Fortpflanzung halten sich die Frösche bis Ende April an feuchten Stellen umweit des Gewässers verborgen. Sie nehmen nur selten Nahrung auf und stellen sich auf höhere Temperaturen um. Danach brechen die Grasfrösche in die Sommerquartiere auf und entfernen sich bei dieser Sommerwanderung weit vom Laichgewässer. Ideale Lebensräume sind im Sommer feuchte, helle Laubwälder mit vielen verschiedenen Pflanzenarten. Hier fressen die Grasfrösche in der Dämmerung Schnecken, Würmer und Spinnen. Ab Mitte September erfolgt die Herbstwanderung zurück in Richtung Laichgewässer. Mit den kälter werdenden Tagen Ende Oktober beziehen die Grasfrösche ihre Winterquartiere unter Laub, nahe des Gewässers oder im Schlamm eines Gewässers.

Die Jungfrösche schwärmen im Sommer sofort in die Umgebung des Laichgewässers aus. Dabei gelangen sie auch zu anderen Gewässern. Ein kleinerer Teil von ihnen kehrt nach spätestens drei Jahren geschlechtsreif an das Geburtsgewässer zurück.

Jahr	erste ♂ am Laichgewässer	erste ♀ am Laichgewässer	Zeit der Weidenblüte
1987	12. 3.	14. 3.	spät
1988	18. 2.	21. 2.	früh
1989	2. 3.	4. 3.	früh

2 Daten zur Frühjahrswanderung der Grasfrösche

Aufgaben

① Beschreibe die Wanderungen der Grasfrösche mit Hilfe von Abb. 1 und des Textes.

② Welche Lebensräume benötigen Grasfrösche im Laufe eines Jahres?

Amphibien machen Wanderungen. Man nennt sie: Frühjahrswanderung zum Laichgewässer; Sommerwanderung, die weit vom Laichwasser wegführt; Herbstwanderung zurück in Richtung Laichgewässer zum Bezug der Winterquartiere.

20.6 Aktion: Krötenschutzzaun

Frieda, Silke und Martin haben im Unterricht über Frösche und Kröten gesprochen. Heute abend, am 16. März, dürfen sie an einer Krötenschutzaktion teilnehmen. Herr Loos, der die Aktion seit zehn Jahren leitet, erklärt den Schülern den Ablauf und weist auf die Unterschiede der Erdkrötengeschlechter hin. Er fährt fort: „Die Wanderung zum Laichgewässer begann am 6. März und war gestern nacht mit 1071 Tieren am höchsten. Gäbe es die Schutzaktion nicht, würden sehr viele Kröten von Autos überfahren werden." In dem Augenblick rast ein Auto mit aufgeblendetem Scheinwerfer vorbei. Es setzt leichter Sprühregen ein, die Temperatur beträgt um 20 Uhr nach sonnigem Tagesverlauf noch 14 °C.

Mit angelegter Leuchtweste, Eimer und Taschenlampe gehen die Schüler langsam den kniehohen Krötenschutzzaun entlang. Sie leuchten wegen der tarnfarbigen Kröten sorgfältig auf den Boden, sammeln die am Zaun entlangwandernden Tiere ein und kontrollieren die ebenerdig eingegrabenen Fangeimer. Die anfängliche Scheu vor den glitschigen Kröten haben die drei schnell überwunden. Mit dem Regen setzt eine starke Wanderung ein. An diesem Abend wurden 546 Männchen und 213 Weibchen sicher über die Straße gebracht.

Datum	Männchen	Weibchen	Tiere insgesamt	Temperatur um 19 Uhr	Wetter		
					Wolken	Sonne	Regen
6.3.91	63	4	67	13 °C	☁		
9.3.91	277	37	314	13 °C	☁	☀	💧
15.3.91	799	272	1071	13 °C	☁	☀	💧
16.3.91	546	213	759	14 °C	☁	☀	💧
18.3.91	177	99	276	11 °C	☁		
21.3.91	18	14	32	10 °C	☁		💧💧

2 Daten zur Erdkrötenwanderung

Aufgaben

① Werte die Tabellendaten in Abb. 2 und den obigen Bericht im Hinblick auf das Wanderungsverhalten der Erdkröte aus.

② Es gibt verschiedene Möglichkeiten, Amphibien auf ihren Wanderungen vor dem Straßenverkehr zu schützen:
- Warnschild „Krötenwanderung" aufstellen
- vorübergehend Schutzzaum aufstellen, Tiere regelmäßig einsammeln und zum Laichgewässer bringen
- Straße während der Amphibienwanderung sperren
- dauerhaften Schutzzaun und mehrere kleine Tunnel für die Amphibien unter der Straße bauen

Vergleiche die Schutzmaßnahmen bezüglich ihrer Wirksamkeit, ihres Aufwands und der Kosten.

③ Erkundige dich bei Umweltverbänden deiner Umgebung nach Möglichkeiten, sich aktiv an Schutzmaßnahmen für Amphibien zu beteiligen!

20.7 Amphibienschutz ist Lebensraumschutz

1 Neu entstandenes Naturschutzgebiet

Die Abb. 1 zeigt den Ausschnitt eines Bergsenkungs-Sees und Grasfrösche in seiner Uferzone, die an einem sonnigen Märznachmittag abgelaicht haben. Das Gewässer bildet das Zentrum eines Naturschutzgebietes am Rande des Reviers. Das Kohlekraftwerk im Hintergrund ist in der Reinigung der Abgase auf dem technisch neuesten Stand. In der näheren Umgebung des Sees finden sich folgende Lebensräume: Laubwälder aus Erlen, Birken und Eichen mit viel Unterwuchs aus Farnen und Kräutern, Waldwiesen mit zahlreichen Blumen- und Insektenarten, ein Kanal mit sonniger Böschung, verschiedene Bachläufe und andere Kleingewässer. Das Naturschutzgebiet geht in biologisch bearbeitete Wiesen über, an die sich Äcker anschließen, die von einer verkehrsreichen Bundesstraße auf einer Seite begrenzt werden.

Die Lebensbedingungen für Amphibien sind in Nordrhein-Westfalen mit seinen zahlreichen Industriestandorten, der dichten Besiedlung und dem umfangreichen Verkehrsnetz nicht immer so ideal wie in dem oben beschriebenen Naturschutzgebiet. Amphibien brauchen in besonderer Weise eine intakte Umwelt. Sie benötigen für ihre Lebensweise Landlebensräume mit ruhigen Rückzugsbereichen, einer Vielfalt von Kleinstbiotopen und Verbindungselementen wie Hecken und Fließgewässer. Vor allen Dingen stellen sie erhebliche Anforderungen an die Wasserqualität des Laichgewässers. Daß diese Voraussetzungen für weite Bereiche von Nordrhein-Westfalen nicht mehr zutreffen, zeigt eine Liste der Amphibiengefährdung für Westfalen (Abb. 2).

Naturfeindliche Entscheidungen zur Verplanung einer Landschaft lassen sich oft noch korrigieren, das zeigt die Planung dieses Kraftwerks: Die Ansiedlung war ursprünglich auf einer künstlichen Anschüttung mitten im See geplant. Durch massiven Protest von Naturschützern und Bürgerinitiativen sowie Gutachten zum Bestand der Tier- und Pflanzenarten wurde das Gebiet unter Schutz gestellt. Das Kraftwerk wurde an einem entfernten Kanal angesiedelt. Der See und seine Umgebung haben heute auch die Funktion eines Naherholungsgebietes. Mit einer Beobachtungsplattform am Seeufer und einem gewässerfernen Rundwanderweg durch den umgebenden Wald wurde ein Kompromiß zwischen Besucherinter-

Art	Vorkommen in %
Feuersalamander	52
Bergmolch	72
Fadenmolch	37
Gelbbauchunke	6
Erdkröte	94
Kreuzkröte	25
Wechselkröte	<1
Grasfrosch	98
Grünfrosch, (Wasserfrosch, Seefrosch, Kleiner Teichfrosch)	49
Laubfrosch	24
Moorfrosch	8

2 Vorkommen von Amphibienarten in Westfalen

esse und notwendigen Ruhezonen für die Tiere eingegangen.

Das beschriebene Beispiel zeigt, daß auch in einem Industriegebiet ein Lebensraum für empfindliche Lebewesen wie Amphibien geschaffen werden kann. Wenn es gelingt, solche naturnahen Gebiete möglichst oft anzulegen, haben auch die Amphibien in Nordrhein-Westfalen eine Überlebenschance.

Das Gebiet von Westfalen wurde in 743 Untersuchungsgebiete unterteilt. Eine Art, die in allen Untersuchungsgebieten vorkommt, würde 100 Prozent Vorkommen erreichen.

Aufgaben

① Erkläre, warum in dem beschriebenen Naturschutzgebiet Grasfrösche und andere Amphibien leben können.

② Die Abbildung 3 zeigt, was wir tun können, um Amphibien zu schützen. Beschreibe die einzelnen Schutzmaßnahmen. Fallen dir weitere ein?

Um Amphibien zu schützen, müssen ihre Lebensräume erhalten bleiben. Amphibien benötigen außer sauberen Gewässern auch Laubwälder und Wiesen.

3 Wie man Amphibien schützen kann

21 Projekt: Amphibien

21.1 Wie man ein Projekt „Amphibien" durchführen kann

Amphibien erregen bei manchen Menschen Ekelgefühle. Für andere sind es Tiere, die besonders interessant sind und geschützt werden müssen. Viele Frösche, Kröten und Molche werden bei ihren Laichwanderungen von Autos überfahren. Viele Amphibien sterben, weil ihre Laichgewässer vergiftet oder zerstört werden. Dadurch sind einige Arten bereits vom Aussterben bedroht.

Schülerinnen und Schüler wollen sich mit dem Thema „Amphibien" beschäftigen. Die Behandlung des Themas soll in Form eines Projektes durchgeführt werden. Ein Projekt unterscheidet sich vom „normalen" Unterricht dadurch, daß Lehrer und Schüler gemeinsam interessante Fragen zu einem Thema formulieren. Die Schülerinnen und Schüler bearbeiten diese Fragen dann weitgehend selbständig. Natürlich hilft der Lehrer, wenn Probleme auftauchen. Zum Schluß stellen die einzelnen Gruppen ihre Ergebnisse vor. Wie ein Projekt abläuft, kannst du am folgenden Beispiel verfolgen.

1. Das Projekt wird vorbereitet
- *Vorkenntnisse und Fragen werden gesammelt*
- *Unterthemen werden formuliert*
- *Arbeitsgruppen werden gebildet*

1. Die Projektarbeit wird vorbereitet

Zunächst sammeln die Schülerinnen und Schüler gemeinsam mit dem Lehrer, was sie zum Thema „Amphibien" wissen. Außerdem formulieren sie Fragen, die sie zum Thema „Amphibien" haben, z. B.:
- Amphibien leben im Wasser und an Land
- Kaulquappen atmen durch Kiemen
- Frösche wandern zu ihren Laichgewässern
- Bei uns wurden Fangzäune für Frösche aufgestellt
- Viele Frösche werden von Autos überfahren
- Wie finden Amphibien ihr Laichgewässer?

Nun werden die Vorkenntnisse und Fragen zu mehreren Unterthemen zusammengefaßt. Die Klasse macht die folgenden Themenvorschläge:

* Wir schreiben einen Lebenslauf vom Frosch.
* Warum sind viele Amphibienarten vom Aussterben bedroht?
* Wie können Amphibien geschützt werden?
* Wo leben in unserer Umgebung Amphibien, und welche Arten kommen hier vor?
* Wie pflanzen sich Frösche fort?
* Wie muß ein Teich aussehen, damit Amphibien dort leben können?
- Wie finden Amphibien ihr Laichgewässer?

Jetzt wählen sich die Schülerinnen und Schüler aus den vorgeschlagenen Themen eines aus, das sie in den nächsten vier Wochen bearbeiten wollen. Die mit einem * gekennzeichneten Themen werden ausgewählt. Es bilden sich sechs Arbeitsgruppen aus vier bis sechs Schülern.

2. Die weitere Arbeit wird geplant:

- *Die Gruppen planen, wie sie vorgehen wollen*
- *Sie entwerfen einen Zeitplan*
- *Sie kümmern sich um Informationsquellen (Schulbücher, Zeitschriften, Bücher aus der Bibliothek)*
  Materialien (z. B. für Versuche)
  Medien (Dias, Filme, Papier für Plakate)

2. Die weitere Arbeit wird geplant

Die Gruppenmitglieder besprechen zunächst den Umfang ihrer Arbeit und entscheiden, in welcher Reihenfolge sie vorgehen wollen.

In der Gruppe „Wie pflanzen sich die Frösche fort?“ wollen die Schülerinnen und Schüler ein Aquarium einrichten und die Fortpflanzung beobachten. Hierzu formulieren sie die folgenden Fragen:

- Woher bekommen wir ein Aquarium?
- Wie muß es eingerichtet werden?
- Wie lange dauert die Entwicklung vom Ei bis zum ausgewachsenen Frosch?
- Woher bekommen wir die Frösche?
- Wo finden wir Informationen über die Fortpflanzung?

In der Gruppe mit dem Thema „Was kann man zum Schutz der Amphibien tun?“ wird diskutiert, ob man ein Interview mit einem Experten durchführen sollte. Hierzu muß geklärt werden, wer für Einrichtungen zum Schutz von Amphibien zuständig ist. Ein Schüler schlägt vor, den Vorsitzenden in seinem Angelverein zu befragen. Außerdem muß die Gruppe einen Fragenkatalog für das Interview erstellen.

Die Gruppe mit dem Thema „Wie muß ein Teich aussehen, damit Amphibien dort leben können?“ will den Schulteich im Schulgarten genauer ansehen und eventuell umgestalten. Die Schülerinnen und Schüler beschließen, einen Termin mit dem Lehrer der Schulgarten-AG zu vereinbaren, um mit ihm über ihre Ideen zu reden.

Die Schülerinnen und Schüler der Gruppe „Wo leben in der Umgebung der Schule Amphibien, und welche Arten kommen hier vor?“ wollen den Lehrer fragen, wo sie Dias von verschiedenen Amphibien bekommen können. Außerdem wollen sie in der Stadtbibliothek aus Fachbüchern Informationen über einheimische Amphibien herausschreiben.

3. Jetzt beginnt die Bearbeitung der Themen

Nach der Planung können die Gruppen mit der Bearbeitung ihrer Themen beginnen. Die Schülerinnen und Schüler, die ein Aquarium einrichten wollen, bekommen von dem Lehrer der Aquarium-AG das Aquarium; Kies und Pflanzen besorgen die Schüler selbst. Beim Durchlesen der Sachinformationen merken sie jedoch, daß die Haltung einheimischer Frösche nicht erlaubt ist, weil viele Arten in ihrem Bestand gefährdet sind. Man beschließt daher, ein Aquarium für afrikanische Krallenfrösche einzurichten und die Fortpflanzung zu beobachten. In einem Beobachtungsprotokoll sollen Veränderungen festgehalten werden.

Die Gruppe, die über die Schutzmaßnahmen für Amphibien schreiben will, bekommt vom Vorsitzenden des Angelvereins keine Sachinformationen. Er gibt ihnen aber die Anschrift einer Umweltgruppe, die an einer Bundesstraße einen Schutzzaun für Amphibien errichtet hat. Dort treffen sich die Schülerinnen und Schüler mit einem Mitglied der Umweltgruppe, das ihnen auch noch einen Amphibientunnel zeigt, der erst kürzlich gebaut worden war. Gleichzeitig erfahren sie viel über den Nutzen dieser Hilfsmaßnahmen. Ein Schüler hat einen Fotoapparat mitgebracht, mit dem die Fangzäune fotografiert werden.

Beim Untersuchen des Schulteiches stellen die Schüler fest, daß der Schulteich für Amphibien nicht geeignet ist. Die Umgestaltung bereitet die meisten Probleme. Das Wetter ist zu der Zeit der Durchführung des Projektes zu schlecht. Man beschließt daher, ein Informationsplakat mit dem Titel „Gestaltung eines Amphibienteiches“ zu erstellen und die Umgestaltung des Teiches auf den Sommer zu verschieben.

Ein Informationsplakat gestaltet auch die Gruppe, die über die Gefährdung der Amphibien arbeitet. Von verschiedenen Umweltorganisationen und Behörden erhalten sie hierzu viele Sachinformationen.

3. Durchführung der Arbeit in den Arbeitsgruppen
- *In jeder Gruppe wird das ausgewählte Thema bearbeitet*
- *Versuche werden durchgeführt*
- *Die Ergebnisse werden aufgeschrieben*
- *Plakate werden gestaltet*
- *Interviews werden durchgeführt*
- *Die Vorstellung der Ergebnisse wird vorbereitet*
- *Zwischendurch wird immer wieder über mögliche Verbesserungen oder Veränderungen diskutiert*
- *Bei auftretenden Problemen wird der Lehrer befragt*

4. Die Arbeitsergebnisse werden vorgestellt:
- *Jede Arbeitsgruppe berichtet vor der Klasse über ihre Arbeitsergebnisse*
- *Plakate werden aufgehängt und erklärt*
- *Interviews werden vorgespielt*
- *Die Ergebnisse werden auch in der Schule ausgestellt*
- *Handzettel werden verteilt*

4. Die Ergebnisse der Arbeit werden vorgestellt

Nach vier Wochen haben die Gruppen ihre Arbeit beendet. In den nächsten Unterrichtsstunden sollen sie ihre Arbeitsergebnisse vorstellen. Lediglich die Arbeitsgruppe, die das Aquarium eingerichtet hat, will ihre Beobachtungen solange fortsetzen, bis sich die Krallenfrösche vermehrt haben. Ein Plakat über die Einrichtung des Aquariums und das Aquarium mit den Krallenfröschen kann den anderen Schülern gezeigt werden. Die anderen Gruppen haben ebenfalls Informationsplakate hergestellt, und man beschließt, sie in der Klasse aufzuhängen. Die Gruppe, die sich mit dem Schutz der Amphibien befaßt hat, erstellt zusätzlich noch ein Faltblatt. Es informiert über die Gefährdung der Amphibien und mögliche Schutzmaßnahmen. Dieses Faltblatt soll in der Schule verteilt werden. Außerdem wird das Interview vorgespielt. Die Schülerinnen und Schüler, die über die Amphibien, die in der Umgebung vorkommen, Beschreibungen der Arten verfaßt haben, stellen ihre Ergebnisse in Form eines Diavortrages vor. Es werden jeweils zu einer Amphibienart ein oder zwei Dias gezeigt, und eine Schülerin oder ein Schüler liest dazu Informationen über den Lebensraum, die Fortpflanzung und die Lebensweise vor.

Die Projektarbeit hat den Schülerinnen und Schülern viel Spaß gemacht, und sie sind sehr stolz auf ihre Ergebnisse, die sie größtenteils selbständig erarbeitet haben.

21.2 Wir schreiben einen Lebenslauf vom Frosch

Projektanregungen:
- Ihr könntet aus dem Schulbuch oder anderen Fachbüchern Informationen über eine andere Froschart suchen und einen ähnlichen Lebenslauf schreiben.
- Ihr könntet den Lebenslauf auch auf ein Plakat kleben und mit Bildern ausgestalten.
- Ihr könntet einen Zeitstrahl mit den Datumsangaben aus dem Text zeichnen und die Entwicklungsmerkmale eintragen.
- Ihr könntet ein Würfelspiel entwerfen.

Frax der Springfrosch

Es ist der 9. März. Ein leichter Nieselregen fällt nieder. In einiger Entfernung hört man vom nahegelegenen Teich den „Gesang" der Springfroschmännchen. Ein Springfroschweibchen hat dort ungefähr 3000 Eier abgelegt, die sofort vom Männchen besamt werden. Aus einem dieser Eier wird der Springfrosch Frax schlüpfen.

Noch befindet sich Frax in einem Laichballen, den das Weibchen an eine Pflanze geheftet hat. Die Eier werden nun allein gelassen, denn Springfrösche betreiben keine Brutpflege. Zahlreiche Feinde sind im Teich. Vor allem von Teich- und Bergmolchen werden viele Eier gefressen. Am 2. April schlüpft Frax aus seinem Ei. Er ist nun eine Kaulquappe und atmet durch Kiemen, die als Büschel seitlich an seinem Kopf hängen. Nahrung erhält er noch aus einem Dottersack. Erst nach ein paar Tagen kann er mit seinem Ruderschwanz durch das Wasser schwimmen und mit seiner „Zahnleiste" Nahrungsteilchen von toten Pflanzen und toten Tieren abraspeln. Er ernährt sich von Einzellern und Bakterien.

Es ist der 22. April, seine Kiemen sind von einer Hautfalte umwachsen. Er atmet nicht nur durch die Kiemen, sondern kann mit ihnen auch Nahrungsteilchen aus dem Wasser filtern. Er hat schon Hinterbeine, und die Ansätze für die Vorderbeine sind am 2. Juni bereits zu erkennen.

Am 12. Juni ist Frax schon fast ein richtiger Springfrosch. Er besitzt nun vier Beine, atmet durch Lungen und hat einen gedrungenen Körper. Auch seine Nahrung hat sich verändert. Er frißt jetzt ausschließlich Insekten und Schnecken.
Er verläßt nun seinen Teich und sucht in den benachbarten Feuchtwiesen und am Waldrand nach Beute. Im Herbst gräbt er sich ein und kann so den ersten Winter gut überstehen. Im Frühjahr wird er dann zurück zu seinem Teich wandern. Erst in drei Jahren wird er einWeibchen suchen, dessen Eier er besamen kann.

21.3 Wo leben in unserer Umgebung Amphibien, und welche Arten kommen hier vor?

Projektanregungen:

- Ihr könntet euch bei einer ortsansässigen Umweltorganisation über die Amphibien erkundigen, die in der Umgebung eures Wohnortes vorkommen.
- Ihr könntet die Artenbeschreibungen auf dieser Seite mit Hilfe geeigneter Fachbücher vervollständigen.
- Ihr könntet ein Informationsplakat oder einen Diavortrag über einheimische Amphibienarten gestalten.
- Ihr könntet euch eine Karte von eurem Wohnort besorgen. Tragt in diese Karte ein, wo in eurer Umgebung Amphibien vorkommen und welche Arten dort leben.

Einheimische Amphibien
In der Bundesrepublik Deutschland gibt es 19 verschiedene Amphibienarten, davon sind gegenwärtig fünf Arten vom Aussterben bedroht und drei weitere in ihrem Bestand gefährdet.

Teichmolch
Aussehen: Die Bauchseite ist hellgelb. Der Teichmolch wird etwa 10 cm lang. Das Männchen besitzt einen gewellten Kamm.
Lebensraum: Er lebt in bewaldeten Gegenden und Gewässern.
Lebensweise: Bei feuchtwarmer Witterung zeigt er seine Hauptaktivität. Unter Steinen und Wurzeln findet er seine Verstecke.
Fortpflanzung: Im April und Mai sucht er seine Laichgewässer auf. Dort legt das Weibchen die Eier einzeln auf der Blattunterseite ab. Die Entwicklungszeit der Jungen dauert ungefähr drei Monate.

Kreuzkröte
Aussehen: Sie wird 7–8 cm lang.
Lebensraum: Die Kreuzkröten bevorzugen Flußauen, Schuttberge, Dünen und Heidegebiete.
Lebensweise: Tagsüber versteckt sich die Kreuzkröte unter Steinen und Wurzeln. Ihr Ruf ist bis zu einer Entfernung von über einem Kilometer zu hören.
Fortpflanzung: Die Kreuzkröten laichen sogar in Pfützen oder Kleinstgewässern ab. Die Laichschnüre sind ein bis zwei Meter lang. Die Entwicklung der Jungen dauert ca. 10 Wochen.

Teichfrosch
Aussehen: Er wird bis zu 9 cm lang. Die Schwimmhäute an den Hinterfüßen reichen bis zu den Zehenspitzen.
Lebensraum: Er besiedelt kleinere Gewässer.
Lebensweise: Er lebt hauptsächlich im Wasser. Er überwintert auch teilweise am Gewässergrund, häufiger jedoch an Land.
Fortpflanzung: Die Laichzeit beim Teichfrosch ist im Mai. Die Laichballen enthalten 600–1500 Eier.

21.4 Warum sind die Amphibien vom Aussterben bedroht?

Projektanregungen:

– Ihr könntet euch bei Umweltorganisationen über die Ursachen der Gefährdung von Amphibien erkundigen.
– Ihr könntet mit Hilfe der Abbildung 1 weitere Ursachen für den Rückgang der Amphibien aufschreiben.
– Ihr könntet mit Hilfe des Textes „Wird ein Laichgewässer trockengelegt?“ die Argumente für und gegen die Trockenlegung der Feuchtwiese aufschreiben und weitere Argumente formulieren.
– Ihr könntet die Argumente in Form eines Rollenspiels vortragen.
– Ihr könntet Zeitungsartikel oder Informationen, in denen über ähnliche Gewässerschädigungen berichtet wird, suchen.
– Ihr könntet bei den landwirtschaftlichen Genossenschaften nachfragen, welche chemischen Mittel Bauern auf den Feldern einsetzen dürfen, und ob diese Mittel Amphibien schädigen.

Wird ein Laichgewässer trocken gelegt?

Bauer Schulz sitzt mit seiner Frau am Mittagstisch. Vor einigen Tagen hat er in einer landwirtschaftlichen Zeitschrift einen interessanten Artikel entdeckt. Dort wurde die Trockenlegung einer Feuchtwiese beschrieben.

Eine Firma hat eine Maschine entwickelt, mit der in einem Arbeitsgang Gräben gezogen, Drainagerohre in den Graben gelegt und diese Gräben wieder verschlossen werden können. Die Drainagerohre entziehen dem Boden das Wasser und münden in einen Entwässerungskanal, der das Wasser wegleitet.

Herr Schulz überlegt nun, ob er seine Wiese, auf der es auch einen Teich gibt, trockenlegen lassen soll. Er könnte dann dort Mais anbauen, den er an seine Schweine verfüttern kann. Dadurch bräuchte er kein Futter zusätzlich kaufen, und sein Gewinn würde höher ausfallen.

Er erzählt seiner Frau von seinen Plänen. Frau Schulz ist damit nicht einverstanden. Sie gibt zu bedenken, daß in der Feuchtwiese viele Vogelarten brüten. Im Frühjahr kommen Kröten und Frösche dorthin zum Ablaichen. Es wäre schade, wenn für die Amphibien ein wichtiges Laichgebiet verlorenginge. Sie informiert außerdem ihren Mann über ein Feuchtwiesenprogramm der Landesregierung. Danach sollen Landwirte, die ihre Feuchtwiesen erhalten, eine finanzielle Unterstützung bekommen.

Wie soll sich das Ehepaar Schulz entscheiden?

Fischsterben im Mühlteich

Ein Angler entdeckte gestern zufällig mehrere tote Fische im Mühlteich. Eine Wasseruntersuchung ergab, daß im Wasser das chemische Mittel Atralan nachgewiesen werden konnte. Atralan wird von Landwirten auf Maisfeldern angewendet. Dort vernichtet es alle Unkräuter, und die jungen Maispflanzen können sich besser entwikkeln. Man vermutet, daß diese giftige Substanz durch die starken Regenfälle der letzten Tage aus einem Feld in den Mühlteich geschwemmt worden ist.

Sehr beunruhigt über diesen Tatbestand äußerte sich ein Umweltschützer in der städtischen Zeitung. Man befürchte, daß durch das chemische Mittel der Laich von Erdkröten geschädigt oder die schlüpfenden Kaulquappen getötet werden. Ein starker Rückgang der Erdkröten in dieser Region wäre die Folge.

Fraglich sei auch, ob die Amphibien im nächsten Jahr hier wieder ablaichen können.

21.5 Wie können Amphibien geschützt werden?

Projektanregungen:
- Ihr könntet euch über Schutzmaßnahmen an eurem Wohnort und über deren Wirksamkeit erkundigen.
- Ihr könntet Fragen formulieren, die ihr in Form eines Interviews Mitgliedern einer Gruppe stellt, die aktiv Amphibienschutz betreiben.
- Ihr könntet ein Merk- oder Flugblatt entwerfen, in dem ihr auf die Gefährdung der Amphibien und die Notwendigkeit von Schutzmaßnahmen hinweist.
- Ihr könntet ein Modell von einem Amphibienschutzzaun bauen.

Straßensperren

Amphibien müssen auf den Wanderungen zu den Laichplätzen wirkungsvoll vor dem Überfahren geschützt werden. Hinweisschilder reichen hierzu nicht aus. Die Sperrung eines Straßenabschnittes während der Laichwanderung wäre eine wirkungsvolle Hilfe. Hier taucht jedoch das Problem auf, daß man Hauptverkehrsstraßen immer nur kurzfristig sperren kann. Bei Nebenstraßen oder Feldwegen ist die Sperrung unkomplizierter. Es ist jedoch schwierig, die genauen Laichwanderzeiten abzuschätzen. Bei zwei Amphibienarten sind die Zeiten ziemlich genau bekannt. Der Grasfrosch wandert Mitte Februar bis März zum Gewässer, häufig bei Regen und einer Temperatur von 4,5 bis 11,5 °C. Die Erdkröte wandert Anfang März bis Ende April zum Gewässer, bei einer Außentemperatur von 5,5 bis 11,5 °C. Die Tiere wandern meistens in den Abendstunden ab 19.00 bis 23.00 Uhr. Ab Ende März beginnt die Abwanderung der Grasfrösche vom Laichplatz. Sie kann bis zum September dauern. Auch Erdkröten verlassen nach dem Ablaichen das Gewässer.

Schutzzäune

Die Aufstellung von Amphibienschutzzäunen ist eine weitere wirkungsvolle Möglichkeit, Frösche, Kröten und Molche auf dem Weg zum Laichgewässer zu schützen. Die Schutzzäune verhindern, daß die Amphibien die Straße überhaupt erreichen. Die Tiere laufen am Zaun entlang, fallen in einen ebenerdig eingegrabenen Eimer und werden dann von Helfern über die Straße getragen. Hierzu sind freiwillige Helfer notwendig, die zumindest während der Hauptwanderzeiten an jedem Morgen und Abend die Eimer kontrollieren. Die Schutzzäune werden auf beiden Seiten der Straße aufgestellt, so daß auch die schon wieder abgewanderten Tiere gefangen werden.

Tunnel

Eine dauerhafte Lösung, Amphibien vor dem Überfahren zu schützen, ist ein Tunnel unter der Straße. Hier wird eine Röhre oder Halbschale mit einem Durchmesser von ungefähr einem Meter verwendet. Die Amphibien benutzen bei der Hin- und Rückwanderung dieselbe Röhre. Die Amphibien werden zu diesen Röhren durch Leitzäune geleitet, die ganzjährig stehenbleiben.

21.6 Wie muß ein Teich aussehen, damit dort Amphibien leben können?

Projektanregungen:
- Ihr könntet die Merkmale eines Amphibienteiches aufschreiben.
- Ihr könntet euer Schulgelände nach einem möglichen Standort für einen Amphibienteich erkunden.
- Ihr könntet euch einen Teich in der Umgebung ansehen und untersuchen, ob er als Amphibienteich geeignet ist.

Ein Teich für Amphibien?
Amphibien sind bei ihrer Fortpflanzung auf ein Laichgewässer angewiesen. Ein Teich mit einem Durchmesser von sechs bis zehn Metern ist für alle einheimischen Amphibien ausreichend. Wichtig ist vor allem der Standort. Viele Arten, wie der Wasserfrosch, der Laubfrosch oder die Kreuzkröte, bevorzugen sonnige Laichplätze. Stark beschattete Teiche werden gemieden. Ein fünf bis zehn Meter breiter Uferstreifen, der naturnah gestaltet ist, bietet den Amphibien Versteckmöglichkeiten. Dort finden sie auch ausreichend Nahrung. Bei der Gestaltung des Gewässers muß man Flachwasserzonen, die mit Schilf und Rohrkolben bepflanzt werden, einplanen.
In der Nähe des Teiches kann man mit Steinen oder Wurzelstöcken Versteck- und Überwinterungsmöglichkeiten schaffen.
Viele Amphibienarten benötigen einen großen Landlebensraum, wo sie Beute fangen und Überwinterungsmöglichkeiten suchen. Die Erdkröte zum Beispiel legt bei ihren Wanderungen bis zu vier Kilometer zwischen ihrem Laichgewässer und ihrem Sommer- bzw. Winterlebensraum zurück. Beim Springfrosch sind es immerhin noch zwei Kilometer und bei den meisten Molcharten ungefähr 400 Meter. Für Teiche auf einem Schulgelände kommen daher nur wenige Amphibienarten, wie zum Beispiel der Teichfrosch oder die Kreuzkröte, in Frage. Da einige Amphibienarten bzw. deren Nachkommen im Teich überwintern, sollte die Tiefe mindestens einen Meter betragen. Bei kleinen Teichen erhält man auf diese Weise steil abfallende Uferbereiche, die man durch das Aufstapeln von großen Steinen befestigen kann. Zu diesem Bereich des Teiches kann man einen Weg anlegen, der an einer Beobachtungsplattform endet. Von dort kann man die Tiere gut beobachten, ohne sie im Flachwasserbereich zu stören.
Die Abdichtung des Gewässers kann durch eine dicke Kunststoffolie oder durch gestampften Ton erfolgen.
Fische gehören nicht in einen Amphibienteich! Keinen Laich aus anderen Gewässern entnehmen. Keinen Teich in der Nähe einer Straße anlegen.

21.7 Wie pflanzen sich Frösche fort?

Projektanregungen:
- Ihr könntet euch über die Entwicklung von Krallenfroschlarven informieren und Unterschiede zur Entwicklung einheimischer Froschlarven aufschreiben.
- Ihr könntet in einem Aquarium Krallenfrösche halten und beobachten, wie sie ihre Nahrung aufnehmen.

Die Fortpflanzung der Krallenfrösche

Die Entwicklung von der Eiablage bis zum ausgewachsenen Tier vollzieht sich bei Krallenfröschen im Wasser. Die Kaulquappen atmen zunächst durch Kiemen. Nach der Metamorphose atmen sie über die Lunge. Während die meisten Amphibien nun überwiegend an Land leben, bleiben die Krallenfrösche weiterhin im Wasser. Daher kann man sie in einem Aquarium über mehrere Jahre gut beobachten. Hierzu benötigt ihr:
- ein Vollglasaquarium (40 bis 60 Liter Fassungsvermögen)
- einige Wasserpflanzen (z. B. Wasserpest)
- einen Kescher
- ein Transportgefäß
- Trockenfutter für Fische
- eine Heizung.

In das Aquarium kommt zuerst der gewaschene Aquariumkies. Nun wird vorsichtig Leitungswasser in das Bekken gefüllt. In den Kies werden mehrere Wasserpflanzen gepflanzt. Das Aquarium muß man einige Tage stehenlassen, damit sich Schwebeteilchen absetzen können. In ein Becken von 60 Litern Inhalt kann man drei Krallenfrösche einsetzen. Sie können in einem Warmwasseraquarium sogar mit Fischen zusammengehalten werden. Die Nahrung der Krallenfrösche besteht hauptsächlich aus Lebendfutter wie Mückenlarven oder Tubifex. Sie fressen aber auch getrocknete Insektenlarven. Im Alter von einem Jahr können sich afrikanische Krallenfrösche fortpflanzen. Das Weibchen legt 10 000 bis 15 000 Eier. Aus den Eiern schlüpfen Kaulquappen, die schon nach kurzer Zeit durch Lungen atmen. Die Innenkiemen dienen der Nahrungsfilterung. An den Mundwinkeln besitzen sie Fühlfäden, mit denen sie wahrscheinlich Beutetiere erspüren. Nach der Verwandlung zum Frosch bleibt das Jungtier weiterhin im Wasser.

Der Krallenfrosch besitzt einen kleinen Kopf, der sich überhaupt nicht vom plumpen flachen Leib absetzt. Er hat dicke Hinterbeine mit großen Zehen. An den drei inneren Zehen sind lange Krallen, die er zur Verteidigung einsetzt.

Eine gewisse Berühmtheit erlangte der Krallenfrosch, weil er früher zum Schwangerschaftstest eingesetzt wurde: Wird dem Männchen Urin einer schwangeren Frau gespritzt, so werden seine Hoden zur Abgabe von Spermien angeregt. Auf diese Weise konnte man frühzeitig eine Schwangerschaft nachweisen.

Krallenfrosch

Alter in Tagen	Länge in mm	Entwicklungsstadien
1	8-10	Die Larve schlüpft.
7	14–17	Goldfärbung am Bauch
12	17–23	Ansätze der Hinterbeine sichtbar
21	42–56	Ansätze der Vorderbeine sichtbar
24	50–60	Vorderbeine und Hinterbeine entwickelt, fünf Zehen an den Hinterbeinen sichtbar
44	80–100	Die Larve ist ausgewachsen.
45	——	Der Schwanz bildet sich zurück.
53	——	Der Schwanz hat sich auf ein Drittel der Körperlänge zurückgebildet.
58	——	Die Metamorphose ist beendet.

Entwicklung beim Krallenfrosch

22 Reptilien

22.1 Zauneidechsen mögen es heiß

1 Zauneidechsen-Paar

Sobald im Frühjahr die Sonne stärker scheint, kann man mit etwas Glück auf einer trockenen Wiese, an einem sonnigen Hang oder am Waldrand eine Zauneidechse beobachten. Zauneidechsen verlassen Ende März bis Anfang April ihr Winterquartier und suchen trockene Grasflächen oder Steine auf, auf denen sie sich in der Sonne aufwärmen. Dazu bleiben sie völlig regungslos liegen und heben sich mit ihrem braunen, dunkel gefleckten Körper kaum vom Untergrund ab. Erst bei genauem Hinsehen sind ihre typischen Merkmale zu erkennen. Der ganze Körper ist mit kleinen Hornschuppen bedeckt. Die vier kurzen Beine sind nach den Seiten gerichtet. Der Körper berührt mit der ganzen Unterseite den Boden. Vom Kopf bis zum Schwanz ist eine Zauneidechse etwa 35 Zentimeter lang. Der Schwanz macht die Hälfte der Gesamtlänge aus (Abb. 1).

Eine Zauneidechse, die beim Sonnen gestört wird, sucht blitzschnell ein Versteck auf, beispielsweise unter einem Steinhaufen. Wenn eine Zauneidechse läuft, heben die Beine den Rumpf ein wenig an und sie bewegt sich, bedingt durch den langen Körper, schlängelnd vorwärts (Abb. 2). Zauneidechsen können nur dann schnell laufen, wenn ihr Körper aufgewärmt ist. Während des Sonnens steigt die Körpertemperatur allmählich an. Wenn es am Abend kühler wird, sinkt die Körpertemperatur einer Zauneidechse wieder ab. Ihre Körpertemperatur ist von der Umgebungstemperatur abhängig. Tiere, bei denen die Körpertemperatur mit der Umgebungstemperatur steigt und sinkt, sind **wechselwarm**.

Im Mai suchen Zauneidechsenweibchen einen Platz für die Eiablage. Sie graben in warmer, etwas feuchter Erde eine Höhle und legen dort fünf bis vierzehn Eier ab. Sie betreiben **Brutfürsorge**, das heißt, sie sorgen für einen geeigneten Platz, an dem sich die Eier entwickeln können. Die ausgeschlüpften jungen Zauneidechsen bleiben aber sich selbst überlassen. Für die Entwicklung des befruchteten Eies sind Wasser, Nährstoffe und Wärme notwendig. Wasser nimmt das Ei über die weiche Schale aus der Umgebung auf. Alle notwendigen Nährstoffe sind im Dotter enthalten. Die Sonnenstrahlung erwärmt das Ei. Nach etwa neun Wochen schlüpfen die Jungen (Abb. 3). Die etwa drei Zentimeter langen Tiere sind sofort selbständig.

Junge Zauneidechsen wachsen in der ersten Zeit sehr schnell. Ihre Haut, deren äußere Schicht aus Hornschuppen besteht, kann aber nicht mitwachsen. Sie reißt an mehreren Stellen ein und blättert stückweise ab (◁). Man sagt dann, eine Zauneidechse häutet sich. Unter den alten Horn-

Da ältere Zauneidechsen nicht so schnell wachsen wie Jungtiere, häuten sie sich auch seltener als diese.

schuppen ist zuvor eine neue, etwas größere verhornte Hautschicht gebildet worden.

Die Hornschuppen bedeuten für Zauneidechsen einen wichtigen Schutz. Ihr Körper kann nicht austrocknen. Im Gegensatz zu Amphibien sind Zauneidechsen unabhängig vom Wasser und können in trockenen Gebieten leben. Die Flüssigkeit, die sie benötigen, nehmen sie mit der Nahrung auf. Die verhornte Haut macht eine Hautatmung, wie sie bei den Amphibien stattfindet, unmöglich. Zauneidechsen atmen über Lungen.

Ende September verkriechen sich Zauneidechsen unter Steinhaufen oder in Höhlen unter Baumwurzeln und überwintern dort. Ihre Körpertemperatur sinkt ab. Sie entspricht schließlich der Temperatur in ihrem Winterquartier. Sie nehmen keine Nahrung zu sich. Sie atmen kaum noch und ihr Herz schlägt nur sehr langsam. Sie sind in dieser Zeit völlig bewegungsunfähig. Diesen Zustand nennt man **Winterstarre**. Wenn die Temperatur im Winterquartier unter null Grad absinkt, erfrieren Zauneidechsen.

Die Rote Liste von Nordrhein-Westfalen gibt eine Übersicht über alle ausgerotteten und in ihrem Bestand gefährdeten Tier- und Pflanzenarten in Nordrhein-Westfalen.

In den letzten Jahren sind Zauneidechsen bei uns selten geworden. Ihre Lebensräume sind sehr eingeschränkt worden. Es gibt kaum noch warme, ungestörte Südhänge, Steinbrüche und Kiesgruben. Zauneidechsen wurden in die Rote Liste von Nordrhein-Westfalen aufgenommen, da ihr Bestand bei uns gefährdet ist.

3 Zauneidechsen schlüpfen aus dem Ei

2 Bewegung der Zauneidechse

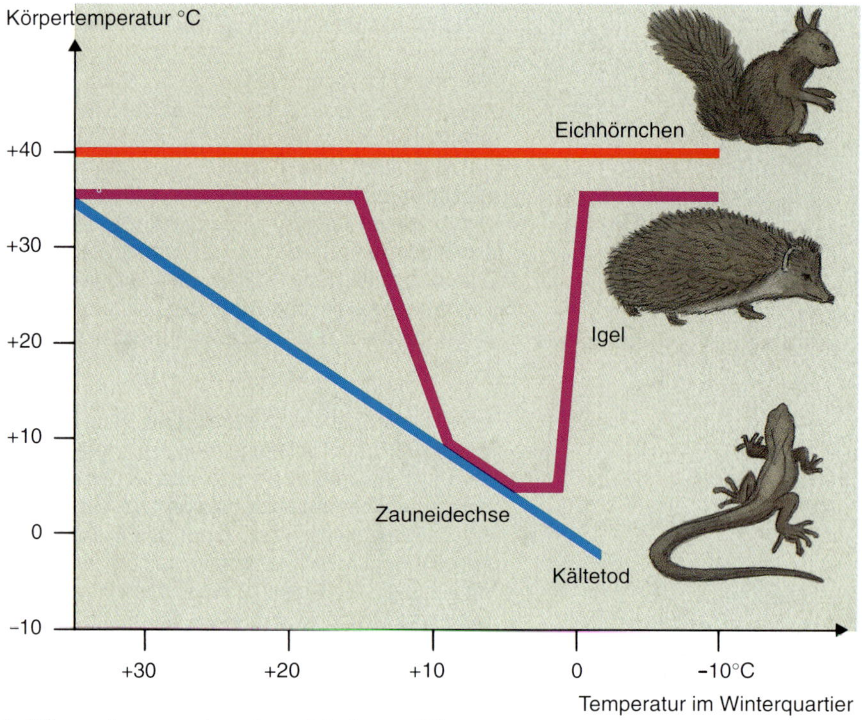

4 Körpertemperatur verschiedener Tiere

Aufgaben

① Betrachte das Zauneidechsenpärchen in Abb. 1. Das Männchen liegt im Vordergrund. Beschreibe das Aussehen der beiden Tiere. Nimm dazu auch den Text zu Hilfe.

② In Abb. 4 ist die Körpertemperatur einer Zauneidechse in Abhängigkeit von der Umgebungstemperatur aufgetragen. Beschreibe und erläutere diese Temperaturkurve.
Vergleiche die Temperaturkurven von Zauneidechse, Eichhörnchen und Igel in Abb. 4. Erkläre die Unterschiede!

③ Bei gleichwarmen Tieren ist die Körpertemperatur unabhängig von der Umgebungstemperatur immer gleich. Gib für folgende Tierarten an, ob sie wechselwarm oder gleichwarm sind:
Ringelnatter, Amsel, Weißstorch, Waldeidechse, Eichhörnchen, Feuersalamander, Maus, Blindschleiche, Zaunkönig, Grasfrosch, Sumpfschildkröte, Maulwurf, Igel.

④ Nenne Merkmale, durch die Zauneidechsen an warme, trockene Lebensräume angepaßt sind.

⑤ Übernimm folgende Tabelle in dein Heft und vervollständige sie:

Lebensraum	Grasfrosch	Zauneidechse	Eichhörnchen
Körperoberfläche			
Beziehung: Körpertemperatur/ Umgebungstemperatur			
Überwinterung			
Fortpflanzung			
Fortbewegung			

⑥ Benötigt eine Zauneidechse während der Winterstarre wenig oder viel Energie? Begründe deine Meinung.

Zauneidechsen sind an ein Leben an Land angepaßt. Ihre Hornschuppen verhindern ein Austrocknen des Körpers. Zauneidechsen atmen mit Lungen. Sie legen Eier und betreiben Brutfürsorge. Zauneidechsen sind wechselwarm. Den Winter verbringen sie im Zustand der Winterstarre.

22.2 Kennübung: Reptilien

Blindschleiche

Komodo-Waran

Sumpfschildkröte

Alligator

Ringelnatter

Bergeidechse

22.3 Kreuzottern – mit Gift fängt man Mäuse

1 Kreuzotter

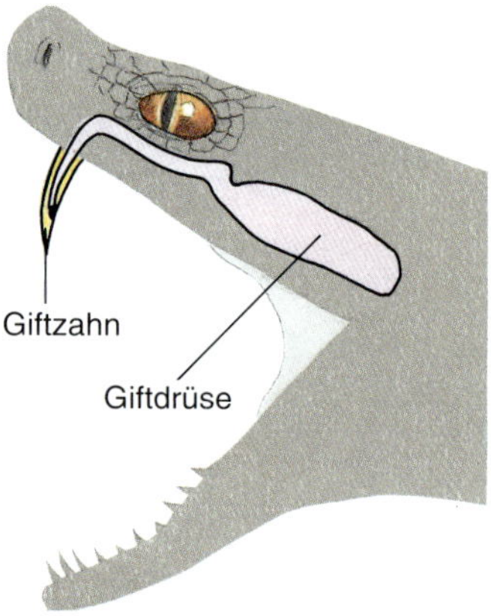

2 Giftdrüse und Giftzahn einer Kreuzotter

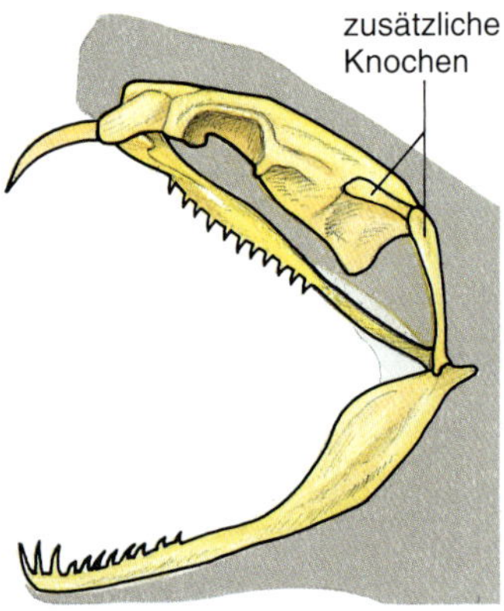

3 Schädel einer Kreuzotter

Es ist ein heißer Sommer im Moor. Zusammengerollt liegt die Kreuzotter im trockenen Gras, völlig reglos (Abb. 1). Eine Maus nähert sich. Sie bemerkt die Gefahr nicht. Die Kreuzotter verfolgt die Maus mit den Augen. Plötzlich schnellt sie vor. Sie beißt die Maus mit ihren Giftzähnen und läßt sie danach wieder los. Die Maus läuft weiter und verschwindet im Gestrüpp. Nach einer Weile kriecht die Kreuzotter der Maus hinterher. Sie verfolgt ihre Duftspur. Dann hat sie die tote Maus gefunden. Sie beginnt, ihre Beute langsam zu verschlingen.

Kreuzottern besitzen im Oberkiefer zwei große, spitze Zähne, die normalerweise nach hinten eingeklappt sind. Beim Öffnen des Maules werden die Zähne aufgerichtet. Über eine feine Öffnung nahe bei der Spitze der Zähne gelangt während des Bisses eine giftige Flüssigkeit in die Beute (Abb. 2). Das Gift löst in der Beute Zersetzungsprozesse aus, durch die ein bestimmter Duft entsteht. Hierdurch hinterläßt das Beutetier auf seiner Flucht eine typische Duftspur. Diesen Geruch nimmt eine Kreuzotter mit Hilfe ihrer Zunge auf. Sie findet die durch das Gift gelähmte oder bereits tote Beute selbst an versteckten Orten. Kreuzottern verschlingen ihre Beute, ohne sie in kleine Stücke zu zerteilen. Dies ist wegen der Größe der Beute nur durch besondere Einrichtungen des Schlangenschädels möglich. Ober- und Unterkiefer sind bei einer Kreuzotter durch zwei stabförmige Knochen miteinander verbunden (Abb. 3). Hierdurch kann der Abstand zwischen den beiden Kiefern soweit vergrößert werden, daß eine Maus oder ein anderes Beutetier unzerkleinert durch den Rachen gepreßt werden kann. Anschließend fressen Kreuzottern oft tagelang nichts mehr.

Kreuzottern sind lebendgebärend, sie bringen bis zu 18 Junge zur Welt. Diese sind dann etwa 20 cm lang. Giftdrüse und Giftzähne sind bei ihnen bereits voll entwickelt. Die Jungen sind selbständig und häuten sich sofort. Wenn Kreuzottern sich häuten, reißt ihre verhornte Haut am Kopf auf. Die Schlange kriecht dann aus dieser Öffnung heraus. Die alte Haut wird in einem Stück abgestreift.

Kreuzottern gibt es in zwei verschiedenen Färbungen, eine dunkle und eine helle Form. Bei der hellen Form sieht man längs des Rückens ein dunkles Zickzackband. Die bis zu 85 cm langen Schlangen besitzen keine Beine. Kreuzottern sind wie Zauneidechsen durch die Hornschuppen vor Austrocknung geschützt. Auch sie sind wechselwarm und überwintern in Höhlen im Zustand der Winterstarre. Sie atmen ebenfalls über Lungen. Aufgrund dieser Merkmale werden sie den **Reptilien** zugeordnet.

Kreuzottern und Zauneidechsen gehören zu den acht Arten der in Nordrhein-West-

In Nordrhein-Westfalen vorkommende Reptilienarten:
Europäische Sumpfschildkröte (einzelne Tiere ausgesetzt)
Mauereidechse (vom Aussterben bedroht)
Kreuzotter (stark gefährdet)
Schlingnatter (gefährdet)
Zauneidechse (gefährdet)
Ringelnatter (gefährdet)
Waldeidechse
Blindschleiche

falen vorkommenden Reptilien. Ihr Bestand ist in den letzten Jahren stark zurückgegangen. Die Ursachen sind vielfältig, aber letztlich müssen immer Eingriffe des Menschen dafür verantwortlich gemacht werden.

So wurden beispielsweise die Lebensräume der Reptilien ständig weiter eingeschränkt. Auf ehemaligen Heideflächen wachsen Büsche und Bäume, weil Schafe die Gebiete nicht mehr beweiden. Moorgebiete wurden durch Entwässerungsmaßnahmen zerstört. Sand-, Heidegebiete und Kahlschläge wurden aufgeforstet, Waldränder mit Wiesenflächen landwirtschaftlich genutzt und Südhänge bebaut. Das Abflämmen von Böschungen zerstörte nicht nur Lebensraum, sondern auch Nahrungsgrundlage von Zauneidechsen. Die Verwendung von Pflanzenschutzmitteln wirkte sich ebenfalls ungünstig auf das Nahrungsangebot aus. Kreuzottern gingen in ihrem Bestand auch dadurch zurück, daß sie gefangen und totgeschlagen wurden, da man sie wegen ihres Giftes als große Gefahr für den Menschen ansah. Die meisten in unserem Bundesland vorkommenden Reptilien sind daher in die Rote Liste von Nordrhein-Westfalen aufgenommen worden.

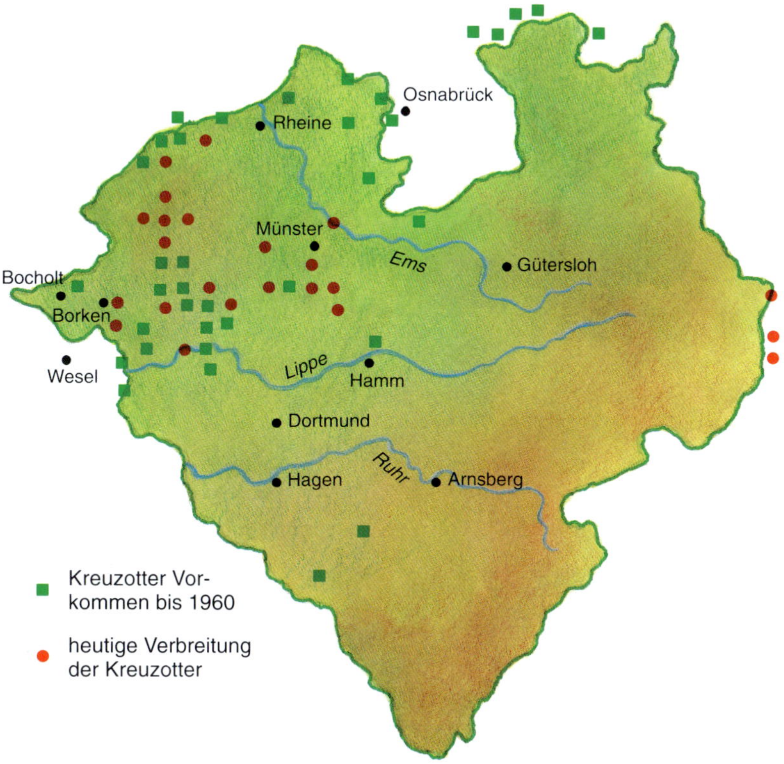

4 Vorkommen von Kreuzottern in Westfalen

Biotip

Wie verhalte ich mich im Kreuzotterrevier?

Kreuzottern greifen von sich aus Menschen nicht an. Normalerweise nehmen die Tiere eine Annäherung durch Bodenerschütterung so früh wahr, daß sie rechtzeitig fliehen können. Doch sie beißen, wenn sie überrascht werden. Wenn du Gelände betrittst, in dem Kreuzottern leben, solltest du folgendes beachten:
- Trage immer geschlossene, hohe Schuhe oder Stiefel, so kannst du einer möglichen Bißwunde vorbeugen.
- Verlasse auf keinen Fall die Wege, damit Kreuzottern nicht zu oft gestört werden.
- Nach einem Kreuzotterbiß solltest du einen Arzt aufsuchen.

Aufgaben

① Beschreibe den Beutefang der Kreuzotter. Berücksichtige dabei ihre besonderen körperlichen Merkmale.

② Vergleiche das Vorkommen der Kreuzottern früher und heute, wie es in Abb. 4 dargestellt ist. Überlege dir Gründe für den Bestandsrückgang.

③ Schlage in einem Bestimmungsbuch und Abschnitt 22.2 „Kennübungen Reptilien" nach, welche Reptilienarten in der Bundesrepublik Deutschland vorkommen. Schreibe auf, woran du sie erkennen kannst und wo sie leben.

④ Vergleiche Kreuzottern und Zauneidechsen miteinander. Schreibe Gemeinsamkeiten und Unterschiede zwischen ihnen auf.

⑤ Überlege dir, warum in den südeuropäischen Ländern, wie z. B. Italien und Spanien, mehr Reptilien vorkommen als in der Bundesrepublik Deutschland.

Kreuzottern besitzen Giftzähne, die sie zum Beutefang einsetzen. Sie können relativ große Beute unzerkleinert verschlingen. Kreuzottern sind lebendgebärend. Kreuzottern sind in ihrem Bestand stark gefährdet.

22.4 Leben vor 150 Millionen Jahren

1 Saurier in ihrem Lebensraum: hinten von links nach rechts: Stegosaurus, Diplodocus, Pteranodon, vorn von links nach rechts: Protoceratops, Anatosaurus, Triceratops, Tyrannosaurus

Große Flächen der heutigen Bundesrepublik Deutschland waren vor 150 Millionen Jahren vom Meer bedeckt. Am Land war es warm, Pflanzen wuchsen üppig. Menschen gab es noch nicht und die wenigen Säugetiere waren alle sehr klein. Zu jener Zeit lebten Saurier.

Auch Saurier gehören zu den Reptilien. Riesige Fußabdrücke und Skelettfunde lassen darauf schließen, daß die meisten Arten von ihnen wesentlich größer und schwerer waren als ihre heute noch lebenden Nachfahren, die Krokodile, Eidechsen, Schlangen und Schildkröten. Tyrannosaurus zum Beispiel erreichte eine Höhe von sechs Metern, eine Länge von 16 Metern und seine Schrittlänge betrug bald drei Meter. Wahrscheinlich konnte er sehr schnell auf seinen Hinterbeinen laufen und erjagte seine Beute, die vermutlich vor allem aus pflanzenfressenden Sauriern bestand. Er fraß aber wohl auch Aas.

Diplodocus war dagegen ein Pflanzenfresser und wie Tyrannosaurus ein Landsaurier. Er konnte bis zu 28 Meter lang und etwa 40 Tonnen schwer werden. Er lief auf vier Beinen und bewegte sich wahrscheinlich nur langsam fort.

Pteranodon gehörte zu den Flugsauriern. Seine Vorderbeine waren zu Flügeln umgebildet. Von einer Zehe jedes Vorderfußes aus war eine Haut zum Hinterbein gespannt. Obwohl er fliegen konnte, fing er seine Nahrung vermutlich nicht in der Luft. Man nimmt an, daß er sie sich aus dem Meer holte. Wenn er sich ausruhte, hängte sich Pteranodon wohl kopfunter mit den Krallen an Felsen oder Äste.
Nothosaurus, ein Paddelsaurier, lebte wahrscheinlich überwiegend im flachen Wasser und schwamm mit Hilfe der Beine, die wie paddelförmige Flossen ausgesehen haben sollen. An Land konnten sich diese Tiere wohl nur sehr ungeschickt fortbewegen.
Mixosaurus lebte – wie andere Fischsaurier – ausschließlich im Meer, vermutlich vor allem in tiefen Wasserregionen. Ihre Körperform glich wohl eher einem Hai oder Delphin als einem Krokodil. Trotzdem gehörten auch die Fischsaurier zu den Reptilien.

Die zahlreichen Skelettfunde, die in verschiedenen Teilen der Welt gemacht wurden, belegen die Vermutungen, daß Saurier damals alle Lebensräume, das Land, das Wasser und die Luft besiedelten. In vergleichbarem Ausmaß wie damals Saurier, besiedeln heute nur Säugetiere alle Lebensräume.

Vor etwa 65 Millionen Jahren starben die Saurier aus. Die verschiedenen Arten hatten etwa 160 Millionen Jahre lang die Erde bewohnt. Die Ursachen für das Aussterben sind bis heute unklar. Wissenschaftler vermuten, daß entweder Meteoriteneinschläge oder starke Vulkantätigkeiten der Grund hierfür waren. Sie sollen bewirkt haben, daß gewaltige Staubmassen zu einer lang dauernden Verdunkelung geführt haben. Pflanzen starben ab. Nahrungsmangel und gleichzeitig ein extremer Kälteeinbruch führten vermutlich dazu, daß alle Saurier ausstarben.

Art	Länge in m	Höhe in m	geschätztes Gewicht in kg
Brachiosaurus	27	15	50 000
Brontosaurus/Apatosaurus	22	?	40 000
Diplodocus	28	?	40 000
Iguanodon	11	5	10 000
Stegosaurus	9	?	1 750
Tyrannosaurus	16	6	7 000
Ichthyosaurus	12	?	?
Pteranodon	Spannweite 7 m		17
Quetzalcoathus northropi	Spannweite 12 m		65

2 Maße und Gewichte einiger ausgestorbenen Reptilien

Aufgaben

① Suche mit Hilfe eines Buches über Saurier jeweils einen Saurier zu folgenden Formen heraus: Landsaurier, Flugsaurier, Paddelsaurier, Fischsaurier. Beschreibe, wenn möglich, Aussehen und Lebensweise.

② Beschreibe Merkmale, an denen deutlich wird, in welchen Lebensräumen die jeweiligen Saurier gelebt haben.

③ Vor 150 Millionen Jahren besiedelten Saurier alle Lebensräume. Nenne Beispiele von Säugetieren, die heute in den entsprechenden Lebensräumen vorkommen.

④ Miß Höhe und Länge deines Schulgebäudes aus und vergleiche die Maße mit der Größe eines Diplodocus.

⑤ Stelle einen Vergleich an zwischen einem afrikanischen Elefanten (er wird bis siebeneinhalb Meter lang und sechs Tonnen schwer) und zwei Sauriern. Veranschauliche dein Ergebnis in einer Skizze.

⑥ Saurier lebten 160 Millionen Jahre auf der Erde, bevor sie ausstarben. Schlage im nächsten Kapitel nach, seit wieviel Jahren der Mensch und seine Vorfahren auf der Erde leben.

Vor 150 Millionen Jahren waren Saurier auf dem Land, in der Luft und im Wasser verbreitet. Über ihren Körperbau sind wir durch Skelettfunde informiert. Aussagen über ihre Lebensweisen beruhen auf Vermutungen. Saurier starben vor 65 Millionen Jahren aus.

23 Stammesgeschichte der Wirbeltiere

23.1 Wirbeltiere heute

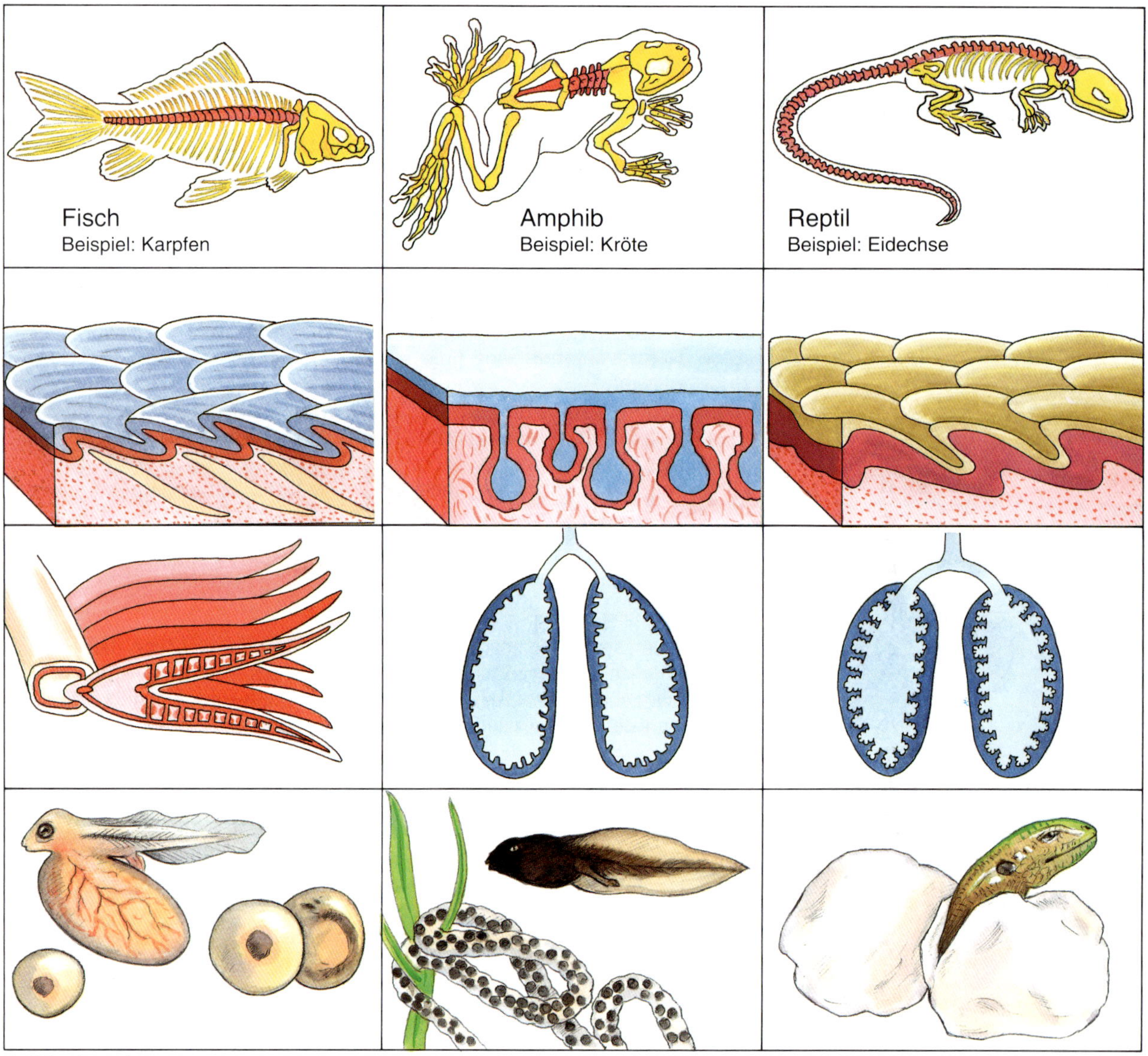

1 Merkmale der Wirbeltiere

Aufgaben

① Betrachte die Übersicht über die Wirbeltiere in Abb. 1. Fertige eine Tabelle mit fünf Spalten an. Trage anstelle der Abbildungen eine entsprechende Beschreibung in Stichworten in die Felder ein.

② Beschreibe aus der Abb. 1 die Unterschiede der Merkmale Haut, Atmung und Fortpflanzung bei den Wirbeltierklassen.

Fische leben im Wasser. Sie besitzen Flossen zum Antrieb und zur Steuerung beim Schwimmen. Die Haut der Fische ist beschuppt und von einer schleimigen Schicht überzogen. Fische atmen mit Kiemen. Zur Fortpflanzung legt das Weibchen die Eier im Wasser ab. Dort werden sie von den Spermazellen des Männchens befruchtet. Man nennt das äußere Befruchtung. Die Jungen entwickeln sich aus den befruchteten Eiern im Wasser.

Amphibien leben an Land in feuchten Gebieten. Der Körper wird mit Hilfe der Beine über den Boden geschoben. Amphibien bewegen sich schleppend-kriechend fort. Die Eier werden bei den meisten Amphibien im Wasser abgelegt. Dort werden sie von den Spermazellen des Männchens

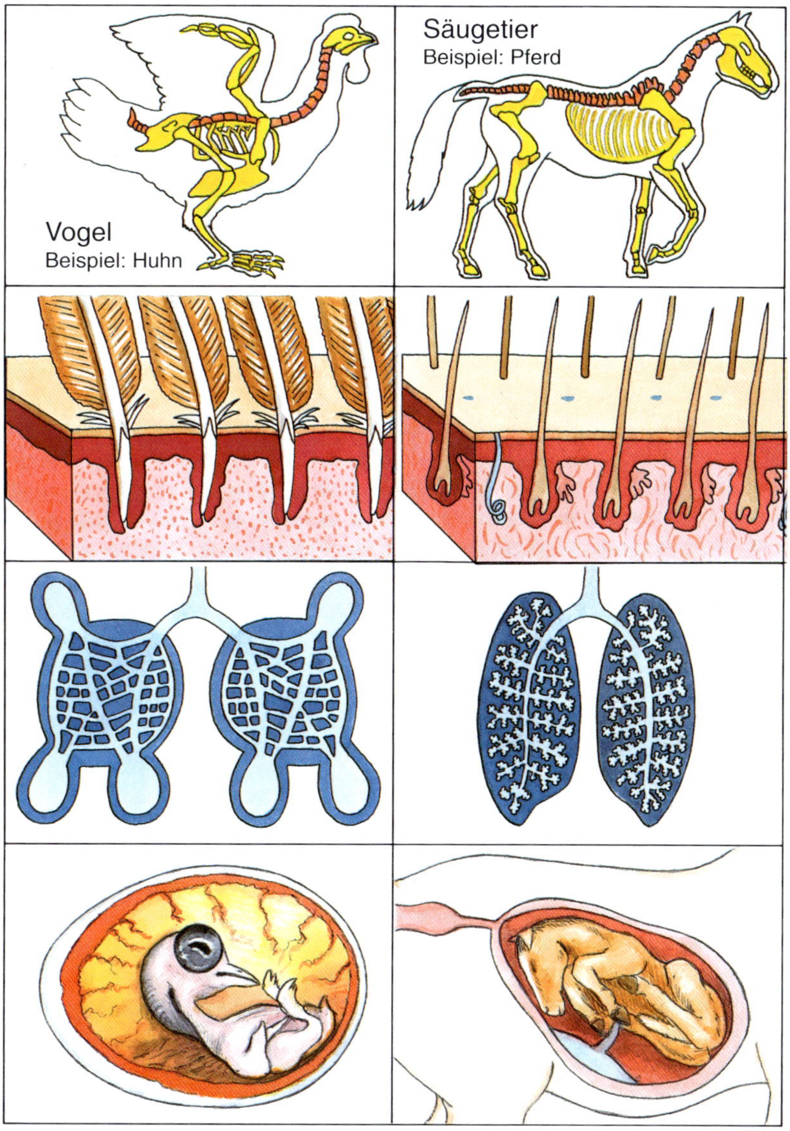

befruchtet. Es ist eine äußere Befruchtung. Die Eier sind von einer Gallerthülle umgeben. Die ausgeschlüpften Larven atmen mit Kiemen und leben im Wasser. Nach einer Metamorphose leben die meisten Amphibien an Land und atmen mit Lungen und der feuchten Haut.

Reptilien leben an Land. Die Beine der Reptilien sitzen seitlich am Körper. Der Körper wird beim Kriechen etwas angehoben. Die Hautoberfläche der Reptilien ist von Hornschuppen bedeckt. Sie atmen mit Lungen. Die Eier werden im Körper des Weibchens befruchtet. Man nennt das innere Befruchtung. Die Eier sind mit einer dünnen Hornschicht umgeben. Sie werden an Land an einer warmen Stelle vergraben. Der Embryo wächst im Ei heran.

Das Fliegen ist die kennzeichnende Fortbewegungsart der **Vögel**. Es wird durch den leichten Skelettbau, die Flügel und die Federn möglich. Vögel atmen mit Lungen. Die Eier werden im Körper des Weibchens befruchtet und mit einer widerstandsfähigen Kalkschale umgeben. Vögel bauen Nester, in die die Eier gelegt werden. Die Vogeleier werden von den Eltern bebrütet. Nach einiger Zeit schlüpfen die Jungen.

Säugetiere sind vorwiegend Tiere, die auf dem Land leben. Einige können sich im Wasser und in der Luft aufhalten. Die Gliedmaßen der Säugetiere sitzen unter dem Körper und heben ihn stark an. Durch die Stellung der Gliedmaßen sind Säugetiere in der Lage, sich auf dem Boden schnell fortzubewegen. Die Haut der Säugetiere ist von Haaren bedeckt. Säugetiere atmen mit Lungen. Die Befruchtung der Eizelle und die Entwicklung des Embryos erfolgt im Mutterleib. Nach der Geburt werden die Jungen einige Zeit von der Mutter mit Milch gesäugt.

Aufgrund der Ähnlichkeit untereinander bilden die Fische, die Amphibien, die Reptilien, die Vögel und die Säugetiere jeweils eine eigene Klasse von Tieren. Die fünf Klassen besitzen trotz aller Unterschiede auch Gemeinsamkeiten. Ein gemeinsames Merkmal ist die Wirbelsäule. Deshalb werden Fische, Amphibien, Reptilien, Vögel und Säugetiere zum **Stamm der Wirbeltiere** zusammengefaßt.
Die Übereinstimmungen bei verschiedenen Merkmalen sind die Folge der verwandtschaftlichen Beziehung zwischen den Wirbeltieren. Alle Wirbeltiere haben gemeinsame Vorfahren. Die Nachkommen haben sich allmählich verändert. Im Laufe langer Zeiträume haben sich zwischen den Nachkommen immer mehr Unterschiede herausgebildet.

Fische, Amphibien, Reptilien, Vögel und Säugetiere unterscheiden sich deutlich durch bestimmte Merkmale voneinander. Als gemeinsames Merkmal besitzen sie die Wirbelsäule. Sie werden deshalb zu dem Stamm der Wirbeltiere zusammengefaßt.

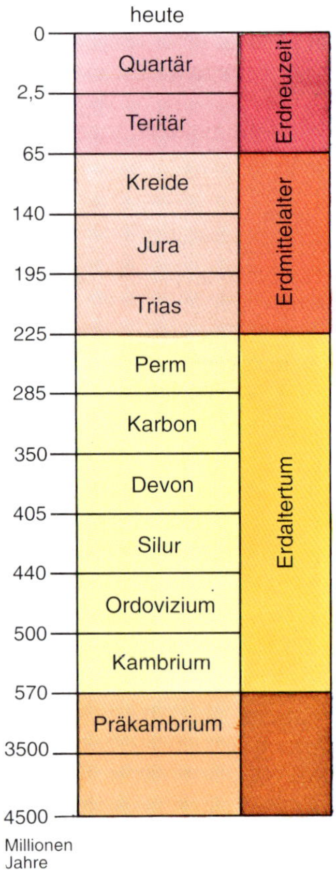

23.2 Wirbeltiere im Erdaltertum

Die Entwicklung der Wirbeltiere wird durch Fossilien belegt. **Fossilien** sind versteinerte Überreste von Lebewesen. Sie geben Auskunft über Körperbau, Körperform und manchmal sogar über die Lebensweise der betreffenden Lebewesen. Versteinerungen geben auch an, zu welcher Zeit die Lebewesen existiert haben. So kann man heute Bilder ausgestorbener Lebewesen nachzeichnen. Nach heutigem Wissensstand hat die Erde ein Alter zwischen vier und fünf Milliarden Jahren. Erste Lebensspuren von einzelligen Lebewesen sind schon dreieinhalb Milliarden Jahre alt. Über lange Zeiträume gab es Leben nur im Wasser. Etwa 500 Millionen Jahre alt sind Fossilien von Wasserbewohnern, die Flossen und eine verknorpelte Wirbelsäule besaßen. Diese Lebewesen waren die ersten Wirbeltiere, die in der Erdgeschichte auftraten. Sie gehörten zu den Fischen.

Vor etwa 400 Millionen Jahren gab es unter den Fischen eine Gruppe, die sich von den anderen im wesentlichen durch den Bau ihres Skeletts, ihres Schädels und ihrer Flossen unterschied. Die Flossen waren kräftig und sahen quastenförmig aus. Diese Gruppe der Fische heißt deshalb **Quastenflosser** (Abb. 1). Die Flossen wurden durch mehrere kleine, gegeneinander bewegliche Knochen gefestigt. Kräftige Muskeln reichten bis in die Flossen. Diese Fische hatten wahrscheinlich zusätzlich zu den Kiemen auch lungenähnliche Organe. Sie konnten daher auch Luft atmen. Es war ihnen möglich, sich aus dem Wasser auf Sandbänke zu schleppen und sich vielleicht so vor Feinden in Sicherheit zu bringen. Im Devon, als diese Tiere lebten, herrschte ein warmes Klima. Es geschah häufiger, daß Gewässer austrockneten. Einige der Quastenflosser besaßen leistungsfähigere Lungen. Sie waren fähig, länger über Land zu robben und so weiter entfernte Wasserstellen aufzusuchen.

Am Ende des Devons traten die ersten Landbewohner unter den Wirbeltieren auf. Der Schädelbau entsprach noch weitgehend dem der Quastenflosser. Man nennt sie **Fischschädellurche**. Ihre Haut hatte vermutlich nur noch auf der Bauchseite Schuppen, sonst war sie glatt. Sie besaßen Beine, einen kurzen Hals und Lungen. Die Tiere konnten Luft atmen, sich über den Boden vorwärts schieben und den Kopf drehen. Ihre Larven entwickelten sich vermutlich noch im Wasser, so daß die Tiere für die Fortpflanzung noch auf das Wasser angewiesen waren. Die Fischschädellurche gingen wahrschein-

1 Lebensbild aus dem Devon mit Quastenflosser und Fischschädellurch

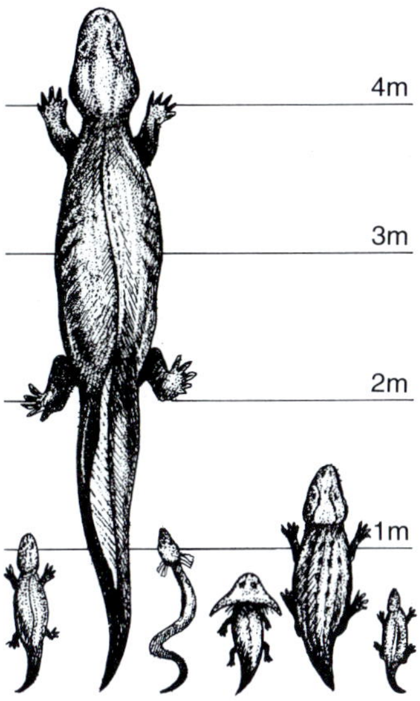

Amphibien im Erdaltertum

lich aus Quastenflossern hervor. Sie zeigen viele Merkmale der heutigen Amphibien. Der Übergang vom Wasser- zum Landleben war ein wichtiges Ereignis in der Entwicklung der Wirbeltiere (Abb. 1).

Im Karbon vor 300 Millionen Jahren prägten ausgedehnte Sümpfe mit üppigem Pflanzenwuchs viele Landschaften. Das Klima war feuchtwarm. Amphibien konnten sich gut ausbreiten. Die einzelnen Arten unterschieden sich sowohl durch ihre Größe als auch durch ihre Gestalt. Aber fast alle Arten hatten einen plumpen Körperbau. Einige Amphibien legten ihre Eier nicht im Wasser, sondern im Schlamm am Rande der Sümpfe ab. Dort wurden die Eier seltener von Fischen gefressen. Die Eier waren von einer widerstandsfähigen Haut umgeben. Unter den Nachkommen dieser Amphibien befanden sich Tiere, deren Gliedmaßen nicht mehr so plump waren. Die Beine waren mehr neben den Körper gestellt. Diese Tiere waren dadurch beweglicher. Wahrscheinlich besaßen sie eine dickere Haut aus verhornten Schuppen. Sie konnten die Sumpfgebiete verlassen, ohne daß für sie die Gefahr bestand auszutrocknen. Diese Tiere gehörten vermutlich zu den Vorfahren aller Reptilien. Man nennt sie **Urreptilien** (Abb. 2). Vor etwa 280 Millionen Jahren wurde das Klima trockener. Es gab weniger Sümpfe. Diese Klimaveränderung begünstigte die Ausbreitung der frühen Reptilien. Sie waren die ersten Wirbeltiere, die weitgehend unabhängig vom Wasser existieren konnten.

Aufgaben

① Vergleiche die Umweltverhältnisse im Devon und im Karbon! Nimm dazu die Abb. 1 und 2 sowie den Text zu Hilfe.

② Vergleiche den Quastenflosser mit dem Fischschädellurch. Stelle diejenigen Merkmale zusammen, die sich beim Übergang zum Landleben veränderten.

③ Stelle aus dem Text die Merkmale zusammen, die sich beim Übergang zum vollständigen Landleben veränderten.

Vor 500 Millionen Jahren lebten schon Fische im Wasser. Sie waren die ersten Wirbeltiere der Erdgeschichte. Im Devon entwickelten sich aus einer Gruppe der Fische die ersten Amphibien, die zeitweilig auf dem Land leben konnten. Aus einer Gruppe Amphibien gingen am Ende des Karbons die Reptilien hervor, die zeitlebens an Land existieren konnten.

2 Lebensbild aus dem Karbon mit urtümlichem Amphibium und Urreptil

23.3 Wirbeltiere im Erdmittelalter

Die Reptilien besiedelten in der Zeit vor 225–65 Millionen Jahren im Erdmittelalter alle Lebensräume der Erde, einschließlich der Luft und des Wassers. Sie vermochten selbst in trockenen und unwirtlichen Gebieten zu leben. Das Erdmittelalter wird deshalb auch das „Zeitalter der Reptilien" genannt. Zu diesen Reptilien gehörten auch die zahlreichen Saurierarten.

Schon zu Beginn des Erdmittelalters in der Trias gab es unter den Reptilien eine Gruppe von Tieren, bei denen die Beine etwas weiter unter dem Körper saßen. Sie legten Eier und hatten eine Haut, die mit Hornschuppen bedeckt war. Einige Vertreter hatten ein Gebiß mit unterschiedlich geformten Zähnen. Verschiedenartige Zähne sind ein typisches Kennzeichen von Säugetieren. Aufgrund der Ähnlichkeit mit manchen Merkmalen der heutigen Säugetiere heißt diese Tiergruppe **„säugetierähnliche Reptilien"** (Abb. 1). Im frühen Erdmittelalter lebten diese Tiere zusammen mit kleinen, flinken Tieren. Die Beine dieser Tiere befanden sich unter dem Körper. Der Körper war vermutlich mit Haaren bedeckt. Die Tiere hatten ein Gebiß mit Schneide-, Eck- und Backenzähnen. Ob diese Tiere Eier legten, weiß man nicht. Aber irgendwann im Erdmittelalter brachten diese behaarten Tiere ihre Jungen lebend zur Welt und säugten sie. Mit diesen und weiteren Merkmalen wie der Warmblütigkeit erlangten diese Tiere eine größere Unabhängigkeit von äußeren Einflüssen. Man nimmt an, daß diese kleinen Tiere zu den Vorfahren der **Säugetiere** gehören (Abb. 1).

Im Jura lebte eine Gruppe von kleinen, zierlichen Reptilien, die zu den Sauriern gehörten. Sie liefen auf zwei Beinen. Ihre Knochen besaßen Hohlräume, die das Gewicht des Skeletts verringerten (Abb. 3). Ein ähnliches Skelett hatten einige Tiere, deren Vordergliedmaßen zu Flügeln umgestaltet waren. Die Tiere besaßen auch Federn. Sie ähnelten mit diesen Merkmalen den heutigen Vögeln. Wir nennen die Tiere **Urvögel** (Abb. 2,3). Urvögel besaßen einen langen Schwanz, Zähne und Krallen an den Flügeln. Mit Hilfe der Krallen konnten sie auf Bäume klettern und dann mit ausgebreiteten Fügeln zu Boden gleiten. Kürzere Strecken konnten sie wahrscheinlich im Flatterflug überwinden. Die Urvögel hatten also Merkmale der Reptilien wie Gebiß und Krallen an den Flügeln und Merkmale der Vögel wie die Federn.

1 Lebensbild aus der Trias mit säugetierähnlichem Reptil und frühem Säugetier

2 Fossil eines Urvogels, taubengroß

Aufgaben

① Vergleiche Tiere der Abb. 1. Fertige dazu eine Tabelle an, in der die verschiedenen Merkmale, die du vergleichen willst, aufgeführt sind.

② Schreibe Vor- und Nachteile auf, die deiner Ansicht nach warmblütige Tiere gegenüber wechselwarmen Tieren bei der Besiedlung von Lebensraum und beim Nahrungserwerb besitzen.

③ Man bezeichnet den Urvogel als Übergangsform zwischen Reptilien und Vögeln. Begründe diese Einordnung anhand eines Vergleiches der entsprechenden Merkmale eines Reptils, des Urvogels und eines Vogels.

Aus einer Gruppe von Reptilien entwickelten sich zu Beginn des Erdmittelalters Tiere, die behaart waren und ihre Jungen säugten. Es sind die Vorfahren der heutigen Säugetiere. Aus einer anderen Gruppe leichtgebauter, kleiner Reptilien gingen Tiere mit Federn und Flügeln hervor. Es sind die Vorfahren der Vögel.

3 Lebensbild aus dem Jura mit kleinem Dinosaurier und Urvogel

23.4 Der Stammbaum der Wirbeltiere

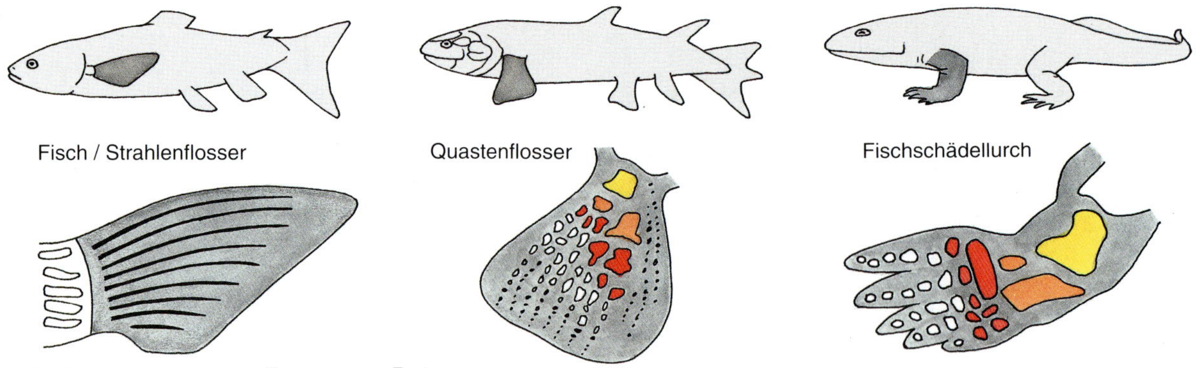

1 Die Entwicklung von Flossen zu Beinen

Aufgaben

① Schau dir Abbildung 1 genau an. Schreibe Unterschiede und Gemeinsamkeiten der dargestellten Vordergliedmaßen auf.

② Informiere dich über den Skelettaufbau des menschlichen Armes. Benenne die Knochen. Vergleiche dann mit dem Vorderbein des Fischschädellurches und benenne die Knochen entsprechend.

Am Anfang der Entwicklung der Wirbeltiere stehen die Fische. Ihr Lebensraum ist das Wasser. Im Laufe unvorstellbar langer Zeiträume veränderten sich Merkmale, und es traten neue Eigenschaften bei den Fischen auf. Unter anderem veränderten sich bei einigen Vertretern der Fische allmählich die Flossen. Die allmähliche Umgestaltung zu Beinen ermöglichten es den Tieren, sich auf dem Boden fortzubewegen (Abb. 1). Die Amphibien schließen sich direkt an die Fische an. Amphibien gehören zu den Wirbeltieren, die zwar am Land leben können, zur Fortpflanzung aber noch den Lebensraum Wasser benötigen. Später folgten durch sehr viele weitere Veränderungen von Merkmalen Reptilien, Vögel und Säugetiere.

Ordnet man die ausgestorbenen und die heutigen Klassen der Wirbeltiere nach übereinstimmenden Merkmalen, so erhält man die verwandtschaftlichen Beziehungen der Tiere untereinander. Berücksichtigt man zusätzlich noch die Zeit, in der die Tiere lebten, so kann man einen **Stammbaum** erstellen (Abb. 2). Die gesamten Veränderungen der Wirbeltiere in den unermeßlichen Zeiträumen der Erdgeschichte bezeichnet man als die **stammesgeschichtliche Entwicklung** der Wirbeltiere.

Aufgaben

③ Fertige einen Steckbrief eines ausgestorbenen Wirbeltieres deiner Wahl an. Mache zu folgenden Punkten die entsprechenden Angaben: Name, Wirbeltierklasse, Zeitalter, in dem das Tier lebte, Verbreitung der Fundorte auf der Erde, Lebensraum, Länge, Größe und Gewicht, Nahrung.

④ Ordnet alle Steckbriefe in eurer Klasse nach Alter und Zugehörigkeit zu ihrer Wirbeltierklasse.

⑤ Die Abschnitte der Erdgeschichte werden manchmal auch nach den Klassen der Wirbeltiere eingeteilt. Beispiele sind das „Zeitalter der Fische" oder das „Zeitalter der Säugetiere". Begründe, warum man eine solche Einteilung macht. Gib ungefähr den Zeitraum der einzelnen Zeitalter an.

Die gemeinsamen Vorfahren aller Wirbeltiere sind Fische, die vor etwa 500 Millionen Jahren lebten. Aus ihnen entwickelten sich im Laufe der Erdzeitalter alle Formen der vergangenen und heutigen Wirbeltiere.

2 Stammbaum der Wirbeltiere

23.5 Schimpanse und Mensch – ein Vergleich

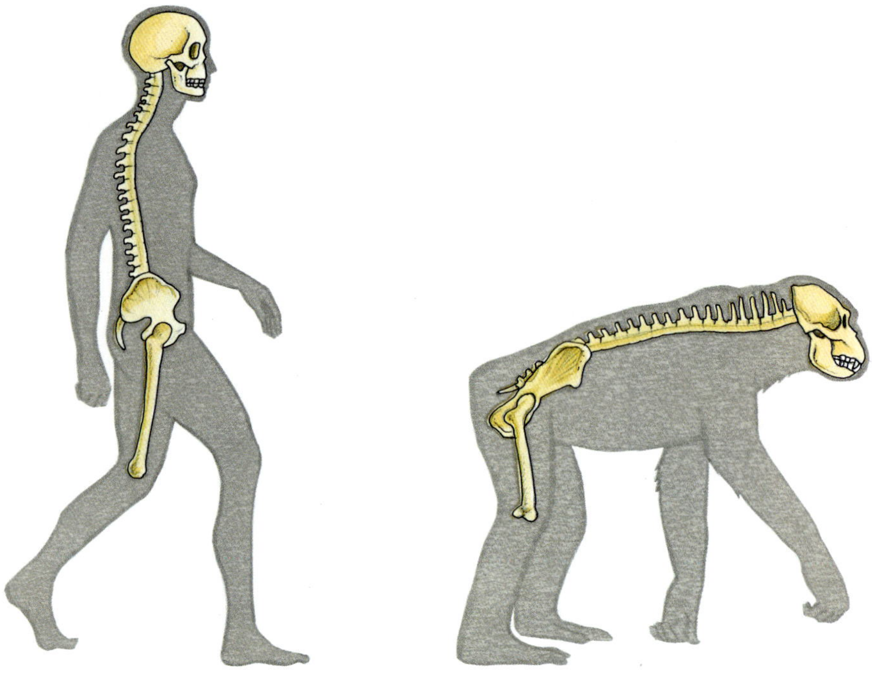

1 Vergleich des Skeletts: Mensch und Schimpanse

Ein beliebtes Ziel im Zoo ist das Affenhaus. Besonders interessant sind dort die Schimpansen. Sie sind uns nicht nur im Verhalten ähnlich. Sie besitzen die gleiche Anzahl von Knochen und Zähnen und bekommen sogar gleichen Krankheiten. Kein anderes Lebewesen hat mehr Gemeinsamkeiten mit uns als die Schimpansen.

Die äußere Erscheinung und die Fortbewegung zeigen aber auch Unterschiede zum Menschen auf. Der Schimpanse ist nicht in der Lage, über längere Zeit aufrecht zu gehen (Abb. 1). Seine Wirbelsäule ist C-förmig gebogen. Der Körperschwerpunkt liegt bei einem aufgerichteten Schimpansen deshalb auf der Bauchseite vor dem Becken. Bei aufrechter Fortbewegung läuft er Gefahr nach vorne zu kippen. Sein langes und schmales Becken und seine Kniegelenke lassen keine Streckung der Beine zu. Der Fuß besitzt kein Gewölbe und kann die Körperlast beim aufrechten Gang nur kurze Zeit tragen.

Nur der Mensch kann lange aufrecht gehen (Abb. 1). Er besitzt eine doppelt S-förmig gebogene Wirbelsäule. Sein Becken ist kurz und breit, der Fuß ist gewölbt. Der Körperschwerpunkt befindet sich in der Mitte des Beckens. Der Kopf kann ständig hoch gehalten werden. Die Hände sind zur Fortbewegung nicht mehr nötig. Ein wichtiger Unterschied liegt im Verhalten.

Der Mensch kann sich durch eine Wortsprache verständigen. Er kann mit seinen freien Händen Arbeiten verrichten. So kann er Material bearbeiten und daraus Werkzeuge herstellen. Diese Werkzeuge sind meistens für einen späteren Gebrauch bestimmt und sind für einen bestimmten Zweck erdacht.

Aufgabe

① Schau dir die Abb. 1 von Mensch und Schimpanse an. Beschreibe in einer Tabelle folgende Merkmale: Krümmung der Wirbelsäule, Größe des Beckens, Form des Beckens, Form des Fußes, Größe und Form des Hinterhauptes.

Aufgrund vieler gemeinsamer Merkmale ist der Schimpanse mit uns nah verwandt. Mensch und Schimpanse stammen von gemeinsamen Vorfahren ab. Die kennzeichnenden Merkmale des Menschen sind der aufrechte Gang, die Wortsprache und die Fähigkeit zu geplanten Tätigkeiten.

23.6 Entwicklung des Menschen

1 Fußabdruck, 3,7 Millionen Jahre alt

Das Auffinden frühester menschlicher Überreste sind außerordentliche Glücksfälle. In den meisten Fällen handelt es sich bei solchen Funden um widerstandsfähigere Skeletteile wie Zähne, Oberschenkelknochen oder Schädelreste. Aus den bruchstückhaften Funden versuchen die Forscher, sich ein Bild über die menschlichen Vorfahren zu machen. Die Arbeit gleicht einem Puzzlespiel ohne Vorlage. Fehlende Teile werden durch Vergleich mit anderen Funden ergänzt.

Als sensationeller Fund gelten Fußspuren, die eine Gruppe von Lebewesen in Vulkanasche hinterließ. Die Vulkanasche verfestigte sich und so blieben Spuren erhalten. Sie sind 3,7 Millionen Jahre alt. Die Form der Abdrücke unterscheidet sich nicht von Fußabdrücken, die wir barfuß im Sand hinterlassen (Abb. 1). Aus anderen Funden weiß man, daß diese Lebewesen ein größeres Gehirn besaßen als die Schimpansen. Weil beide Merkmale eindeutig menschlich sind, heißen diese Wesen **Vormenschen**. Bis heute sind Fossilfunde von Vormenschen nur aus Afrika bekannt. Vor etwa zwei Millionen Jahren haben Vormenschen einfache Steinwerkzeuge hergestellt. Die Werkzeuge bestehen aus Steinen, die zum Beispiel in Flußbetten gefunden wurden. Die Steine wurden von den Menschen einseitig behauen. Solche Steine heißen **Geröllwerkzeuge** (Abb. 2,3). Sie dienten zum Abziehen von Fell, zum Zerteilen von Fleisch und zur Zertrümmerung von Knochen. Als Waffe zum Erlegen von Tieren eigneten sich die Geröllwerkzeuge kaum. Deshalb nimmt man heute an, daß die Vormenschen keine Jäger waren. Neben pflanzlicher Kost ernährten sie sich von den Resten verendeter oder von Raubtieren gerissener Tiere.

Der **Frühmensch** erwies sich schon sehr viel geschickter in der Herstellung seiner Werkzeuge (Abb. 3). Das für ihn typische Werkzeug war der Faustkeil. Die Form dieses Werkzeuges wird durch beidseitiges Abschlagen am Steinmaterial hergestellt. Der Frühmensch besaß ein größe-

2 Vorfahren des heutigen Menschen: Vormenschen vor zwei Millionen Jahren

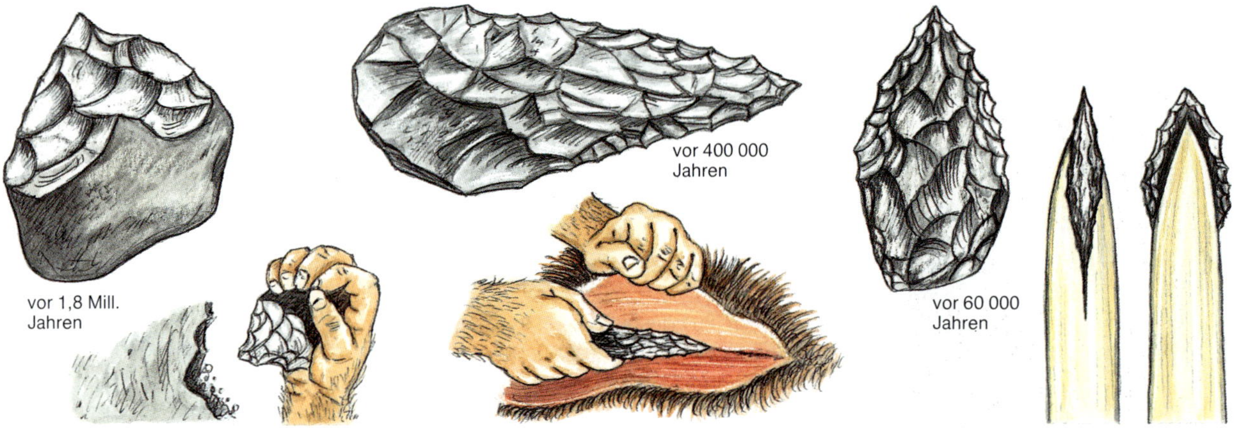

3 Werkzeuge aus Stein

res Gehirn als der Vormensch. Diese Tatsache läßt sich aus Schädelfunden ableiten. Vom Frühmenschen ist auch bekannt, daß er das Feuer zu nutzen wußte (Abb. 4). Er konnte das Feuer zwar hüten, aber nicht selbst entzünden. Im Feuer bearbeitete er Holzspeere, so daß die Spitzen härter wurden. Auf diese Weise entstanden Waffen, die den Frühmenschen die Jagd auf Wildtiere ermöglichte. Der Frühmensch war Jäger und Sammler. Die ältesten Funde von Frühmenschen sind 1,5 Millionen Jahre alt. Die Fundstellen von Frühmenschen liegen in Afrika, Asien und Europa.

Den **Jetztmenschen** gibt es seit 30 000 Jahren. Er trägt unsere Züge und ist uns in allen seinen biologischen Eigenschaften gleich. Aufgrund unserer biologischen Möglichkeit zu geistigen Leistungen beginnt der Jetztmensch eine neue Art von

4 Vorfahren des heutigen Menschen: Frühmenschen vor einer Million Jahren

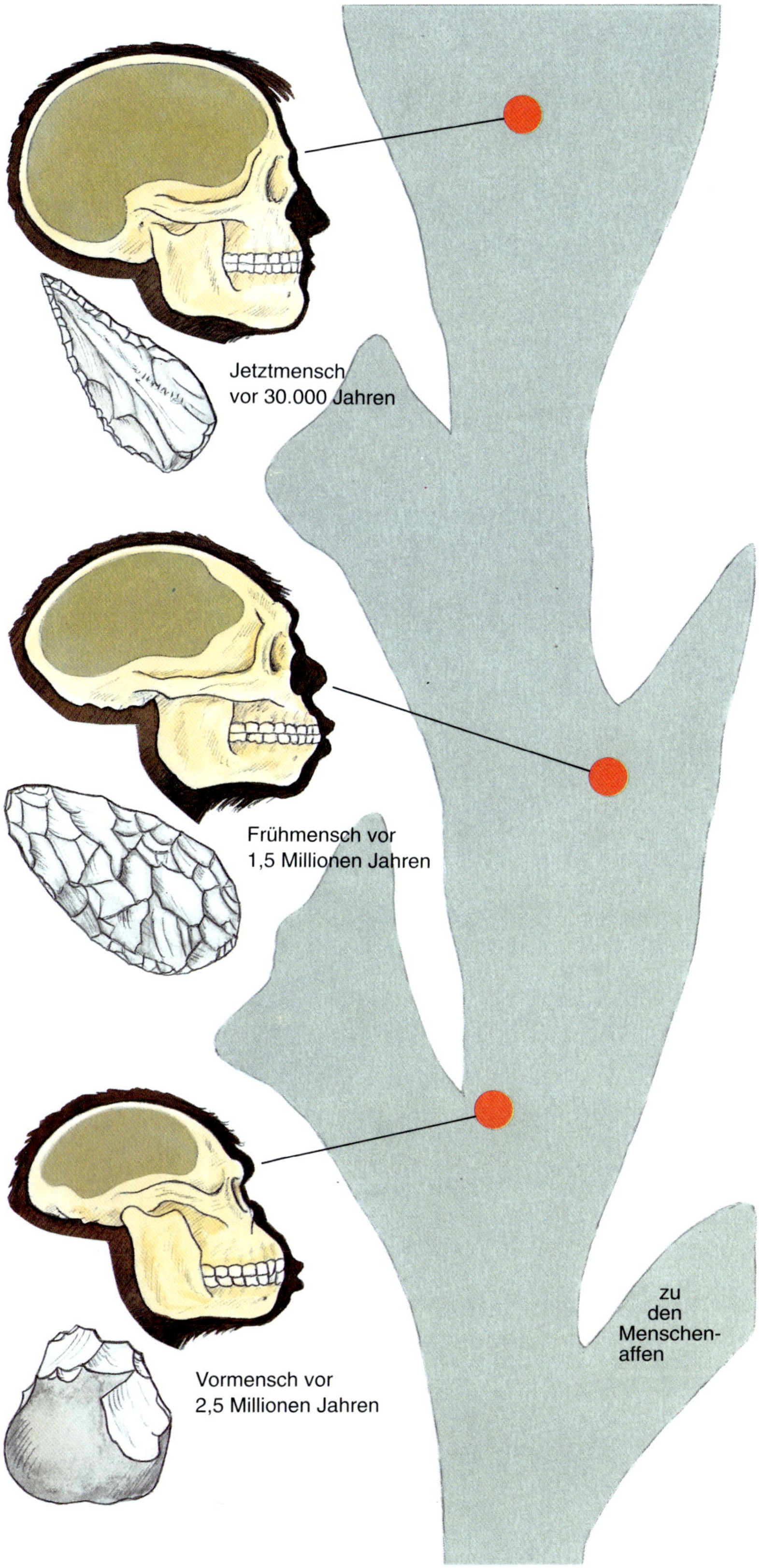

5 Stammbaum des Menschen

Entwicklung. Von Mensch zu Mensch werden immer mehr Wissen und Erfahrung weitergegeben. Man nennt das **kulturelle Entwicklung**. Die kulturelle Entwicklung erfolgt sehr schnell. Innerhalb von 30 000 Jahren ging die Entwicklung von Jägern und Sammlern über seßhafte Bauern hin zu den heutigen menschlichen Gesellschaften.

Aufgaben

① Beschreibe die Lebensbilder menschlicher Vorfahren in Abb. 2 und 4. Stelle die Nahrung, die Lebens- und Eßgewohnheiten, die Werkzeuge und die Behausung gegenüber.

② Beschreibe die Form und die Verwendungsmöglichkeiten der Steinwerkzeuge aus Abb. 3.

③ Vergleiche die Köpfe in Abb. 5 anhand der Gesichtsform, des Gebisses und der Größe des Gehirns.

④ Afrika wird als „Wiege der Menschheit“ bezeichnet. Begründe diese Aussage mit Hilfe des Textes.

⑤ Informiere dich über das Leben und die Lebensumstände der Menschen vor 10 000, 4000 und 500 Jahren bei uns. Stelle die Lebensweisen gegenüber.

Die Vorfahren der heutigen Menschen lebten in Afrika. Sie gingen aufrecht und stellten einfache Werkzeuge her. Aus ihnen entwickelte sich im Laufe von ungefähr drei Millionen Jahren der heute lebende Mensch.

Stichwortverzeichnis

Aalwanderung 234
Abhängigkeit 138, 142
Achselhaare 149
Ackerlandschaft 72
After 112
Akne 136
Alkohol 140
Allesfresser 178
Alligator 263
Amphibien 242, 244, 249, 268
Amphibienschutz 248
Amsel 204, 221
Anis-Champignon 144
Anatosaurus 266
Apfelsine 39
Aquarium 230
Aronstab 64
Art 170
Arterie 127, 128
Arzneimittel 142, 143
Atembewegungen 116
Atmung 131
Atmungsorgane 111, 114
Auftrieb 206, 207
Ausatmungsluft 120
Ausläufer 42
Außenkiemen 241

Bachforelle 224
Bachstelze 221
Ballaststoffe 101
Balz 193, 227
Bandscheiben 86
Barsch 226
Barten 190
Bartmeise 208
Bauchatmung 117
Baum 18
Baumwollfeld 55
Beckenknochen 82
Bedecktsamer 32
Beere 35
Befruchtung 28, 157
Befruchtung, äußere 238
Beinskelett 173
Beipackzetttel 143
Bergeidechse 263
Bergmolch 245
Bestäubung 28, 30
Bestimmungshilfe 19, 75
Bewegung 91, 92
Bewegungsorgane 89
Binde 154
Bitterling 233
Blasenkeim 240
Bläßhuhn 220
Blatt 18
Blattadern 13
Blattanlagen 66
Blattbegonie 43
Blättersammlung 18
Blattfärbung 66
Blattlaus 80
Blattnarben 66
Blende 20
Blindenschrift 133
Blindschleiche 263
Blut 124
Blutdruck 130
Blüte 8, 45, 46
Blütenanlagen 66
Blütenaufbau 26
Blütenbockkäfer 30
Blütenboden 27
Blütendiagramm 44, 45, 46
Blütenentwicklung 34
Blütenpflanzen 8, 9, 47
Blütenstand 9
Blutkörperchen, rote 124, 125
Blutkörperchen, weiße 124, 125
Blutkreislauf 124, 127, 128, 131
Blutplasma 124
Blutplättchen 124
Bodenhaltung 200, 201
Bogenstrahlen 203
Brachse 232
Breitmaulnashorn 177
Bronchien 118, 119
Bronchitis 122, 138
Brust 149
Brustatmung 116
Brustkorb 82, 118
Brustraum 116, 118
Brutfürsorge 260
Brutknospen 42
Brutpflege 227
Brutzwiebel 42
Buntspecht 214
Bürzeldrüse 206
Buschwindröschen 60

Chlorophyll 15, 23
Chloroplasten 23

Daunenfeder 203, 204
Deckfeder 203, 204
Devon 270
Dickdarm 112
Dinosaurier 273
Diploducus 266
Dogge 165
Dorsch 236
Dünndarm 112

Echte Kamille 143
Ehe 151
Eibe 147
Eibläschen 154
Eichel 152
Eichhörnchen 184, 185
Eierstock 153
Eileiter 153
Einatmungsluft 120
Einschlaglupe 21
Eireifung 157
Eisprung 154
Eisvogel 223
Eiweiß 97
Eiweißnachweis 98
Eiweißverdauung 113
Eizelle 28, 149, 153, 157
Embryo 28, 34, 39, 158
Energie 99, 131
Entwicklung des Menschen 277, 279
Entwicklung, stammesgeschichtliche 274
Entzugsbeschwerden 138
Erdaltertum 270
Erdbau 180
Erdbeere 42
Erdkröte 245
Erdkrötenwanderung 247
Erdmittelalter 272
Erdsproß 59
Erkältungscreme 137
Erkältungskrankheiten 122
Ernährung 100
Essigbaum 146
Europäische Wildkatze 169
Europäischer Dachs 169

Fallröhre 180
Familie 45, 151, 171
Feder 203
Feldhase 182, 183
Feldrand 63
Fett 97, 134
Fettnachweis 97
Fetus 159
Feuerbohne 39
Feuersalamander 245
Fichte 33
Fingerabdruck 133
Fingerhut 146
Fisch 224, 228, 268
Fischkiemen 228
Fischlarven 227
Fischmehl 236
Fischschädellurch 270
Fischsterben 256
Flachs 55
Fledermaus 186, 187
Fleischfressergebiß 162, 167
Flimmerhaare 114, 119

Flirt 150
Florfliege 80
Flossen 224
Flug 202
Flußbarsch 233, 234
Flußpferd 177
Fortpflanzung, ungeschlechtliche 42
Fortplanzungsfähigkeit 149
Fotosynthese 15
Fremdbestäubung 28, 29
Froschmodell 244
Frucht 34
Fruchtknoten 27
Frühblüher 59
Frühjahrswanderung 246
Frühmensch 277

Gänseblümchen 49
Garten, naturnaher 78
Gartenbaumläufer 221
Gartenlaufkäfer 80
Gartenthymian 143
Gattung 171
Gebärmutter 153
Gebiß des Pferdes 175
Gebiß des Rindes 173
Gebiß des Menschen 106
Geburt 157, 158
Gelenke 83, 84
Geranie 43
Geröllwerkzeug 277
Gerste 52
Geruchssinn 114, 188
Geschlechtsmerkmale 149
Geschlechtsorgane, männliche 152
Geschlechtsorgane, weibliche 153
Geschlechtszellen 152
Getränkeverbrauch 141
Getreide 50, 51
Getreidekorn 51, 102
Gewölle 212, 213
Giftdrüse 264
Giftpflanze 144, 145
Giftzahn 264
Ginster 37, 147
Gleitflug 208
Glied 152
Goldregen 145
Grabhand 188, 189
Gräser 51
Grasfrosch 239, 240, 242, 246
Grauer Wulstling 144
Greiffuß 212
Griffel 27
Große Klette 37
Große Sternmiere 46, 47
Großohr-Kitfuchs 170
Grünkohl 54
Guppys 231
Gymnastik 95

Haar 132
Hafer 52
Hahn 193
Hainbuche 17
Hakenschnabel 212
Hakenstrahlen 203
Haltungsschäden 89
Hängebirke 16
Harnröhre 152
Hasel 31
Haselnuß 34
Haubentaucher 210, 211
Hausesel 177
Hausmarder 169
Hausrotschwanz 222
Haut 132
Hautcreme 137
Hautleisten 133
Hautpflege 135
Hautpilz 136
Hecht 232
Hecke 72, 73
Heckenpflanzen 68
Heckenrose 8
Heilmittel 56
Henne 193, 197
Hering 236, 237
Herz 127, 129
Herzinfakt 128
Hetzjäger 162
Höhlenbrüter 215
Hohlrücken 89
Holunderblütentee 57
Holundersaft 68
Honigbiene 30
Hornschicht 132
Huftier 177
Huhn 192
Hühnerei 194, 195, 196
Hundeartige 171
Hyazinthe 60

Igel 70, 71
Immergrün 57
Innere Atmung 121
Insekten 78, 79, 80
Insektenblütler 31
Intensivhaltung 178, 200

Jahresvogel 216
Jahreszeiten 58
Jura 273

Käfighaltung 200
Kaltblutpferd 176
Kapillare 118, 127
Karbon 271
Karies 107
Kartoffel 42, 147
Katze 166
Katzenauge 168
Kaulquappe 241
Keimbläschen 157
Keimblätter 39
Keimling 38
Keimscheibe 197
Keimschicht 132
Keimung 38, 40
Keimwurzel 39
Kelchblätter 27
Kernfrucht 35
Kiefer 32
Kindergebiß 106
Kirschbaum 26
Kirschblüte 27, 28, 44
Kitzler 153
Klasse 171
Kleiber 214, 215
Kleiner Fuchs 30
Kleinkind 160, 161
Kletterfuß 214
Knäuelgras 52
Knoblauchsrauke 45, 47
Knochen, Bau der 85
Knochenbälkchen 86
Knochenhaut 86
Knochenmark 86
Knollen 42
Knorpel 84
Knospe 39, 66
Kohl 53
Kohlenhydrate 97
Kohlenstoffdioxid 118, 120
Kohlmeise 203
Kohlsorten 53
Komodo-Waran 263
Kondom 156
Kopfschmerzen 142
Korbblütengewächse 48
Kornrade 62
Körpertemperatur 262
Krallenfrosch 259
Krankheitserreger 135
Krebsrisiko 123
Kresse 38
Kressekeimung 41
Kreuzblütengewächse 45
Kreuzkröte 255
Kreuzotter 264
Kreuzotterrevier 265
Krill 190
Kronbätter 27
Krone 106
Krötenschutzzaun 247
Kugelgelenk 84
Kuh 174

Küken 197, 199
Kulturflüchter 182
Kulturfolger 180, 222

Laich 239, 240
Laichgewässer 256
Lärche 33
Laubbaum 16, 19
Laubblatt 39
Laubfärbung 66
Laubfrosch 245
Lebensmittel 104
Lebensraum 222
Lebensraumschutz 248
Leber 140
Lederhaut 132
Legebild 44
Leinpflanze 55
Leuchtorgan 235
Licht 14
Lichtnelke 62
Lichtquelle 20
Lichtreiz 92
Lichtsinneszellen 92
Liguster 146
Linde 8
Lippenblütengewächs 46
Löwenzahn 36, 37, 49
Luft, Zusammensetzung der 119
Luftfassungsvermögen 117
Luftröhre 115
Luftsäcke 206
Lunge 117, 118, 122
Lungenentzündung 122
Lungenkrebs 123, 138
Lupe 20

Mädesüß 56
Magen 110, 112
Maiglöckchen 146
Mais 52
Marienkäfer 80
Mastdarm 112
Mauerblümchen 77
Mauersegler 220
Maulwurf 188, 189
Maulwurfshügel 188
Mauser 66
Mauswiesel 169
Melone 39
Menstruation 149, 154
Menstruationskalender 155
Metamorphose 241
Mikroskop 20, 21
Mineralsalze 101
Modellversuch 206, 207
Moderlieschen 233
Molch 243
Moospflanze 22
Muskeln 87

Nachtkerze 63
Nachtschmetterling 31
Nacktsamer 32
Nagezähne 180
Nährstoffe 97, 99
Nahrungsmittel 97
Narbe 27
Nasenhöhle 114, 115
Nektar 28
Nerven 92
Nestflüchter 182, 199, 211
Nesthocker 167, 213, 215
Neugeborenes 160
Nikotin 138
Nisthilfen für Vögel 81, 222
Nistholz 79
Nuß 35

Oberhaut 132
Oberschenkelknochen 86, 205
Objektiv 20, 21
Ohrwürmer 79
Okular 20, 21
Ordnung 171
Orgasmus 152

Paarhufer 172
Paarungszeit 182
Pansen 173
Pantherpilz 144
Paprika 39
Parodontose 107
Partnerschaft 151
Pausenbrot 103
Pepsin 112
Pferd 175
Pflanzenfresser 173, 175
Pflanzenfressergebiß 173, 175
Pflanzenzelle 25
Pflanzenzelle, Modell 22
Pflegezubehör des Pferdes 175
Philodendron 43
Pille 156
Plattfuß 89
Plazenta 157
Pollenkorn 27, 30
Pollenschlauch 29
Popcorn 51
Pottwal-Kuh 191
Proceratops 266
Pteranodon 266
Pubertät 148
Puls 130

Quastenflosser 270
Quellfähigkeit 102

Rachenraum 115
Rainfarn 49
Rangordnung 192
Raubtiere 171
Rauchschwalbe 202
Reaktion 92
Reaktionszeit 92, 93
Reflex 92
Reh 177
Reiherente 220
Reisighaufen 74
Reiz-Reaktions-Kette 92, 93
Reptilien 267, 269
Revier 164, 227
Ringelnatter 263
Rippen 118
Roggenähre 50
Roßkastanie 60, 67
Rotbuche 16
Rotfeder 232
Rotfuchs 170
Rothirsch 177
Rudel 162
Ruderflug 208
Rundrücken 89

Salzsäure 112
Samen 34
Samenanlage 28
Samenerguß 149
Samenleiter 152
Sammel-Nußfrucht 35
Sammel-Steinfrucht 35
Sasse 182, 183
Satzröhre 180
Sauerstoff 118, 121
Säugetiere 268
Säugling 160
Saurier 266
Schädel des Pferdes 175
Schädel des Rindes 173
Schädelknochen 82
Schafgarbe 56
Schambehaarung 149
Schamlippen 153
Scharbockskraut 59
Scharniergelenk 84
Schaumzäpfchen 156
Scheide 153
Schimpanse 276
Schleie 232
Schleimhaut 114
Schleppnetz 236
Schlittenhund 165
Schlupfwespe 80
Schmerzmittel 142
Schneeball 147
Schneebeere 146
Schneeglöckchen 59

Schwangerschaft 157
Schwangerschaftsverhütung 156
Schwanzlurch 243
Schwebfliege 30
Schwein 178, 179
Schweißdrüsen 132
Schwellkörper 152
Schwimmblase 224
Schwimmblasen-Modell 225
Schwimmfuß 210
Schwirrflug 208
Schwungfeder 203
Seelachs 236
Seeteufel 236
Segelflug 208, 209
Sehnerv 92
Seihschnabel 211
Seitenlinienorgan 224
Selbstbestäubung 29
Selbstverbreitung 37
Sennenhund 162
Skelett 82, 83
Skelett des Hundes 163
Skelettfund 82
Sojabohne 38
Sonnenblume, Blütenstand der 8, 48
Speichel 104, 105
Speicheldrüsen 104
Speisezettel 96
Spermazellen 28, 152, 157
Spiegelkarpfen 224
Sproß 9
Sproßachse 12
Stachelbeere 34
Stammbaum 274
Stammbaum des Menschen 279
Stärke 97
Stärkebildung 14
Stärkenachweis 60, 98
Staubbeutel 27
Staubblätter 27
Staubfaden 27
Stechpalme 146
Steckling 42
Stegosaurus 266
Steinfrucht 35
Steinmarder 169
Steinzeit 82
Stempel 27
Steppenzebra 177
Stichling 227
Stieleiche 17
Stiellupe 21
Stimmbruch 149
Stockente 210, 211
Sträucher 9
Stromlinienform 190
Strömungsgeschwindigkeit 13
Strömungswiderstand 207
Stützschwanz 214
Sumpfdotterblume 37
Sumpfschildkröte 263

Talgdrüsen 132
Tampon 154
Tanne 33
Tarnfärbung 182
Tastkörperchen 132
Teerstoffe 138
Teichfrosch 255
Teichhuhn 220
Teichmolch 255
Textilfasern 55
Tiefseefisch 235
Tierzelle 25
Tomate 39
Traubenzucker 15
Trias 272
Triceratops 266
Trockenmauer 76, 77
Tümpel 238
Tunnel 257
Türkentaube 221
Tyrannosaurus 266

Uhu 203
Ultraschall 186
Umwelteinflüsse 40, 41
Unpaarhufer 176
Unterhaut 134
Urreptilien 271
Urvogel 272, 273

Vakuole 24
Vene 128
Verbreitung von Früchten und Samen 36, 37
Verdauung 131
Verdauungsorgane 111
Vermehrung durch Stecklinge 43
Verrenkung 89
Verstauchung 89
Versuchsablauf 40
Vincamin 57
Vogel 205, 269
Vogelarten 223
Vogelfutter 49
Vollkornbrot 101
Vorhaut 152
Vormensch 277
Vorsteherdrüse 152
Vorstehhund 165

Wal 190
Waldkauz 212, 213
Waldrand 238
Warmblutpferd 176
Wasser 12, 102
Wasserabgabe 12
Wasseraufnahme 10, 11
Wassertransport 12
Wasservogel 210
Wechseljahre 155
Wegwarte 63
Weiße Lichtnelke 31
Weiße Taubnessel 46, 47
Weißer Knollenblätterpilz 144
Weißkohlsalat 54
Weißstorch 218, 219
Weizen 38, 52
Wiederkäuer 173
Wiesen-Fuchsschwanz 52
Wiesenschaumkraut 45, 47
Wildkaninchen 180, 182, 183
Wildkräuter 61, 63
Wildschwein 179
Windblütler 30
Windhund 165
Winterfell 66
Winterfütterung 49
Wintergast 216
Winterruhe 70, 184
Winterschlaf 70, 71, 187
Winterstarre 70, 261
Wirbelsäule 82, 86
Wirbeltiere 268, 269, 274
Wölfe 163
Wurzel 9, 10, 11
Wurzelhaare 10, 11

Yorkshire-Terrier 165

Zahn 107
Zahnbelag 107
Zahnfleischentzündung 107
Zahnfüllung 107
Zahnpflege 109
Zahnregulierung 108
Zauneidechse 260, 261
Zehengänger 162
Zelle 20, 22, 24, 25
Zellkern 25
Zellmembran, äußere 23, 25
Zellmembran, innere 25
Zellplasma 23, 24
Zellteilung 157
Zellwand 25
Zigarette 138
Züchtung 53
Zucker 97
Zuckernachweis 98
Zugvogel 216
Zwiebel 59
Zwiebelhautzellen 24
Zwillinge 159
Zyklus 154, 155
Zyperngras 42

Biologisches Lexikon

Abhängigkeit
Der häufige Genuß von Alkohol, Zigaretten und anderen Drogen kann zur Abhängigkeit führen. Der Mensch verspürt einen Zwang, die Droge immer wieder zu verwenden. Er fühlt sich ohne die Droge nicht mehr wohl.

Akne
Bei vielen jungen Menschen bilden sich während der Pubertät besonders im Gesicht eitrige Pickel. Sie werden durch eine Entzündung der Talgdrüsen hervorgerufen. Jugendliche, die sehr unter Akne leiden, können bei einem Hautarzt Hilfe suchen.

Atmung
Unter Atmung versteht man die Aufnahme von Sauerstoff und die Abgabe von Kohlenstoffdioxid bei Pflanzen, Tieren und dem Menschen. Dieser Gasaustausch kann in der Lunge, in Kiemen oder über die Haut stattfinden. (→ Kapillare)

Art
Die Tiere oder Pflanzen einer Art ähneln einander sehr. Sie haben den gleichen Bau und können sich untereinander vermehren. Auf der Erde leben mindestens 1,5 Millionen Tier- und Pflanzenarten.

Äußere Befruchtung
Die Befruchtung des Eies erfolgt außerhalb des Körpers. Viele Amphibien- und Fischweibchen legen ihre Eier ins Wasser ab, die Eier werden dann vom Männchen besamt. Die Befruchtung findet im Wasser statt. (→ Befruchtung, → Innere Befruchtung)

Amphibien
Tiere, die als Larven im Wasser leben und als erwachsene Tiere feuchte Lebensräume besiedeln. Die Haut ist feucht und mit Schleimdrüsen bedeckt. Die Amphibien bilden eine Klasse der Wirbeltiere, zu ihnen gehören z. B. die Frösche. Amphibien werden auch als Lurche bezeichnet. (→ Wirbeltiere)

Ballaststoffe
Bestandteile der Nahrung des Menschen, die nicht verdaut werden können. Ballaststoffe sind für die normale Darmfunktion unentbehrlich.

Balz
Vor der Paarung zeigen viele Tiere ein auffälliges Verhalten: der Pfau schlägt ein Rad, der Stichling führt bestimmte Schwimmbewegungen aus. Dieses Verhalten wird als Balz bezeichnet. Durch die Balz werden beide Geschlechtspartner auf die Paarung eingestimmt.

Bedecktsamer
Zu den Bedecktsamern gehören fast alle Laubbäume und krautige Pflanzen, wie Buschwindröschen, Taubnessel oder Tulpe. In ihren Blüten sind die Samenanlagen vollständig von der Wand des Fruchtknotens umgeben. (→ Nacktsamer)

Bestäubung
Bei der Bestäubung gelangen die in den Staubbeuteln der Pflanzen gebildeten Pollenkörner auf die Narbe des Stempels. Der Transport der Pollenkörner erfolgt durch den Wind oder durch Insekten.

Befruchtung
Das Verschmelzen von Eizelle und Spermazellen nennt man Befruchtung. Aus der befruchteten Eizelle entsteht durch Zellteilung der Embryo. (→ Innere Befruchtung, → Äußere Befruchtung)

Blütendiagramm
Ein Blütendiagramm ist eine Zeichnung von der Anordnung der Blütenteile. Ein Blütendiagramm zeigt vereinfacht den Bauplan der Blüte.

Blütenpflanzen
Eine Blütenpflanze besteht aus Sproß und Wurzel. Der Sproß hat eine Sproßachse und Blätter, zeitweise auch Blüten. Zu den Blütenpflanzen gehören Kräuter, Sträucher, Bäume, nicht aber Pilze, Moose, Farne, Algen.

Blut
Blut besteht aus Flüssigkeit, auch Blutplasma genannt und den verschiedenen Blutkörperchen. Mit dem Blut werden u. a. Nährstoffe, Sauerstoff und Kohlenstoffdioxid transportiert. (→ Blutkörperchen, → Blutgefäße)

Blutgefäße
Arterien und Venen sind Blutgefäße. Arterien transportieren das Blut vom Herzen weg, Venen transportieren das Blut zum Herzen hin. (→ Kapillaren, → Blut)

Blutkörperchen
Es sind die Zellen, die sich im Blut befinden. Weiße und rote Blutkörperchen werden im Knochenmark gebildet. Die roten Blutkörperchen transportieren Sauerstoff, die weißen schützen vor Krankheiten. Die Blutplättchen sind zur Blutgerinnung notwendig. (→ Blut, → Blutgefäße)

Embryo
Nach der Befruchtung bildet sich aus der befruchteten Eizelle durch Zellteilung der Embryo. Beim Menschen ist der Embryo im dritten Schwangerschaftsmonat etwa sechs Zentimeter groß.

Energie
Für Bewegungen, Wachstum, für eine konstante Körpertemperatur und vieles mehr benötigt jedes Lebewesen Energie. Sie ist in Nährstoffen, aber auch in Licht, enthalten. Energie kann nicht hergestellt werden, sondern nur von einer Form in eine andere umgewandelt werden. (→ Fotosynthese)

Erdsproß
Der Erdsproß besteht aus dem verdickten, unterirdisch wachsenden Teil des Stengels. Er dient meist zur Speicherung von Nährstoffen. Zahlreiche Frühblüher, z. B. Buschwindröschen und Schlüsselblume, besitzen einen Erdsproß.

F

Fische
Eine Klasse der Wirbeltiere, deren gemeinsame Merkmale es sind, daß sie im Wasser leben, durch Kiemen atmen und Flossen besitzen. Es gibt etwa 35 000 Arten. (→ Wirbeltiere)

Fleischfressergebiß
Das Fleischfressergebiß zeichnet sich durch dolchartig ausgebildete Eckzähne aus. Die Backenzähne besitzen spitze Höcker, die ein Zerschneiden des Fleisches ermöglichen. Der größte Backenzahn heißt Reißzahn. (→ Pflanzenfressergebiß)

Fossilien
Fossilien sind versteinerte Überreste von Pflanzen und Tieren. Sie geben Auskunft über den Bau der ausgestorbenen Lebewesen. Besonders interessante Fossilien stammen z. B. von Sauriern oder dem Urvogel.

Fotosynthese
Bei der Fotosynthese bilden Pflanzen mit Hilfe von Lichtenergie aus Kohlenstoffdioxid und Wasser Traubenzucker und Sauerstoff. Der Sauerstoff wird überwiegend an die Luft abgegeben. Fotosynthese findet nur in den grünen Pflanzenteilen statt, die Chlorophyll enthalten. Bei der Fotosynthese wird Lichtenergie in chemische Energie umgewandelt. (→ Energie)

Frucht
Die Frucht entsteht nach der Befruchtung aus Bestandteilen der Blüte. Die Frucht umschließt den Samen und dient zu seiner Verbreitung. (→ Same)

Frühmenschen
Die Frühmenschen lebten vor ein bis zwei Millionen Jahren in Afrika. Von dort breiteten sie sich nach Asien und nach Europa aus. Ihr Werkzeug war der Faustkeil, ein von beiden Seiten bearbeitetes Steinwerkzeug. Sie jagten Tiere und konnten Feuer nutzen. (→ Vormenschen)

G

Gelenk
Ein Gelenk bildet die bewegliche Verbindung zwischen zwei Knochen. Bei zu starker Belastung eines Gelenks kann es zu Verstauchungen kommen.

Gleichwarme Tiere
Gleichwarme Tiere haben eine Körpertemperatur, die unabhängig von der Umgebungstemperatur ist. Gleichwarme Tiere sind Säugetiere und Vögel. (→ wechselwarme Tiere)

I

Innere Befruchtung
Die Befruchtung des Eies erfolgt im Körper des Weibchens. Dies ist z. B. bei Reptilien, Vögeln und Säugetieren, aber auch vielen Insekten der Fall. (→ Befruchtung, → Äußere Befruchtung)

J

Jahresvogel
Jahresvögel leben das ganze Jahr über in ihrem Brutgebiet. Sie verlassen ihr Gebiet auch im Winter nicht, da sie selbst in dieser ungünstigen Jahreszeit noch ausreichend Futter finden. Amseln und Kohlmeisen kann man deshalb auch im Winter bei uns beobachten. Jahresvögel nennt man auch Standvögel. (→ Zugvogel)

K

Kaltblutpferde
Der Körperbau ist gedrungen, sie sind langsamer als Warmblutpferde, jedoch stärker als diese. Kaltblutpferde werden als Arbeitspferde eingesetzt. Ihr Blut ist nicht kälter als das der Warmblutpferde. (→ Warmblutpferde)

Kapillaren
Die Kapillaren sind die feinsten Blutgefäße. Sie haben einen Durchmesser, der kleiner ist als der Durchmesser eines Haares. Die Wände der Kapillaren sind so dünn, daß Gase und andere Stoffe durch sie hindurchdringen können und auf diese Weise zu den Zellen gelangen.

Knochenmark
Darunter versteht man ein reich durchblutetes Gewebe innerhalb von Knochenhohlräumen. Im Knochenmark mancher Knochen, z. B. des Brustbeins, werden rote und weiße Blutkörperchen gebildet.

Knorpel
Knorpel ist ein glatter elastischer Bestandteil des Skeletts. Aus Knorpel bestehen die Bandscheiben, die zwischen den Wirbelknochen der Wirbelsäule liegen, Nase und Ohrmuscheln. Auch die Knochenenden in Gelenken sind von Knorpel überzogen.

Kulturfolger
Diese Tiere und Pflanzen leben in der vom Menschen durch die Zivilisation veränderten Landschaft. Sie kommen in Städten, Industriegebieten und anderen vom Menschen veränderten Lebensräumen vor. Beispiele für Kulturfolger sind Haussperling, Amsel, Kaninchen und Reh. (→ Kulturflüchter)

Kulturflüchter
Diese Tiere und Pflanzen meiden die vom Menschen durch die Zivilisation veränderten Landschaften. Sie kommen daher in Städten, Industriegebieten und Ackerflächen nicht vor. Zu den Kulturflüchtern gehören Wildkatze, Biber und Eisvogel. (→ Kulturfolger)

Menstruation
Bei der Menstruation tritt blutige Flüssigkeit aus der Gebärmutter durch die Scheide aus. Die Menstruation wiederholt sich ungefähr alle vier Wochen und wird daher auch als Regel, Periode oder Monatsblutung bezeichnet. Eine Menstruation dauert etwa drei bis fünf Tage.

Metamorphose
Der Begriff bedeutet Gestaltumwandlung. Bei Fröschen schlüpft aus dem Ei eine Larve, die Kaulquappe. Sie hat eine völlig andere Gestalt als der Frosch. Die Gestaltumwandlung von der Larve zum erwachsenen Tier heißt Metamorphose. Auch bei Insekten findet häufig eine Metamorphose statt.

Mineralsalze
Mineralsalze sind in unseren Nahrungsmitteln enthalten und für unsere Gesundheit unentbehrlich. Eisen benötigen wir z. B. für die roten Blutkörperchen, Kalzium ist wichtig für den Knochenbau.

Mulchen
Darunter versteht man das Bedecken von Gartenerde mit abgestorbenen Pflanzenteilen (Rinde, Gras, Laub). Durch Mulchen wird Wildkräuterwuchs unterdrückt und die Erde feucht gehalten.

Muskel
Ein Muskel besteht aus vielen langgestreckten Zellen. Diese Muskelzellen können sich zusammenziehen. So ermöglichen Muskeln zusammen mit Knochen und Sehnen die Bewegungen des Körpers. Bei der Überdehnung eines Muskels kommt es zu einer Zerrung, bei Überanstrengung zu Muskelkater.

Nacktsamer
Fichte, Tanne, Lärche und andere Nadelbäume gehören zu den Nacktsamern. Die Samenanlagen sind nicht in einem Fruchtknoten eingeschlossen. Sie befinden sich „nackt" auf der Samenschuppe. (→ Bedecktsamer)

Nährstoffe
Alle Nahrungsmittel enthalten bestimmte Nährstoffe. Sie werden von den Lebewesen zum Wachstum und zur Energieversorgung benötigt. Die Nährstoffe sind: Eiweiße, Fette und Kohlenhydrate.

Nestflüchter
Bei manchen Vögeln und Säugetieren sind die Jungtiere nach der Geburt so weit entwickelt, daß sie selbständig Nahrung aufnehmen können und den Eltern folgen können. Haare oder Federn sind bereits vorhanden. Nestflüchter sind z. B. die Jungtiere von Ente, Huhn, Feldhase und Reh. (→ Nesthocker)

Nesthocker
Jungtiere von Vögeln und Säugetieren, die bei der Geburt noch geschlossene Augen haben und den Eltern noch nicht folgen können. Haare und Federn fehlen oder sind nur spärlich vorhanden. Zu den Nesthockern gehören z. B. Kaninchen, Eichhörnchen, Katze und die Jungtiere von allen Singvögeln. (→ Nestflüchter)

Parodontose
Die Parodontose beginnt mit einer Entzündung des Zahnfleisches, die durch Bakterien hervorgerufen wird. Im Laufe der Zeit kann das Zahnfleisch so weit zurückweichen, daß der Zahn locker wird und ausfällt.

Pestizide
Unter Pestiziden faßt man verschiedene chemische Mittel zusammen, die u. a. Insekten, Wildkräuter und Pilze abtöten.

Pflanzenfamilie
Zu einer Pflanzenfamilie faßt man verschiedene Pflanzenarten zusammen, die sich im Aussehen, besonders aber im Aufbau der Blüte ähneln. Bekannte Pflanzenfamilien sind z. B. Kreuzblütengewächse und Nelkengewächse. Die Korbblütler sind mit 1200 Arten eine der größten Pflanzenfamilien der Erde.

Pflanzenfressergebiß
Im Pflanzenfressergebiß fehlen die Eckzähne. Die Backenzähne zeichnen sich durch eine breite Kaufläche aus, die durch Zahnschmelzfalten noch vergrößert wird. Die Backenzähne zermahlen die Nahrung. (→ Fleischfressergebiß)

Pubertät
Die Pubertät ist die Zeit, in der sich ein Kind zum Jugendlichen entwickelt und geschlechtsreif wird. Sie beginnt beim Mädchen zwischen dem 9. und 12. Lebensjahr und beim Jungen zwischen dem 12. und 15. Lebensjahr.

Rangordnung
Bei vielen Tieren, die in Gruppen leben, gibt es eine Rangordnung. Das ranghöchste Tier darf als erstes fressen und sich am häufigsten paaren. Das ranghöchste Tier ist für die Gruppe wegen seiner Erfahrung und seiner Stärke wichtig. Ranghöchste Tiere können Weibchen oder Männchen sein.

Reptilien
Reptilien sind landlebende Tiere, deren Haut mit Hornschuppen bedeckt ist. Bekannte Vertreter sind Eidechsen und Schlangen. Auch die ausgestorbenen Saurier gehörten zu den Reptilien. Reptilien werden auch Kriechtiere genannt. Sie bilden eine Klasse der Wirbeltiere.

Rote Liste
Da der Mensch einige Lebensräume vernichtet und viele sehr stark verändert hat, sind auch die dort lebenden Pflanzen und Tiere entweder ausgestorben oder in ihrer Zahl stark zurückgegangen. Die Rote Liste enthält die Namen dieser ausgestorbenen oder gefährdeten Pflanzen und Tiere.

Säugetiere
Alle Tiere, die ihre Jungen aus Milchdrüsen säugen, sind Säugetiere. Sie haben als Körperbedeckung Haare, eine gleichbleibende Körpertemperatur und vier Gliedmaßen. Zu den Säugetieren gehören etwa 4500 Arten. Die Säugetiere bilden eine Klasse der Wirbeltiere.

Skelett
Skelett ist ein anderer Begriff für Knochengerüst. Das menschliche Skelett besteht aus über 200 Knochen. Seine Aufgabe ist es, den Körper zu stützen und innere Organe zu schützen.

Sproß
Zum Sproß gehören die oberirdischen Teile der Blütenpflanze: Stengel, Blätter und Blüte. Alle Teile des Sprosses können grün werden und Fotosynthese leisten.

Ungeschlechtliche Fortpflanzung
Bei Pflanzen ist es eine häufige Art der Fortpflanzung. Aus einem Teilstück der Mutterpflanze entsteht eine neue Pflanze. Ungeschlechtliche Fortpflanzung haben z. B. Erdbeeren, Kartoffeln. Fast alle Zimmerpflanzen kann man ungeschlechtlich fortpflanzen.

Verdauung
Die Verdauung findet beim Menschen in Mund, Magen und Darm statt. Dabei werden die Nährstoffe in kleinere, wasserlösliche Bestandteile zerlegt. Diese können dann durch die Darmwand ins Blut aufgenommen werden. (→ Nährstoffe)

Vitamine
Etwa 20 verschiedene Vitamine muß der Mensch mit der Nahrung zu sich nehmen, um gesund zu bleiben. Besonders bekannt ist das Vitamin C, das in vielen Früchten enthalten ist.

Vögel
Vögel sind eine Klasse der Wirbeltiere, deren Haut mit Federn bedeckt ist. Auf der Erde leben etwa 9000 Arten. Die kleinsten sind die fünf Zentimeter großen Kolibris, die größten die drei Meter hohen Strauße, die nicht fliegen können.

Vormenschen
Zu den frühen Vorfahren der heutigen Menschen gehören die Vormenschen. Sie lebten vor ungefähr zwei bis drei Millionen Jahren in Afrika. Sie benutzten einfache Steinwerkzeuge als Werkzeuge zum Zerteilen von Fleisch und zum Zertrümmern von Knochen. Sie jagten wahrscheinlich keine Tiere, sondern ernährten sich von Aas und Pflanzen. (→ Frühmenschen)

Warmblutpferde
Warmblutpferde sind temperamentvoll, sie eignen sich als Reit- und Turnierpferde. Sie besitzen einen langgestreckten, schmalen Körper mit langen Beinen. Sie haben kein besonders warmes Blut. (→ Kaltblutpferde)

Wechselwarme Tiere
Bei wechselwarmen Tieren ist die Körpertemperatur so hoch wie die jeweilige Umgebungstemperatur. Zu den wechselwarmen Wirbeltieren gehören Amphibien, Reptilien und Fische.

Wildkräuter
Als Wildkräuter werden solche Kräuter bezeichnet, die vom Menschen nicht als Nutzpflanzen angebaut werden. Sie werden oft als „Unkraut" bezeichnet und bekämpft.

Wiederkäuer
Wiederkäuer sind Pflanzenfesser. Sie haben einen Magen der es ihnen ermöglicht, gefressene Nahrung wieder hochzuwürgen. Diese Nahrung wird erneut durchgekaut und geschluckt. Zu den Wiederkäuern gehören u. a. Rinder, Giraffen, Hirsche, Antilopen, Ziegen, Schafe.

Winterschlaf
Einen Winterschlaf halten Igel, Fledermäuse und einige weitere Säugetiere. Während dieser Zeit sind wichtige Lebensvorgänge so stark verlangsamt, daß die ungünstige Jahreszeit ohne Nahrungsaufnahme überdauert werden kann.

Wirbeltiere
Fische, Amphibien, Reptilien, Vögel und Säugetiere haben als gemeinsames Merkmal eine aus einzelnen Wirbeln zusammengesetzte Wirbelsäule. Sie werden deshalb zum Stamm der Wirbeltiere zusammengefaßt.

Wurzel
Wurzeln sind die unterirdischen Teile der Pflanze und tragen niemals Blätter. Wurzeln nehmen Wasser und Nährsalze auf und verankern die Pflanze im Boden.

Zelle
Die Zelle ist die kleinste Einheit, aus der alle Lebewesen aufgebaut sind. Tierzellen bestehen aus Zellkern, Zellplasma und Zellmembran. Pflanzliche Zellen haben außerdem eine stabile Zellwand und häufig Chloroplasten. Es gibt auch Lebewesen, die nur aus einer einzigen Zelle bestehen.

Zugvogel
Zugvögel verlassen im Herbst ihr Brutgebiet und ziehen in Gebiete, in denen sie genügend Nahrung finden. Manche Zugvögel ziehen bis nach Afrika; dazu gehört der Storch und der Kuckuck. Andere Zugvögel, wie z. B. die Singdrossel, überwintern in den Ländern am Mittelmeer. (→ Jahresvogel)

Bildquellenverzeichnis

amw Pressedienst, München: 202.1
Uwe Anders, Braunschweig: 10.2; 35.2; 195.2; 205.2
Toni Angermayer, Holzkirchen: 31.5; 57.3; S. 80 c; 144.1 a, b; S. 109 b, d; S. 177 c, f; 180.1; 186.1; 203.1; 210.2; 222.1; 224.1, 2; S. 232 a–d; S. 233 c; 239.3, 4; 240.1–4; 241.5–8; S. 245; S. 255 b; 261.3; S. 263 e, f
Anthony Verlag, Starnberg: 57.5; 182.1; 188.1; 211.4; 218.2; S. 255 c
Bavaria-Verlag, Gautin: 8.4 (Reinhard); 8.5 (Lang); 8.6 (Mollenhauer); 37.2 a; 87.1 (Krebs); 144.1 c (Müller-Güll); S. 146 b–e; 200.1 (Greulich)
Beiersdorf AG, Hamburg, aus Peter D. Asmussen, Compendium Medical, Bd. 1: 133.2–4
Bildarchiv f. Medizin, München: 89.1; 136.3
Heinz Böttgenbach, Münster: 213.2, 3
Bonnier Fakta, Stockholm, Lennart Nilsson: 125.4, 5; 128.3; 157.1; 158.3
Prof. Dr. Günter Bräuer, Institut f. Humanbiologie, Hamburg: 277.1
Bruce Colemann Ltd, England: S. 169 c; S. 220 d
Manfred Danegger, Überlingen: S. 177 b; S. 220 a, b; S. 221 c, d
Deutsch Presse-Agentur (dpa), Frankfurt: 160.1; 168.6; 214.1 (Tilgner)
Flugrevue, Stuttgart: 202.2
FWU Institut f. Film u. Bild in Wissenschaft u. Unterricht, München: 197.1; 198.3–5
Greiner & Meyer, Braunschweig: 8.3 (Schrempp); 22.2 b; 30.2; 32.1 (Greiner); 32.2 (Schrempp); 32.3 (Schrempp); 37.2 f; 39.1; 42.1; 54.2 (Harstrick); 55.1 (Meyer); 63.6; 72.1; 125.3 (Ahrens); 135.1 (Büth); 152.2 (Dr. Graebner); 153.2 (Dr. Graebner); 163.3 (Greiner); 168.5; 260.1 (Harstrick)
Gruner + Jahr, München: S. 65
Otto Hahn, Bopfingen: 70.2
Jochen Haupt, Kamen: 238.1; 239.2; S. 244; 248.1
Ifa-Bilderteam, München: 33.6 (Lederer); 42.2; 49.4 (Digul); 59.2; S. 80 a, d; 144.1 d (Weiland); 165.8; 188.2; 215.3 (Kronmüller); S. 263 b (Gottschalk)
Institut f. Meereskunde, Dr. Kinzer, Kiel: 236.1–3
Aribert Jung, Hilchenbach: 8.2; 22.1 b; 24.1; 26.1; 27.4; 37.2 d; 37.2 g, h; 39.2; 41,4; 45.1; S. 52 a, d; 64.1; 66.2; 145.2; S. 147 a, c
Manfred Kage, Institut f. Wissenschaftliche Fotografie, Lauterstein: 25.3; 119.3
Keystone, Hamburg: 30.1; 37.2 b; 37.2 e
Prof. Dr. H. Klingel, Zoolog. Institut d. Universität, Braunschweig: 218.1
Kommunale Umwelt-Aktion, Hannover: S. 11
Lennart Larsen, Kopenhagen: 82.1
Werner Layer, Mannheim: S. 146 a; 165.5
Mauritius, Mittenwald: 26.3 (Anzinger); 55.2 (Camera Tres); 78.1; S. 80 e (Harstrick); 160.2 (Hubatka); 160.3 (Guether); 197.2 (Troisfontaines); S. 263 c (Reinhard)
Max-Planck-Gesellschaft, München: 204.3
Museum f. Naturkunde d. Humboldt-Universität, Berlin: 273.2
NHPA, National History Photographic Agency, Stephen Dalton, Sussex: 202.3
Elisabeth Niggemeyer, aus: Antoinette Becker: „Ich bin doch auch wie ihr“, Otto Maier Verlag, Ravensburg: 94.1, 2; 95.3
Gerhard Ober, Bielefeld: 124.1
Okapia, Frankfurt: S. 146 f; 227.1
Klaus Paysan, Stuttgart: 236.4
Reinhard-Tierfoto, Heiligkreuzsteinach: 30.3; 36.1; 37.2 c; S. 47 a–c; 49.2; S. 52 b, c; 56.1, 2; 59.3; 60.2; 62.2–5; 78.1; 162.1; 166.1, 2; 167.3; 170.1; 176.4; S. 177 a, d; 179.4; 184.1; 187.3; 208.1; 211.3; S. 221 a, b; S. 232 a; S. 233 a, b; 247.1; S. 255 a; S. 259; S. 263 a; 264.1
Dieter Rixe, Braunschweig: 22.1; 22.2; S. 42; 57.4; 92.1; 93.4; 96.1; S. 97; S. 98; 100.1–4; 103.1; S. 104; 110.1; 130.4, 5; S. 137; 138.1; 140.1; 148.1; 151.1; 155.2; 156.1–3; 165.7; 172.1; 175.1; 178.1, 2; 203.2; 230.2; 231.3
Dr. Jörn Schoof, Kamen: 133.5
Wolfgang Schulenberg, Vechta: 26.2
Norbert Schulte, Braunschweig: 44.1; 45.2; 46.3; 46.4; 48.1; 50.1; S. 52 e, f
Silvestris-Fotoservice, Kastl: 30.4; 33.5; 33.7; S. 47 d; 64.2; S. 51 b, d; S. 109 a; 170.2; S. 177 e; 199.6; 210.1; 212.1; 213.4; S. 220 c; S. 263 d
V-Dia Verlag, Starnberg: 168.7
Verein f. Zahnhygiene, Dortmund: 107.1, 2
Xeniel-Dia, Stuttgart: 165.6
Zeiss, Oberkochem: 20.1
Zentrale Farbbild Agentur (Zefa), Düsseldorf: 8.1 (Kalt); 49.2 (Layer; 63.7; 72.2; S. 80 b (Siebert); 150.1 (Benser); 165.4 (Vloo); 192.1 (Reinhard); 200.2 (Black Star); 223.2 (Heintges)

Zeichnungen: Schwanke & Raasch, Hannover
Typografisches Konzept, Layout u. Einbandgestaltung: Gerd Gücker, Braunschweig

Titel unter Verwendung eines Dias vom Bavaria-Verlag (F: Heimpel), Gauting

ORDNUNG
Raubtiere
FAMILIE
weitere Familien
Katzen
Marderartige
Bären
GATTUNG
weitere Gattungen
Otter
Marder
Wiesel
ART
Steinmarder
Seeotter
Baummarder
Fischotter
Mausw
Hermelin